本著作获得"教育部人文社会科学研究规划基金项目"资助
（项目批准号：17YJA790001）

上海大学马克思主义中国化研究丛书

农民工市民化利益权衡及财政负担研究

艾 慧 著

中国社会科学出版社

图书在版编目（CIP）数据

农民工市民化利益权衡及财政负担研究／艾慧著．—北京：中国社会科学
出版社，2023.7

（上海大学马克思主义中国化研究丛书）

ISBN 978 - 7 - 5227 - 2701 - 1

Ⅰ.①农… Ⅱ.①艾… Ⅲ.①民工—城市化—研究—中国 Ⅳ.①D422.64

中国国家版本馆 CIP 数据核字（2023）第 200494 号

出 版 人	赵剑英
责任编辑	喻 苗
责任校对	胡新芳
责任印制	王 超

出　　版	中国社会科学出版社
社　　址	北京鼓楼西大街甲 158 号
邮　　编	100720
网　　址	http://www.csspw.cn
发 行 部	010 - 84083685
门 市 部	010 - 84029450
经　　销	新华书店及其他书店

印　　刷	北京明恒达印务有限公司
装　　订	廊坊市广阳区广增装订厂
版　　次	2023 年 7 月第 1 版
印　　次	2023 年 7 月第 1 次印刷

开　　本	710 × 1000 1/16
印　　张	22.75
字　　数	361 千字
定　　价	119.00 元

总　　序

　　中国共产党迎来建党 100 周年，这也是马克思主义"中国化""化中国"的 100 年。100 年来，中国共产党始终坚持马克思主义基本原理与中国革命、建设、改革的具体实践相结合与中华优秀传承文化相结合，形成了一系列与时俱进的理论创新成果，深刻回答了什么是社会主义、怎样建设社会主义，建设什么样的党、怎样建设党，实现怎么样的发展、怎样发展，新时代坚持和发展什么样的中国特色社会主义、怎样坚持和发展中国特色社会主义等一系列重大课题；并带领中国人民从"站起来"走向"富起来""强起来"，为解决人类共同问题提供了"中国智慧"和"中国方案"。迈入全球化、信息化、智能化时代，面对新的时代背景、新的实践基础和新的人民诉求，进一步梳理马克思主义中国化的进程和成果，深化马克思主义中国化研究，仍然是摆在我们面前的时代课题。

　　上海大学是一所具有"红色基因"的高等学府。1922 年 10 月 23 日，国共两党合作创办了上海大学，成为中国共产党传播马克思主义、培养革命干部的重要舞台。瞿秋白、邓中夏、蔡和森等一大批早期共产党人曾任职上海大学，积极宣传、传播马克思主义，推动了马克思主义中国化的历史进程。今天的上海大学秉承老上海大学的红色传统，一直将马克思主义中国化、培养新时代的马克思主义者视为自己的神圣使命。上海大学马克思主义学院在此方面，更是肩负使命，责无旁贷。2015 年，上海大学马克思主义学院获批上海市马克思主义理论学科发展同城平台、上海高校"马克思主义理论高原学科"，2016 年获批上海市示范马克思主义学院，2018 年获批上海高校"马克思主义理论高峰学科"和马克思主义理论研究智库，2019 年获批上海市习近平新时代中国特色社会主义思想研究基地和上海市高水平地方高校重点创新团队。以上述平台为依托，学院组织力量，积极开展20世纪20年代上海大学马克思主义中国化的文献整理和研究，开展马克思主义中国化的历史、理论和实践研究，为推动马克思主义中国化贡献"上大力量"。

在多年的研究过程中，上海大学马克思主义学院在马克思主义中国化方面，逐渐形成了智能时代的马克思主义、马克思主义价值思想中国化、思想政治教育课改革与创新等特色研究方向，逐渐形成了与当年的红色传统遥相呼应的"上大特色"。特别是以上海高校马克思主义理论高峰学科建设为依托，正在努力探索马克思主义中国化的当代学术形态，并以之为特色灌注到学生培养的全过程，培育立场坚定、业务过硬、勇于担当的"时代新人"。

策划、出版这套《上海大学马克思主义中国化研究丛书》，正是上海大学马克思主义学院不忘初心，传承红色基因，推进当代马克思主义中国化的重要举措。我们衷心地希望，能够以更加开阔的胸怀，凝聚更多的力量参与这项工作，推出一系列重要成果，培育一大批时代英才，在今日的上海大学续写马克思主义中国化的新篇章。

孙伟平　邱仁富
2021年10月1日

目　　录

第 一 章

绪 论

第一节　研究背景

自 2008 年国际金融危机爆发以来，我国经济进入深刻变革调整阶段，特别是 2011 年城镇化率历史性地突破 50% 后，我国城镇化建设站在一个新的起点上，在城镇化率不断提高的同时如何更加重视和推进城镇化的质量，成为一个紧迫课题。2012 年，党的十八大首次明确指出城乡发展一体化是解决中国"三农"问题的根本途径，并提出坚持走中国特色新型工业化、信息化、城镇化、农业现代化道路。2013 年，党的十八届三中全会通过的《中共中央关于全面深化改革若干重大问题的决定》进一步阐述城乡发展一体化问题，指出城乡二元结构是制约城乡发展一体化的主要障碍，强调必须健全体制机制，形成以工促农、以城带乡、工农互惠、城乡一体的新型工农城乡关系，让广大农民平等参与现代化进程、共同分享现代化成果，并进一步明确坚持走中国特色新型城镇化道路，推进以人为核心的城镇化，推动大中小城市和小城镇协调发展、产业和城镇融合发展，促进城镇化和新农村建设协调推进。2017 年 10 月，党的十九大报告的乡村振兴战略中指出：要坚持农业农村优先发展，按照产业兴旺、生态宜居、乡风文明、治理有效、生活富裕的总要求，建立健全城乡融合发展体制机制和政策体系，加快推进农业农村现代化。党的十九大报告中讲到优先发展的只有三处：第一处是农业农村要优先发展；第二处是教育要优先发展；第三处是要坚持就业优先战略。显然，对于农村农业的重视在加强。从城乡发展一体化到城乡融合发展，体现出新时代农村发展思路的进一步拓展。

农民工市民化的政策也不断推陈出新，2013 年中央一号文件提出："要有序推进农业转移人口市民化。把推进人口城镇化特别是农民工在城镇落户作为城镇化的重要任务。加快改革户籍制度，落实放宽中小城市和小城镇落户条件的政策。"2014 年中央一号文件在回顾与总结过去一年工作基础之上，结合时代发展特点和经济发展需求对 2014 年及今后一个时期的工作重心也提出指导性思想，文件指出："应加快推动农业转移人口市民化，积极推进户籍制度改革，建立城乡统一的户口登记制度，促进有能力在城镇合法稳定就业和生活的常住人口有序实现市民化。全面实行流动人口居住证制度，逐步推进居住证持有人享有与居住地居民相同的基本公共服务，保障农民工同工同酬。鼓励各地从实际出发制定相关政策，解决好辖区内农业转移人口在本地城镇的落户问题。"2014 年的政府工作报告又提出：要着重解决好现有的"三个 1 亿人"问题，其中之一就是促进约 1 亿农业转移人口落户城镇。为推进新型城镇化，国务院印发了《国家新型城镇化规划（2014—2020 年）》，提出了有序推进农业转移人口市民化。《人民日报》2016 年 7 月 3 日发文探讨如何将农业转移人口市民化，2017 年中央一号文件继续强调要"切实保障农民工合法权益"，2017 年《政府工作报告》把"加快农业转移人口市民化"作为深入推进新型城镇化的首要工作，农民工市民化被视为"未来 5 年城乡一体化的核心"。2021 年 4 月，国家发改委发布《2021 年新型城镇化和城乡融合发展重点任务》，逐渐放开农民工落户政策。

城乡的融合发展体现在具体的措施，包括产业融合、生产要素平等交换及公共资源的均衡配置等方面。之所以强调融合发展，反过来说明过去是一种割裂式的发展，二元经济结构的固化使得"三农"问题始终是国家致力于解决却收效甚微的领域，这一点从农业产值及劳动生产率不高、城乡收入差距拉大可以获得最直接的明证。收入差距拉大的结果即为农村人口的流动，从最初20 世纪 80 年代随着乡镇企业的兴起而产生的"离土不离乡，进厂不进城"的流动模式，到 20 世纪 80 年代后期的"离土又离乡，进厂又进城"农村人口大规模流向城市，2010 年左右又出现大规模的"用工荒"，这是农村劳动力资源在现有政策基础上利益权衡所做出的决策。主要原因有两方面：一是国家财政向中西部城乡的倾斜力度加大，农业税的取消，各类补贴①、转移支付、对口支援、精准扶贫等政策的实施，提升了农村的基础设施建设水平，交通状况的改善和网络②的开通，缩短了城乡之间、东中西部之间基础设施的差距，从而为产业融合及生产要素的流动创造基础，缓解了城乡收入比不断拉大的趋势；二是农民工背井离乡辛苦工作，就是要利用大城市的机会获得更高的收入。然而大城市限制人口的政策影响了农民工在城市所能获得的公共福利，经济上生活成本的提高，再加上同工不同酬遭受不公正的待遇，并不能带来理想的净收益，生活习惯和情感上又难以融入城市。当家乡或附近的城镇有一定发展，净收益的提高吸引他们选择返乡。

劳动力流动为城市发展带来人口红利，但同时随着城市的生活成本的增加和产业的升级，劳动力人口红利也正在逐渐消失，不稳定的劳动力资源对城市经济发展起到制约作用。与父辈相比，二代农民工从小远离农业，本身不具备农作物种植技术，返乡并不能显著增加农业劳动力，他们更多在离家乡较近的城镇打工或者创业。当"用工荒"与人力资本成本增加成为事实之后，倒逼企业做出选择即用相对廉价的资本代替劳动力，表现出来的就是机器对于劳动力的替代，在新业态尚未产生之前导致短时间留在城市的低端劳动力过剩，而劳动力依据变化的形势进行职业转型的时间比较漫长，这成为工业化、土地城镇化和人口城镇化增长失衡可能出现的结果：一方面，客观上促进机械化和自动化程度加深；另一方面，短期内失业率上升造成诸多社会矛盾和隐患，直到随着新业态的出现，劳动力完成转型为止，这是相对比较漫长的过程。

上述劳动力的动态转移引发诸多思考，这样的发展模式会不会影响社会分配？是否会加重贫富分化的同时导致阶层的固化？工业化、土地城镇化及人口城镇化三者究竟是什么关系？随着城市的发展、工业机械化水平的提高，大城市是否还需要低端劳动力？目前存在的问题引发的

---

① 2020 年农业补贴重点补贴九类人、强力扶持 5 类项目。https：//kuaibao. qq. com/s/20200104A0EON700？refer＝spider。

② 2018 年 4G 网络的覆盖率 95％，2020 年达到 98％，我国 13 万个行政村通光纤，2018 年贫困村通光纤的比例已经达到了 94％。

劳动力供给的不稳定会对城乡融合发展造成什么样的影响？城市范围扩大的同时常住人口出现比较大的波动，某些省份人口的净流入必然伴随着其他省份人口的净流出，"空城"与"大城市病"并存是城市化过程的必然吗？如何破解这一难题？农民工市民化在城乡融合发展中起到什么作用？市民化过程中住房和土地资产流转在农民工市民化过程中的作用是什么？政府财政如何起到促进农民工市民化的作用？显然只有在大背景下思考农民工市民化的问题，才能明确农民工市民化的必要性及其影响因素，才能突破道德层面在经济和社会层面理解农民工对城市做出的贡献，并摘下有色眼镜公平公正地对待这一群体，才能打破阶层固化提高国民的整体生活水平，真正实现"先富"带动"后富"最终实现"共富"的目标。

第二节 研究目标

土地城镇化和人口城镇化之间的差异实质上是多方博弈的结果，人口的自由流动改变了原有的乡村向城市为主的单方面转移，当城市的分工和发展越来越离不开农村务工人员时，农民工的价值逐渐体现并日渐重要。当城市的工作和生活条件并没有体现农民工价值时，"用脚投票"便开始了。也有农民工返乡或在家乡附近的城镇创业，成为城市反哺农村的另一种方式，农民工市民化意愿的研究就是在这样的背景下成为热点。

对于农民工来说，城市工作是其收入和改善生活的来源，而家乡的土地、宅基地是其基本生活的重要保障，也是维持社会稳定的前提。不同城市对农民工的吸引力存在差异，现实中尽管大城市落户门槛高、工作压力大，但农民工更注重收入提高、能力提升及眼界拓宽，融入的意愿比较强。有些城市落户门槛低，但其他方面缺乏吸引力，农民工市民化意愿并不高，显然农民工市民化意愿与现有户籍政策关联度相对较弱。2017年，中央经济工作会议提出"三、四线城市房地产去库存和促进人口城镇化相结合"的战略决策，该决策的实施需要兼顾农民工利益、财政承受能力及城市扩容能力等多方面因素。本书从城市角度出发分析城市对于低端劳动力的需求情况，在此基础上从劳动力供给层面和农民工的微观选择出发，利用权威调研数据分析农民工不同层次的市民化意愿，并在成本、收益研究框架下探究市民化意愿的影响因素，综合农民工劳动力供求状况进一步以农民工市民化的成本收益为研究对象，最终达到两个研究目标：第一，从中观和微观层面，综合判断农民工劳动力的供求状况和未来的流动趋势；第二，从宏观层面，根据流动趋势，在衡量财政负担的基础上判断财政面临的压力。兼顾农民工利益和财政承受能力，为层级递进推进农民工市民化提供相应的政策依据。

第三节　研究意义

2016 年国务院政府工作报告和 2017 年中央经济工作会议都把加快农民工市民化提到国家战略的高度上，再次让农民工市民化问题成为政策和社会热点话题。但国家统计局的"2019 年农民工监测调查报告"显示，2017—2019 年农民工的增速仍出现不同程度的下降，这说明农民工入城打工的意愿减弱，市民化缺乏一定的群众基础。理论上，农民工市民化涉及农村资产的处置和在城市的生存问题，其决策归根结底是农民工、地方政府、中央政府、市民综合利益权衡博弈的结果。本书将以区域协调发展为视角探讨劳动力流动的重要性，进而分析农民工与城市、乡村经济发展的关联；从宏观上分析资本有机构成对就业结构的影响，探讨自动化、智能化时代城市对农民工的需求状况以及农民工的劳动力供给状况；在这样的背景下，重点将农民工农村土地制度、财政补贴支付纳入农民工市民化成本收益分析框架，探讨兼顾农民工和国家财政利益基础上财政负担的可能范围，这样由微观到宏观地分析农民工市民化的重要意义，也能够对影响农民工市民化的影响因素做全面的分析，是对现有研究的补充。

实践上，针对历史上"农工潮"和"民工荒"的交替出现，探讨波动的根源，将农民工、地方政府、中央政府纳入综合分析，在多方影响下农民工的就业选择呈现出动态变化。本书重点分析农民工市民化的意愿及成本收益，通过问卷调查数据及计量分析，可以对农民工在进城购房或租房情况、农村资产处置等方面的意愿和实际情况进行调查，分析其差异性及影响因素，更准确地把握现有政策条件下农民工的利益选择。

同时，农民工市民化成本的承担主体呈现多元化，本书将分别计算市民化过程中的公共成本、单位成本及个人成本，不同的市民化程度财政支出的数额也会有差异，故财政支出可能是一个弹性范围，农民工市民化是一个渐进化的过程，这样的研究可在财政支付的承受能力范围之内提供更广泛的政策选择及可行性依据。

第四节　研究思路

本课题依照四个逻辑上有承接关系的问题展开。

第一，城镇化对劳动力需求层面的分析。按照传统理论，高科技对低端劳动力的替代性越强，造成的失业率将越高，但事实究竟如何需要进一步研究。城市作为高科技云集的地方，城市发展必然会对农民工群体的需求有所调整，因此农民工市民化面临的首要因素是科技替代和城市经济调整对劳动力结构的影响，从这个角度探讨农民工市民化的必要性更具有客观性和现实意义。

第二，农民工市民化的层次分析。农民工市民化的分析需要考虑两个维度：一是按照农民工市民化的程度分为是否愿意融入本地人的心理市民化、是否愿意长期居住的定居市民化以及是否愿意把户口迁入本地的制度市民化三个层面；二是按照农民工的来源和流向分为市内跨县、省内跨市和跨省，即农业人口就地转移和外来务工人员市民化的成本是不同的。

第三，层次划分基础上农民工劳动力长期供给即市民化意愿分析。农民工市民化的影响因素很多，包括制度层面、社会层面及个人层面的因素。本书重点以农民工市民化意愿可能造成影响的土地制度为主要分析对象，在推—拉理论的框架下进行定性和量化分析。包括现行政策下农民工对城市住房及农村资产处置方面的情况。这样的调查可以反映诸多问题：政策导向与农民工利益的冲突、农民工群体决策的影响因素等，与城镇化对劳动力需求进行对比，可以分析未来农民工流动的可能趋势。

第四，农民工市民化的成本收益分析。计量筛选出主要的影响因素，然后再通过农民工、地方政府及企业的成本收益分析，可以得到不同维度的农民工市民化条件下财政支出成本区间及其可承受能力。上述结果可以判断：在兼顾农民工和国家财政利益的前提下，实现不同层次市民化的财政支出区间，财政支出是否会超出财政承受能力，目前财政可承受能力范围内哪个维度的农民工市民化具有现实可操作性。

第五节　研究内容

本书共分为 12 章，围绕农民工市民化的主题展开，在全面梳理农民工市民化现有文献的基础上，借助于相关劳动力流动的经典理论，分别展开农民工劳动力供求状况及影响因素分析，农民工长期的劳动力供给意愿即市民化意愿是中观和微观层面综合因素的影响结果，同时也是地方政府权衡后的选择。具体每章节的内容如下。

第一章绪论部分从研究背景、问题提出、研究意义、研究思路、研究方法等角度对全书进行概览，城镇化与乡村振兴战略齐头并进过程中，农村剩余劳动力呈现新的流动趋势，城镇化对劳动力需求结构发生变化，乡村振兴战略需要劳动力要素的支持，在这一背景下城镇化是否还需要农民工，劳动力流动对乡村振兴又有什么作用？农民工市民化又涉及多方利益权衡。这些问题需要通盘考量。

第二章文献述评部分对现有国内外文献做了梳理，主要有购房意愿、影响因素以及市民化的成本收益分析，经过文献梳理发现现有文献主要集中于农民工劳动力供给意愿（市民化意愿）方面，很少涉及城镇发展对农民工的需求方面，提及需求的基本以定性描述为主。而市民化定义多层次，但市民化意愿研究层次不明显，意愿的影响因素也很少同时考虑城乡因素，宏观层面缺乏对财政负担的估算。在总结现有研究不足基础上提出本书的研究思路和创新点。

第三章理论基础部分阐述和总结后续分析所需要的经典理论，包括结构转换理论、推—拉理论、人口迁移理论及非均衡增长理论等，这些理论为研究农民工市民化的动因和过程提供角度和思路：劳动力流动首先是经济成本—收益权衡的结果，研究劳动力流动需要更进一步研究区域间和产业间差异。

第四章"农民工市民化的政策背景及历史演进"，阐述了中国二元经济结构的变迁以及所伴随的农民工流动过程。重点介绍城乡融合发展政策体系以及农民工市民化的政策演进,农民工市民化政策逐渐放宽,农民工劳动力流动呈现明显的阶段性。

第五章需求分析1:产业结构调整和劳动力流动。农民工劳动力流动呈现四大变化,这是供求因素共同起作用的结果。需求层面必然涉及产业结构的调整,因此首先采用结构偏离度指标考量和对比时间序列的东中西部地区产业结构调整与就业结构的关系,运用求人倍率衡量劳动力市场的需求状况。

第六章需求分析2:资本有机构成与失业率。产业结构升级以及高科技产业的发展对农民工流向有很大的影响,本章借鉴马克思的资本有机构成理论对资本有机构成与失业率之间的关系做计量分析,结果发现两者是倒U型关系,即资本有机构成提高至拐点便可由于产业结构效应和效率提升效应刺激就业。

第七章需求分析3:城市经济规模与劳动力技能。资本有机构成提升刺激就业,带来城市经济规模的扩大。城市经济规模对劳动力技能的需求又怎样呢?本章通过计量得到城市经济规模的扩大对两端学历的劳动力需求增加。

第八章供给分析1:农民工的群体特征以及职业选择。本章分别对农民工的年龄结构、学历构成、接受培训情况、就业结构、来源和流向、月均收入情况等进行比较研究,与第五章计算的结构偏离度系数与农民工就业渠道相比较后发现,农民工就业出现结构性失衡,与第七章计算的城市规模与劳动力技能的对应关系进行对比可以得出,初中学历占比最大的农民工将有区域间再调整的可能。

第九章供给分析2:农村的用益物权、住房性质与农民工市民化意愿。即使城市存在对农民工的劳动力需求,还要考虑农民工的留城意愿。本部分选择涉及农民工核心利益的农村土地用益物权,以及综合反映农民工在城市的生存能力、生活质量的城镇住房性质,从理论上探究其对劳动力供给意愿的影响并作出假设,采用二值选择logistic回归模型,得到如下结论:农民工市民化意愿与拥有家庭承包耕地和宅基地显著负相关;农民工市民化意愿与家庭承包耕地流转和城镇住房性质显著正相关。住房性质对农村用益物权的市民化作用具有调节作用。这些因素对制度、心理和定居三类市民化意愿的影响程度各有不同,为根据条件推进不同层次的市民化提供可供参考的依据。

第十章农民工市民化成本与收益分析。农民工市民化改革不仅涉及农民工的留城意愿和迁徙成本，同时还有流入地的财政压力和利益调整问题。本章对公共成本和收益、单位成本、个人成本和收益分别做了计算，结果表明农民工市民化有利于农民工个人的净收入提升，对财政的影响因地而异，从案例省市的分析看中西部农民工市民化的财政压力较大，农民工区域再调整趋势要求中西部地区提前做出预判并通过分层递进的方式推进市民化以免造成过大的财政压力。

第十一章网红经济的扶贫效应研究。不论是农民工返乡创业还是被迫返乡，均离不开乡村振兴，而借助于互联网电商平台促进农村产业融合，将成为农民工的另一大生存手段。本章主要对农村的网红经济发展现状及存在的问题进行分析，力求建立制度框架以实现网红经济与精准扶贫实现良性互动、利益互补的关系。

第十二章结论与政策建议。对本书的结论做进一步梳理，在总结结论的基础上提出七点政策建议。

第六节　研究方法

第一，定量计算与定性分析相结合。农民工市民化过程中的劳动力供求、农民工市民化成本收益分析以及财政负担分析等，均使用定量计算，辅之以定性分析，最终得到现象背后的利益权衡以及利益兼顾基础上的政策措施。

第二，比较分析和统筹研究相结合，挖掘农民工流动的深层原因。本书突出比较分析，主要包括劳动力供求对比、不同维度农民工市民化影响因素对比、财政承受能力对比。在比较分析基础上进行统筹，主要包括对比分析劳动力供求及成本收益因素基础上政策选择的理论依据和实施基础。

第七节　重点难点

重点：人口城镇化过程实质是农民工综合考虑多种因素的结果，本著作第一个研究重点是通过定性和定性研究筛选出对市民化意愿及起决定作用的主要因素,从微观层面分析人口城镇化的目标群体和重点关注的影响因素。农民工市民化是"双刃剑",促进人口城镇化的同时可能带来"城市病"或占用城市发展的资金,反而失去了可持续性,造成城市发展隐患。因此,本课题第二个研究重点是地方财政相对承受能力,成本收益分析能够为人口城镇化多元化措施的选择及可行性提供较为精准的依据。

难点:(1)数据收集及计量难度较大。问卷涉及被调查者个人及家庭情况非常全面的定性和定量信息,为了计量结果准确,需要大样本资料,发放、回收问卷及整理信息的工作量很大,因此本书更倾向于运用权威数据库。计量方面主要使用 Probit 回归模型进行影响因素的筛选和分析。(2)成本收益分析中非经济因素的处理难度较大。以完全市民化的成本为例,经济成本主要包括直接生活成本,如自身和共同生活家属的衣、食、住、行等费用;接受培训教育的成本;照顾农村留守家属的成本等。非经济成本主要包括机会成本(选择进城,放弃其他选择的代价);心理成本,如思乡情绪、受到歧视等。非经济成本很难量化,本书主要考虑可以量化的经济成本。

第 二 章
文献述评

关于农民工市民化问题，国内外学者的研究集中于购房意愿、影响因素以及市民化的成本—收益分析，并相应提出了一系列的政策建议。

第一节 对农民工市民化内涵的研究

目前国内学术界关于农民工市民化的概念与内涵研究主要可以分为两大类，即从广义和狭义两个角度对其进行内涵梳理。狭义的"市民化"是指农民、外来移民等获得作为城市居民的身份和权利，即取得市民权（citizenship）的过程，包括居留权、选举权、受教育权、社会福利保障权等，在中国首先涉及城市户籍。

广义的"市民化"还应包含市民意识的普及以及居民成为城市权利主体的过程。[1] 因此，广义的农民工市民化是指，借助于工业化和城市化的推动，使传统农民在身份、地位、价值观念、社会权利以及生产生活方式等各个方面向城市市民全面转化，以实现城市文明的社会变迁过程。[2] 它包括农民生产方式和职业身份的转变（非农化），居住生活空间的转移（城镇化），文化素质以及生活方式、行为方式等社会文化属性的变化（市民化），以及各种社会关系的重构（结构化）与城市社会生活再

---

[1] Cohen Elizabeth F., "Reconsidering US Immigration Reform: The Temporal Principle of Citizenship", *Perspectives on Politics*, No. 10, 2011, pp. 575 – 583.

[2] 杨风：《城市化进程中农民市民化问题研究综述》，《上海城市管理》2009 年第 3 期。

适应的过程（再社会化）。① 显然，广义的农民工市民化概念主要以人口迁移、职业转换、身份转变和人力资本提升等为切入点。黄泰岩等认为，农民工市民化是指农民身份向市民身份的转变，这种转变不仅体现在身份形式上，更重要的是农民生产方式、生活方式和思维方式的本质性变化。② 袁小燕认为，农民工市民化泛指农民向市民的转化过程，它不仅是指农民由居住在农村转变为居住在城市，由农村户口转变为城市户口，由从事农业生产转变为从事非农生产，更重要的是其思想观念、生活方式、行为方式、社会组织形态等由农村范式向城市范式转变，最终成为一个符合城市文明要求、具有现代市民素质的真正意义上的城市居民。③ 周荣荣认为，在城市化建设过程中，已在城市非农产业领域工作的"农民"，在就业、社会保障、子女受教育、身份地位，以及行为方式、心理状态、思想观念等方面向城市市民转化的经济和社会过程主要包括以下四层含义：一是经济层面：彻底脱离农村和土地，成为城市产业工人的重要力量；二是政治层面：获得城市户口，享有公民应有的权利，逐步享有城市居民所拥有的就业、医疗、社保等社会保障，子女受教育等均等权利；三是生活层面：在城市拥有相对固定的职业和住所，主要收入来源于所从事的非农产业；四是精神文化层面：如生活、行为方式、心理状态、思想观念等逐步融入城市文明。④ 概括起来，广义农民工市民化至少包括两层含义：一是内在素质的市民化，二是外在资格的市民化。但也有学者质疑，当内在素质市民化与外在资格市民化二者不能同步进行时，究竟是先有内在素质的市民化再有外在资格的市民化？抑或相反？⑤ 许抄军认为，农民工对市民化内涵的理解直接而现实，与文献研究的结论差距较大：无论是成为"城市人的标志"，还是"影响农民工市民化因素"，户口的重要性都在下降，住房的重要性都在上升。⑥ 综上所述，

---

① 文军：《农民市民化：从农民到市民的角色转型》，《华东师范大学学报》（哲学社会科学版）2004 年第 3 期；李建兴：《主体性因素与农民的市民化——关于农民市民化的调研》，《成都理工大学学报》（社会科学版）2006 年第 2 期。

② 黄泰岩、张培丽：《改变二元结构，实现城乡发展一元化》，《前线》2004 年第 5 期。

③ 袁小燕：《城市化进程中的农民市民化问题浅探》，《资料通讯》2005 年第 1 期。

④ 周荣荣：《农民工市民化实证分析及对策研究》，《江苏社会科学》2016 年第 2 期。

⑤ 杨风：《城市化进程中农民市民化问题研究综述》，《上海城市管理》2009 年第 3 期。

⑥ 许抄军：《非正式制度视角的农民工市民化意愿及障碍》，《经济地理》2015 年第 12 期。

农民工市民化主要表现在职业转换、城市购房、情感融入、户籍转换以及综合素质等层面。

第二节　农民工购房意愿及影响因素

国外学者关于购房行为的研究多以城市居民为研究对象，影响居民购房行为的因素也主要可以归纳为收入财产因素[1]、个人及家庭特征因素、心理特征因素[2]、购房政策因素[3][4]。购房决策取决于家庭收入，家庭人口规模越大购房意愿越强烈，居民对自有住房的满足感和归属感越强购房意愿越强烈，随着住房贷款的限制增多，居民的住宅购买数量显著减少，反之购买量则增多。推—拉理论认为，影响劳动力迁移的因素可以划分为流入地因素、流出地因素、中间因素和个人因素[5][6]。

国内学者关于农民进城购房的影响因素进行了较全面的研究，主要归纳为以下5点：第一，农民工的个人特征是影响购房意愿的基础因素。祝仲坤等[7]认为，随着年龄增长农民工的购房意愿呈下降趋势。收入水平越高、受教育水平越高、工作所需专业技能越高的农民工购房意愿越强。第二，从就业层面来看，农民工的收入水平是影响农民工购房的核心要素。相比于普通的受雇者，雇主或老板购房意愿可能会更强烈。高技能的农民工购房意愿往往更为强烈。第三，态度认知也会对农民工的购房

---

①　Harloe，M.，"The recommodification of housing"，in Harloe，M. Lebas，E.（eds.），City，*Class and Capital*，London：Edward Arnold，1981. pp. 17 – 50.

②　Ioannides，Y. M. and S. S. Rosenthal，"Estimating the Consumption and Investment Demands for Housing and their Effect on Housing Tenure Status"，*Review of Economics and Statistics*，Vol. 76，No. 2，1994，pp. 127 – 141.

③　Jaffee，Dwight M. and Kenneth T. Rosen，"Mortgage Credit Availability and Residential Construction"，*Brookings Papers on Economic Activity 2*，1979，pp. 333 – 376.

④　Steven C. Bourassa，"A Model of Housing Tenure Choice in Australia"，*Journal of Urban Economics*，Vol. 37，No5，1995，pp. 161 – 175.

⑤　Lewis，W. A.，"Economic Development with Unlimited Supplies of Labour"，*The Manchester School of Economic and Social Studies*，Vol. 22，No. 2，1954，pp. 139 – 191.

⑥　Zhao Y.，"Leaving the Countryside：Rural to Urban Migration Decisions in China"，*The American Economic Review*，Vol. 89，No. 2，1999，pp. 281 – 286.

⑦　祝仲坤、冷晨昕：《互联网与农村消费——来自中国社会状况综合调查的证据》，《经济科学》2017 年第 6 期。

意愿有影响。文献中测度态度认知的变量包括身份认同、社会地位预期、生活水平预期。第四，社会保障和生活保障是影响农民工购房意愿的因素之一。第五，城市归属感会影响购房意愿。

现有研究一般涉及上述五个方面的部分因素。张新民[1]指出，主要因素包括房租、生活成本、居住人数、住房满意度；陈凯峰[2]指出，抑制农民工进城购房的因素主要包括：置业情况较差、购房成本高、入学不易、保障工作不到位等因素。张务伟等认为，农民工城市买房行为选择影响因素系统中与土地制度相关的路径是：家庭耕地面积对农民工城市买房行为选择有极显著的负向影响，耕地少，农民工不得不去城市打工，这更有利于其融入城市，他在城市买房的可能性也就越大。[3] 土地制度也影响购房意愿。祝仲坤等认为，在"三权"得到明确保障成为固化农村权益的条件时，推动农民工"带资进城"可以提高农民工的购房意愿。[4] 刘成斌等持不同看法，他认为城市的"拉力"因素的影响强度远高于"推力"因素。因此，农民工城镇购房的选择主要取决于城市发展因素，而不是农村因素。尤其是通过完善就地购房的"拉力"既可以保障农民工在农村的既有权益，也有助于快速推进城镇化。[5] 近年来又出现了新的态势，新生代农民工回乡建房比例比老一代农民工家庭高，被视为"逆城市化"行为或已在我国悄然发生（杨国永等，2020）。[6]

第三节　对市民化意愿的影响因素研究

国外学者提出的推—拉理论和二元结构理论等研究集中于探讨发展中国家劳动力转移与流动的成因。农民工是中国转型社会中产生的特殊

---

[1] 张新民：《农民工在打工地购房意愿影响因素研究——以广州市番禺区大岗镇为例》，《江西农业大学学报》（社会科学版）2012 年第 1 期。

[2] 陈凯峰：《农民进城购房制约因素之分析》，《上海房地》2013 年第 8 期。

[3] 张务伟、张可成：《农民工城市买房行为选择研究》，《经济经纬》2017 年第 34 卷第 3 期。

[4] 祝仲坤、冷晨昕：《农民工城镇购房意愿及其影响因素》，《财经科学》2017 年第 3 期。

[5] 刘成斌、周兵：《中国农民工购房选择研究》，《中国人口科学》2015 年第 6 期。

[6] 杨国永、张莉莉：《农民工回乡建房的城乡"推拉"分析——基于"反推拉"的外部情境分析视角》，《城市发展研究》2019 年第 12 期。

群体，与农民工市民化最接近的西方理论是微观迁移理论。从静态角度分析，西方研究将迁移的动机归结为：经济动机、居住满意度动机[①]、社会地位变动动机[②]、生活方式偏好动机、家庭和朋友的影响。从动态角度分析，比较经典的有卡林顿[③]的人口迁移过程模型，以麦吉[④]、艾萨德（W. Isard）为代表的经济地理学及其 21 世纪新发展的理论。蒂布特（C. Tiebout）的"用脚投票理论"将地方公共产品加入人口迁移模型中，探讨了不同地区的公共产品组合与迁移人口的偏好是否匹配决定了其迁移决策。

农民工的购房意愿研究争议并不大，一般来说，收入、年龄、技能、家庭人数、居住情况、归属感等均对购房意愿产生影响，有的研究更为细致，区分了区域和代际两个不同维度。按照我国的传统观念，居者有其屋才有归属感，从农民工角度说住房是市民化的一个标志和象征，对城市来说，房屋成为农民工定居并保障劳动力供给稳定的重要因素，因此农民工购房是农民工市民化以及城市化进程中的一个重要方面，因此购房意愿可以放在市民化意愿的分析框架中讨论。

除购房意愿的研究之外，中国学者专门针对农民工市民化的研究主要集中于两方面：一是农民工市民化的影响因素，其中包括意愿分析；二是农民工市民化的成本收益分析。现有研究主要从制度因素（户籍制度、就业制度、土地制度、社会保障制度）、社会因素（区域环境、社区支持、居住环境）、个人因素（人力资本、社会资本、经济资本）分析农民工的市民化意愿的影响因素。

一　制度因素

学者们普遍将户籍制度背后的社会保障、土地制度以及财政制度等

---

① Rossi, P. H., *Why Families Move: A Study in the Social Psychology of Urban Residential Mobility*, Glencoe: The Free Press, 1955.

② Ballinger, R. E., "Reproductive strategies: food availability as a source of proximal variation in a lizard", *Ecology*, Vol. 58, 1977.

③ Charles M. Tiebout, "A Pure Theory of Local Expenditures", *Journal of Political Economy*, Vol. 64, No. 5, 1956, pp. 416 – 424.

④ McGee, T. G., *The urbanization process in the Third World: Exploration in search of a theory*, London: G. Bell & Sons Ltd, 1971.

作为深层次的制约因素。在社会保障方面，朱雅玲认为，城乡居民福利差距与农民工市民化存在显著的负向关系，福利差距确实阻碍了农民工市民化进程；[1] 许抄军认为，阻碍农民工市民化的正式制度相关的原因中，小孩教育的影响最大、户口的影响次之、社会保障和医疗保险的影响最小，城市归属感障碍、故土情怀障碍、进城成本障碍成为非正式制度相关的阻碍因素。[2] 崔宝玉指出，省内流动、流入本地时间越长、流入城市等级越高以及与家庭成员一起流动能显著增强其长期居住意愿与落户意愿，由政府提供住房、缴纳住房公积金、在公有制性质单位就业也均能显著增强农业转移人口长期居住意愿和落户意愿。社会保险还存在着缴纳和受益领取的异地接续困难，缴纳农村基本养老保险和医疗保险会显著降低农业转移人口的长期居住意愿和落户意愿。[3] 董延芳等研究指出，不同于以往，当前农民工对市民化不感兴趣，倾向于保留农业户口，以农民工身份在城镇务工与生活，选择"自边缘化"。[4] 在土地制度方面，让夫里（Janvry）等针对墨西哥的分析发现，土地确权显著促进了农村劳动力外出就业，而确权前农地产权不安全和外出就业机会多的地区这一影响更明显。[5] 黄忠华认为，农村土地制度安排可通过保险效应和环境舒适度效应影响农民工市民化意愿。承包地为农民工城市融入的失败提供退路和保险，希望保留承包地的农民工其市民化意愿更高；宅基地和耕地为农民工在农村提供较城市更好的居住工作条件和环境，拥有宅基地和打算返乡种地的农民工则不倾向于市民化。新生代和老一代农民工市民化意愿及其对农村土地态度存在显著差异。研究结论：农村土地制度安排影响农民工市民化意愿，进而影响农民工市民化进程和土地集约利

① 朱雅玲：《城乡福利差异对农民工市民化影响实证》，《西安交通大学学报》（社会科学版）2016 年第 1 期。

② 许抄军：《非正式制度视角的农民工市民化意愿及障碍》，《经济地理》2015 年第 12 期。

③ 崔宝玉：《流动特征、政府服务与农业转移人口市民化意愿》，《农村经济》2019 年第 7 期。

④ 董延芳、刘传江：《农民工市民化中的被边缘化与自边缘化：以湖北省为例》，《武汉大学学报》2012 年第 1 期。

⑤ Janvry, et al. , "Delinking land rights from land use: certification and migration in Mexico", *Meeting papers*, Vol. 105, No. 10, 2015, pp. 3125 – 3149.

用，因此，应重视农村土地制度的合理安排。[1] 但也有人的研究结果与上述观点不一致，布劳和穆勒（Brauw & Mueller）认为，土地产权可转让性提高对劳动力转移有一个很小的负向影响，土地产权完善会促进对农地的资本和劳动投入，从而抑制劳动力转移。[2] 除了保留承包地之外，承包地的经营状态也影响市民化意愿。匡远配等强调"三权分置"的城市化意义，即农地价值的发现和农业雇佣，可能带来非农就业的变化，家庭的代际分工和非农就业高收入影响农民转型。[3] 李勇辉的研究结果显示：农地流转能显著提高农民工市民化意愿；对于全样本农民工，农地流转推动了农民工住房由非正规住房向市场整租房、自有住房过渡，进而提高了其市民化意愿，加速其市民化进程；对于农地流转农民工，农地流转租金的提高能推动农民工住房由非正规住房向自有住房过渡，提升其市民化能力，进而增强其市民化意愿；从边际效应看，提高农地流转租金对农民工市民化意愿的边际效应远小于农地流转的边际效应，表明现阶段农地流转市场化程度整体偏低，相较于提升农民工市民化能力来推动其市民化进程，农地流转更多起到为农民工与农村、农业解绑的作用。农地收益也会影响市民化意愿。秦立建将农民工市民化的意愿分为三个维度进行衡量，即是否愿意融入城市、是否愿意长期居住在城市，以及是否愿意转为城市户口。研究发现：老家农地收益越高越降低农民工转为城市户口的意愿；打工所在地拥有养老保险与医疗保险，对农民工城市户口转换意愿的影响效果存在较大的差异。医疗保险对农民工城市户口转换意愿的影响程度，大大高于养老保险对其的影响；老家农地收益和打工地社会保障，对农民工市民化意愿三个维度的影响方向和影响程度有较大的差异。[4] 在财政制度方面，有学者从地方政府官员的晋升角度谈农民工市民化问题。李英东认为，面临晋升激励的地方政府官员

---

[1] 黄忠华：《农村土地制度安排是否阻碍农民工市民化：托达罗模型拓展和义乌市实证分析》，《中国土地科学》2014 年第 7 期。

[2] De Brauw, A. and Mueller, V. , "Do limitations in land rights transferability influence low mobility rates in Ethiopia?", *Journal of African Economies*, Vol. 21, No. 4, 2011, pp. 548 – 579.

[3] 匡远配、陆钰凤：《农地流转实现农业、农民和农村的同步转型了吗》，《农业经济问题》2016 年第 37 卷第 11 期。

[4] 秦立建：《农地收益、社会保障与农民工市民化意愿》，《农村经济》2017 年第 1 期。

缺乏推动农民工市民化的动力，以往的晋升激励机制和财政激励机制不利于农民工市民化，财政激励机制会强化晋升激励机制对农民工市民化的阻碍作用，农民工市民化进程还具有自我弱化的趋势。[①] 有学者同时考虑农地制度与财政分权制度，匡远配认为，财政分权导致农民工享受城镇基本公共服务偏少，农地流转不能明显增加农民财产收入，土地财政和农地非农化流转侵害了农民的合法权益，削弱了农民工承担市民化成本的经济基础，阻滞了农民工市民化进程。[②]

二　社会因素

研究方向主要集中于居住类型、城市规模和环境、归属感以及社会网络等。在居住类型方面，罗丞认为，社会融入意愿和市民化意愿是完全不同的两个概念。居住类型显著影响着新生代农民工的市民化意愿，相对于租住在私人房当中的新生代农民工，租住单位房、居住在单位免费提供的场所或工作场所中的新生代农民工的市民化意愿更低，而居住在政府廉租房、借住房当中的新生代农民工则具有更强烈的市民化意愿。社会融入意愿更多的是出于心理感受，因此与社会隔离感及社会歧视感的联系更为紧密，而市民化意愿却更多出于实际的物质利益考量。[③] 在城市规模和环境方面，叶俊焘认为，无论在何种规模城市，工资收入都对农民工市民化意愿存在正向显著影响，大城市农民工市民化意愿的形成更关注经济收益，中小城市农民工市民化意愿的形成则更重视发展归属；通过对差异的揭示，归纳出当前我国农民工市民化从大城市到中等城市，最后扎根小城市的一般轨迹。[④] 黄锟认为，由于长期的城乡二元结构及户籍制度等因素导致城市居民与农民工身份和待遇不同，影响了农民工的收入和市民化成本的支付能力，并造成了部分城市居民对于农民工的偏

---

① 李英东：《地方政府激励机制的重构与农民工市民化》，《财经理论与实践》2017年第9期。

② 匡远配：《财政分权、农地流转与农民工市民化》，《财政研究》2017年第2期。

③ 罗丞：《安居方能乐业：居住类型对新生代农民工市民化意愿的影响研究》，《西北人口》2017年第2期。

④ 叶俊焘：《不同规模城市农民工市民化意愿及新型城镇化的路径选择》，《浙江社会科学》2016年第5期。

见和歧视。① 蔡昉认为，由于担心外来农民工的进入会抢占城市居民原有的公共产品和就业机会等资源，本地城市居民通过影响地方政府公共产品供给政策的门槛设置，变相提高了外来农民工的就业和生活成本。② 王腊芳研究长沙市各个维度的农民工市民化，认为长沙市农民工总体上基本达到"半"市民化水平，但居住条件、社会关系和政治参与三个维度的市民化水平较低。这种状况导致农民工市民化进程受阻。③ 在归属感和社会网络方面，许抄军研究了湛江市农民工市民化意愿，得到以下结论：与非正式制度相关的原因对农民工市民化的影响远大于正式制度。湛江市农民工市民化意愿比较高，农民工市民化非正式制度方面的障碍有城市归属感、故土情怀和进城成本。④ 黄侦的研究认为，归属感对农民工城市定居和购房起关键作用，但把自己看成是城市的"匆匆过客"而缺乏归属感是农民工普遍存在的心理焦虑。⑤ 鲁强认为，农民工市民化的障碍包括农民工被动边缘化、主动边缘化和主动与被动双重边缘化。同时，被动边缘化及被动边缘化的长期影响会导致农民工群体产生主动边缘化，农民工的主动边缘化主要包括心理边缘化以及行为边缘化。⑥ 卢小君认为就近迁移的农业转移人口的社会融合水平要整体优于异地迁移者，尤其是在心理认同方面的优势凸显，而在经济融合和社会适应层面的差异主要表现在工作满意度和社会关系网络方面。就近迁移对于农业转移人口市民化身份的转变具有重要作用。⑦

三 个人因素

学术界对农民工的个人特征如性别、年龄、教育、人力资本、生存能力、代际及家庭情况等对农民工市民化意愿的影响也做了研究。李强

① 黄锟：《中国农民工市民化制度分析》，博士学位论文，武汉大学，2009 年。
② 蔡昉：《中国城市限制外地民工就业的政治经济学分析》，《中国人口科学》2000 年第 4 期。
③ 王腊芳：《城市农民工市民化水平及影响因素分析》，《现代城市研究》2018 年第 7 期。
④ 许抄军：《非正式制度视角的农民工市民化意愿及障碍》，《经济地理》2015 年第 12 期。
⑤ 黄侦：《农民工城市归属感与购房意愿关系的实证研究》，《经济经纬》2017 年第 3 期。
⑥ 鲁强：《农民工的群体特征、边缘化与市民化路径》，《上海经济研究》2016 年第 5 期。
⑦ 卢小君：《就近迁移与异地迁移对农业转移人口社会融合的影响》，《农业技术经济》2019 年第 7 期。

通过对城市农民工在迈向非农职业过程中普遍停留在非正规就业状态的分析，指出了劳动保护和社会保障不完善、人力资本积累受阻、社会资本建构空间不足等阻碍市民化有序推进的现实问题。[①] 潘泽泉认为，性别、年龄、教育年限对于农民工市民化意愿有重要影响，具体表现为女性农民工比男性农民工市民化意愿更强，中年农民工的市民化意愿显著高于青年农民工和老年农民工，受教育年限越长农民工的市民化意愿越强。经济收入对于农民工的市民化意愿并没有影响，但经济地位却影响着农民工的市民化意愿。职业认同度越高或者拥有住房、住房越舒适农民工的市民化意愿越强。[②] 王晓峰认为，接受技能培训、在流入地参加城镇职工医疗保险能显著提高农民工市民化意愿；超时劳动则显著降低农民工市民化意愿。[③] 杨天荣认为，不同代际农民工市民化意愿有差异，子女教育问题成为农民工是否愿意市民化的分水岭，不同地域的农民工市民化意愿有差异。[④] 苏群认为，农民工目前处于低能力、低定居意愿阶段，生存能力、适应能力和发展能力都对农民工城镇定居意愿有正向显著的影响，群体差异下，新一代农民工与异地农民工市民化能力水平较高，其定居意愿受生存能力和发展能力影响更甚。[⑤] 梅建明认为，年龄、受教育程度、社会生活状况、活动参与程度以及各类社会保障机制等因素能够显著地影响农民工市民化的意愿，而农民工收入水平、住房面积对新生代农民工市民化意愿的影响不显著。[⑥] 还有着重于农民工内部分化现象的研究，谢建社运用社会分层理论，将进城的农民工分为准市民身份、自我雇用、依靠打工维生、失业和失地农民工 5 个层次，并指出农

[①] 李强：《非正规就业视角下农民工市民化的现实困境与路径选择》，《城市问题》2016 年第 1 期。

[②] 潘泽泉：《居住空间分异、职业地位获得与农民工市民化意愿》，《湖南师范大学社会科学学报》2016 年第 6 期。

[③] 王晓峰：《劳动权益对农民工市民化意愿的影响》，《人口学刊》2017 年第 1 期。

[④] 杨天荣：《农民工市民化的差异性分析》，《西安财经学院学报》2019 年第 6 期。

[⑤] 苏群：《农民工市民化能力对定居意愿的影响及群体差异——基于中国劳动力动态调查数据的分析》，《湖南农业大学学报》2019 年第 10 期。

[⑥] 梅建明：《农民工市民化意愿及其影响因素的实证分析》，《江西财经大学学报》2016 年第 1 期。

民工不可能同步市民化，必须经历一个渐进的、分期分批的城市融入过程；[①] 张智勇以年龄为标准，指出中老年农民工呈现出"去城市化""去市民化"倾向，青少年农民工则呈现出非农就业和"市民化"倾向；[②] 余思新等则将农民工分为完全市民化型、准市民化型、半市民化型、"要"市民化型、摇摆型5种类型；[③] 宋国凯将农民工划分为私营企业主、自我雇用的个体农民工、务工人员、无业或失业农民工四大群体，指出农民工中的优势群体更有条件实现社会融合。[④]

第四节 农民工市民化的成本收益研究

国外的研究主要是移民化问题的成本收益分析。博亚斯（Bojas）将移民问题类比国际贸易，指出移民使经济总量增长的同时也伴随着利益的重新分配：本地劳动者工资降低，商品价格下降，本地消费者获利，具体计算出两者的差额为"移民剩余"（immigration surplus）大约为70亿美元。[⑤] 德林克沃特（Drinkwater）认为，25岁以后的非西方移民，对公共部门是存在净贡献的，因为他们能够提供廉价的劳动力，同时保持社会失业率维持在较低水平。[⑥] 杜斯特曼（Dustmann）等通过比较英国移民的税收支出与移民接受的政府支持，来研究成本与收益的关系，移民在进入国家的初始阶段，就业率高于本地居民，工资水平偏低，但是移民得到的来自政府的经济支持少于本地居民，比较得出移民给政府带来

[①] 谢建社：《农民工分层：中国城市化思考》，《广州大学学报》（社会科学版）2006年第10期。

[②] 张智勇：《农民工市民化的代际实现——基于农户兼业、农民工就业与农民工市民化比较的视角》，《江汉论坛》2009年第11期。

[③] 余思新、曹亚雄：《农民工市民化层次性解读及其现实启示》，《西北农林科技大学学报》（社会科学版）2014年第1期。

[④] 宋国凯：《分群体分阶段逐步改革农民工体制问题——基于农民工分化与社会融合的思考》，《北京工业大学学报》（社会科学版）2012年第2期。

[⑤] Bojas G. J., "The New Economics of Immigration", *The Atlatic monthly*, Vol. 278, No. 5, 1996, pp. 72 – 80.

[⑥] Drinkwater S., Eade J., Garapich M., "Poles Apart? EU Enlargement and the Labour Market Outcomes of Immigrants in the United Kindom", *International Migration*, Vol. 47, No. 1, 2009, pp. 161 – 190.

了正向的财政收入。① 斯贾斯德塔（Sjaastad）认为，迁移中成本与收益的关系不仅取决于市场结构和社会资源的流动性，还与政府的税收政策相关。②

综观农民工市民化的成本收益研究，成本研究成果比较多，收益研究相对较少，两相对比的研究也有一些。现有成果从不同层面讨论成本问题，根据成本承担者分类可分为个人成本、企业成本、与财政支出相关的政府成本，根据长短期分类可分为一次性和持续性成本、短期和长期成本以及近期和远期成本，根据代际可分为第一代农民工市民化成本和第二代农民工市民化成本，按区域可分为东、中、西部不同区域的农民工市民化成本。国内学者（赵勍等③；王立岩等④）将成本分为经济成本（生活成本、机会成本、转移成本、风险成本）和非经济成本（精神成本、制度成本等），收益分为经济收益（货币性收益、投资性收益）和非经济收益（医疗保险、养老保险、子女教育等）。

关于公共服务支出，现有成果的研究范围和方法有所不同。申兵测算"十二五"时期宁波市政府和企业为农民工提供与当前城镇居民标准相同的子女义务教育、公共卫生和计划生育、就业扶持、权益维护、社会保障、住房条件改善等公共服务六个领域中每个领域所需要的支出，在此基础上根据农民工及家属总规模计算出各领域支出的人均水平，将各领域支出的人均水平加总即为农民工市民化的农民工人均支出；根据每个领域所需要的财政支出还可计算出各个领域"十二五"时期年均支出水平，加总即为"十二五"时期农民工市民化年均支出水平。⑤ 徐红芬认为，公共成本可分为城镇基础设施建设成本、城镇公共管理成本、社会保障成本、最低生活保障成本、随迁子女教育成本、保障性住房成本。

---

① Dustmann C. , Preston I. , "Is Immigrantion Good or Bad for the Economy? Analysis of Attitudinal Responses", *Research in Labor Economics*, Vol. 24, No. 5, 2006, pp. 3 – 34.

② Sjaastad L. A. , "The Costs and Returns of Human Migration", *Journal of Political Economy*, Vol. 70, No. 5, 1962, pp. 80 – 93.

③ 赵勍、张金麟：《基于私人成本与私人收益的农民工市民化意愿研究》，《华东经济管理》2012 年第 26 卷第 12 期。

④ 王立岩、张芳：《农民工现状评价体系研究》，《科技信息》2012 年第 423 卷第 31 期。

⑤ 申兵：《"十二五"时期农民工市民化成本测算及其分担机制构建》，《城市发展研究》2012 年第 1 期。

个人成本包括个人住房成本、个人保险支出成本、个人医疗保险成本、城市生活成本。中央及地方政府、企业和农民工个人大致各承担总成本的 1/3。目前,城镇化建设的资金供求缺口很大。①

　　有研究者不仅计算成本,同时还综合考虑到人口代际因素和不同区域的经济情况,分别对不同地区的第一代农民工和第二代农民工市民化成本进行测算。张国胜计算出东部沿海地区第一代农民工与第二代农民工市民化的人均成本分别约为 10 万元与 9 万元,内陆地区的第一代农民工与第二代农民工市民化的人均成本分别约为 6 万元与 5 万元。② 张继良、马洪福则从人均社会保障成本、生活成本、子女义务教育成本、住房成本四个方面考虑个人、企业和政府各自缴付的金额并进行加总,并以 2011 年的价格水平作为基期最终计算出江苏省农民工一次性转化为市民化人均总成本为 12.3 万元/人,得到江苏省第一代与第二代农民工市民化的人均总成本相差 3.1 万元/人。③ 单菁菁对我国东、中、西部地区的农民工市民化成本进行测算,得到农民工市民化人均公共成本是 12.9 万元,个人成本是人均 11.9 万元/年,进一步细分得到农民工市民化要在短期集中投入的公共成本约为 2.6 万元,长期投入的公共成本为 2400 元/年。④ 通过对比可以发现,张国胜和单菁菁直接对政府和个人分别所需支付的总金额进行了单独计算,而张继良先分别计算出每个成本项目下的政府、个人和企业的支付金额,最后再分别加总得出政府成本、个人成本和企业成本,他综合考虑到了农民工市民化的意愿、价格水平、工资的变化、摩擦失业率及"新农合"等多方面的影响因素来计算江苏省农民工市民化一次性成功的所有成本。而单菁菁将农民工市民化短期支付成本和长期支付成本区别开来计算个人人均成本和公共成本,这些都是在成本计算方面有益的尝试。

---

① 徐红芬:《城镇化建设中农民工市民化成本测算及金融支持研究》,《金融理论与实践》2013 年第 11 期。

② 张国胜:《基于社会成本考虑的农民工市民化:一个转轨中发展大国的视角与政策选择》,《中国软科学》2009 年第 4 期。

③ 张继良、马洪福:《江苏外来农民工市民化成本测算及分摊》,《中国农村观察》2015 年第 2 期。

④ 单菁菁:《农民工市民化的成本及其分担机制研究》,《学海》2015 年第 1 期。

除了成本计算之外，也有学者进行农民工市民化的个人和公共收益分析。欧阳力胜建立计量模型并使用非线性曲线拟合了市民化成本与收益随农民工人口规模的变动情况，市民化的成本与收益均与人口规模正相关。① 蔡昉认为，农民工市民化的收益远高于其成本，农民工市民化可以带来制度性的改革红利，使 GDP 增加 1—2 个百分点。② 周春山等以广东省为例，从地区差异的视角分析发现市民化收益的地区差异性小于市民化成本的地区差异性，成本和收益达到平衡需要 5.5 年。③ 石忆邵通过构建农民工市民化的成本与收益模型，定量测算了这一转化过程的公共成本、个人成本及其收益。农民工市民化过程中政府需要支出的成本分为随迁子女教育成本、社会保障成本、保障性住房成本以及基础设施维护建设成本。农民工的个人成本分为城市生活成本、自我保障成本、住房成本以及机会成本四类。个人收益包括货币工资性收益、福利性收益以及非经济活动收益（包括社会政治地位、个人见识、自我实现等无法以货币形式衡量的收益），通过市民化率与 GDP 的关系计算出公共收益。结果表明，市民化工程若在城市资源利用可承载范围内按节奏合理推进，其公共和个人的收益均高于相应的成本，可实现社会与个人发展的双赢局面。④ 黎红的研究表明，农民工市民化成本构成要素主要有劳动就业、住房保障、社会保障（养老、医疗、工伤、失业、生育保险和社会救济）、公共卫生服务、职业培训和义务教育、社区管理与服务、基础设施建设等方面；按承担主体可分为私人成本、政府成本、企业成本、社区成本四种，后三种也可合称为社会成本或外部成本，他分别分析了成本的区域化特征、城市化特征。收益包括个人收益和公共收益，农民工市民化个人收益包括经济收益（工资收入增加、生活水平提高、社会保障和公共服务享受等）和非经济收益两类，农民工市民化的公共收益可区

① 欧阳力胜：《新型城镇化进程中农民工市民化研究》，博士学位论文，财政部财政科学研究所，2013 年。
② 蔡昉：《农民工市民化：立竿见影的改革红利》，《中国党政干部论坛》2014 年第 6 期。
③ 周春山、杨高：《人口市民化成本——收益预测及分担机制研究》，《南方人口》2015 年第 5 期。
④ 石忆邵：《基于意愿的上海市农民工市民化成本与收益分析》，《同济大学学报》（社会科学版）2015 年第 8 期。

分为显性收益和隐性收益两类。显性收益包括企业利润、财政收入（税收）、土地流转收益、社会财富等方面的增加；隐性收益包括城市的经济社会繁荣发展，居民的心理健康、精神愉悦、幸福感、安全感提升等方面。经过计算，个人收益和社会收益均大于成本。[①] 胡桂兰认为，企业特别是非国有企业已是完全竞争的市场主体，通过劳动力均衡市场招聘员工，不会因为户籍问题或是农民工而区别对待。因此，企业成本与农民工市民化无直接关系，属于无关成本。农民工个人成本主要包括吃、穿、住、行、社保、教育（主要是子女教育）等方面的支出。由于市民化后能享受政策优惠和免费公共服务，个人负担的成本不增反降，因此农民工市民化个人成本理论上是负数，这也是农民工希望成为市民的经济原因。实际上降低的这一部分成本转嫁给了当地政府。农民工市民化的政府成本主要涉及社保支出的增加，这是地方政府最大的顾虑所在。我国改革开放以来的经济增长和社会发展，绝对不能低估农民工所产生的作用，农民工产生的红利绝大部分留在了城镇，不能以成本衡量农民工市民化的客观需求。[②] 卫龙宝认为，农民工市民化长期的收益高于成本的结论是普遍的，但是两者之间的关系也存在两大矛盾。其一，农民工个人福利最大化与社会福利最大化不一致的矛盾。其二，农民工市民化的成本与收益存在同期不匹配的矛盾。初期常常出现一段时间内成本远高于收益的情形，导致农民工市民化的动力不足；政府一方面希望通过市民化推动经济发展，但又担心为此付出巨额的成本，所以政府在市民化进程中的政策反应相对被动，很难顾全大局。[③] 杜宝旭认为，人们在进行迁移决策的过程中，不仅关注收入水平能否提升，而且更加关注收入与消费之间的差额，即净收益水平能否提升，并以此作为构建农民工市民化私人成本—收益均衡模型，该模型主要受三个因素的影响：一是城乡二元劳动福利差；二是城乡二元消费福利差；三是城乡二元社会保障福利差。经过测算，得出结论：农民工市民化私人成本收益的均衡系数总体

---

①　黎红：《农民工市民化成本评估与经济收益》，《浙江社会科学》2017 年第 12 期。

②　胡桂兰：《农民工市民化成本效益分析》，《农业经济问题》2013 年第 5 期。

③　卫龙宝：《农民工市民化的成本与收益：研究评述与理论框架构建》，《西北农林科技大学学报》2018 年第 5 期。

呈上升趋势，私人收益与成本之间差距在缩小，农民工市民化私人成本收益均衡具有阶段分化的城镇化促进效应，农民工市民化私人成本收益均衡的城镇化促进效应受地理区位因素的影响。[1]

国内大部分学者认为农民工市民化成本应该建立以政府为主、个人和企业共同参与的成本分摊机制。关于推进农民工市民化的路径分析，已有研究大致可归纳为两种取向。一是主张以"生存—发展"的递进思路层次化推动农民工的市民化。在政策目标上表现为完善农民工的生存性保障措施，并着力提升农民工的市民化能力。相关政策建议既立足生存层次，如推进公共服务均等化、完善覆盖农民工的城镇住房保障体系等[2]，又涉及发展层次，如强化农民工的人力资本、培育农民工的社会资本等[3]。二是主张以"分化—选拔"的非均衡思路差别化推动农民工的市民化。这一取向强调农民工群体的异质性特征，倾向于率先回应市民化意愿较为强烈、城市准入条件相对成熟的农民工的市民化诉求，重点提高"离市民最近"的农民工的城市接纳度[4]，此外，还支持新生代农民工实现以返乡创业为支撑、以户籍所在中小城市为依归的"回流式"市民化。[5]

关于成本的问题，如果大而化之计算总成本数额将是非常庞大的，但并非所有成本需要即时一次性付清，如果将成本做短期长期、一次性持续性的划分，并分担到个人、企业和政府等主体之上，农民工市民化

① 杜宝旭：《农民工市民化私人成本收益均衡系数及其城镇化效应》，《经济与管理研究》2018 年第 4 期。

② 李仕波、陈开江：《农民工市民化面临的制约因素及破解路径》，《城市问题》2014 年第 5 期；张展新、王一杰：《农民工市民化取向：放松城镇落户还是推进公共服务均等化》，《郑州大学学报》2014 年第 6 期。

③ 张汉飞：《论农民工市民化的可持续发展路径》，《中共中央党校学报》2013 年第 6 期；肖峰、吴玲：《论农民工市民化内生机制之构建》，《学术交流》2015 年第 3 期；王竹林、范维：《人力资本视角下农民工市民化能力形成机理及提升路径》，《西北农林科技大学学报》2015 年第 2 期。

④ 余思新、曹亚雄：《农民工市民化层次性解读及其现实启示》，《西北农林科技大学学报》2014 年第 1 期；熊景维、钟涨宝：《农民工市民化的结构性要件与路径选择》，《城市问题》2014 年第 10 期。

⑤ 张秀娥、孙中博：《返乡创业对新生代农民工市民化的推进作用》，《东北师大学报》（哲学社会科学版）2014 年第 2 期；潘华：《"回流式"市民化：新生代农民工市民化的新趋势——结构化理论视角》，《理论月刊》2013 年第 3 期。

的仍在承受范围之内。如单菁菁认为，中央和地方政府、企业、个人和市场可以形成"四位一体"的多元成本分摊机制，建立以土地资源为核心的农村资产交易流转平台，通过市场化手段，推动农民工"带资进城"，冲抵其市民化的高额成本。① 匡远配认为，我国农民工基本公共服务的供给长期不到位，使得农村土地的社会保障功能不断强化，严重制约了农村土地大规模流转。同时，现有的户籍、土地、财政分权等制度对农村土地流转存在多重制约，流转不规范、流转收益过低、土地财政式征地等问题突出，阻碍了农地价值的充分实现，减少了农民的财产性收入，降低了承担市民化成本的能力，延缓了农民工市民化进程。在上述分析基础上，他建议进一步完善公共财政体制，充分保障农民农地流转的财产权益，加快机制创新，提高地方政府和农民工分摊市民化成本的能力。② 有些学者特别重视政府所承担的成本部分，主张建立中央政府与地方政府间、地方各级政府间、流入地和流出地政府间的分摊机制。③ 王志章认为，流入地政府应该是农民工市民化成本的主要承担者。④

第五节　现有研究的不足与本书的创新之处

自从 2016 年国务院政府工作报告和 2017 年中央经济工作会议把加快农民工市民化提升到国家战略高度，农民工市民化问题成为政策重点和社会热点话题。但国家统计局的《2019 年农民工监测调查报告》显示，2017—2019 年三年间农民工的增速仍出现不同程度的下降，这说明农民工入城打工的意愿在减弱。后疫情时代农民工留乡返乡就地就业压力进

---

① 单菁菁：《农民工市民化的成本及其分担机制研究》，《学海》2015 年第 1 期。
② 匡远配：《财政分权、农地流转与农民工市民化》，《财政研究》2017 年第 2 期。
③ 谢建社：《建构农民工市民化成本分担机制》，《中国人口报》2015 年 9 月 7 日；俞雅乖：《农民工市民化的基本公共服务投入成本及其财政分担机制研究》，《西南民族大学学报》（人文社会科学版）2014 年第 8 期；谌新民、周文良：《农业转移人口市民化成本分担机制及政策涵义》，《华南师范大学学报》（社会科学版）2013 年第 5 期。
④ 王志章、韩佳丽：《农业转移人口市民化的公共服务成本测算及分摊机制研究》，《中国软科学》2015 年第 10 期。

一步加大，与此同时，进城农民工的就业形势逐渐向好①，当前形势下进一步推进农民工市民化有利于疫情之后国内经济大循环的运转和农村就业压力的纾困。

一　现有文献不足之处

综合梳理现有文献，在下列方面还需要做进一步研究。

1. 现有文献主要集中于农民工劳动力供给意愿（市民化意愿）方面，很少涉及城镇发展对农民工的需求方面，提及需求的基本以定性描述为主。但是农民工劳动力流动必然与就业密切相关，就业问题就会涉及劳动力需求和供给意愿。故本书以劳动力需求和供给、城乡结合为研究视角，定量分析劳动力需求和供给影响因素。

2. 农民工市民化其实是拉力和推力的共同结果，同一个因素有可能既是推力又是拉力。农村层面有拉力也有推力，城市层面亦是如此。现有文献着重于农村的推力和城市的拉力，现实是随着城乡融合发展战略的逐步推进，农村的拉力在提高，城市的竞争压力、住房成本作为农民工市民化的阻力也成为城市的推力，因此研究农村或城市的拉力和推力都同等重要。目前的文献少量涉及土地制度，但总体看分析深度还不够。在涉及土地制度的文献中，或者单方面考虑农地流转或宅基地对意愿的影响，或者将农地流转与城市住房状况结合起来考虑，但这些研究都是不全面的。如果将土地制度纳入推—拉理论框架，拥有宅基地和土地的使用权，表面上看是农村拉力的因素，但具体效应还需要根据农民工对于土地、宅基地的使用状态加以判断。宅基地决定了农民工在农村的居住条件，对应的是城市的居住条件。如果没有宅基地，在居住条件方面，城市的拉力为正，显然合力为正。如果有宅基地，农民工市民化意愿可能受城市居住条件影响比较大，影响结果取决于城乡居住条件的差异，合力可正可负。关于土地使用权，不仅有无使用权对农民工市民化意愿

---

① 2020年7月，城镇外来农业户籍人口（主要是进城农民工）的调查失业率为5.7%，比4月份的6.4%有明显回落。8月、9月城镇外来农业户籍人口失业率连续两个月下降。中华人民共和国中央人民政府网站，http://www.gov.cn/xinwen/2020-08/15/content_5534935.htm，国家统计局网站，http://www.stats.gov.cn/tjsj/sjjd/202010/t20201020_1795021.html。

有影响，而且土地的使用状况也会对其产生影响，因此在土地制度方面需要做出更进一步的探讨。随着城乡融合发展战略的逐步推进，农村的拉力在提高，城市的竞争压力、生活成本等作为农民工市民化的阻力也成为城市的推力，因此研究农村或城市的拉力和推力都同等重要。

3. 现有文献较少涉及市民化层次的划分，往往着重于一个层面的市民化意愿。按照农民工市民化的文献，市民化是一个宽泛的概念，并非仅指户籍，而更多是所对应的多种权益和福利。故本书分制度、定居和心理三个层面衡量市民化意愿，在比较同一因素影响程度的基础上，判断不同类型市民化意愿的强弱差别，有助于分层次推进市民化进程。

4. 现有研究缺乏对财政补贴支付及其可承受范围的研究。已有的研究成果主要可以分为三类：一是主要从个人成本角度研究农民工市民化的成本；二是主要从公共成本角度研究农民工市民化的成本；三是综合性的视角，即将公共成本、个人成本甚至企业成本统筹起来考虑。农民工市民化本质上是利益权衡的结果，现有研究积累了不少成果，是本课题的基础。然而，利益权衡中还有一种情况是研究所忽视的，考虑到农民工市民化意愿分不同类别和层面，成本分短期和长期，而路径和步骤也有先后，如现有研究提到的"生存—发展""分化—选拔"等路径，对应于市民化的不同层次或不同阶段，财政支出也应该是一个区间范围而不是具体的数值，如果不考虑这一点，计算结果会高估财政负担。不同的路径对应于不同的财政支出，分层次计算才能更真实更动态地衡量财政支出负担，也才能对财政可以承担的部分和阶段作出客观评价。因此有必要对微观主体利益最大化条件下财政补贴支付的影响因素及可能性区间进行研究，并在综合考虑农民工和国家财政的利益基础上提出切实可行的措施。

对农民工来说，入城打工是提高收入、改善生活质量的途径，而家乡的土地、宅基地是维持基本生活的重要保障。随着农地和宅基地制度改革①的不断深入，在提高土地资源的集约利用效率、加快农业现代化的同时，农村的用益物权逐渐体现出盘活价值，在农民工市民化过程中所

---

① 2019 年、2020 年中央一号文件均提出要深化农村宅基地制度改革，是继 2017 年土地"三权分置"加强土地流转政策之后又一重要的用益物权制度的改革。

起的作用也会发生相应变化。与此同时，农民工入城后面临"双重非正规性"的问题：工作的非正规性和居住的非正规性。国家统计局数据表明，农民工的劳动合同签约率一直维持较低水平①，签约率低不仅增加维权难度，还造成农民工工作不稳定从而影响人力资本的积累和提升，容易形成职业和阶层的固化。居住层面，城市商品房和租房市场价格都比较高，尽管城市廉租房建设有长足进展，但出于财政压力和吸引人才的考虑，政府将更多的保障性住房向高技能人才倾斜，农民工多在集体宿舍或城边村群租，这种居住隔离状态使农民工无法获取良好的公共服务，也难以拓展新的社会关系或获得进一步的技能提升，上述非正规性显然干扰了市民化的制度进程。从政策层面看，目前农民工市民化的着力点仍在城市，如加强购房补贴、加大就业支持力度、完善社会保障以及推进基本公共服务常住人口全覆盖等措施，但作为基本保障的农村土地因素却在农民工市民化领域很少涉及。市民化意愿实质上是农民工城乡基本生存情况对比权衡的结果，农村的经营性收入对应于城市打工的工资性收入，农村的宅基地及房屋对应于城市的居住环境，本书在此基础上运用经典的推—拉理论分析城乡基本生存状况对农民工市民化意愿的影响，以此考量农村的用益物权改革在人口城镇化过程中的作用。

二 创新点

1. 研究维度多元化。从概念维度来看，需要注重农民工市民化层次的区分，市民化的多元理解突破了原有户籍市民化观念的狭隘，不同市民化层次对应的意愿影响因素和收益成本各有不同，多元化的理解有助于市民化进程的循序渐进，根据市民化层次也就有了多元化目标建构。从主体维度来看，农民工市民化是多元主体的博弈结果，现实中存在城市从"要地不要人"转向"要地又要人"的倾向，而农民工有从向往城市到回乡返流的倾向，企业有应对"用工荒"而产生的用人工智能替代劳动力的倾向，因此需要从多主体维度进行分析，判断农民工市民化的

---

① 根据国家统计局的《农民工监测调查报告》（2013—2016），2013—2016 年农民工整体劳动合同签订率分别为 38.1%、38%、36.2%、35.1%，至今签约率仍是每年"两会"热议的话题。

现状和走向。从农民工市民化的逻辑看，意愿和能力是有区别的，影响因素主要有社会因素、制度因素、经济因素和个人因素，不同因素的影响程度、方向各有差异，需要在显著性判断的基础上，分别对这些因素的影响路径进行定性和定量分析。

2. 围绕农民工市民化的主题展开微观、中观、宏观的分析。农民工市民化的过程既与经济发展的宏观环境有关，又与土地制度、地方政府的发展规划和政策有关，还与农民工及其家庭的个体特征有关，归根结底，上述综合成为农民工市民化微观个体利益权衡的影响因素，也是农民工群体在市民化模式选择时多样性和差异性的根源。在此基础上进一步将上述研究纳入农民工劳动力的供给与城市对于农民工劳动力的需求，将两者结合起来考虑，以扩展农民工市民化意愿的研究范畴，在供求层面上思考农民工市民化的意义和路径。农民工市民化意愿和能力决定着劳动力供给的稳定性，农民工对城市发展做出的贡献和未来的产业发展决定着劳动力需求的稳定性。

3. 影响农民工市民化意愿的城乡综合利益因素分析。第一，农地流转和宅基地应作为农村最基本的生活条件同时加以考量。从农民工入城的动机看，收入和居住条件同为基本生活质量的构成要素，因此有必要将用益物权①作为一个整体进行比较研究。第二，制度的制定和执行情况对市民化意愿产生的影响不可小视。从动态角度看，同一个因素在不同的制度下可能形成推力和拉力的互换；同样是用益物权，农地和宅基地的占有和使用状态对农民工市民化的意愿影响方向、力度及作用机制也各有区别。如果将土地制度纳入推—拉理论框架，拥有宅基地和土地的用益物权，表面上看是农村拉力的因素，但具体效应还需要根据农民工对于土地、宅基地的使用状态加以判断。第三，应该同时考虑城乡的基本生活质量，只考虑一侧是不完整的。宅基地决定了农民工在农村的居住条件，对应于城市的居住条件。如果没有宅基地，在居住条件方面，城市的拉力为正，显然合力为正。是否保留土地承包经营权权益及土地

---

① 根据《物权法》第118条的规定，用益物权是国家所有或者国家所有由集体使用以及法律规定属于集体所有的自然资源，单位、个人依法可以占有、使用和收益的权益。具体到农民主要指土地承包经营权和宅基地使用权。

的使用状况对农民工市民化意愿均造成影响，因此在用益物权的状态方面需要做出更进一步的探讨。

4. 多方因素下的成本—收益分析。在农民工市民化意愿与能力的分析基础上，根据影响因素进行成本—收益分析，并将城市购房与农村资产共同纳入成本—收益的分析框架。以现有文献对农民工人口城镇化成本—收益的研究为基础，一是对农民工市民化成本的概念与内涵的多层次性进行更进一步的认识和探讨，这点与测算方法和项目构成有很大关联，测算结果可能大相径庭；二是在统一口径下对公共服务成本的计算尽量避免项目缺失或重复计算；三是将土地及不动产的处置纳入进来，在不同情况下讨论成本问题。通过计算财政负担水平，寻求将其控制在财政承受范围之内的替代性措施。

第 三 章
理论基础

农民工市民化与经济结构、劳动力转移、就业及分配等理论有关，是多种理论的综合。在理论层次上，迁移研究已经扩展到那些既影响劳动力地域供给决策及影响因素的范畴，它强调社会实体本身及其之间的相互作用对迁移行为的影响。劳动力迁移和流动的理论解释具有相当长的历史，可以一直上溯到19世纪80年代英国统计学家拉文斯坦提出的著名的"迁移法则"（Ravenstein，1885）。不同的分析方法会从不同的方面来解释流动行为。人口学者和社会学者首先关注的是差别迁移，即迁移者不是均匀地分布在人群中，不同的动机对应着不同的迁移群体，如迁移在性别、年龄方面都具有很强的选择性。此外，文化程度、职业、家庭、种族等因素也对迁移行为有重要的影响。地理学者则强调人口的空间分布，将迁移视为一系列结构参数的函数，如距离、迁移方向、迁出地和迁入地的人口规模等，其典型的模型就是重引力模型（model of gravity）及其扩展。经济学家同样也为人口迁移的研究做出了重大的贡献。在经济学框架中，从宏观方面来说，迁移被视为劳动力在地区间和产业间的流动；从微观方面来说，迁移被视为迁移者个人（或其家庭）对较好机会的一种回应。一般来说，迁移能够提高整个经济的效益和参与者的个人收益。经济学家的注意力主要集中在如下几个方面：（1）劳动力迁出（迁入）对迁出地（迁入地）社会、经济调整的作用；（2）迁移作为一种劳动力平衡机制在经济发展中的作用；（3）潜在的迁移者对迁入地和迁出地各种社会、经济因素变化的回应；（4）作为一种人力资本投资的形式，迁移给个人及家庭带来的成本和收益；（5）迁移和其他经济现象或活动（如贸易、工业集聚、城市化等）的关系。

具体来看，涉及的理论基础也是比较丰富的。结构转换理论包括刘易斯的二元经济结构理论、"刘易斯—拉尼斯—费景汉"模型、乔根森的二元经济模型、托达罗的劳动力迁移和产生发展模型、舒尔茨的农民学习模型、钱纳里·塞尔昆的就业结构转换理论；人口迁移理论包括推—拉理论、人口迁移转变假说、配第—克拉克定理；非均衡增长理论包括佩鲁的增长极理论、弗里德曼的中心—边缘理论、缪尔达尔的循环累积论、赫希曼的非均衡增长理论。

第一节　结构转换理论

发展经济学理论视角以刘易斯和托达罗模型为代表。1954 年，阿瑟·刘易斯出版《劳动力无限供给下的经济发展》一书，刘易斯将一国经济分为农业部门和工业部门，认为劳动力转移分为两个阶段。第一阶段，农村剩余劳动力无限供给阶段。由于劳动边际收益率高低差异而引发了农村劳动力源源不断地流向城市工业部门，同时城市工业部门因为高劳动生产率和低劳动力成本获得巨额的超额利润。第二阶段，农村劳动力被城市工业部门吸收完毕而逐渐短缺阶段。工业部门持续吸收农业部门的剩余劳动力，直到两部门的劳动生产率相等为止，传统农业部门与现代工业部门的工资水平大体相当。这意味着一个城乡一体化的劳动力市场已经形成，整个经济包括劳动力的配置完全商品化了，经济发展将结束二元经济的劳动力剩余状态，这时农村剩余劳动力吸收完毕，一国的工业化过程也宣告完成。劳动力由剩余变为短缺，相应的劳动力供给曲线开始向上倾斜，劳动力工资水平也开始不断提高。[①] 刘易斯在《对无限劳动力的反思》里提出了两个转折点的论述。连接第一阶段与第二阶段的交点，就是"刘易斯第一拐点"；经济发展到第二阶段后，农村传统农业部门劳动生产率会有所提高，城市现代工业部门工资不得不上升，当二者工资水平大体相

---

① Lewis, W. A., "Economic Development with Unlimited Supplies of Labour", *The Manchester school*, Vol. 22, No. 2, 1954, pp. 139 – 191.

当时，劳动力的配置完全商品化了，即经济发展转化为新古典学派所说的一元经济状态，这时"刘易斯第二拐点"出现①。

刘易斯模型是以城市"充分就业"为前提假设的，但是，20世纪六七十年代的实际情况表明，在许多发展中国家，城市失业问题已经相当严重，仍有大量的农村人口源源不断地流入城市。显然，刘易斯模型难以对此现象做出解释。

20世纪60年代，美国经济学家拉尼斯（Ranis，G.）和费景汉（Fei，C. H. J.）对刘易斯二元经济结构理论进行了修正和发展，他们强调农业生产率的重要意义，这也成为工业化发展的经济基础和劳动力基础。"欠发达经济的显著特点，是农业部门占主导地位，这个部门以普遍的隐蔽性就业不足和人口高增长率为特征，与之同时存在的是一个很小的但有希望日益增长的工业部门。在这样一个二元结构（两个部门）中，发展问题的核心在于这种经济的重心会逐渐地从农业部门移向工业部门。这样一个过程可以根据两个部门间的人口重新配置以促进工业就业和产出的逐渐扩大去衡量。同时，农业生产率的提高必须足以使总人口中比较少的一部分人能用粮食和原料去支持整个经济"，"提高农业生产率造成了这样一种农业剩余的出现，同时又能使农业部门释放出一些隐蔽性的失业工人，使工业部门得到更多的生产性就业。这样一来，农业剩余和农业劳动力就代表两种主要的实际资源成分，这是由自然农业部门提供，用来促进工业部门扩大"。②

费景汉、拉尼斯把发展中国家结构转换分为三个阶段。第一阶段，农业部门存在着大量的边际劳动产出为零的农业劳动力，对工业可无限供给，这是农业剩下的劳动力对资源重新配置而释放出的能量，工业部门则付给劳动力超过维持生存以上的并足以使他转移出农业的工资。第二阶段，在农业中土地和人口之比开始提高，农业中边际产出大于零的劳动力已经出现，因此，农业劳动力的转移会使农业总产出受到影响，

① Lewis, W. A., "Reflections on Unlimited Labor", *International Economics and Development*, 1972.

② ［美］费景汉、吉斯塔夫·拉尼斯：《劳力剩余经济的发展》，王月等译，华夏出版社1989年版，第6—7页。

将会出现在总的农产品剩余增长的情况下，转入工业的劳动力平均农产品再现下降趋势，这样在工业和农业两个部门之间，贸易条件将转向对工业不利而有利于农业。这时可能出现两种可能：一是贸易条件继续恶化，转入工业的农业劳动力的平均农产品剩余持续下降，农业剩余产品出现短缺，当工业部门对农业剩余产品的需求达到一定点时，工业部门的工资因成本增加而上升，劳动力需求受到限制，这就导致吸收农业剩余劳动力的发展进程受到阻碍，发展过程停滞；二是农业生产率的迅速增长，会使农业劳动的边际产出提高，以至于贸易条件急剧转向对工业不利，增加农业产出引发劳动力需求上升，工业部门必须付出更多的工资才可以得到同量的食物来维持工人的生活。换言之，因为农业工人的边际产出价值，并且包括他们的工资在上升，所以对工业来说，工业部门的工资也必须上涨。这一阶段正是农业生产率的提高避免了转折点提前到来，为经济发展提供了协调发展的动力。第三阶段，农业剩余劳动力全部被吸收，出现完全农业商品化的转折点。在此以后，农业中的边际产出大于工资。工农业开始了新的竞争，说明二元结构向一元结构转换成功。费景汉、拉尼斯比刘易斯更加详细地叙述了在经济结构转换中，就业结构转换的条件和阶段，重视人口增长因素，提出了部门间平衡发展的思想，并把农业剩余劳动力转移过程的实现由一种无阻碍过程变为一种有可能受阻的三阶段发展过程，为农业剩余劳动力转移理论提供了新的、更复杂的内容。

美国发展经济学家托达罗在其发展经济学理论中提出了这样的问题："第三世界国家，特别是在城市，为什么存在着大量的失业？尽管人们在城市找到的工作机会极少，但是为什么农村地区的人们继续向城市迁移？"显然这是前面的理论所不能回答的。鉴于这一情况，托达罗于1969年提出以农村人力资源进城所获"期望收益"大小来解释这一问题，这就是"托达罗模型"。该模型认为城乡预期收入差异的扩大是发展中国家农村人口迁移规模继续增大的主要原因，并且城市失业率也影响着农村居民的迁移决策。迁入地实际收入的大小取决于迁入地的就业概率和迁入地的实际收入，就业概率越高，预期收入也越高。托达罗模型成功构建了人口迁移量、城市就业概率与城乡收入差异之间的联系，强调"预期"是它与传统人口流动模式的主要区别。托达罗模型对城市已经存在较为严重的失业情况下农村劳动力还继续流往城市的问题上，给出了较为满意的答案。但是，该模型只考虑了迁移成本，未考虑生活成本；另外，认为"扩大中、高等教育投资会冲击城市就业"的论断也与发展中国家实际不符。

美国经济学家舒尔茨（Schultz T. W.）认为贫穷国家经济增长缓慢的原因不在于配置传统农业要素方式的明显的低效率，也不能用对这类传统要素的储蓄和投资率低于最优水平来解释，在新农业要素确实有利可图时，农民就会作为新要素的需求者来接受这些要素。最关键的是农民学会有效使用现代农业要素，在这一点上，农业迅速增长主要依靠向农民进行特殊投资，以使他们获得必要的新技能和新知识，从而成功地实现农业的经济增长，以及就业的广泛而深入的安置。舒尔茨提出要开发人力资本，扩充传统经济学的投资概念，认为人所获得的能力并不是免费的，而是实在的、可确定的成本，其收益也不是完全不能衡量的。实质上，人的能力培养是一种人力资本的投资形式。以往的许多发展中国家面临的主要障碍正是技术人才缺乏和劳工素质低下，而由人力资本不足所引起的这种资本和人力资本之间的不平衡很难通过引进加以解决。因此对发展中国家来说，必须注重并靠自身的努力去改善本国的人力资本状况。教育是人力资本中最主要的组成部分，从现在农业技术的要求考虑，教育和知识的必要性已经无须争辩，初等教育对农民特别必要，因为它的成本最低，只有直接成本，没有放弃工作收入的间接成本。就其价值而言，它又是最为基础并具有长远影响的投资，这对农民在农业的综合开发中广泛就业能打开多扇之门。1962 年，夏斯达（Sjasstad L. A.）将该理论进行了量化，人口迁移的成本收益理论将收益定义为迁移者预期到迁入地会取得比现在多的收益。成本包括货币成本和非货币成本，货币成本是交通、住宅、食物等方面增加的支出，非货币成本包括迁移时减少的收入以及心理成本等。只有迁移的收益大于成本，人们才做出迁移决策。建立了成本—收益模型，即两地收入差减掉成本之后的现值。[①] 这一理论把微观经济理论应用到人口迁移研究中，并加入了微

---

① Sjaastad L. A., "The cost and Returns of Human Migration", *Journal of Political Economy*, Vol. 70, No. 5, 1962, pp. 80 – 93.

观的个人心理分析。

　　钱纳里·塞尔昆在其专著《发展的型式 1950—1970》中研究了发展中国家和发达国家的发展趋势，提出在发达国家工业化演进中，农业产值和劳动力就业向工业的转换基本是同步的，即随农业和工业产值份额的此消彼长，农业人口也相应地向工业转移，但是发展中国家，产值结构转换普遍先于就业结构转换。一般来说，开始工业化起点时，产值比重比就业比重大约高 25 个百分点。一方面，在于发展中国家面临着越来越多节约劳动的先进工业技术，现代工业部门创造产值的能力大大高于创造就业机会的能力，特别是对人口众多的落后国家来说，就业结构的转换在初期必然是相当缓慢的。另一方面，工业产值比重高的部分原因在于发展中国家的价格结构，即工业品价格偏高，农产品价格偏低。因此，相比之下，就业结构变动指标比产值结构变动指标更能真实地反映产业结构的实际变动状况。迁移是人们追求更大经济收益的行为决策过程，迁移者预期通过实施这一行为将会得到较大收益。当迁移收益大于成本时，迁移就可能发生。对发达国家来说，当人均国民生产总值达 300 美元时（国际上定义刘易斯转折点），工业化加速发展，国家投资策略开始转向，经济开始走上稳定协调高速发展阶段。而对发展中国家来说，历史条件完全不同，现代大工业对劳动力的需求弹性大大下降，因此，发展中国家的农业剩余劳动力不可能一开始就直接被吸收到采用最新技术的现代工业部门，而是首先吸收到劳动比较密集、技术不太先进的工业部门。因此，当达到刘易斯转折点时，虽然工业比重已经占据主导地位，但是劳动生产率和技术水平并没有达到发达国家水平，农村剩余劳动力向工业转移的过程会拉长。

第二节　推—拉理论

　　推—拉理论的起源可以追溯到 19 世纪。最早对人口迁移进行研究的学者是英国的雷文斯坦（E. Ravenstein）。他在 1885 年的《人口迁移规律》一书中认为人们进行迁移的主要目的是改善自己的经济状况，并对人口迁移的机制、结构、空间特征规律分别进行了总结，提出著名的人口迁移七大定律：第一，人口的迁移主要是短距离的，方向是向工商业发达的城市迁移；第二，流动的人口首先迁居到城镇的周围地带，然后又迁居到城镇里面；第三，全国各地的流动都是相似的，即农村人口向城市集中；第四，每一次大的人口迁移也带来了作为补偿的反向流动；第五，长距离的流动基本上是向大城市的流动；第六，城市居民与农村居民相比，流动率要低得多；第七，女性流动率要高于男性。雷文斯坦的观点被认为是人口转移推—拉理论的渊源。[①] 1938 年，赫伯尔第一次系统总结了推—拉理论概念，他认为人口迁移是由一系列力引起的，一部分为推力，另一部分为拉力。该理论认为，人口迁移是由于迁出地的推力或排斥力和迁入地的拉力或吸引力共同作用的结果。

　　系统的人口转移推—拉理论则是唐纳德·博格（D. J. Bogue）于 20 世纪 50 年代末明确提出的。其主要观点为：从运动学的观点看，人口转移是两种不同方向的力相互作用的结果：一种是促使人口转移的力量，即有利于人口转移的正面积极因素；另一种是阻碍人口转移的力量，即不利于人口转移的负面消极因素。在人口迁出地，存在着一种起主导作用的推力，把原居民推出其常居住地。产生推力的因素有自然资源枯竭、农业生产成本增加、农村劳动力过剩导致的失业与就业不足、较低的经济收入水平等经济、文化、环境、宗教、政治多方面原因。[②]

　　推—拉理论还有许多量化模型。引力模型（Gravity Model）是应用广泛的空间相互作用模型，它是用来分析和预测空间相互作用形式的数学方程，已被不断扩展，运用于许多领域，如研究空间布局、旅游、贸易和人口迁移等方面取得很多有益的研究成果。这一理论是万有引力定律在劳动力空间移动领域的应用。17 世纪，牛顿提出著名的万有引力定律，牛顿物理学的问世极大推动了物理学及其他自然科学和社会学科的发展。根据这一定律，任何两个物体之间的作用（引力）的大小与它的质量成正比，与它们之间的距离平方成反比。以牛顿经典力学的万有引力公式为基础，Tinbergen（1962）和 Poyhonen（1963）对其在经济学领域做了

---

　　① ［英］雷文斯坦（E. Ravenstein），"The laws of migration"，*Journal of the royal statistical society*，No. 2，1885。

　　② Bogue，D. J.，"Internal Migration"，in Hauser，Duncan（ed.），*The Study of Population：An Inventory Appraisal*，Chicago：University of Chicago Press，1959.

发展和延伸，提出完整且简便的经济学模型。该模型认为两个经济体之间的单项贸易流量与它们各自的经济规模差异（一般用 GDP 来表示）成正比，与它们之间的距离成反比。美国社会学家吉佛（Zipf G. K.）把"万有引力定律"引入推拉模型，并应用于人口迁移研究。他认为，人口迁移是一种人口在地表空间中的移动现象，因此距离便成为衡量和影响人口迁移的一个基本地理要素。以距离模型为基础，除了万有引力与距离成反比的定律之外，他提出两地之间迁移人口同时由两地的人口规模和两地之间的距离决定，即与两地人口规模成正比，与两地之间距离成反比，并基于此提出了引力模型（gravity model）。① 距离模型简单引用了万有引力与距离成反比的定律引力模型还存在多种形式的修正，该模型的提出使人口迁移的定量分析成为可能。但是人口数量和两地距离是客观因素，这些因素如何作用于人口迁移还需要迁移动机和内在机制的，这正是早期推—拉理论所缺乏的部分，后人逐渐引入经济变量以探讨经济层面的对人口迁移产生推拉作用的因素。美国人口学家劳里（Lowry I S）利用统计模型，把吉佛引力模型中隐含的"一个地区的人口规模决定了该地区所能提供的就业机会"的假设具体化，提出经济引力模型，加入失业率和制造业的小时工资描述就业机会。②

伊沃里特·S. 李（Everett S. Lee, 1966）在其《迁移理论》一文中系统总结了推—拉理论。他将影响迁移行为的因素概况为四个方面：影响迁移的因素、迁移量、迁移的流向和迁移者的特征。（1）影响迁移的因素。即迁出地的因素、迁入地的因素、中间阻碍因素和个人因素。第一，迁入地和迁出地因素。任何一个地区都同时存在某些吸引人口迁入的因素和某些排斥人口迁入的因素；当然，也有一些因素对某些人来讲是无关紧要的。人口的迁移正是这些因素综合作用的结果。通常，人们对迁入地和原居住地各种因素的评价，会受到主观感受和客观条件的影响，也受个人生命周期的影响。例如，适宜的气候对每个人都可能是拉

---

① Zipf G. K., "The P1P2/D Hypothesis: On intercity move – ment of persons", *American Sociological Review*, Vol. 11, No. 6, 1946, pp. 677 – 686. Zipf G. K., *Human behavior and the principle of least effort*, New York: Hafner, 1949.

② Lowry I. S., *Migration and metropolitan growth: two analytical models*, San Francisco: Chandler Pub. Co., 1966.

力因素；好的教育设施对学龄儿童的父母可能是拉力因素，但对没有孩子的人来说则可能是推力因素，因为维持好的教育设施，意味着纳税人将要多纳税。第二，中间因素和个人因素。迁移还受迁入地和原居住地之间各种中间阻碍因素，如距离和迁移成本的影响。一个人的性别、年龄、个性、文化水平、敏感程度、对其他地区的认识程度、与外界接触的方式等等，都会影响他对原居住地和迁入地的评价，从而影响其迁移决策。(2) 迁移量。李认为，人口迁移的流量受以下因素的制约：第一，在一定地区范围内，人口迁移的流量随各个地方之间差异的程度而变化。地区间的差异程度越大，则迁移流量越大。李的这一论断在一定程度上是正确的，因为地区间差异程度越大，人们通过流动而获得的机会越多。但是，当地区间的差异程度大到使人难以适应的时候，迁移就根本无从谈起了，因此两地差异应该是有一定范围的。第二，人口迁移的流量随迁出地和迁入地人群之间的差异而不同，如果迁出地和迁入地人群间的同质性高，如种族、宗教、教育、收入、信仰等越相似，则迁移量越少。李的这一论断是建立在社会分工的基础之上的。从个人的角度讲，迁移是为了通过在空间上的移动而更好地实现个人的潜能；从社会的角度讲，迁移是实现地区间人才交换的重要手段。如果各个地区之间的人口是同质的，或者说，在特征上没有差异，人口迁移就毫无价值，也无必要了。地区间人口的同质性越低，则差异越大，人口迁移的可能性和必要性就越大，人口迁移就越活跃，人口迁移流量就越大。反之，人口迁移流量就越小。第三，人口迁移的数量与克服中间障碍的难易有关。李举例指出，原民主德国的东柏林和原联邦德国的西柏林，最初是一个城市，人口迁移应该很方便，但是（在第二次世界大战结束后德国统一前）东、西柏林之间的围墙却阻碍了德国东、西部人民之间的交流。总之，自然的障碍和政治的限制等，都会抑制地区之间的人口迁移。第四，人口迁移的流量随经济情况的变动而变化。如经济萧条时期的人口迁移就会少于经济繁荣时期的人口迁移。经济周期在很多方面影响人们的迁移行为，但最重要的仍在于影响人们对原居住地和迁入地的评价；除非有某种特殊限制，迁移流和迁移率会随时间的推移而不断增大。这是因为，随着时间的推移，区域间的差异程度会越来越大，人们之间的差异程度也会日益加大，迁移的中间障碍会减少，从而使迁移量增加，迁移率提高。

(3) 人口迁移的方向。李认为可从以下几方面考虑：第一，人口迁移有其特定的方向。通常，人口迁移会集中到几个特定的目的地。这是因为，机会常常集中在某些特定的地区；同时，迁移者一般会遵循以往的迁移者走过的道路。以往的迁移者把有关的信息传回原居住地，会在一定程度上降低迁移的成本，为后来者的迁移提供方便。第二，每一个迁移的流向都伴有方向相反的返迁移流。这一返迁移流产生的原因是：目的地的拉力因素可能会逐渐减少或消失，从而导致一部分迁移者返回原籍；迁移增加了迁入地和迁出地之间的接触，开阔了迁移者的视野，使他们认识到原居住地的机会，从而返回原居住地创业；迁移可能使迁入地的居民认识到其他地区的机会，从而使他们向外地迁出；许多以经济为目的的迁移者，在他们实现了其经济目标以后，他们会返回原居住地，特别是在他们退休以后。第三，流向效率。李将流向效率定义为主迁移流与返迁移流之比。当影响迁移的主要因素在原居住地表现为排斥力时，流向效率较高；当原居住地与迁入地的情况类似时，则流向效率较低；当中间障碍比较大时，则流向效率较低；流向效率还因经济情况而异。经济景气时，流向效率较低；经济萧条时，流向效率较高。（4）迁移者特征。人口迁移不是均匀地发生在人口中每一个人身上的，相反它具有较强的选择性。一般地讲，年轻力壮、受教育水平较高的人，更倾向于迁移。当然，这种特征不能一概而论，在不同背景下，迁移者特征表现各不相同。①

推—拉理论发展到现在通常会更为全面地通盘考量迁入迁出的利益权衡，在迁出地存在"推"人口转移的因素的同时，也存在"拉"人口的若干因素，如家人团聚的快乐、熟悉的社区环境、在出生和成长地长期形成的社交网络以及土地和宅基地带来的亲切感、舒适度和收益增长等。在迁入地存在"拉"人口转移的因素的同时，也存在"推"人口的若干因素，产生拉力的主要因素有：较多的就业机会、较高的工资收入、较高的生活水平、较好的受教育的机会、较完善的文化设施和交通条件、较好的气候环境等。到一定阶段，推力因素逐渐产生，如家庭分离导致的亲情缺失、高度紧张的工作强度、生活成本的提高、收入水平提升速

---

① Everett S. Lee, "A Theory of Migration", *Demography*, Vol. 3, No. 1, 1966, pp. 47–57.

度的放缓、生态环境质量的下降、陌生的环境造成的孤独感以及迁入地对外来人员政策和心理排斥等。而这种"推"和"拉"的力量随着时间的推移会发生变化，也就会引起利益权衡及人口迁移方向的逆转。在人口流动之初，迁出地的"推"的力量比"拉"的力量大，占有主导地位。同时在迁入地，存在着一种起主导作用的"拉"力把外地人口吸引过来。综合起来无论何种情况，转入地的"拉"力比"推"力更大，占有主导地位。显然该理论目前仍具有较强的解释力，为我们研究中国对农民工市民化问题提供了思路和理论基础。

需要注意的是，推—拉理论有三个前提：一是假设人们的迁移行为是一种理性的选择；二是认为迁移者对原驻地和迁入地的信息有比较充分的了解；三是其他条件不变。但实际情况是这三个前提不能完全满足。有限理性、信息不对称、经济条件发生变化则更接近现实。当新的因素加入进来，比如新的扶持政策、新的经济模式、新的技术条件使"推"和"拉"的力量形成逆转，原迁入地和迁出地可能角色互换，净迁入人口的多少实质是劳动力市场双方及迁入地当地政府、市民多方动态博弈的结果。

第三节　新古典经济学理论中的人口迁移理论

新古典经济学家将经济学中供给与需求关系引入人口迁移的研究中，认为劳动力供给与需求的区域差异引起了不同区域之间劳动力的调整，人口迁移是这一调整过程的体现。根据舒尔茨的人力资本理论，对于个人来说，迁移被视为一种个人人力资本的投资，这种个人投资可以增强自身的经济效益从而提高自身的整体生活水平。多数研究表明，人口迁移主要是在市场调节下移民对经济机会的选择。Courchene[1]通过对加拿大各省区的调查，发现迁移率与人均收入呈正相关关系。Cebula & Vedder[2]

[1]　Courchene, T. J., "Interprovincial Migration and Economic Adjustment", *Canadian Journal of Economics*, No. 3, 1970, pp. 550–576.

[2]　Cebula, R. J., & Vedder, R. K., "A Note on Migration, Economic Opportunity, And The Quality of Life", *Journal of Re-gionalScience*, Vol. 13, No. 2, 1973, pp. 113–116.

发现在美国39个都市统计区中，人口净迁入量与人均收入呈弱正相关关系。新古典经济学假定个人是迁移过程的最小单位，而在实际研究中，许多学者发现个人决策往往与家庭有着很大的关系，从而在新古典经济学理论的基础上产生了新家庭迁移理论。该理论认为个体的迁移决策是由家庭成员共同决定做出的，迁移（特别是短期迁移）的因素归结为一种最大化经济利益和最小化风险的家庭策略，而周期性往返迁移则是充分利用城市和农村（家庭）资源。人的迁移行为不仅受个人预期收入的影响，更重要的还会受到家庭因素的影响。该理论对家庭观念较重的东南亚国家和中国，具有更广泛的普适性。

配第—克拉克定理来自英国古典经济学家威廉·配第（William Petty）的《政治算术》，而真正对其归纳并加以验证的是克拉克。1940年，克拉克出版了《经济进步的条件》一书，他以配第的研究为基础，对40多个国家和地区不同时期三次产业的劳动投入产出资料进行了整理和归纳，总结出随着经济发展和人均国民收入水平的提高，劳动力首先由第一产业向第二产业转移，然后再向第三产业转移的演进趋势。配第—克拉克定理有三个重要前提：第一，该定理对产业结构演变规律的探讨，是以若干国家在时间的推移中发生的变化为依据的。这种时间系列是与不断提高的人均国民收入水平相对应的；第二，该定理在分析产业结构演变时，首先使用了劳动力这一指标，考察了伴随经济发展，劳动力在各产业中的分布状况所发生的变化；第三，该定理是以三次产业分类法，即将全部经济活动分为第一产业、第二产业和第三产业为基本框架的。

配第—克拉克定理属于产业结构变动的经验总结，它不仅可以从一个国家经济发展的时间序列中得到印证，而且还可以从处于不同发展水平的国家在同一时点上的横断面比较中得到类似结论。也就是说，从处于同一时期而发展水平不同的国家的经济情况看，人均国民收入较低的国家，第一产业劳动力所占的比重相对较大，而第二产业、第三产业劳动力所占的比重相对较小；反之，人均国民收入水平较高的国家，其劳动力在第一产业中所占的比重相对较小，而第二产业、第三产业中劳动力所占的比重相对较大。因而可以说，配第—克拉克定理也是一条反映产业结构变动的经济规律。

这种转移归因于两方面的差异：收入弹性差异，第一产业的属性是农业，而农产品的需求特性是当人们的收入水平达到一定程度后，难以随着人们收入增加的程度而同步增加，即它的收入弹性出现下降，并小于第二产业、第三产业所提供的工业产品及服务的收入弹性。所以，随着经济的发展，国民收入和劳动力分布将从第一产业转移至第二、第三产业。投资报酬（技术进步）差异，第一产业和第二产业之间，技术进步有很大差别，由于农业的生产周期长，农业生产技术的进步比工业要困难得多，因此，对农业的投资会出现一个限度，出现"报酬递减"的情况。而工业的技术进步要比农业迅速得多，工业投资多处于"报酬递增"的情况，随着工业投资的增加，产量的加大，单位成本下降的潜力很大，必将进一步推动工业的更大发展。

第四节 非均衡增长理论

与劳动力流动相关的是经济发展的差异，在不设置门槛劳动力自由流动的情况下，劳动力流向与区域经济发展密切相关，在研究区域经济发展的理论中，非均衡增长理论着重于研究经济增长差异的原因，理论背后其实也是在探讨劳动力流动的动因。非均衡增长理论包括佩鲁的增长极理论、弗里德曼的中心—边缘理论、缪尔达尔的循环累积论、赫希曼的非均衡增长理论。

增长极理论由法国经济学家弗朗索瓦·佩鲁（F. Perroux，1950）提出，增长并非同时出现在所有的地方，它以不同的强度出现于一些增长点或增长极上，然后通过不同的渠道向外扩散，从而形成以增长极为核心，周边地区不均衡增长的地区性经济综合体。佩鲁在其1950年的《经济空间：理论的应用》和1955年的《略论发展极的概念》等著述中，提出以"增长极"为标志并以"不平等动力学"或"支配学"为基础的不平衡增长理论。他指出："增长并非同时出现在所有地方，他以不同的强度首先出现在一些增长点或增长极上，然后通过不同的渠道进行扩散，并对整个经济产生不同的最终影响。"[①] 佩鲁从一般、抽象的经济空间出发，认为经济空间存在着若干中心、力场或极，产生类似"磁极"作用

---

① 佩鲁：《略论增长极的概念》，《应用经济学》1955 年第 8 期。

的各种离心力和向心力，增长极本身具有较强的创新能力和增长能力，并通过外部经济和产业关联的乘数扩张效应，推动了其他产业的增长，从而形成经济区域和经济网络，从而产生相互联合的一定范围的"场"，并总是处于非平衡状况的极化过程之中。佩鲁认为，增长极的形成至少应该具备三方面的条件：一是在一个地区内存在着具有创新能力的企业群体和企业家群体。因为经济发展的重要动力是少数有冒险精神、勇于革新的企业家的创新活动；二是必须具有规模经济效益。增长极地区除了创新能力及其主体外，还需有相当规模的资本、技术和人才存量，通过不断投资扩大经济规模，提高技术水平和经济效益，形成规模经济效益；三是要有适宜经济发展的外部环境。外部环境主要包括完善的基础设施条件、良好的市场环境和适当的政策引导。只有良好的投资和生产环境，才能集聚资本、人才和技术。在此基础上形成生产要素的合理配置，使经济得到快速增长进而成为起带动作用的增长极。该理论从两个方面打破了经济均衡分析的新古典传统，为区域经济发展理论提供了新思路。一方面，它反对均衡增长的自由主义观念，主张区域经济非均衡增长；另一方面，通过引入空间变量丰富了抽象经济学分析的内容。

佩鲁的"增长极"理论提出以后，受到学术界的重视，一些经济学家对其做了补充和发展。Boudeville、Nichols、Hirshman 等人将研究视角由"经济单元"转向"地域空间"，提出"增长中心"概念，使增长极理论由抽象变得更具实用性。[①] 他们认为企业之间和行业之间的亲和力将产生外部经济效益，"增长极"的出现有利于企业之间、行业之间和地区之间在经济活动中形成网络关系，从而扩大外部经济效益。"增长极"发展到一定程度，就会产生"涓滴效应"，包括技术创新、制度创新在内的各种创新活动和部分资金、劳动开始向周围地区扩散和输出，带动非"增长极"地区共同发展。

法国经济学家布德维尔（J. R. Boudville）首先把佩鲁增长极概念的内涵从抽象的经济空间转向地理空间，并由此得出其区域增长极战略的基本思想。布德维尔在其 1957 年的《区域经济规划问题》和 1972 年的

---

① Gereffi, G., Humphrey, J., Sturgeon, T., "The Governance of Global Value Chains", *Review of nternational Political Economy*, No. 12, 2005.

《国土整治和发展极》等著作中对"经济空间"这一术语做了开拓性的系统阐释。他认为，经济空间既包括经济变量之间的结构关系，也涵盖其所在的地域结构或区位关系，并正式提出"区域发展极"概念，并指出，增长极是在城市区配置不断扩大的工业综合体，并在其影响范围内引导经济活动的进一步发展。外部经济和集聚效应造成作为增长极的工业在空间上的集中分布，并与现存的城市结合在一起。[1] 布德维尔认为增长极既是经济空间上的某些企业，也是地理空间上产业集聚的城镇，并把增长极分为由市场机制支配的自发生成的增长极（极化区域）和计划机制支配的诱导生成的增长极（计划区域）。他认为增长极是位于城镇或其附近的区域推进型产业的复合体，是引导区域经济进一步发展的地理"增长中心"。在区域发展初期，投资应当集中于这种增长中心，使增长由中心向周围地区传播。

缪尔达尔对增长极的运行机制做了补充。缪尔达尔在其1957年的《经济理论和不发达地区》和1968年的《亚洲戏剧：各国贫困问题考察》等著述中，提出了"地理上的二元经济结构"理论。他认为，社会经济发展过程是一个动态的各种因素（其中包括产出与收入，生产和生活水平，制度和政策等六大因素）相互作用、互为因果、循环积累的非均衡发展过程。[2] 在此过程中，有一些地区由于受到外部因素的作用，经济增长速度会快于其他地区，就会出现地区之间的经济发展差距。而且这种差距会引起"累积性因果循环"，使发达地区发展更快，落后地区发展更慢，从而逐渐拉大地区经济差距，形成发达地区和不发达地区并存的二元经济结构。由于这种二元经济结构的存在，生产要素在地区之间的流动会产生两种效应：一种是发达地区（增长极）对周围落后地区的阻碍作用或不利影响，即"回波效应"，促进各种生产要素向增长极的回流和聚集，产生一种扩大两大地区经济发展差距的运动趋势；另一种是对周围落后地区的推动作用或有利影响，即"扩散效应"，促成各种生产要素在一定发展阶段上从增长极向周围不发达地区的扩散，从而产生一种缩

① Boudeville J. R. , *Problems of Regional Development*, Edinburgh：Edinburgh University Press, 1996.

② 施祖麟：《区域经济发展：理论与实证》，社会科学文献出版社2007年版，第118页。

小地区间经济发展差距的运动趋势。但从总体上看，由于市场机制的作用，"回波效应"总是先于和大于"扩散效应"，因为在市场机制作用下，发达地区在发展过程中不断积累对自己有利的因素，而落后地区则不断积累对自己不利的因素。因此由于循环积累因果的作用使经济在空间上出现了"地理二元经济"结构：经济发达地区和经济不发达地区同时存在。"地理上二元经济结构"理论提出了增长极的负面效应"回波效应"，弥补了佩鲁增长极理论的不足，同时缪尔达尔还提出了政府的作用，积极地干预而不是消极等待发达地区或增长极的"扩散效应"。后来的学者把这种情况归结为国家干预主义占上风的"诱导的增长极"现象，这是缪尔达尔增长极理论的精髓。

德裔美国发展经济学家赫希曼（Albert O. Hirschman）促进了增长极理论的进一步发展。他在其1958年的《经济发展战略》中提出"核心区—边缘区"理论。他认为，区域都可以分为核心区和边缘区，核心区是社会经济活动的积聚区域，受其影响并围绕它进行分布的区域；而经济不发达的区域，则被称为边缘区。核心区与边缘区存在着一种密切的社会经济联系。一方面，核心区从边缘区吸收生产要素产生大量革新（材料、技术、产品、社会文化体制等）。另一方面，这一革新又源源不断地从核心区向外扩散，引导边缘区的经济活动、社会文化结构、权力组织和聚落类型的转换，从而促进整个区域系统的发展。与缪尔达尔的"回波效应"和"扩散效应"相对应，他把发达地区（中心城市）的增长对落后地区的有利影响称为"涓滴效应"，不利影响称为"极化效应"。赫希曼是通过"联系效应"来解释不平衡增长的。所谓"联系效应"，是指在一国的社会经济中，各个产业之间存在着相互联系和相互影响的依存关系。这种关系决定了每一个部门的生产活动对其他相关部门生产活动的影响。他指出，政府要选择优先发展的产业时，可以考虑选择联系效应比较大的产业优先发展，从而发挥较大的联系效应。"联系效应"可用产品的需求价格弹性和需求收入弹性来衡量。[1] 他的分析与缪尔达尔的理论有一些相似之处，但更加强调了增长极对其他地区的带动作用。同时，他提出政府对增长极的发展应采取谨慎的干预，而不是缪尔达尔提出的

---

① 姚士谋等：《区域与城市发展论》，中国科学技术大学出版社2004年版，第55页。

积极干预。他认为谨慎的政府干预是促进"涓滴效应"生成的一个必不可少的条件。

　　除上述理论之外，对于劳动力流动的解释还有从年龄层面分析的理论，即年龄—迁移率模型。劳动迁移理论和人力资本理论认为，年龄越小、教育水平较高的人群往往更倾向于迁移。为了把握年龄与迁移率的一般关系，美国人口学家罗杰斯（Rogers，1978，1984）利用瑞典等国的人口普查资料，提出了年龄—迁移率理论模型。根据罗氏理论，从年龄考察迁移概率，一般在幼儿阶段较高，到初等义务教育阶段下降较快，但该阶段结束又迅速上升，到 20—30 岁达到顶峰，之后缓慢下降。到 50—60 岁退休年龄阶段，又形成一个小的迁移高峰。典型的罗杰斯曲线，由前劳动力成分（0—14 岁）、劳动力成分（15—64 岁）、后劳动力成分（ >64 岁）和不受年龄影响的常数成分 4 个相对独立的部分组成。罗氏理论为深入从年龄结构考察人口迁移特征提供了理论依据和方法支撑，对发达地区人口老龄化和迁移人口年龄结构研究具有重要借鉴意义。

　　上述四大理论都强调产业间或区域间发展的不平衡所导致的微观收入差异。关于劳动力工资的研究经历了漫长的过程。古典经济学认为工资是劳动力价格的体现，等于维持劳动力所需的生活资料的价值。最早讨论工资问题的是威廉·配第，他认为工资是维持工人生活所必需的生活资料的价值，亚当·斯密和大卫·李嘉图等人认为劳动力的工资水平至少维持生活，甚至要超过足够维持生活的程度，否则劳动者就不能赡养家室而维持劳动力的再生产了。马克思在继承上述理论的基础上进一步认为劳动力也是一种商品而且是特殊的商品，其价值是由再生产劳动力所需的社会必要劳动时间决定，即劳动者维持自己和家属所需要的生活资料的价值，可具体化为维护劳动者自身生存所必需的生活资料的价值、养活劳动者家属所必须的生活资料的价值和劳动者的教育训练费用。作为劳动力价值的表现形式，劳动力价格的形成与决定同样受到价值规律和供求规律的影响，在供求和竞争的作用下工人的工资水平以劳动力价值为基础上下波动。19 世纪后期，新古典经济学派对工资的决定做了不同于古典经济学的研究。约翰·贝茨·克拉克在边际生产力分配理论中从劳动力市场需求角度阐述决定工资的因素，即边际生产力。边际生产力理论认为，由于边际报酬递减规律的作用，生产要素的边际收益产品随着生产要素的不断增加，最初上升，但超过某一点后开始下降。在这种情况下，任何一个以利润最大化为目标的企业使用生产要素的原则是边际成本与相应的边际收益相等，这个原则同样适用于企业确定劳动力的数量和价格。剑桥学派的马歇尔综合了古典经济学派的分配理论和边际学派的边际理论，以供求均衡价格论为基础建立供求均衡工资理论，劳动力工资由劳动力供求决定，需求取决于劳动力的边际生产力，供给取决于劳动力的工资率和闲暇效用。西方经济学将对于要素的需求扩展为：厂商在决定使用多少生产要素投入时，必须考虑成本和收益的比较，即追加 1 单位生产要素所获得的收益 MRP 能否补偿为使用该单位要素所需支付的成本。这种成本即增加 1 单位投入要素所增加的成本支出可称为边际要素成本（MFC）。与新古典学派理论相反，制度学派否定了市场性因素对工资起决定作用的说法。现实中劳动力市场通常呈现二元分割格局，处于不完全流动和竞争的状态。工资水平的高低并不是简单地由供求双方所决定的，还包括各种影响市场供求变化的制度性因素，这些制度性因素弱化了供给力量在工资决定中的作用。通过现实劳动力市场的分析，他们认为劳动者工资率取决于两方面：一是劳动者所处的产业或部门；二是劳动者所拥有的人力资本。比较新古典学派和制度学派关于工资决定的认识分歧，前者从理论上回答合理的工资水平由什么因素决定，制度学派从现实角度研究影响工资水平的因素。

对理论的详细梳理可以为研究农民工市民化的动因和过程提供角度和思路：第一，劳动力流动首先是经济成本—收益权衡的结果。无论是马克思的理论还是西方经济学的理论，都认为劳动力工资收入受到劳动力供求关系的影响，劳动力供求是工资率的函数，具体来讲，是取决于劳动力边际生产率、商品的边际收益或价格、微观主体对劳动和闲暇的取舍，综合迁移理论的研究基本也与上述因素有关。劳动力流动最根本的动因来自不同产业或区域劳动力边际收益率即工资有高低之分，为何不同产业或区域工资差异很大？结构转化理论中刘易斯的理论将劳动力边际收益率的高低归因于工业部门劳动力边际生产率高及低劳动力成本，工业部门对劳动力的需求吸引农业部门的剩余劳动力转移，直到双方的劳动力边际生产率一致为止。拉尼斯、费景汉把刘易斯的理论做了动态化推进，随着农村劳动力的流出，农村劳动力边际生产率开始提升，工业扩张对农产品产生大量需求，农产品价格上涨，推动农村对劳动力的供求和农村产业的发展，城乡的工资率开始逐渐拉平，工业为获得充足的劳动力也会随之提高工资，工业和农业展开争夺劳动力的竞争，劳动力配置完全商业化。托达罗则将迁入地的就业概率和迁入迁出地的收入差距作为劳动力流动的主导因素，强调预期的作用。舒尔茨认为农村劳动力闲置并非要素配置的低效率，农村发展机会的把握同样需要高素质的人才，现实是农村缺乏高素质人力资源的积累，导致即使出现新的增长点也会因为劳动力本身的能力有限而无法成为现实。塞尔昆的视角比较特别，他认为发展中国家因不平衡的价格结构和技术的应用，导致现代工业部门创造产值的能力大大高于创造就业机会的能力，劳动力流动速度减慢，因此拉长了达到所谓"刘易斯拐点"的时间。制度经济学更多从制度层面分析不完全竞争的劳动力市场及其对收入分配的影响。推一拉理论除了收入之外纳入更多因素，视角从宏观到微观进一步拓展式地分析劳动力流动的收益和成本。

　　第二，研究劳动力流动需要更进一步研究区域间和产业间差异。配第一克拉克定律认为，产业间利润率和工资存在差距源于投资报酬差异和收入弹性差异，为产业间发展差异提供较好的研究角度。非均衡增长理论强调区域间的非均衡性，生产要素有限的前提下区域之间呈现非均衡性是正常状态，关键的问题是区域之间经济互动关系的不确定性，可能产生所谓的"回波效应"或"极化效应"等负面影响，也可能产生"扩散效应"或"涓滴效应"等正面作用，这种客观存在的不平衡性形成劳动力的结构性分布，这种分布也会随着增长极对周边区域影响作用的变化而变化，从而形成劳动力流动。上述理论性的分析，或者将产业结构演进与就业结构变动联系在一起，或者将微观成本—收益作为利益权衡的基础，或者将制度性障碍与劳动力流动相结合，说明农民工市民化问题首先是劳动力流动的问题，分析劳动力流动需要从微观权衡、中观产业、宏观制度等层面着手进行全面剖析。但是农民工流动并不单纯是劳动力流动的问题，还包括土地制度、技术进步、职业转换和提升、公共服务、生活质量以及市民融入等更多的因素，尤其是大数据背景下的城市由土地财政转向高质量发展的今天，分工处于不断细化的进程中，"夺人大战"可能不仅发生在高科技人才，也可能在中低层次的农民工中出现。目前全国推出职业技能等级认定，级别与工资挂钩，比如餐饮服务划分等级，经过严格的测试不仅能够规范服务标准，同时竞争机制推动高质量服务，进一步推动供给侧结构性改革的进一步深化。显然，中低层次的职业中脱颖而出的佼佼者也将成为"夺人大战"中被争夺的对象。

第 四 章
农民工市民化的政策背景及历史演进

改革开放之前以户籍制度为基础的城乡二元格局以及计划经济时代严格的城乡人口流动政策将农民与土地紧紧地捆绑在一起，户籍成为身份和职业的象征，农民进城务工或者获得城市户籍的渠道非常少，农村劳动力流动数量微乎其微到可以忽略不计，当时城乡收入差距不大，农村劳动力流动受限的矛盾并不突出。改革开放之后，随着农村家庭联产承包责任制的实施以及城市市场经济和工业化进程的加快，政策的放开调动生产积极性从而使劳动生产率有所提升，城乡之间收入差距逐渐拉大，城市工业化的发展刺激对劳动力的需求，而农村释放出的剩余劳动力为追求更高的收益设法突破原有的制度限制，小规模地流向城市寻求更多的生存渠道。人口城镇化过程分为四个阶段：第一阶段是农民到农民工的转变。大量农村人口从农村流向城市，实现了空间和职业的城市化，完成了从农民到农民工的转变，目前第一阶段基本完成但不彻底，城乡二元就业制度梗阻，首属与次属劳动力市场①之间缺乏通道。第二阶段是农民工市民化的过程。由于农民工文化素质的限制，以及物质生活和精神生活的差异，导致他们一直被阻拦在"隐性户籍墙"之外，职业

---

① 在首属劳动力市场，具有良好教育背景或社会资本的精英劳动者与核心产业的企业组织结成正式劳动关系，并享有相应的劳动权益和社会保障；而次属劳动力市场的中低层劳动者，则大部分从事偏重体力的边缘产业且缺乏稳定的雇佣关系和与之相关的保障与权益。不仅如此，在组织内部，首属劳动力市场的企业还会建立内部劳动力市场以形成劳动者职业发展路径，激励劳动者长期投入；而组织外和次属劳动力市场的劳动者，则既难以维持长期工作又没有相应的晋升通道。

和身份都无法向城市居民转变，只能成为城乡"两栖"人，长期没有归属感，容易演变成"问题农民工"，不但市民化程度无法提升，还会因此引发一系列的社会问题。第二阶段受制度等深层次因素的影响，农民工虽在城市就业与生活，但几乎没有享受到市民的社会保障待遇和各种政治权利，真正成为市民还，即我国农民工在第二阶段的市民化只能是"半市民化"。第三阶段，随着农村制度改革的推进和公共产品供给的不断完善，产生出更多就业和创业机会，同时城市生活成本的增加促使农民工返流，城市"用工荒"问题出现。第四阶段，新生代农民工源源不断地向城市转移，城市劳动力供大于求，又使工资收入增长缓慢，没有购房的能力，结果农民工"进得来"却"留不下"。与老一代农民工相比，新生代农民工从小就脱离土地，乡土情结相对较弱，更向往城市生活并希望在城市扎根，这批劳动力也逐渐被城市越来越细的分工结构吸纳成为城市常住人口，但正是这个群体的存在带来潜在的隐患，当城市出现经济发展停滞时首当其冲受到影响的就是这批人，一方面因为他们从事的职业容易被机器替代，另一方面他们所从事的劳动密集型的产业更容易受到冲击，失业使得他们进退两难，留在城市没有收入和社会保障无法生存，退回乡村不事农业成为无业游民，再加上农村土地制度改革土地流转出去，他们更失去赖以生存的条件。因此与第二个阶段老一代农民工相比，第四阶段所面临的潜在的社会问题更为严重，因为对于新生代农民工来说土地的生存保障功能在逐渐减弱。农民工市民化进程需要提上日程，这既是该群体的诉求，又是社会稳定的需要。

根据国家统计局的界定，农民工是指户籍仍在农村，在本地从事非农产业或外出从业6个月及以上的劳动者。全国农民工监测调查制度开始于2008年年底，调查目的是定期收集农民工相关统计信息，准确反映农民工数量、流向、结构、就业、收支、生活、社会保障及创业等情况，为制定科学的农民工政策、加强和改善农民工工作提供科学依据；调查主要内容包括住户人口与劳动力就业基本情况，外出从业人员及本地非农务工人员工作条件、收支情况、生活情况和社会保障情况，农村劳动力本地非农自营和创业情况以及农村外出从业人员返乡情况等。2008年之前的数据只是估算，改革开放到1989年之前，离开农村到城市务工的农民工只有2000万—3000万人，1992年邓小平南方谈话后，政策进一步

放开，农民涌向长三角和珠三角地带，1995 年已达到 7000 万人之多；①
截至 2019 年年底，农民工总量约 2.91 亿人。2008—2019 年的农民工总
量数据见表 4 - 1，经过计算 12 年间农民工总量年均增长率为 2.5%，图
4 - 1 给出了 2011—2020 年农民工规模增速的具体数值。从表 4 - 1 可以
看出，多数农民工离开户籍所在乡镇外出打工，所占比重略微减少，
46%—48% 的农民工居住在城镇，从近几年的数据来看这个比例维持比
较稳定的水平。

表 4 - 1　　　　　　　　　2008—2019 年农民工总量及占比总量

年份 项目	2008	2009	2010	2011	2012	2013	2014	2015	2016	2017	2018	2019
农民工总量 （万人）	22542	22978	24223	25278	26261	26894	27395	27747	28171	28652	28836	29077
1. 外出 农民工 （万人）	14041	14533	15335	15863	16336	16610	16821	16884	16934	17185	17266	17425
2. 本地 农民工 （万人）	8501	8445	8888	9415	9925	10284	10574	10863	11237	11467	11570	11652
外出农民工 占比（%）	62.3	63.2	63.3	62.8	62.2	61.8	61.4	60.8	60.1	60	59.9	59.9
进城农民工	N	N	N	N	N	N	N	13585	13710	13506	13500	
进城农民工 占比（%）	N	N	N	N	N	N	N	48.2	47.9	46.8	46.4	

注：本地农民工：指在户籍所在乡镇地域以内从业的农民工。

外出农民工：指在户籍所在乡镇地域外从业的农民工。

进城农民工：指居住在城镇地域内的农民工。城镇地域为根据国家统计局《统计上划分城
乡的规定》划分的区域，与计算人口城镇化率的地域范围相一致。

N 为缺少统计数据。国家统计局对于进城农民工的统计是从 2016 年开始的。

数据来源：根据历年国家统计局《全国农民工监测调查报告》整理。

① 江立华：《农民工的转型与政策选择》，中国社会科学出版社 2014 年版，第 43 页。

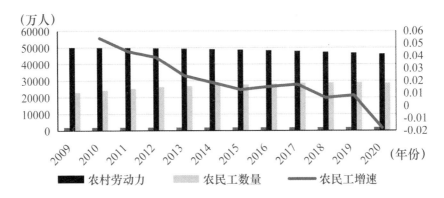

图 4—1 2011—2020 年农民工规模及增长速度

数据来源：根据历年《中国统计年鉴》和《全国农民工监测调查报告》整理。

第一节 农民工市民化的政策背景

　　农村劳动力流动与城乡经济体制改革进程有关，分析政策背景有利于宏观把握农民工市民化的阶段性发展，也为动态地将推—拉等相关理论应用于农民工市民化问题创造必要的分析基础。政策背景分为两部分：一是城乡融合发展体制机制的建立；二是关于农村劳动力流动的相关政策及服务制度的建立。

　　自 2008 年国际金融危机爆发以来，我国经济进入深刻变革调整阶段，特别是 2011 年城镇化率历史性地突破 50% 后，我国城镇化建设站在一个新的起点上，如何在城镇化率不断提高的同时更加重视城镇化的质量和水平，成为一个紧迫课题。2012 年党的十八大首次明确指出城乡发展一体化是解决中国"三农"问题的根本途径，并提出坚持走中国特色新型工业化、信息化、城镇化、农业现代化道路。2013 年党的十八届三中全会通过的《中共中央关于全面深化改革若干重大问题的决定》进一步阐述城乡发展一体化问题，指出城乡二元结构是制约城乡发展一体化的主要障碍，强调必须健全体制机制，形成以工促农、以城带乡、工农互惠、城乡一体的新型工农城乡关系，让广大农民平等参与现代化进程、共同分享现代化成果，并进一步明确坚持走中国特色新型城镇化道路，推进以人为核心的城镇化，推动大中小城市和小城镇协调发展、产业和城镇融合发展，促进城镇化和新农村建设协调推进。2017 年 10 月党的十九大报告的乡村振兴战略中指出：要坚持农业农村优先发展，按照产业兴旺、生态宜居、乡风文明、治理有效、生活富裕的总要求，建立健全城乡融合发展体制机制和政策体系，加快推进农业农村现代化。从城乡发展一体化到城乡融合发展，体现出新时代农村发展思路的进一步拓展。

一　基本概念和城乡发展思路的演变

（一）"三农"问题

"三农"指农村、农业和农民。相应的"三农"问题，就是指农业、农村、农民这三个问题。"三农"作为一个概念由经济学家温铁军于 1996 年正式提出，自此渐渐被媒体和官方广泛引用。2000 年年初，湖北省监利县棋盘乡党委书记李昌平给朱镕基总理写信提出"农民真苦，农村真穷，农业真危险"以及出版《我向总理说实话》后，"三农"问题在社会上引起了广泛反响。中共中央于 2003 年正式将"三农"问题写入工作报告：坚持把解决"三农"问题放在突出位置，巩固和加强农业基础地位。

农民问题是"三农"问题的核心，表现为农民收入低，增收难，城乡居民贫富差距大，实质表现为农民权利得不到保障。农村问题集中表现为农村面貌落后，经济不发达。农业问题集中表现为农民种田不赚钱，产业化程度低。解决"三农"问题实质是要解决农民增收、农业增长、农村稳定。这是一个关系 14 亿人口大国的经济社会国计民生的大问题。

（二）城乡二元结构问题

所谓城乡二元结构，就是在制度上把城镇居民和农村居民按身份划分为两个截然不同的社会群体，公共资源配置和基本公共服务等向城镇和城镇居民倾斜，农村得到的公共资源和农民享有的基本公共服务明显滞后于城镇和城镇居民，农民难以平等参与现代化进程、共同分享现代化成果。①

---

① 《为什么说城乡二元结构是制约城乡一体化主要障碍》，2013 年 12 月 26 日，http：//www.gov.cn/jrzg/2013 - 12/26/content_2554609.htm。

从工业化、城镇化和农业现代化这"三化"关系看，我国现阶段是城镇化滞后于工业化，农业现代化滞后于工业化和城镇化，"三化"总体上不同步、不协调。改革开放以来，相对于工业化和城镇化的发展，我国农业发展的滞后性在加剧；相对于工业化的发展，我国城镇化的滞后性则在缓解。我国城镇化滞后性的减缓主要归因于我国近年来城镇化的加快，但我国这种加快的城镇化却存在明显偏差，集中体现在进城就业农民的身份转变滞后于其职业转变，农村劳动力转移进城速度滞后于城镇空间扩张速度，农民非农化滞后于土地非农化，这些偏差的本质是土地城镇化与人口城镇化不协调。

（三）从"城镇化"到"新型城镇化"到"城乡发展一体化"再到"城乡融合发展"

2002 年党的十六大提出统筹城乡发展；2007 年党的十七大提出城乡一体化；2012 年党的十八大提出新型城镇化，并将城乡发展一体化作为党和国家的工作重心之一；2017 年党的十九大明确提出建立健全城乡融合发展的体制机制和政策体系。从统筹城乡发展，到城乡发展一体化，再到城乡融合发展，本质上是一脉相承的，但是从内容上体现出党中央对于城乡发展失衡问题的重视程度不断提高，对于构建新型城乡关系的思路不断升华。

1. 定义

根据国家《城市规划基本术语标准》，城镇化是指："人类生产和生活方式由乡村型向城市型转化的历史过程，表现为乡村人口向城市人口转化，以及城镇不断发展和完善的过程。又称城市化、都市化。"目前按中央文件的标准说法，统一使用"城镇化"这个词语。城镇化不仅是农村人口向城镇转移，二、三产业向城市集聚，从而使城镇数量增加、规模扩大、现代化和集约化程度提高的过程，而且也是城市文化、城市生产和生活方式、城市价值观念向农村渗透融合的过程。

城镇化在促进经济社会现代化和人类文明发展的同时，也带来了一些弊端和新的矛盾，由此我国提出新型城镇化战略。根据《国家新型城镇化规划（2014—2020 年)》，新型城镇化主要内容包括：有序推进农业转移人口市民化、优化城镇化布局和形态、提高城市可持续发展能力、推动城乡发展一体化以及改革完善城镇化发展体制机制等方面。具体来说，新型城镇化就是要吸取国外的经验教训，消除我国原有城镇化中的矛盾和问题，从国情出发走中国特色城镇化道路。其内涵是：坚持以人为本，城乡统筹发展；引导农村剩余人口向城市转移，并逐步融入城市；优化产业布局，转变发展方式；促进大中小城市协调发展，注重提高城镇化质量；促进经济社会全面发展，提高城乡人民的生活水平。

城乡发展一体化。社会学和人类学从城乡关系的角度出发，认为城乡发展一体化是指相对发达的城市和相对落后的农村，打破相互分割的壁垒，逐步实现生产要素的合理流动和优化组合，促使生产力在城市和乡村之间合理分布，城乡经济和社会生活紧密结合与协调发展，逐步缩小直至消灭城乡之间的基本差别，从而使城市和乡村融为一体。经济学界则从经济发展规律和生产力合理布局角度出发，认为城乡发展一体化是现代经济中农业和工业联系日益增强的客观要求，是指统一布局城乡经济，加强城乡之间的经济交流与协作，使城乡生产力优化分工，合理布局、协调发展，以取得最佳的经济效益。根据官方的解释，城乡一体化发展就是把工业和农业、城市和农村作为一个有机统一整体，充分发挥彼此相互联系、相互依赖、相互补充、相互促进作用，特别是充分发挥工业和城市对农业和农村发展的辐射和带动作用，实现工业与农业、城市与农村协调发展。[①]

党的十八届三中全会明确提出实现"城乡发展一体化"，表明新一届中央政府不仅将沉积已久的问题当作自己任内要承担的任务，更是将无法量化的"过程"，改为"目标"。把实现中国"城乡发展一体化"的战略目标确定为自己的战略责任和目标，并落实在今后将实施的制度创新与社会进步的综合实践中。

党的十九大报告提出建立健全城乡融合发展体制机制和政策体系，这是在总结中外城乡发展经验基础上，着眼于当前城乡关系发展实际和未来新型城乡关系发展趋势作出的重大战略部署，也是新时代做好"三农"工作，实现乡村振兴，加快推进农业农村现代化的根本遵循和战略方向。健全城乡融合发展的体制机制和政策体系，是站在新的历史方位

[①] 《为什么说城乡二元结构是制约城乡一体化主要障碍》，2013 年 12 月 26 日，http://www.gov.cn/jrzg/2013 - 12/26/content_2554609.htm。

实现乡村振兴、满足人民日益增长的美好生活需要的客观要求。①

"建立健全城乡融合发展体制机制和政策体系",就是要充分发挥市场在城乡要素资源配置中的决定性作用,要更好地发挥政府在推进城乡基本公共服务均等化的作用,要靠改革破解制约城乡发展的制度障碍。"建立健全城乡融合发展体制机制",要解决的就是政府在"统"方面太强,市场作用偏弱,要打破政府单一主体,打破城乡二元体制、发展农村要素市场,是一次阶段性的转型。②

2. 城乡融合发展是新时代农村发展战略的根本要求

长期以来,由于城乡二元结构,重工轻农、重城轻乡,造成农业滞后,农村落后和农民贫困等,使解决"三农"问题成为重中之重。推进城乡一体化发展,促进生产要素平等交换,有利于优化农业的产业结构和提高农村生产力。实现城乡发展一体化要把重点放在农村,坚持工业反哺农业、城市支持农村和多予少取放活方针,加大强农惠农富农政策扶持力度,促使农民收入较快增长,可以大大缩小城乡差距。这样才能形成城乡一体的新型关系,使"三农"问题得到缓解。

新型城镇化和城乡发展一体化可以为扩大内需和转变经济发展方式提供持久动力,并为全面建成小康社会提供坚实基础。然而,城乡统筹和一体化发展并没有解决城市与乡村两个空间平等发展的问题,农民没有利用土地等资源,充分发展经济,平等参与工业化、城市化的权利,农村自身产业狭窄,整体要素的双向流动,包括土地、资本、劳动力等,没有建立起来。在以城市发展为中心的理念下,忽视了城乡板块相互需求、共存共生共荣,导致城市文明统领乡村文明,"城乡统筹"和"一体化"发展并没有使城市和乡村两个板块获得协调、平等和共同的发展,城乡二元分割的结构仍然存在。因此,城乡融合发展要解决要素流动问题、城乡基本公共服务均等化问题以及破除制约城乡发展的制度障碍。城乡融合的发展过程是要素资源在城乡之间的大发展、大流动,涉及各

---

① 《建立健全城乡融合发展体制机制和政策体系》,2017 年 11 月 6 日,http://www.moa.gov.cn/ztzl/xy19d/mtjj/201711/t20171106_5861658.htm。

② 刘守英:《乡村振兴与城乡融合》,2017 年 10 月 23 日,http://www.aisixiang.com/data/106548.html。

类主体、各项制度，没有高效率的配置方式，就难以实现融合发展的目的。因此比城乡统筹和城乡发展一体化更强调发挥市场在资源要素配置中的决定性作用，利用市场机制实现取长补短、互通有无、优势互补，做好"人""财""物"的有序流动，推动城乡要素平等交换。同时，在公共服务方面加强政府的引导和投入。如果放任城市乡村自由发展，城镇化的"虹吸效应"会让乡村一步步走向衰落。破败衰落的乡村不利于整体社会持续、协调、健康发展。因此，必须更好发挥政府在城乡融合发展中的作用，通过建立健全城乡融合发展的体制机制和政策体系，逐步缩小城乡发展差距，推进农业农村优先发展，推动要素资源更多向农村配置，加快推进城乡基本公共服务均等化，加大农村各项事业建设力度。①

二　加快构建新型农业经营体系

现在中国农业在 GDP 中的比重已经降到只有 8.5% 左右，农村常住人口比重按 2017 年的统计已经降到 42.6%，还不到 5.9 亿人。正因为此，可能会产生这样一种看法，因为农业比重降低、农村人口减少，"三农"问题的重要性是否也会随之降低？但中央仍然提出要坚持把解决好"三农"问题作为全党工作的重中之重，非常明确地针对着在现代化进程中农业还是一条"短腿"。而解决这些问题的关键在于农业生产现代化以及农村与市场的对接和渠道畅通，而这些有赖于制度完善及农村新型经营体系的构建。

党的十八大报告强调："构建集约化、专业化、组织化、社会化相结合的新型农业经营体系""促进城乡要素平等交换和公共资源均衡配置，形成以工促农、以城带乡、工农互惠、城乡一体的新型工农、城乡关系"。2012 年中央一号文件指出：加快修改完善相关法律，落实现有土地承包关系保持稳定并长久不变的政策。按照依法自愿有偿原则，引导土地承包经营权流转，发展多种形式的适度规模经营，促进农业生产经营模式创新。2012 年中央经济工作会议指出：要在坚持和完善农村基本经

---

① 《建立健全城乡融合发展体制机制和政策体系》，2017 年 11 月 6 日，http://www.moa.gov.cn/ztzl/xy19d/mtjj/201711/t20171106_5861658.htm。

营制度基础上，创新农业经营体制，加快发展现代农业。2013年中央一号文件提出：对创新农业生产经营体制及稳步提高农民组织化程度有大篇幅的论述。主要包括：稳定农村土地承包关系、努力提高农户集约经营水平、大力支持发展多种形式的新型农民合作组织、培育壮大龙头企业。党的十八届三中全会《决定》指出：加快构建新型农业经营体系。坚持家庭经营在农业中的基础性地位，推进家庭经营、集体经营、合作经营、企业经营等共同发展的农业经营方式创新。坚持农村土地集体所有权，依法维护农民土地承包经营权，发展壮大集体经济。稳定农村土地承包关系并保持长久不变，在坚持和完善最严格的耕地保护制度前提下，赋予农民对承包地占有、使用、收益、流转及承包经营权抵押、担保权能，允许农民以承包经营权入股发展农业产业化经营。鼓励承包经营权在公开市场上向专业大户、家庭农场、农民合作社、农业企业流转，发展多种形式规模经营。2014年中央经济工作会议提出：完善农村土地经营权流转政策，搞好土地承包经营权确权登记颁证工作，健全公开规范的土地流转市场。党的十九大报告指出：构建现代农业产业体系、生产体系、经营体系，完善农业支持保护制度，发展多种形式适度规模经营，培育新型农业经营主体，健全农业社会化服务体系，实现小农户和现代农业发展有机衔接。促进农村一、二、三产业融合发展，支持和鼓励农民就业创业，拓宽增收渠道。2020年中央一号文件提出，支持各地立足资源优势打造各具特色的农业全产业链，建立健全农民分享产业链增值收益机制，形成有竞争力的产业集群，推动农村一、二、三产业融合发展。加快建设国家、省、市、县现代农业产业园，支持农村产业融合发展示范园建设，办好农村"双创"基地。重点培育家庭农场、农民合作社等新型农业经营主体，培育农业产业化联合体，通过订单农业、入股分红、托管服务等方式，将小农户融入农业产业链。2021年中央一号文件在农村经营体系方面进一步作出部署，依托乡村特色优势资源，打造农业全产业链，把产业链主体留在县城，让农民更多分享产业增值收益。加快健全现代农业全产业链标准体系，推动新型农业经营主体按标生产，培育农业龙头企业标准"领跑者"。立足县域布局特色农产品产地初加工和精深加工，建设现代农业产业园、农业产业强镇、优势特色产业集群。推进公益性农产品市场和农产品流通骨干网络建设。开发休闲农业和乡村旅游精品线路，完善配套设施。推进农村一、二、三产业融合发展示范园和科技示范园区建设。把农业现代化示范区作为推进农业现代化的重要抓手，围绕提高农业产业体系、生产体系、经营体系现代化水平，建立指标体系，加强资源整合、政策集成，以县（市、区）为单位开展创建，到 2025 年创建 500 个左右示范区，形成梯次推进农业现代化的格局。

（一）定义

所谓"新型"，是相对于传统小规模分散经营而言的，是对传统农业经营方式的创新和发展。新型农业经营体系可以被理解为：在坚持农村基本经营制度的基础上，顺应农业农村发展形势的变化，通过自发形成或政府引导，形成的各类农产品生产、加工、销售和生产性服务主体及其关系的总和，是各种利益关系下的传统农户与新型农业经营主体的总称。①

（二）改革背景

我国改革开放后实行的以家庭承包经营为基础、统分结合的双层经营体制，为我国 30 多年农业和农村的发展提供了坚实的制度保障。为此，在全面深化农村改革中，应该毫不动摇地坚持以土地家庭承包经营为主体的农村基本经营制度。但是，随着工业化、城镇化的加速发展，农业高成本、高风险、资源环境约束和劳动力短缺的态势日趋明显，当前我国农村正发生深刻变化，农业经营方式面临诸多新挑战，经营规模小、方式粗放、劳动力老龄化、组织化程度低、服务体系不健全是突出表现。如何破解小规模、分散化，解决小生产和大市场的矛盾，需要农业经营方式的创新及产业链的整合，即党的十八届三中全会《决定》中所指出的"坚持家庭经营在农业中的基础性地位，推进家庭经营、集体经营、合作经营、企业经营等共同发展的农业经营方式创新"，以及党的十九大报告强调的"完善承包地'三权'分置制度，构建现代农业产业体系、生产体系、经营体系，促进农村一二三产业融合发展"。

---

① 《加快构建新型农村经营体系》，2013 年 6 月 5 日，http：//theory. gmw. cn/2013 - 06/05/content_7864601. htm。

（三）现状

从 2005 年到 2019 年全国农村家庭承包经营耕地面积和流转耕地面积情况（见图 4 - 2）可以看出，在国家一直以来保持土地承包关系稳定并长久不变的政策下，中国农村家庭承包经营耕地面积在逐年增加，由 2005 年的 11.98 亿亩增加至 2019 年的 15.46 亿亩；土地流转过程中相互权利关系的清晰界定、具体实现形式的不断拓展及服务体系的逐步健全，使家庭承包耕地流转面积也逐年增加，由 2005 年的 0.55 亿亩增加至 2019 年的 5.55 亿亩。流转耕地面积占经营耕地面积的比重在上升，由 2005 年的仅占 4.57% 至 2019 年的达 35.9%，15 年来占比年均增长率为 15.86%，中国的农地流转市场还有较大的上升空间。

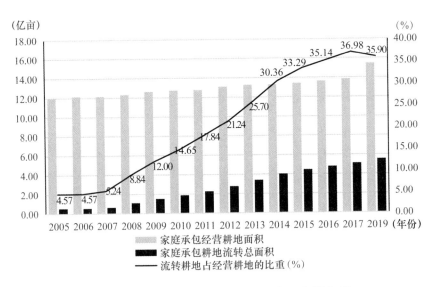

图 4 - 2　2005—2019 年全国农村家庭承包经营耕地面积、
流转耕地面积及流转率情况

数据来源：历年《中国农村经营管理统计年报》。

其他各类新的农业经营组织形式也在发展。目前，全国已发展起农民专业合作社 68.9 万个，入社成员 5300 多万户；各类农业产业化经营组织 30 余万个，带动的农户约 1.18 亿户；此外，据不完全统计，各地仍对农业实行由集体统一经营的村、组约有 2000 个，江苏省江阴市的华西村就是其中的著名代表。同时，租赁农户土地从事农业生产经营的工商企业也在逐渐增加，全国约有 2556 万亩耕地由企业在租赁经营。[①]
从流转耕地面积占家庭承包经营耕地面积比来看，中国农地流转市场发
展迅速。1996 年，全国有 2.6% 的耕地发生流转，到 2004 年，流转比例
快速增加到 10.5%，然后继续增加到 2010 年的 14.7%。此后，流转市场
发展速度不断加快。2014 年流转比例增加到 30.4%，是 2010 年的 2 倍
多，其间，年均流转比例增速达到 14.4%。2015 年后，增速开始变缓，
到 2016 年年底，发生流转耕地面积占比为 35.0%，意味着全国超过 1/3
的耕地发生了流转。[②] 2017 年为流转率达到最高值 36.98%，2019 年略有
下降。

（四）农业经营体系创新性探索

从各地探索实践的经验看，目前我国农业经营体系的创新主要有三
大类表现形式：一是通过承包土地经营权的流转，扩大家庭经营的土地
规模，如发展家庭农场、专业大户等。目前家庭承包耕地以流转入农户
和专业合作社为主。如图 4 - 3 所示，2019 年流转入农户和专业合作社
的承包耕地面积共 4.38 亿亩，约占流转总面积的 78.87%。从趋势图
中能够发现，流转入农户的耕地面积逐年缩减，而流转入专业合作社的
耕地面积有所增加，流转入企业和其他主体的耕地面积变动不大且十分
接近。除了常规的承包土地经营权流转外，近年不少地方农民创造的土
地托管、代耕、"土地银行"等形式，也对扩大耕地的经营规模发挥了
积极作用。

二是依靠农业社会化服务体系的支持，通过"耕、种、收等主要作
业环节靠社会化服务，日常田间管理主要靠家庭成员"的方式，以扩大
社会化服务的规模来弥补生产经营主体耕地规模的相对不足，节本增效
明显。较有代表性的是，每年夏收季节，农业部门组织数十万台联合收
割机实行大范围的跨区作业，使我国 3 亿多亩冬小麦的收割基本实现了
机械化作业，既实现了适时收割和减少粮食浪费，又使农户降低劳动强
度并增加收入，还明显提高了农业机械的利用效率，可谓一举多得。

三是发展多种形式的合作与联合，既有围绕某些特定农产品的生产、

---

① 陈锡文：《构建新型农业经营体系刻不容缓》，《求是》2013 年第 22 期。
② 郜亮亮：《中国农地流转市场的现状及完善建议》，《中州学刊》2018 年第 2 期。

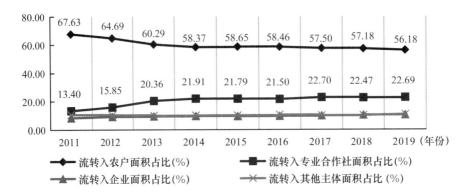

图 4 - 3 2011—2019 年全国按流转去向划分家庭承包耕地流转情况

数据来源：历年《中国农业年鉴》计算而得。

销售、加工而展开的农民专业合作社，也有实行土地股份合作制的农业生产联合组织。它们的共同特点就是着力解决农民一家一户办不了、办不好、办起来不经济的事情。在不少地方，合作社的经济技术服务能力，不仅能够满足自身社员的需要，还能够向非社员提供社会化的服务，从而发挥着带动更多农户发展现代农业的作用。[①]

我国各地资源禀赋差异较大，新型农业经营体系的构建应当因地制宜。在具备实现规模化经营条件的地区，应通过土地确权、搭建土地流转市场、完善职业农民培训体系、构建社会化服务组织等方式大力培育家庭农场、专业大户等适度规模经营主体；而在不具备实现规模化经营条件的地区，发展多样化复合经营主体。同时，经营体系的构建路径也应当因业而异。如在粮棉油等土地密集型产业适宜发展"适度规模家庭农场 + 社会化服务组织"模式，有利于农业机械化操作、规模化发展，降低平均成本；果蔬等园艺产业作为劳动密集型产品，适合发展"小规模农户 + 农民专业合作社"模式，小规模农户在园艺产品的品种选择、栽培技术等生产方面更容易实现精细化操作管理，但在适应市场变化、产品商品化处理方面相对缺乏，因此通过联合、合作的组织形式，挖掘农产品附加值，发展农民专业合作社来提升组织化程度，提高产品竞争

----

① 郜亮亮：《中国农地流转市场的现状及完善建议》，《中州学刊》2018 年第 2 期。

力是主要路径；畜禽产业适合发展"适度规模养殖户＋农业龙头企业"模式，作为资本密集型产品，其对技术、资本最为依赖，龙头企业作为主导控制从生产到销售各个环节，和养殖户通过签订合约进行商品的交易符合客观需要。

三大产业融合发展方式灵活多样，形式不拘一格，其主要方式大致有：第一，延伸农业产业链或发展农业循环经济；第二，三大产业的相关产业组织通过在农村空间集聚，形成集群化、网络化发展格局；第三，农村第一、第二、第三产业虽然在空间上分离，但借助信息化等力量实现网络链接，如部分公司＋基地＋农户、公司＋合作社＋基地＋农户、发展线上线下有机结合的农业等；第四，发展休闲观光农业或创意农业，或打造富有历史、地域和民族特色的景观旅游村镇；第五，开发食品短链，用可持续的农业生产方式生产出本地化、可持续、替代性食品。

三　我国在增加农民收入方面遇到的瓶颈

（一）中央一号文件着重强调增加农民收入

统计局公开发布的数据显示，2011 年至 2015 年城乡之间居民收入差距有所缩小，城镇居民人均收入与农村居民人均收入的比例从 2008 年的 3.3 倍下降到 2015 年的 2.73 倍，尽管差距增势被遏制，但仍然处于高位。2016 年，我国还有 4335 万农村贫困人口；2016 年，农民人均可支配收入虽然增幅总体仍高于城镇居民的收入增长率，但实际增幅较往年已经明显放缓，为近 13 年来最低。按照习近平总书记的观点：小康不小康，关键看老乡。全面建成小康社会，最艰巨最繁重的任务在农村。如何破解"丰产难增收"现象，让农民有活干、有钱赚，是历次中央一号文件的核心目标。当前，农民增收面临农产品价格低位运行、大宗产品进口增加、农民工外出就业人数和收入放缓等现象。我国经济增长速度由高速转向中高速，依靠工业化城镇化吸纳农村剩余劳动力就业的能力呈边际递减趋势，促进农民工资增长难度加大。农产品价格走低，持续提高农产品相对价格的政策也将面临转型和调整，持续大幅增加财政"三农"投入空间有限，经营性收入和转移性收入增长速度放缓。

1. 农民收入来源及结构现状

农民收入主要包括经营性收入、工资性收入、财产性收入、转移性收入等。第一,工资性收入即劳动报酬收入,是农民受雇于单位与个人,依靠出卖自己的劳动而获得的收入,主要由工资、实物福利、其他劳动报酬三部分构成。工资指农民通过劳动从单位或雇主获取的各种现金报酬,实物福利既包括单位或雇主免费或低价提供的各种实物产品,也包括免费或低价提供的各种服务,其他劳动报酬主要是指就业人员获得的除工资以外的其他现金劳动报酬以及单位缴纳的各种社会保障费。第二,经营性收入指农民从事农产品生产经营活动所获得的收入。当前大宗农产品进口增加,加剧了国内粮价下跌压力,粮食增产不增收,农民的经营收入增长乏力。受传统行业去产能等影响,农民工外出就业人数和工资增幅出现下降态势,工资性收入增速放缓。占总收入大约90%的两部分收入增幅下降,农民的人均可支配收入增幅放缓也就在预料之中。第三,农民财产性收入一般是指农民流转土地、出租房屋等带来的收入。这一部分收入近年来受农村土地征收补偿水平提高、农民土地流转和房屋出租增多、参加入股投资分红人数增加等因素影响,呈现不断增长的趋势。从长远来看,随着今后农村产权市场不断完善,农民财产性收入还有很大的增长空间。第四,农民转移性收入主要是指各种政策补贴所带来的收入,这部分收入与政府对农民的支持和保护密不可分。

2. 现有政策增加农民收入的途径

农民增收问题也就应该从拓宽四个渠道着手。目前的措施主要包括优化产品产业结构、推行绿色生产方式、扩大新产业新业态、强化科技创新驱动增强农民的营收能力,并通过调整粮经饲种植结构、规模高效养殖、发展现代食品产业、集体产权制度改革、劳动力转移就业等方面扩展增收渠道。

增加农民经营性收入。2017年中央一号文件明确指出:推进农业供给侧结构性改革……优化农业产业体系、生产体系、经营体系,提高土地产出率、资源利用率、劳动生产率,促进农业农村发展由过度依赖资源消耗、主要满足量的需求,向追求绿色生态可持续、更加注重满足质的需求转变。具体措施包括:引导农民因地制宜发展特色农业、强调农产品质量和食品安全、积极发展适度规模经营、建设现代农村产业园推动全链条增值、支持农业企业跨国经营、借助"一带一路"让农业"走出去"、发展农村休闲旅游产业、推进"互联网＋"现代农业行动、在优势农产品产地打造食品加工产业集群、支持农技推广人员与家庭农场、农民合作社、龙头企业开展技术合作。

工资性收入。健全农业劳动力转移就业和农村创业创新体制：支持进城农民工返乡创业，带动现代农业和农村新产业新业态发展。鼓励高校毕业生、企业主、农业科技人员、留学归国人员等各类人才回乡下乡创业创新，将现代科技、生产方式和经营模式引入农村。整合落实支持农村创业创新的市场准入、财政税收、金融服务、用地用电、创业培训、社会保障等方面优惠政策。

我国法律规定，在坚持农村土地集体所有的制度下，农户对其依法承包的土地享有占有、使用和收益的权利。确保财产性收入的方式是：首先，确权；其次，建立和完善农村土地市场；再次，赋予农地承包经营权抵押、担保权能，实现农地承包经营权的保值增值。为增加转移性收入，2017 年中央一号文件规定：进一步提高农业补贴政策的指向性和精准性，重点补主产区、适度规模经营、农民收入、绿色生态。

三项农业补贴"三合一"，整合成农业支持保护补贴，支持耕地地力保护和粮食产能提升。体现了"谁种粮多，优先受益"，避免财政支农过程中零敲碎打、平均用力。

在中国农业和农村未来的发展中，要坚持家庭经营在农业中的基础性地位，推进多种形式的农业经营方式创新，大力培育和扶持多元化新型农业经营主体，发展农业适度规模经营，走出一条中国特色的农业现代化道路。以家庭农场为例农业部现已明确家庭农场的概念：一是农业户籍；二是适度规模；三是以家庭成员为主；四是主要收入来自农业。目前全国五个地方在发展家庭农场方面各有特色：浙江宁波、上海松江、湖北武汉、吉林延边及安徽郎溪。从 2007 年起，为应对农业劳动力大量非农化及老龄化趋势加剧，上海松江区开始实践百亩左右规模的家庭农场模式，被称为"松江模式"。"松江模式"是由当地区政府推动，采取以农户委托村委会流转的方式，将农民手中的耕地流转到村集体。到2011 年年底，全区耕地流转面积已占全区耕地面积的 99.4%。其中，近一半的耕地流向家庭农场。到 2012 年 6 月底，总面积为 604 平方公里的松江区的家庭农场，已经发展到 1173 户。在发展新型农业经营体制过程中，需要注意两个问题。一是片面追求规模化倾向。二是原先的土地流转更多是户与户之间，现在越来越多的城市工商资本进入农业，对此要设定准入门槛，原则上不鼓励工商资本长时间大面积租赁农民土地，准入后要进行监督，防止非粮化、非农化倾向。

（二）与以往政策相比"精准扶贫"政策的优势

"精准扶贫"的重要思想最早是在 2013 年 11 月，习近平总书记到湖南湘西考察时首次作出了"实事求是、因地制宜、分类指导、精准扶贫"的重要指示。2015 年 1 月，习近平总书记新年首个调研地点选择了云南，习近平总书记强调坚决打好扶贫开发攻坚战，加快民族地区经济社会发展。5 个月后，习近平总书记来到与云南毗邻的贵州省，强调要科学谋划好"十三五"时期扶贫开发工作，确保贫困人口到 2020 年如期脱贫，并提出扶贫开发"贵在精准，重在精准，成败之举在于精准"，"精准扶贫"成为各界热议的关键词。

提出精准扶贫，是基于这样的事实：其一，我国贫困人口基数仍然较大。其二，多年来，我国贫困人口总数是国家统计局根据抽样调查推算出来的，贫困人口分布在什么地方、是哪些人，并不清楚。其三，有的基层干部虚报冒领扶贫资金，有的"吃拿卡要"，使党的扶贫政策在实践中打了折扣。其四，以往的扶贫工作重形式轻内容，重"输血"轻"造血"，重"漫灌"轻"滴灌"，重项目前期争取轻后期管理。其五，"授人以鱼，不如授人以渔"，以往扶贫倾向于生活而非生产，造成财政资金使用效果不明显。

"精准扶贫"的优势。"精准扶贫"是粗放扶贫的对称，是指针对不同贫困区域环境、不同贫困农户状况，运用科学有效程序对扶贫对象实施精确识别、精确帮扶、精确管理的治贫方式。精准扶贫就是要做到扶贫对象精准、项目安排精准、资金使用精准、措施到户精准、因村派人精准、脱贫成效精准。精确识别，这是精准扶贫的前提；精确帮扶，这是精准扶贫的关键；精确管理，这是精准扶贫的保障；大力发展生产，提高更多就业创业机会；创新载体平台，实现多方利益联结共赢。

四　赋予农民更多财产权利

党的十八大报告指出，坚持和完善农村基本经营制度，依法维护农民土地承包经营权、宅基地使用权、集体收益分配权。

2013年中央一号文件指出，建立归属清晰、权能完整、流转顺畅、保护严格的农村集体产权制度，是激发农业农村发展活力的内在要求。必须健全农村集体经济组织资金资产资源管理制度，依法保障农民的土地承包经营权、宅基地使用权、集体收益分配权。主要包括：全面开展农村土地确权登记颁证工作、加快推进征地制度改革、加强农村集体"三资"管理。

党的十八届三中全会《决定》指出，保障农民集体经济组织成员权利，积极发展农民股份合作，赋予农民对集体资产股份占有、收益、有偿退出及抵押、担保、继承权。保障农户宅基地用益物权，改革完善农村宅基地制度，选择若干试点，慎重稳妥推进农民住房财产权抵押、担保、转让，探索农民增加财产性收入渠道。建立农村产权流转交易市场，推动农村产权流转交易公开、公正、规范运行。

2014年中央一号文件指出，稳定农村土地承包关系并保持长久不变，在坚持和完善最严格的耕地保护制度前提下，赋予农民对承包地占有、使用、收益、流转及承包经营权抵押、担保权能。在落实农村土地集体所有权的基础上，稳定农户承包权、放活土地经营权，允许以承包土地的经营权向金融机构抵押融资。在符合规划和用途管制的前提下，允许农村集体经营性建设用地出让、租赁、入股，实行与国有土地同等入市、同权同价，加快建立农村集体经营性建设用地产权流转和增值收益分配制度。改革农村宅基地制度，完善农村宅基地分配政策，在保障农户宅基地用益物权前提下，选择若干试点，慎重稳妥推进农民住房财产权抵押、担保、转让。在赋予农民更多财产权利方面迈出了一大步。

2014年11月，中共中央办公厅、国务院办公厅印发的《关于引导农村土地经营权有序流转　发展农业适度规模经营的意见》，对农村土地流转的乱象进行规范，设计顶层红线，定调"三个不能搞"，划出三条底线，以引导农村土地健康流转。这三条底线为：坚持土地公有制性质不改变、耕地红线不突破、农民利益不受损，在试点基础上有序推进。

"十三五"规划指出，稳定农村土地承包关系，完善土地所有权、承包权、经营权分置办法，依法推进土地经营权有序流转，构建培育新型农业经营主体的政策体系。

党的十九大指出，巩固和完善农村基本经营制度，深化农村土地制度改革，完善承包地"三权"分置制度。保持土地承包关系稳定并长久不变，第二轮土地承包到期后再延长三十年。深化农村集体产权制度改革，保障农民财产权益，壮大集体经济。确保国家粮食安全，把中国人的饭碗牢牢端在自己手中。2017 年 11 月 20 日召开的十九届中央全面深化改革领导小组第一次会议上，习近平总书记强调，宅基地制度改革不得以买卖宅基地为出发点，不得以退出宅基地使用权作为农民进城落户的条件。

2021 年中央一号文件进一步明确，完善农村产权制度和要素市场化配置机制，充分激发农村发展内生动力。坚持农村土地农民集体所有制不动摇，坚持家庭承包经营基础性地位不动摇，有序开展第二轮土地承包到期后再延长 30 年试点，保持农村土地承包关系稳定并长久不变。

（一）定义

土地承包经营权流转是指通过承包取得的土地承包经营权可以依法采取转包、出租、互换、转让或者其他方式流转。"土地承包经营权流转"最早是 1995 年提出的，国发〔1995〕7 号《国务院批转农业部〈关于稳定和完善土地承包关系的意见〉的通知》中明确提出"建立土地承包经营权流转机制"。依照《土地承包法》《中华人民共和国农业法》的相关规定，流转的主体是享有承包经营权的农户，农户以自己的意愿对享有的承包经营权以转包、互换、出租、转让或者其他方式流转，任何组织和个人不得强迫或者阻碍。依照《土地承包法》的规定，农户流转承包经营权后可以依法取得转包金、租金、转让费等，这种流转收益归承包方所有，任何组织和个人不得擅自截留、扣缴。

宅基地使用权指的是农村集体经济组织的成员依法享有的在农民集体所有的土地上建造个人住宅的权利。根据我国《民法典》第三百六十二条，宅基地使用权人依法对集体所有的土地享有占有和使用的权利，有权依法利用该土地建造住宅及其附属设施。

集体收益分配权。《民法典》第二百六十一条规定：农民集体所有的不动产和动产，属于本集体成员集体所有。农村集体组织的收益，是属于全体成员的，农村集体组织收益的分配，如果没有法律的特别规定，就应由享有成员待遇的人共同平等参与分配。

（二）背景

城乡收入差距大，一直是困扰经济社会发展的重大问题。改革开放以来，城乡收入差距大体经历了由迅速缩小→逐渐扩大→平缓缩小→加速扩大→平稳下降的变动过程，如图 4-4 所示。1978 年，中国启动了经济体制改革。20 世纪 80 年代初，农村率先推行家庭联产承包责任制，生产要素开始活跃和流动，农民的积极性空前高涨，有力地提高了农业生产力。由于农民的收入迅速增加，促使城乡收入比值由 1978 年的 2.57 缩小到 1983 年的 1.82，成为历史最低点。1984 年后，经济体制改革的重心转向城市，国有企业的改革与发展增强活力，效率迅速提高。随之，城镇居民的收入增长速度超过农村，导致城乡收入差距逐步扩大，比值由 1984 年的 1.84 上升到 1994 年的 2.86，高于改革开放前的水平。90 年代中期，中央采取地区平衡发展战略，实施"多予少取"政策，农村剩余劳动力转移到城镇就业，提高农产品收购价格等，使农民收入再度提升，城乡收入差距的比值逐步下降到 2.47。进入 21 世纪以后，由于农村发展滞后、收入分配扭曲等因素，城乡收入差距加速扩大，2001 年突破历史最高点 2.90，从 2002 年开始上升到了 3 以上，2009 年达 3.33。近几年中央采取补农、惠农、富农等一系列政策，使 2010—2012 年近三年又呈下降趋势，2010 年为 3.23，2011 年为 3.13，2012 年又降至 3.10。值得注意的是，从 2002 年到 2012 年 11 年中均保持在 3 以上的高位。统计局公开发布的数据显示，2012 年至 2015 年城乡之间居民收入差距有所缩小，城镇居民人均收入与农村居民人均收入的比例从 2008 年的 3.3 倍下降到 2015 年的 2.73 倍，尽管差距增势被遏制，但仍然处于高位。

在国家多渠道增加居民收入的努力下，中国居民收入增长与经济增长同步，农村和城镇居民人均可支配收入都在增加，2020 年农村居民人均可支配收入是 2008 年的 3.6 倍，2020 年城镇居民人均可支配收入是 2008 年的 2.8 倍。城乡收入倍差由 2008 年的 3.3 降低至 2020 年的 2.6，

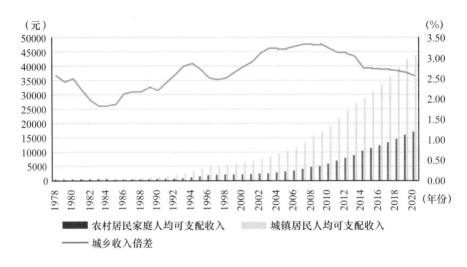

图4-4 改革开放以来城乡收入差距

数据来源：历年中国统计年鉴。

一般来说，发达国家的城乡收入倍差在1.5左右，发展中国家略高一些在2左右，该倍数为基本平衡的程度①，可见，当前中国的城乡收入差距仍比较大。

改革开放以来，随着市场经济体制的确立，农村居民收入逐步趋向多元化，工资性收入、生产经营性收入、转移性收入和财产性收入都在持续增长。受农民工总量和工资水平双增长影响，工资性收入平均所占比重约达41.2%；如图4-5所示，近年来农村产业融合发展、创新创业等进一步拓展了农民增收空间，使经营净收入平均所占比重约达41.9%；随着扶贫力度持续加大，转移净收入平均所占比重约为14.2%；国家大力推广要素入股分红、土地流转收租金等模式，使财产净收入平均所占比重约为2.7%。显而易见，农村居民财产净收入占比很低。

另外，随着大量农村劳动力向城镇和二、三产业转移就业，农村青壮年劳动力大幅减少，加上农业生产成本不断上升，农业经营效益持续

① 北京国际城市发展研究院：《社会管理蓝皮书——中国社会管理创新报告》，社会科学文献出版社2012年版。

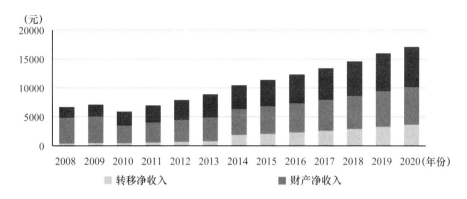

图 4 - 5 2008—2020 年农村居民人均可支配收入结构

数据来源：国家统计局历年《中国统计年鉴》。

降低，农业劳动力兼业化、老龄化、妇女化问题突出。我国农民"家家包地、户户种田"，千家万户的小规模分散经营，难以适应千变万化的大市场，也难以容纳现代技术装备，家庭经营效益也难以提高。"两权"分离实行农户平均承包土地，保障每个农村人口基本生存发展权利，解决了十几亿人口的温饱问题。但在土地分包过程中，不少地方实行水旱、肥瘦、远近搭配，导致承包土地细碎化，全国户均耕地7.5亩，农业生产效率难以提升。

（三）提高农民收入的改革方向

（1）扩大财产性收入来源。我国法律规定，在坚持农村土地集体所有的制度下，农户对其依法承包的土地享有占有、使用和收益的权利。这实际上明确了两个基本问题：一是明确了农户拥有的是土地的承包经营权，它不改变农村土地的集体所有权；二是明确了对承包到户的集体土地，只要不改变合同规定的用途，承包农户就可以自主选择各种实现土地收益的经营形式。首先，要确权，给农民颁发具有明确法律效力的土地承包经营权证书，明确农地承包经营权的权属特征，防止以农村土地属于集体所有为名强征农民的土地。其次，要建立和完善农村土地市场，借助市场价格机制实现土地承包经营权的流转或入股，以实现农民土地的财产性收益。最后，要赋予农地承包经营权抵押、担保权能，实现农地承包经营权的保值增值。构建新型农业经营体系，无论是集约化、专业化的过程，还是组织化、社会化的过程，涉及农地承包经营权的流转、入股和抵押、担保，都是农民土地财产权益实现的过程。在价格形成机制基础上，农地承包经营权的流转、入股要做到依法、有偿、自愿，让农地承包经营者实现农地财产权益或公平分享土地增值的红利；农地承包经营权的抵押、担保要做到手续简便、服务到位，并确保农地农用以及农地承包经营者的权益。

为全面贯彻党的十八大和十八届三中全会、四中全会精神，赋予农民对承包土地的用益物权，盘活农村土地资产，探索农民增加财产性收入渠道，2015 年 8 月国务院印发了《关于开展农村承包土地的经营权和农民住房财产权抵押贷款试点的指导意见》，提出了试点的五项主要内容，成为盘活土地资产的标志性文件。一是赋予"两权"抵押融资功能。维护好、实现好、发展好农民土地权益，落实"两权"抵押融资功能，盘活农民土地用益物权的财产属性。二是推进农村金融产品和服务方式创新。在贷款利率、期限、额度、担保、风险控制等方面加大创新支持力度。三是建立抵押物处置机制。允许金融机构在保证农户承包权和基本住房权利前提下，依法采取多种方式处置抵押物，完善抵押物处置措施。四是完善配套措施。试点地区要加快推进农村土地承包经营权、宅基地使用权和农民住房所有权确权登记颁证，建立完善农村土地产权交易平台，建立健全农村信用体系。五是加大扶持和协调配合力度。在货币政策、财政政策、监管政策、保险保障等方面，加大扶持和协调配合力度。2023 年中央一号文件将改革推向深入。赋予农民更加充分的财产权益。深化农村土地制度改革，扎实搞好确权，稳步推进赋权，有序实现活权，让农民更多分享改革红利。研究制定第二轮土地承包到期后再延长 30 年试点工作指导意见。稳慎推进农村宅基地制度改革试点，切实摸清底数，加快房地一体宅基地确权登记颁证，加强规范管理，妥善化解历史遗留问题，探索宅基地"三权分置"有效实现形式。深化农村集体经营性建设用地入市试点，探索建立兼顾国家、农村集体经济组织和农民利益的土地增值收益有效调节机制。保障进城落户农民合法土地权益，鼓励依法自愿有偿转让。巩固提升农村集体产权制度改革成果，构建产权关系明晰、治理架构科学、经营方式稳健、收益分配合理的运行机制，探索资源发包、物业出租、居间服务、资产参股等多样化途径发展新型农村集体经济。健全农村集体资产监管体系。保障妇女在农村集体经济组织中的合法权益。继续深化集体林权制度改革。深入推进农村综合改革试点示范。

（2）提高农业经营效率，增加农民经营性收入。2017 年中央一号文件明确指出：推进农业供给侧结构性改革……优化农业产业体系、生产体系、经营体系，提高土地产出率、资源利用率、劳动生产率，促进农业农村发展由过度依赖资源消耗、主要满足量的需求，向追求绿色生态可持续、更加注重满足质的需求转变。具体措施包括：引导农民因地制宜地发展特色农业、强调农产品质量和食品安全、积极发展适度规模经营、建设现代农村产业园推动全链条增值、支持农业企业跨国经营、借助"一带一路"让农业"走出去"、发展农村休闲旅游产业、推进"互联网＋"现代农业行动、在优势农产品产地打造食品加工产业集群、支持农技推广人员与家庭农场、农民合作社、龙头企业开展技术合作。2023 年中央一号文件更进一步提出促进农业经营增效的改革措施。深入开展新型农业经营主体提升行动，支持家庭农场组建农民合作社，合作社根据发展需要办企业，带动小农户合作经营、共同增收。实施农业社会化服务促进行动，大力发展代耕代种、代管代收、全程托管等社会化服务，鼓励区域性综合服务平台建设，促进农业节本增效、提质增效、营销增效。引导土地经营权有序流转，发展农业适度规模经营。总结地方"小田并大田"等经验，探索在农民自愿前提下，结合农田建设、土地整治逐步解决细碎化问题。完善社会资本投资农业农村指引，加强资本下乡引入、使用、退出的全过程监管。健全社会资本通过流转取得土地经营权的资格审查、项目审核和风险防范制度，切实保障农民利益。坚持为农服务和政事分开、社企分开，持续深化供销合作社综合改革。

（3）拓宽收入渠道，提升工资性收入。根据国家发改委的统计，2017—2021 年全国农村居民人均可支配收入由 13432 元增至 18931 元，年均实际增长 6.6%，高于城镇居民近 2 个百分点。[①] 其中，自 2015 年起，农民人均工资性收入已超过经营净收入，成为农民收入的第一大来源，其对农民增收的贡献率达到 42.5%。但这种工资性收入更多来自农

---

① https：//www.chinanews.com.cn/cj/2022/09－28/9862370.shtml。

民到城市打工的工资性收入，途径单一。为拓宽工资性收入渠道，2023年中央一号文件对促进农民就业增收做出部署。强化各项稳岗纾困政策落实，加大对中小微企业稳岗倾斜力度，稳定农民工就业。促进农民工职业技能提升。完善农民工工资支付监测预警机制。维护好超龄农民工就业权益。加快完善灵活就业人员权益保障制度。加强返乡入乡创业园、农村创业孵化实训基地等建设。在政府投资重点工程和农业农村基础设施建设项目中推广以工代赈，适当提高劳务报酬发放比例。

（4）其他财政转移性补贴或收入。转移性补贴是国家财政为促进农业生产所提供的专项补贴，发挥着助农惠农兴农的重要作用。2020年，财政部、农业部联合印发了《关于全面推开农业"三项补贴"改革工作的通知》，将种粮农民直接补贴、农作物良种补贴和农资综合补贴合并为农业支持保护补贴。这一改革支持粮食适度规模经营，且农业补贴资金一次性发放，更有效支持耕地地力保护和粮食产能提升。体现出"谁种粮多，优先受益"，避免财政支农过程中零敲碎打、平均用力。农业部指出，转移性收入是完善再分配调节机制的重要内容。要重点关注两类群体，一类是小农户，要健全农业支持保护制度，稳定和加强农民种粮补贴，按时足额把惠农资金发放到农民手中。另一类是低收入农户，建立健全常态化帮扶机制，织密社会保障安全网，守住不发生规模性返贫底线。①

五 推进城乡要素平等交换和公共资源均衡配置

党的十八届三中全会《决定》指出，维护农民生产要素权益，保障农民工同工同酬，保障农民公平分享土地增值收益，保障金融机构农村存款主要用于农业农村。健全农业支持保护体系，改革农业补贴制度，完善粮食主产区利益补偿机制。完善农业保险制度。鼓励社会资本投向农村建设，允许企业和社会组织在农村兴办各类事业。统筹城乡基础设施建设和社区建设，推进城乡基本公共服务均等化。

党的十八届四中全会通过的《中国共产党第十八届中央委员会第四次全体会议公报》指出，推动城乡协调发展，健全城乡发展一体化体制

---

① https：//www.sohu.com/a/492567111_ 120952561.

机制，健全农村基础设施投入长效机制，推动城镇公共服务向农村延伸，提高社会主义新农村建设水平。

"十三五"规划指出，深化户籍制度改革，促进有能力在城镇稳定就业和生活的农业转移人口举家进城落户，并与城镇居民有同等权利和义务。实施居住证制度，努力实现基本公共服务常住人口全覆盖。健全财政转移支付同农业转移人口市民化挂钩机制，建立城镇建设用地增加规模同吸纳农业转移人口落户数量挂钩机制。促进城乡公共资源均衡配置，健全农村基础设施投入长效机制，把社会事业发展重点放在农村和接纳农业转移人口较多的城镇，推动城镇公共服务向农村延伸。

2015 年，中共中央办公厅和国务院办公厅联合印发了《关于农村土地征收、集体经营性建设用地入市、宅基地制度改革试点工作的意见》，这标志着我国农村土地制度改革即将进入试点阶段。

同时，习近平总书记在农村工作会议上强调"四个不能"和"三条底线"，即土地制度改革怎么改都不能把农村集体经济组织给改垮了，不能把耕地给改少了，不能把粮食给改滑坡了，不能把农民的利益损害了；土地制度改革不能改变土地所有制即农民集体所有，不能改变土地的用途即农地必须农用，不能损害农民的基本权益。

2015 年，国务院办公厅发布了《关于引导农村产权流转交易市场健康发展的意见》，被称为首部针对农村产权流转交易市场的全国性指导文件。该意见明确将土地经营权分离出来，对农村土地流转领域的所有权、承包权和经营权进行了分类指导，强调指出：农村产权交易以农户承包土地经营权、集体林地经营权为主，且不涉及农村集体土地所有权和依法以家庭承包方式承包的集体土地承包权。

2017 年，着重建立农村集体经营性建设用地入市制度，赋予农村集体经营性建设用地出让、租赁、入股权能，明确入市范围途径。

2021 年中央一号文件进一步明确，健全土地经营权流转服务体系。积极探索实施农村集体经营性建设用地入市制度。完善盘活农村存量建设用地政策，实行负面清单管理，优先保障乡村产业发展、乡村建设用地。根据乡村休闲观光等产业分散布局的实际需要，探索灵活多样的供地新方式。加强宅基地管理，稳慎推进农村宅基地制度改革试点，探索宅基地所有权、资格权、使用权分置有效实现形式。

（一）背景

城乡要素交换不平等由来已久。劳动要素方面，进城务工农民没有实现与城镇职工同工同酬，相同劳动岗位农民工所得收入只相当于城镇职工的一半左右。土地要素方面，农民城乡土地交换中得到的补偿较少。据国务院发展研究中心调查，农民拿到的征地补偿款只占整个土地增值收益的5%—10%。地方行政权力介入低价流转农民农地，城郊城市化进程中，现有征收价格和市场地价差距很大，在农地流转价格和农地被征为国有建设用地过程中都出现不平等交换问题。资金要素方面，农村存款资金大量流向非农产业和城市，农民长期面临"贷款难"的困惑。[①]

公共资源配置重城轻农是城乡收入差距扩大的原因之一。反映在医疗、教育、文化、交通、通信、社保等方面，农村普遍落后于城市。优质的医疗卫生和文化教育资源集中在城市，而广大农村的公共文化设施陈旧落后。在社保方面差距更大，国家为市民提供金额大、收益面广的各类保障，而农民长期以来被排除在社保之外。近年来，农村的水、电、路、气建设及危旧房改造都有了非常明显的进展。基本社会保障制度在农村已经实现了全面覆盖，基本公共服务的城乡均等化取得较大进展。

（二）现状

我国大体形成了城乡统一的产品市场，但城乡统一的要素市场没有建立起来，城乡土地、劳动力与资本等要素之间不能自由流动。劳动力市场的城乡分割尚未消除是众所周知的事实，这种分割难以打破也与土地制度有关。土地的保障功能使农民舍不得放弃土地进城，而土地流转市场不健全又将进城农民返回农村的路堵死。农村金融市场受到小规模兼业农户比例过大的影响，发展也不均衡。兼业农户对资本需求小，正规金融的经营成本较高农户更有可能通过非正规金融满足需求，。农民专业合作化不够强大，依靠合作社发展普惠性金融的条件不具备。农地流转市场因农地产权不明晰，交易成本高、效率低。如果大规模经营所需要的土地可批量承包，投资者保护土地肥力、治理土地污染，确保土地生产力的可持续性。目前的土地制度尚不允许农业经营者之间交易农地承包权，租地是土地流转的主要方式。依靠租地方式扩大农业经营规模的成本高，加大了规模化农业的经营风险。

（三）路径

党的十八届三中全会《决定》指出："推进农业转移人口市民化，逐步把符合条件的农业转移人口转为城镇居民。创新人口管理，加快户籍制度改革，全面放开建制镇和小城市落户限制，有序放开中等城市落户限制，合理确定大城市落户条件，严格控制特大城市人口规模。"需要在农业转移人口中大规模推行居住证制度，在逐步实现全国社保一体化的基础上，最终用居住证制度替代现行户籍制度。

按照《决定》的要求，"保障金融机构农村存款主要用于农业农村。健全农业支持保护体系，改革农业补贴制度，完善粮食主产区利益补偿机制。完善农业保险制度。鼓励社会资本投向农村建设，允许企业和社会组织在农村兴办各类事业。"为此，我国大力推进农业金融创新，完善农业金融体系。中央政府在扶贫资金中建立专项基金，与地方政府合作发展小额信贷等普惠性、公共性农村金融。一般商业银行在农村领域的活动完全放开，扩大利率浮动范围，并允许其不介入普惠性、公共性金融活动。

土地要素的市场化以及市场的城乡统一，是《决定》强调的重要改革内容。按照《决定》的要求，今后重点要抓好两个方面的工作：一是通过土地确权，最终建立土地承包经营权永久不变的产权关系，赋予农民更多财产权利；二是"在符合规划和用途管制前提下，允许农村集体经营性建设用地出让、租赁、入股，实行与国有土地同等入市、同权同价"。表明农民将得到与土地有关的多种权利，土地将实质上成为农民的财产；城乡建设用地市场的统一，表明国家将打破土地市场的政府垄断，围绕土地而形成的僵化凝固的利益网络将有重大调整。

2017年之后，我国在生产要素流动方面有了新的举措。我们深知，只确权不流转，确权失去意义；只流转不确权，流转没有依据。城乡融合发展，最核心就是确保发展主体和发展资源要素的地位和权利平等，市场优化资源配置，政府在宏观管理方面发挥作用。以推进农业供给侧结构性改革作为主线，需要着重从农村土地、劳动力、资本、技术4个方面来进行全要素体系改革。

一是积极稳妥地深化农村土地制度改革试点。要按照 2017 年中央一号文件的要求，落实好农村土地集体所有权、农户承包权、土地经营权"三权分置"办法。农村产权流转交易以农户承包土地经营权、集体林地经营权为主，不涉及农村集体土地所有权和依法以家庭承包方式承包的集体土地承包权。二是高度重视和积极培育农业劳动力。劳动力是农业生产的主力军，能否稳住农业劳动力这支主力军并提高其素质，关系到农业供给侧结构性改革是否能够顺利推进。三是积极加快农村金融创新，扩大农业资本规模，畅通农业融资渠道。资本和资金是农业十分重要的生产要素，资本、资金的充足与否，关系到农业供给侧结构性改革是否能够取得实效、顺利推进。四是积极推动农业新技术的开发利用，加快发展绿色环保农业和低碳循环农业。

六　我国对农村生产要素流转制度的改革特别重视

（一）农村生产要素流转制度改革提出的背景

城乡要素交换不平等由来已久。过去"同命不同偿""同龄不同保""同地不同价"，农业农村处于被动或弱势地位的问题。20 世纪 90 年代以来，出现了三要素（土地、劳动力、资金）流出农村、技术要素流入困难的现象，这是"三农"问题变得严重的内因。

（二）在城乡生产要素自由平等流动方面所做的努力

古今中外的实践表明，与广大农民最密切相关的就是土地问题。如果党的十一届三中全会后在农村推行的家庭承包制当作"第一轮土地改革"，那么自党的十八届三中全会通过《中共中央关于全面深化改革若干重大问题的决定》之后在农村开展的"深化农村土地制度改革"，就可称为"第二轮土地改革"。2014 年年初，中共中央、国务院印发了《关于全面深化农村改革加快推进农业现代化的若干意见》，其中第四部分对"深化农村土地制度改革"集中做了阐述。2014 年 11 月公布实施的《关于引导农村土地经营权有序流转发展农业适度规模经营的意见》，是推进"第二轮土地改革"的又一纲领性文件。

1978 年后全国农村推行的家庭承包制即"第一轮土地改革"，是建立新中国后农村生产力与生产关系的一次重大调整，改革当时比较落后、不相适应的生产关系，使之适应全国农村不平衡、不同发展阶段的生产力水平。此轮改革极大地解放了农村生产力，使全国广大农村居民及全国城镇居民的温饱问题得到较好的解决，为农业持续稳定发展、工业化顺利加快乃至中国经济长期保持较快发展提供了强大的物质基础和动力源泉。

随着农村生产力水平的提高和农业现代化的进展，全国各地出现了农民土地承包权分散、土地经营规模偏小、农村劳动力流失、土地闲置等问题，这些问题说明现有制度已不能适应当今土地大规模集中经营和农业现代化的客观需要。

有一些城市在扩张过程中需要"兼并"一些周边的农村，这就是农村集体经营性建设用地入市的需求之一。为类似于村办企业、工厂等农村集体经营性建设用地建立入市制度，并与国有土地"同权同价"，农民可以利用出让、租赁、入股等多种方式，实现集体经营性建设用地的保值和增值。

国家为了公共利益的需要，可以对土地实行征收或者征用并给予补偿，但现实中某些地方政府以公共利益为名征用农民集体土地，却将土地用于房地产开发、企业项目建设。而在对农民补偿方面，国家规定土地补偿费和土地安置补助费加起来，不超过土地前三年平均产值的30倍。如果按照农业种粮的用途进行补偿，按一亩平均毛收入1000元来算，每亩30倍才3万元，可被征收后建成楼房，一平方米就要卖几千甚至上万元。农民土地使用权和农村建设用地使用权是中国经济战略转型的一个切入点，农民只有获得可以自己支配、处置的资产和房产，才有参加市场经济竞争的资本和立足之地，并使得多余的劳动力从土地上解放出来。

党的十八届三中全会改革决定，"保障农户宅基地用益物权，改革完善农村宅基地制度，选择若干试点，慎重稳妥推进农民住房财产权抵押、担保、转让，探索农民增加财产性收入渠道。建立农村产权流转交易市场，推动农村产权流转交易公开、公正、规范运行。"

党的十八届三中全会《决定》明确了农村土地制度改革的方向和任务。2015年，中共中央办公厅和国务院办公厅联合印发了《关于农村土地征收、集体经营性建设用地入市、宅基地制度改革试点工作的意见》，这标志着我国农村土地制度改革进入试点阶段。

2015 年，国务院办公厅发布了《关于引导农村产权流转交易市场健康发展的意见》，被称为首部针对农村产权流转交易市场的全国性指导文件。该《意见》明确将土地经营权分离出来，对农村土地流转领域的所有权、承包权和经营权进行了分类指导，强调指出：农村产权交易以农户承包土地经营权、集体林地经营权为主，且不涉及农村集体土地所有权和依法以家庭承包方式承包的集体土地承包权。2017 年，着重建立农村集体经营性建设用地入市制度，赋予农村集体经营性建设用地出让、租赁、入股权能，明确入市范围途径。改革完善农村宅基地制度，探索进城落户农民自愿有偿退出或转让宅基地，改革宅基地审批制度。完善土地征收制度，缩小土地征收范围，探索制定征收目录，严格界定公共利益用地范围，完善对被征地农民合理、规范、多元保障机制。

（三）目前生产要素流转面临的难题

城市农村共同繁荣发展尚面临制度性障碍，其中突出表现在要素下乡之路不畅通，涉及农村物权、产权的要素流通在多数地方依然是"红线区"。

一是农村地区的生产要素、劳动力、资金、土地，继续维持流向城镇的趋势。当然反向流动也在增加，但不成比例，没有改变城乡之间生产要素流动的基本格局，仍然是农村向城市单向净流出。

二是来自农村地区的生产要素，往往被贴上一个特殊的身份标志，例如农民工、农村建设用地，和城里的生产要素区分开来。其交换关系是不平等的。

三是在城镇定居的农村居民，在没有取得城市市民身份之前，其经济和心理上承受着双重压力：一方面，不能享受市民的工资、就业条件，以及教育、社保、住房等福利；另一方面，他还要省吃俭用，供养在农村的配偶、子女和父母。

四是从城镇流向农村的生产要素，由于面临一些风险，因而不会积极、主动地流向农村。在许多省市，实际成本甚至高过了跨国流动。资金和人才流向港澳及东南亚十分便利，这个事实很好地解释了为什么涉外经济的发展在大部分地方超过了城市对农村的投资。

（四）土地产权流转的实践情况

农村产权流转交易市场是经县级以上政府批准，为各类农村产权流转交易提供服务的公开市场，突出公益性，不以营利为目的，遵循"依法、自愿、有偿、公开、公正、规范"原则。为减轻农民负担，交易平台对进行交易的农户免收服务费用；对其他交易主体收取费用，收费标准公示。

若没有农村产权流转交易市场，租赁农户流转的土地，只能一家一户寻找零散的地块，不能成方连片，很难产生规模效益。由于大多数流转土地是口头约定，程序不完善，还极易引发矛盾和纠纷。

目前，全国经营耕地面积在 50 亩以上的规模经营农户超过 350 万户，经营耕地面积超过 3.5 亿多亩。家庭农场、农民合作社、农业产业化龙头企业等新型主体数量已经超过 270 万家。这些新型主体在推动农业适度规模经营发展、建设现代农业、保障农产品有效供给等方面发挥着越来越重要的作用。以河北省为例，截至 2017 年 9 月，农村产权流转交易品种包括农户土地经营权、林权、"四荒"（农村集体所有的荒地、荒沟、荒丘、荒滩）使用权、农村集体经营性资产、农业生产性设施设备、小型水利设施使用权、农业类知识产权、农村宅基地使用权和住房财产权、农村生物资产、水权、农村建设项目招标及产业项目招商和转让等 11 种。河北的"三块地"改革：农用地确权—流转—经营权向现代农业园区和新型经营主体集中—适度规模经营。宅基地："房地一体"的农村宅基地和集体建设用地确权—宅基地有偿使用制度和自愿有偿退出—农民住房财产权抵押、担保转让—盘活利用空闲农房和闲置宅基地。集体经营性建设用地：重点是用好工矿仓储、商业服务等经营性用途的存量农村集体建设用地，完善入市交易规则、服务监管制度和土地增值收益的合理分配机制。

（五）关于要素流动的改革方向

城乡融合发展，最核心的是发展主体和发展资源要素的地位和权利平等，市场优化资源配置，政府在宏观管理方面发挥作用。以推进农业供给侧结构性改革作为主线，需要着重从农村土地、劳动力、资本、技术 4 个方面来进行全要素体系改革。

一是积极稳妥地深化农村土地制度改革试点。要按照 2017 年中央一号文件的要求，落实好农村土地集体所有权、农户承包权、土地经营权"三权分置"办法。农村产权流转交易以农户承包土地经营权、集体林地经营权为主，不涉及农村集体土地所有权和依法以家庭承包方式承包的集体土地承包权。

二是高度重视和积极培育农业劳动力。劳动力是农业生产的主力军，能否稳住农业劳动力这支主力军并提高其素质，关系到农业供给侧结构性改革是否能够顺利推进。

三是积极加快农村金融创新，扩大农业资本规模，畅通农业融资渠道。资本和资金是农业十分重要的生产要素，资本、资金的充足与否，关系到农业供给侧结构性改革是否能够取得实效、顺利推进。

四是积极推动农业新技术的开发利用，加快发展绿色环保农业和低碳循环农业。

综上所述，未来改革重点在于：一是通过土地确权，最终建立土地承包权永久不变的产权关系，经营权通过多种方式进行流转，赋予农民更多财产权利。二是在符合规划和用途管制前提下，允许农村集体经营性建设用地出让、租赁、入股，实行与国有土地同等入市、同权同价。农民将得到与土地有关的多种权利，城乡建设用地市场的统一，表明国家将打破土地市场的政府垄断，围绕土地而形成的僵化凝固的利益网络将有重大调整。三是完善种粮补贴制度。种粮大户、合作社面临很多困难，租金在涨、粮价下降、粮食直补政策的漏洞。农资综合补贴、良种补贴、农机具购置补贴基本做到了谁种地谁受益。避免农业产业化龙头企业、家庭农场、种粮大户等新型农业经营主体得不到相应补贴，否则难以发挥粮食直接补贴政策应有的效果，不利于调动新型农业经营主体种植粮食的积极性，不利于农业产业化发展。

第二节   农村劳动力流动的相关政策演变

一 1979—1988 年：农村剩余劳动力的显性化和就地转移

计划经济时代农村剩余劳动力被人民公社制度掩盖，表现为出工不出力的隐性失业，"大锅饭"式的平均主义分配方式挫伤了劳动积极性，在这种制度下每个劳动力难以边际生产率最大化，表面上农业从数量上实现了劳动力的充分利用，但实际上单个劳动生产率低效甚至无效发挥的情况下，农业将不需要的劳动力也纳入其中，整体生产力水平低下决定了可分配的成果有限，农村生产和生活始终处于低水平的缓慢增长状态。1979 年开始的家庭联产承包责任制完全改变了过去人浮于事的状态，1978—1984 年，我国粮食产量增长了 1.02 亿吨，由 1978 年的 3.05 亿吨增长到 1984 年的 4.07 亿吨，1978—1984 年平均农业增长率是 1952—1978 年的 2 倍多，[①] 在提高劳动生产率的同时农村体制改革将农村剩余劳动力显性化，宋林飞在南通的调查认为 56.8% 的农村劳动力是剩余的。[②] 当时城市改革尚未释放出活力，劳动力流动的限制政策还未放开，剩余劳动力只能在农村寻找出路。1979 年开始，企业改革从"行政性分权"向"放权让利"和"扩大企业自主权"转化，1983 年实行企业承包制，与之配套的外贸体制、流通体制、价格形成机制和财税体制也同步进行，城市改革进程加快，1984—1988 年乡镇企业崛起就地吸纳劳动力，进入"离土不离乡，进厂不进城"的劳动力就地转移阶段，城乡收入差距减小，农民的生活状况得到了很大的改善。关于劳动力流动的限制也在逐渐松绑，1983 年允许农民从事农产品长途贩运和自销，给农民以异地经营的合法性，1984 年鼓励农民到小城镇打工，首次出现"农民工"的称谓。1985 年 7 月，公安部颁布了《关于城镇暂住人口管理的暂行规定》，决定对流动人口实行《暂住证》《寄住证》制度，允许暂住人口在城镇居留，这些规定对《中华人民共和国户口登记条例》中关于超过 3 个月以上的暂住人口要办理迁移手续或动员其返回常住地的条款，做了实质性的变动。

二　1989—2002 年：农民工群体的形成和大规模流动

在乡镇企业发展之初，政府给予税收优惠、信贷分配和生产资料的优先供给等优惠政策以促进乡镇企业的发展，但 20 世纪 90 年代之后财税改革、要素市场化改革的推进以及民营企业和外资企业的崛起，使乡镇企业也就不复此前的优势，劳动力吸纳能力大幅度下降，与此同时，城市对外开放和市场经济体制改革有了实质性进展，价格市场化改革完成，1997 年党的十五大将"以公有制为主体、多种所有制经济共同发展"确

[①] 《中国统计年鉴》（1992）。
[②] 宋林飞：《农村劳动力的剩余及其出路》，《中国社会科学》1982 年第 5 期。

立为我国的基本经济制度之后，城市大大扩展了其发展空间，城乡收入差距逐渐拉大的情况下，农村劳动力追求更高的工资、更好的发展机会而大量涌向飞速发展的珠三角和长三角地区，形成第一批进城打工浪潮，1989—2002 年是农民工群体大规模的形成阶段，根据《中国农民工调研报告》的数据，1989 年外出农民工为 3000 万人，1993 年增加到 6200 万人，1995 年达到 7000 万人，跨省流动比重增多，吸纳就业的主力军从乡镇企业转移到东部沿海等大中城市，农村劳动力流动从"离土不离乡"过渡到"离土又离乡"和"离乡又跨省"的状态，大规模的劳动力流动给城市提供增长要素的同时也带来不小的压力，这也是社会矛盾多发、制度和现实相冲突的一段时期，表现为对流动人员收容遣送制度的重启、流动就业审批制度的实施、对农民工就业行业和岗位的限制，使得农民工在流动和就业方面受到很大的限制，就算找到工作，农民工也不能享有与城镇户籍职工平等的劳动法定权益，更不能作为城镇常住人口享有与城镇户籍居民平等的市民权益。

三 2003—2012 年：农民工数量平稳增长与"用工荒"的出现

从 2002 年开始外出务工的农民工总量上升但增速开始呈下降趋势，原因是多方面的：政策扶持和区位优势使得东部沿海地区飞快发展，造成区域发展的不平衡，从 2000 年起，为缩小地区间差距国家开始将政策和资源向落后地区转移，提出西部大开发、振兴东北老工业基地、促进中部崛起等战略，西部公共设施建设、工业园区建设、招商引资投资建厂等均受到政策和资源的支持，中西部地区经济逐渐出现起色，出现劳动力从东部回流的现象，农业税的废除，农业补贴政策的实施，也使得农村经济有所回升，低层次劳动力开始向农村回流。21 世纪初，全球经济由复苏走向繁荣，我国加入 WTO 对东部经济有直接的拉升作用，因此东部面临劳动力短缺的"用工荒"困境，中西部与东部、城市与乡村开始劳动力资源的竞争。

这段时期的"用工荒"经历了从 2002 年分散于个别部门的、小规模间歇性的"技工荒"到 2004 年"用工荒"的大面积爆发，根据劳动和社会保障部课题组的数据，东南沿海加工制造业聚集地区企业的缺工率达到了 10% 左右，求人倍率①处于持续上升通道，高级技师、技师、高级工求人倍率在 2004 年分别高达 2.1、1.18 以及 1.15②，技术人员严重短缺，不仅东南沿海，就连劳动力输出大省的中西部地区也出现劳动力供给不足的问题，这种情况一直持续到 2008 年年底国际金融危机爆发，劳动密集型企业和外贸企业首当其冲，大幅度减少用工需求才得以缓解。2010 年之后得益于西部大开发力度的加大、国家 4 万亿救市以及世界经济的复苏，中国的经济也进入小高峰，尽管每年新增农民工数量在 2010 年和 2011 年达到高峰，分别为 1245 万人和 1055 万人，增速也分别达到 5.4% 和 4.4%，但"用工荒"仍在全国爆发，紧缺程度比 2008 年之前更为严重，求人倍率已经严重超过 1，根据缺口程度和持续时间这已经不是短期的结构短缺，而是全面持续性的总量短缺和结构短缺并存。按照胡雁情（2015）研究，"用工荒"的动态特征表现为以下几个方面："用工荒"需求的工人年龄向上偏移③、从女工短缺转化为男女工都缺、由"技工荒"演变为"普工荒"、由东部"用工荒"演变为"全国荒"。

在这段时期，关于农民工的政策也层出不穷，进入平权阶段。2002 年党的十六大的召开之后的科学发展观提出：统筹城乡发展、统筹区域发展、统筹经济社会发展、统筹人与自然和谐发展、统筹国内发展和对外开放，在这样思想的指导下，2003 年国务院办公厅印发《关于做好农民进城务工就业管理和服务工作的通知》，这是国务院第一次为农民工群体制定的政策性文件。这个文件取消对农民进城务工就业的不合理限制。各地区、各有关部门要取消对企业使用农民工的行政审批，取消对农民进城务工就业的职业工种限制，不得干涉企业自主合法使用农民工。要严格审核、清理农民进城务工就业的手续，取消专为农民工设置的登记项目，逐步实行暂住证一证管理。各行业和工种尤其是特殊行业和工种要求的技术资格、健康等条件，对农民工和城镇居民应一视同仁。在办理农民进城务工就业和企业用工的手续时，除按照国务院有关规定收取

---

① 劳动力市场上需求人数与求职人数的比值。

② 劳动和社会保障部课题组：《关于民工短缺的调查报告》，《劳动保障》2004 年第 11 期。

③ 在劳动力市场上 16—44 岁都表现为短缺状态，25—34 岁劳动力最稀缺，其次是 35—44 岁，而更年轻的 16—24 岁稀缺程度并不如前两者。

的证书工本费外，不得收取其他费用。严禁越权对农民工设立行政事业性收费项目，提高收费标准。各级物价、财政部门要严格检查、督促落实，防止变换手法继续向农民工乱收费。要严格执行《城市流浪乞讨人员收容遣送办法》的规定，不得将遣送对象范围扩大到农民工，更不得对农民工强制遣送和随意拘留审查。除此之外，解决拖欠和克扣农民工工资问题、改善农民工的生产生活条件、做好农民工培训工作、多渠道安排农民工子女就学、流出地和流入地相配合加强对农民工的管理。从2003年实施《2003—2010年全国农民工培训规划》之后，不断出台技能培训政策以提高农民工的就业质量。2007年先后颁布了《劳动合同法》《就业促进法》《劳动争议调解仲裁法》，2010年《社会保险法》通过，均对农民工利益的保护有所规定。例如《就业促进法》规定：农村劳动者进城就业享有与城镇劳动者平等的劳动权利，不得对农村劳动者进城就业设置歧视性限制。《社会保险法》规定：进城务工的农村居民依照本法规定参加社会保险。在农民工随迁子女教育问题、住房条件的改善问题、公共文化设施的开放和服务、法律援助和法律服务、民主政治权利和落户等方面的工作都作出实质性的推进，为农民工的市民平权提供政策依据，当然各地规定各不相同，在实施过程中也有歧视农民工的做法，但随着"用工荒"的问题逐渐严重和"夺人大战"的出现，农民工利益的实现成为渐进的过程。

四　2013年至今：农民工市民化阶段

随着土地城市化程度不断提升，人口城市化被提上日程。如表4-2和图4-6所示，2010年开始适龄劳动人口占比在下降，而2012年开始总抚养比一直在上升，其中老年抚养比增速加快成为总抚养比上升的重要因素，说明随着我国人口结构的变化人口红利将逐渐消失，劳动力生产要素的缺乏预示着低劳动力成本的时代将一去不复返了，这种情况对劳动密集型的企业影响非常大，无法采用低成本的劳动力保持产品的价格优势，企业或者发展技术密集型提升产品质量和附加值进军高端产品行列，或者采用资本替代劳动力应对劳动力短缺带来的困境，中国进入了以"增速减缓、结构优化、动力多元、质量提升"为特征的经济"新常态"，从速度层面看，经济增长速度从高速增长转为中高速增长，经济增长的质量和内涵发生质的变化；从结构层面看，经济结构发生全面深刻变化，不断优化升级；从动力层面看，经济发展从要素驱动、投资驱动转向创新驱动。

表 4 - 2　　　　　　　　1999—2020 年中国 15—64 岁劳动
年龄人口规模和比重变动趋势

年份	劳动年龄人口（亿人）	劳动年龄人口比重（%）	年份	劳动年龄人口（亿人）	劳动年龄人口比重（%）
1999	8.52	67.7	2010	9.98	74.53
2000	8.89	70.15	2011	10.03	74.43
2001	8.98	70.4	2012	10.04	74.15
2002	9.03	70.3	2013	10.06	73.92
2003	9.1	70.4	2014	10.05	73.45
2004	9.22	70.92	2015	10.04	73.01
2005	9.42	72.04	2016	10.03	72.51
2006	9.51	72.32	2017	9.98	71.82
2007	9.58	72.53	2018	9.94	71.20
2008	9.67	72.8	2019	9.89	70.65
2009	9.75	73.05	2020	9.68	68.55

资料来源：2010 年和 2020 年数据来自"七普"主要数据情况（国家统计局，2021），其他年份数据来自《中国统计年鉴 2020》。

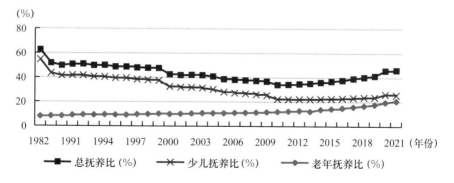

图 4 - 6　1982—2021 年少儿抚养比和老年抚养比

数据来源：国家统计局。

劳动力短缺的问题不仅归因于人口因素，还与长期存在的二元经济结构有关，城乡之间社会保障、教育文化、公共设施等的差异对劳动力总体质量的提升形成难以跨越的障碍，在加大西部大开发力度尤其是发展乡村医疗、教育、文化、社会保障的同时，我国出台了农民工市民化的政策以顺应日益强烈的市民化要求并为充分发挥农民工的作用创造必要的政策环境。2012 年之前出台的部分农民工政策使原有农民工待遇有所改善，2012 年党的十八大报告进一步提出：加快改革户籍制度，有序推进农业转移人口市民化，努力实现城镇基本公共服务常住人口全覆盖。2013 年，专门成立了国务院农民工工作领导小组，2013 年党的十八届三中全会通过的《中共中央关于全面深化改革若干重大问题的决定》提出"推进农业转移人口市民化，逐步把符合条件的农业转移人口转为城镇居民"。2014 年 3 月，国务院政府工作报告提出了解决"三个 1 亿人"的目标：促进约 1 亿农业转移人口落户城镇，改造约 1 亿人居住的城镇棚户区和城中村，引导约 1 亿人在中西部地区就近城镇化。2014 年 7 月 30 日，国务院发布了《关于进一步推进户籍制度改革的意见》，要求"促进有能力在城镇稳定就业和生活的常住人口有序实现市民化"。全面推进户籍制度改革、促进农业转移人口子女义务教育、就业服务、基本养老、基本医疗卫生、住房保障等城镇基本公共服务全覆盖，并在中央财政转移支付上对农民工市民化给予支持，《国务院关于进一步做好为农民工服务工作的意见》中指出："要按照自愿、分类、有序的要求，重点促进长期在城镇居住、有相对稳定工作的农民工有序融入城镇，循序渐进地推进农民工市民化。"2015 年中央经济工作会议公布了 2016 年经济工作五大工作重点之一：要按照加快提高户籍人口城镇化率和深化住房制度改革的要求，通过加快农民工市民化，扩大有效需求，打通供需通道，消化库存，稳定房地产市场；要落实户籍制度改革方案，允许农业转移人口等非户籍人口在就业地落户。2016 年，用于农业转移人口市民化的奖励资金达到 100 亿元，各地也普遍放宽了农业转移人口落户城镇的条件，有 25 个省（区、市）出台或者修订了居住证暂行条例的实施办法。全国农民工随迁子女义务教育纳入政府财政保障的接近九成。党的十九大继续把推进农业转移人口市民化作为一项重要任务，标志着我国已逐步进入全面市民化阶段。《"十四五"规划和 2035 年远景目标纲要》中指出：放开放宽除个别超大城市外的落户限制，试行以经常居住地登记户口制度。全面取消城区常住人口300万以下的城市落户限制，确保外地与本地农业转移人口进城落户标准一视同仁。全面放宽城区常住人口300万至500万的Ⅰ型大城市落户条件。完善城区常住人口500万以上的超大特大城市积分落户政策，精简积分项目，确保社会保险缴纳年限和居住年限分数占主要比例，鼓励取消年度落户名额限制。健全以居住证为载体、与居住年限等条件相挂钩的基本公共服务提供机制，鼓励地方政府提供更多基本公共服务和办事便利，提高居住证持有人城镇义务教育、住房保障等服务的实际享有水平。健全农业转移人口市民化机制。完善财政转移支付与农业转移人口市民化挂钩相关政策，提高均衡性转移支付分配中常住人口折算比例，中央财政市民化奖励资金分配主要依据跨省落户人口数量确定。建立财政性建设资金对吸纳落户较多城市的基础设施投资补助机制，加大中央预算内投资支持力度。调整城镇建设用地年度指标分配依据，建立同吸纳农业转移人口落户数量和提供保障性住房规模挂钩机制。根据人口流动实际调整人口流入流出地区教师、医生等编制定额和基本公共服务设施布局。依法保障进城落户农民农村土地承包权、宅基地使用权、集体收益分配权，建立农村产权流转市场体系，健全农户"三权"市场化退出机制和配套政策。

2012—2019年，外出农民工总量在增加但增速在逐渐减慢，其中外出农民工增速增长率分别为3%、1.7%、1.3%、0.4%、0.3%、0.9%、0.5%、0.9%[1]，进城农民工的增速不稳定，2016年和2018年两年是负增长，除了农村劳动力总量逐渐减少的原因之外，城市对农民工的吸纳程度和吸引力都在下降，从另一个侧面可以看出区域经济发展差距逐渐缩小，城市化过程中进城的农民工也可能返流反哺家乡建设，这也是劳动力流动所能够产生的对整体劳动力质量提升的客观结果。2018年东部地区农民工比2010年减少441万人，降幅为2.7%；中部地区的农民工则从2010年的4104万人增长到2018年的6051万人，共增加1947万人，增幅为47.4%；西部地区的农民工，由2010年的3845万人增加到2018年的5993万人，共增加2148万人，增幅为55.9%。从农民工流向重点区域看，从2008年到

---

① 数据来源于国家统计局历年的《农民工监测调查报告》。

2018 年，长三角农民工增长近 2400 万人；珠三角地区 2018 年农民工数量几乎回到 2008 年水平，仅增加了 300 万人。在 2009 年出现"用工荒"之后，珠三角农民工总量大致都少于长三角地区，并于 2017 年开始连续两年出现负增长。① 从宏观上看，中西部进一步发展和农村就业创业机会增多，农民工有了更多"用脚投票"的选择。城市的发展是否还需要农民工？如果还需要，那么在"夺人大战"不断爆发的情况下农民工市民化意愿的影响因素是什么？这是一个值得思考的问题，也是农民工市民化政策的指向所在。

如表 4 - 3 和图 4 - 7 所示，农民工在农村劳动力的占比一直处于上升状态，目前农民工已经有 60% 以上的劳动力离开了土地从事非农生产。从农民工迁入地结构可以看出，尽管本地农民工占比在 36.69%—40.62%，但本地农民工占比一直在增加，体现出农民工离土不离乡或回流特征。绝大多数农民工（60% 左右）选择离开所在的乡镇到外地打工，外出农民工中从最初选择留在省内与选择跨省的农民工比重平分秋色，逐渐开始出现分化，越来越多的农民工选择省内流动，从 2009 年的 30.86% 增加到 2020 年的 34.69%，跨省流动的农民工比重出现大幅下降，从 2009 年的 32.38% 下降到 2020 年的 24.69%，东部农民工比重逐渐下降，表现在长三角和珠三角这两大流入的重点区域农民工所占比重逐渐减少。从上述数据变化趋势可以看出，农民工有选择离家近距离打工的倾向。

表 4 - 3　　　　　　　　　　2009—2020 年农民工流向

年份	农村劳动力（万人）	农民工（万人）	农民工占农村劳动力比重（%）	本地农民工占比（%）	省内流动农民工占比（%）	跨省流动农民工占比（%）
2009	50015.8	22978	45.94	36.75	30.86	32.38
2010	49923	24223	48.52	36.69	31.45	31.86
2011	49789	25278	50.77	37.25	33.19	29.56
2012	49613.2	26261	52.93	37.79	33.09	29.12
2013	49389.2	26894	54.45	38.24	32.99	28.78
2014	49109.7	27395	55.78	38.60	32.68	28.72

---

① 《2 亿农民工 10 年迁徙图》，http://finance.sina.com.cn/roll/2019 - 05 - 09/doc - ih-vhiews0870152.shtml。

续表

年份	农村劳动力（万人）	农民工（万人）	农民工占农村劳动力比重（%）	本地农民工占比（%）	省内流动农民工占比（%）	跨省流动农民工占比（%）
2015	48770.2	27747	56.89	39.15	32.94	27.91
2016	48367.6	28171	58.24	39.89	32.90	27.21
2017	47904.6	28652	59.81	40.02	33.19	26.79
2018	47389.6	28836	60.85	40.12	33.54	26.34
2019	46835	29077	62.08	40.07	34.11	25.82
2020	46251	28560	61.75	40.62	34.69	24.69

资料来源：国家统计局历年农民工监测调查报告。

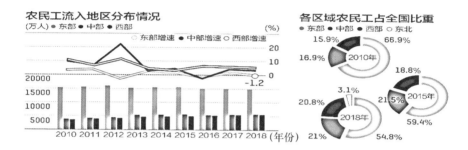

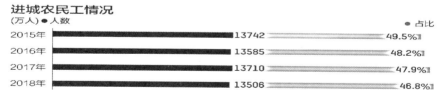

图 4-7　农民工区域分布状况

注：进城农民工指居住在城镇地域的农民工。城镇地域为根据国家统计局《统计上划分城乡的规定》划分的区域，与计算人口城镇化率的地域范围相一致。

数据来源：据"农工监测调查数据"整理。

第三节　小结

本部分全面梳理我国从城乡二元格局到城乡融合发展的政策演进过程,"三农"始终是实现全面建成小康社会着重解决的问题。新型城镇化和城乡发展一体化可以为扩大内需和转变经济发展方式提供持久动力,并为全面建成小康社会提供坚实的基础。然而,城乡统筹和一体化发展并没有解决城市与乡村两个空间平等发展的问题,城乡融合发展要解决要素流动问题、城乡基本公共服务均等化问题以及破除制约城乡发展的制度障碍。政策调整加速了劳动力、土地、资本要素的流动,围绕提升农村产业融合、土地确权和流转等关乎农民福利的城乡收入差距正在逐渐下降,主要表现在城乡收入倍差减少,农民收入结构从经营性收入为主转为工资性收入占比大幅度提升、与经营性收入所占比重持平,两者达到收入比重80%以上的收入结构,可见,外出打工的工资性收入已成为农民工主要收入来源,政策推动下的农村剩余劳动力流动对缩小城乡收入差距的作用非常显著。根据农村剩余劳动力流动的阶段性划分,农村劳动力经历了就地转移、大规模外流、返流与市民化同时推进阶段,2009—2022年农民工市民化相关政策实质是推进户籍人口与常住人口的权益平等。

第 五 章
产业结构调整和劳动力流动

从前一章的分析可知,农民工在经过大规模外出务工之后多次出现回流现象,总体而言有四大变化。

一是农民工流向的变化。东部地区。仍处于农民工净流入状态,但净流入总量在减少,中西部地区仍处于农民工净流出状态,但净流出量在减少,东北地区农民工流出量在加大。根据国家统计局的《农民工监测调查报告》,从输入地看,2019 年在东部地区就业的农民工 15700 万人,比上年减少 108 万人,下降 0.7%,占农民工总量的 54%。其中,在京津冀地区就业的农民工 2208 万人,比上年增加 20 万人,增长 0.9%;在江浙沪地区就业的农民工 5391 万人,比上年减少 61 万人,下降 1.1%;在珠三角地区就业的农民工 4418 万人,比上年减少 118 万人,下降 2.6%。在中部地区就业农民工 6223 万人,比上年增加 172 万人,增长 2.8%,占农民工总量的 21.4%。在西部地区就业的农民工 6173 万人,比上年增加 180 万人,增长 3.0%,占农民工总量的 21.2%,上述情况说明农民工流向在进行结构性调整,以往大量流向东部的情况开始改变,农民工有向中西部地区回流的趋势。从数据可以看出,东部农民工占比在减少,中部和西部逐渐增多。流向重点区域集中在东部的长三角地区,无论是农民工总量、增速还是占比都比珠三角地区高,珠三角农民工总量人数下降比较明显。

二是外出农民工和本地农民工人数的调整。外出农民工是指在户籍所在乡镇地域外从业的农民工。从 2008 年到 2019 年,外出农民工增幅略低于总量增幅，年均增加 322.5 万人。外出农民工在 2010 年也出现一次最高增速达 5.5%，此后增速放缓。但是从收入上看，外出农民工月均收入增速明显，2019 年外出农民工月均收入 4427 元，比上年增加 320 元，增长 7.8%；本地农民工月均收入 3500 元，比上年增加 160 元，增长 4.8%。外出农民工月均收入比本地农民工多 927 元，增速比本地务工农民工高 3 个百分点。这个现象比较特别，工资增长貌似并没有缓解外出农民工增速放缓的趋势。

三是跨省流动和省内流动格局的反转。从 2011 年开始，去省外务工人数减少，改变了多年来外出农民工跨省流动比重大于省内的格局。2018 年外出农民工中，跨省流动占比 44%，省内流动占比为 56%。2019 年在外出农民工中，在省内就业的农民工 9917 万人，比上年增加 245 万人，增长 2.5%；跨省流动农民工 7508 万人，比上年减少 86 万人，下降 1.1%。省内就业农民工占外出农民工的 56.9%，所占比重比上年提高 0.9 个百分点。分地区看，东部、中部和西部地区省内就业农民工占比分别比上年提高 0.1 个、1.4 个和 1.2 个百分点。上述情况说明农民工省内流动成为主流，这与农民工向中西部回流的趋势是一致的。

四是进城农民工比重的调整。国家统计局的《农民工监测调查报告》从 2016 年开始公布进城农民工数据。所谓进城农民工，即指居住在城镇地域内的农民工，城镇地域划分与计算人口城镇化率的地域范围相一致。从 2016—2018 年三年数据看，进城农民工占农民工总量比重都接近一半，但占比从 2015 年的 49.5% 降至 2018 年的 46.8%，2019 年年末进城农民工 13500 万人，占农民工总量的 46.43%，比 2018 年有所减少。此外，进城农民工总量也在减少。2018 年进城农民工比 2015 年减少 236 万人，2018 年比 2017 年下降 1.5%，2019 年的进城农民工总量与 2018 年持平。中国社科院副院长蔡昉曾经在一次演讲中用 2010 年的数据分析了城镇化的结构，即 16% 为城镇人口"自然增长"，26% 为农民工，53% 是因行政区划调整的"就地转移"。农民工 26% 的贡献率如果继续，城镇化就具有可持续性。即使到 2030 年城镇化减速后，也需要依靠每年几百万到上千万的农民工继续从农村转向城市，但目前的进城农民工逐渐下降的趋势显然不利于城镇化进程。那么，究竟是城镇的发展挤出了农民工，还是农民工"用脚投票"离开了城镇？有待进一步分析。

第一节　区域产业结构和就业结构比较分析

劳动力就业与流动是适应产业变迁的结果，我国经济总量提升的同时产业结构也有了非常大的变化，产业结构的变化改变了各产业对劳动力数量和知识技能的需求，也会因为资本有机构成的变化从而改变资本与劳动力之间的替代和比例关系，使得劳动力市场的需求发生大的调整。就劳动力需求而言，经典的西方经济学理论对劳动力供求均衡的短期动态调整有较好的解释力度，如果考察中长期的劳动力需求，还需要更多的理论支撑，其中马克思的资本有机构成理论也必不可少。本部分将从产业结构和就业结构入手，采用结构偏离度和求人倍率指标比较分析东中西部三大产业变迁对劳动力需求结构的影响，高技术产业与普通产业对劳动力的需求有何差异，或者每个产业内部的劳动力需求情况，都是值得探索的，因为这样的分析可以从产业层面了解劳动力流动的动因，可以从需求端解释劳动力流动的四大变化：农民工向中西部返流、省内就业逐渐成为主流、外出农民工增速放缓、进城农民工比重有所下降。再者从东部地区吸纳劳动力的情况可以看出，长三角区域的吸纳程度要高于珠三角，这也需要从产业结构及资本对劳动力替代的劳动力需求方面进行分析。

首先，从区域产业结构的演进来看，根据表 5 - 1 对 2000—2019 年产业结构统计数据，东中西部的产业结构有共同点：一产比重逐渐减少，二产比重有先升后降的过程，三产比重具有逐渐升高的趋势。从每年的比例结构来看，一产比重由西部、中部和东部依次递减，西部目前的一产比重仍然占到 10% 以上；二产首先在东部呈现比较高的比重，2003—2008 年超过 50%，紧接着 2008—2014 年中部的二产比重超过 50%，西部二产比重超过 50% 则在 2010—2012 年，目前二产比重都低于三产，处于 39%—42%。从三产看，从最初的东中西部比重差不多到差距逐渐拉大，东部三产比重增速快于其他两个区域，目前中西部三产比重平分秋色，东部三产比重处于绝对优势，达到 62%，比中西部地区多出 10 多个百分点。

表5-1　　　　东、中、西部三大产业增加值占区域生产总值的比重　（单位：%）

年份 项目	东部			中部			西部		
	一产	二产	三产	一产	二产	三产	一产	二产	三产
2000	12	49	39	20	45	35	22	42	36
2001	11	49	40	19	45	36	21	41	38
2002	10	49	41	18	46	36	20	41	39
2003	9	51	39	17	47	36	19	43	38
2004	9	53	38	18	48	34	19	44	36
2005	8	52	41	17	47	37	18	43	40
2006	7	52	41	15	48	36	16	45	39
2007	7	51	42	15	49	36	16	46	38
2008	7	52	42	15	51	34	16	48	36
2009	7	49	44	14	50	36	14	47	39
2010	6	46	47	13	52	35	13	50	37
2011	6	49	45	12	54	34	13	51	36
2012	6	49	45	12	53	35	13	50	37
2013	6	46	48	12	52	36	12	49	38
2014	6	45	49	11	50	39	12	47	41
2015	6	45	49	11	47	42	12	45	43
2016	5	42	52	10	45	44	12	43	45
2017	5	42	54	9	45	46	11	41	47
2018	5	41	55	8	44	48	11	41	48
2019	5	39	62	8	42	50	11	38	51

数据来源：根据历年《中国统计年鉴》整理，东部地区是指北京、天津、河北、上海、江苏、浙江、福建、山东、广东和海南10省（市）；中部地区是指山西、安徽、江西、河南、湖北和湖南6省；西部地区是指内蒙古、广西、重庆、四川、贵州、云南、西藏、陕西、甘肃、青海、宁夏和新疆12省（区、市）。

其次，从东、中、西部三大产业的就业结构来看，根据表5-2对2000—2018年的统计数据，每一年的第一产业就业比重从东到西依次递增，一产就业结构的变化与产业结构的演进几乎是一致的，一产的就业人口比重逐渐减少，可以看到逐渐脱离农业的劳动力转移到其他产业的过程。2018年东部和中部一产就业相差不大，西部的一产就业仍占较高比重，比东中部多出 20 多个百分点左右，显然西部地区仍以农业劳动力就业为主。就二产就业情况来看，东部二产比重 2003—2008 年达峰的阶段也是就业比重大幅度上涨的阶段，延续到 2013 年之后开始缓降。从 2009 年中部地区的二产比重超过东部之后一直略高于东部，而就业比重也始终略高于东部。就三产就业情况来看，东部三产 2013 年超过二产之后一路领先，目前已经达到 62% 的比重，不仅超过其他产业也超过中西部的三产比重，就业也呈现相似的特点，东部在 2014 年就业比重反超二产之后也成为吸纳劳动力的主力军，但与产业结构的差距相比，就业结构的差距相对较小。

表 5-2　　　　　　东、中、西部三大产业就业占区域就业的比重　　　（单位：%）

项目\年份	东部			中部			西部		
	一产	二产	三产	一产	二产	三产	一产	二产	三产
2000	43	29	29	49	31	20	61	15	24
2001	42	29	29	48	31	21	62	14	24
2002	40	30	30	46	32	22	60	14	25
2003	38	32	30	44	34	22	59	15	26
2004	36	33	31	42	35	23	58	15	27
2005	33	35	32	40	37	23	58	15	27
2006	31	35	33	38	38	24	56	16	28
2007	29	37	34	36	39	24	55	17	28
2008	29	37	35	35	40	25	53	17	29
2009	28	37	35	34	40	25	52	19	29
2010	26	38	36	33	41	26	51	19	30
2011	25	39	36	32	42	26	50	20	30
2012	24	39	37	31	42	26	50	19	31
2013	23	39	38	30	43	27	48	20	32
2014	23	38	39	30	42	28	47	20	33
2015	23	36	41	30	41	29	46	20	34
2016	22	37	41	29	42	29	45	20	35
2017	21	37	42	28	42	30	44	20	36
2018	20	37	43	27	42	31	43	20	37
2019	43	29	29	49	31	20	61	15	24

数据来源：根据历年《中国统计年鉴》整理。

第二节　结构偏离度指标的考量

第一节对东中西部产业结构和就业结构的分析仍然是一种剥离的状态，产业结构和就业结构之间的关联并不十分清晰。在研究两者之间关系方面有一个指标是结构偏离度，用于描述结构偏离度的是结构偏离度系数，结构偏离度系数是考察各产业劳动力就业结构与产值结构对称性的一种经济指标，可以衡量产业效率和对就业的吸纳潜力。计算公式是

$$\frac{S_i}{S} = \frac{Y_i/Y}{Li/L} - 1$$

其中，S_i/S 是某一产业的结构偏离度，Y 表示增加值，L 表示从业人员，i 表示某一产业。一个产业的结构偏离度接近于 0，意味着产业产值结构与就业结构高度一致，在总量上达到均衡状态；大于 0 表示该产业应吸纳更多劳动力以使产业发展与吸纳就业的能力保持一致；小于 0 表示该产业存在隐性失业，需要采取措施促使劳动力转移出去。

从表 5 - 3 结构偏离度系数的计算结果可以看出，从 2000—2018 年的产业需求方面，东中西部一产的结构偏离度系数均为负，说明一直到现在一产仍存在隐性失业，中部的隐性失业相对小一点，这与中部是劳动力向外转移的重点区域相一致，东部农村受到发达城市的辐射作用，一产能够多元化经营，因此相对收入较高，能够支撑劳动力的基本生存，从事一产的劳动力转移出去的意愿相对较低。西部一产也存在大量的隐性失业，但因为距离经济发达区域较远，劳动力转移成本较高，因此转移力度也不如中部区域强。从二产的结构偏离度系数来看，三个区域的系数为正且趋于下降，系数为正说明尚有吸纳能力，系数逐渐减小说明吸纳能力在减少，对比具体数值可见，随着劳动力在二产就业的增加，吸纳能力逐渐减弱，2018 年东部和中部的系数接近于 0，说明产业结构与就业结构高度一致，在总量上达到均衡状态。比较突出的是西部地区的二产结构偏离度均大于 1，说明西部二产的吸纳能力强，其发展需要更多劳动力资源的支持。但因为西部相对艰苦，工资水平低，对劳动力的吸引力不够是劳动力缺乏的重要原因。三产的结构偏离系数均大于 0，说明

三个区域的三产对劳动力均有一定的吸纳能力，东西部系数差异不大且缓慢递增，而中部三产近几年结构偏离系数有增大趋势，这说明相比较而言，中部的三产具有吸纳就业的较大潜力。

　　从不同区域看，东部经历了二产大量吸纳到缓慢吸纳再到接近饱和的过程，三产的吸纳能力相对平稳，通过对三大产业系数进行对比发现，东部三产吸纳能力较强。中部的情况类似于东部，但不同的是二产更具有饱和特征，三产的吸纳能力强于东部。西部二产的吸纳能力相当强，西部不仅是三个区域中最强的区域，西部二产还是西部三大产业中吸纳能力最强的产业。

　　由上述分析可知，一产仍有大量的隐性失业存在，在一定条件下未来的劳动力转移可能仍将继续。西部二产始终处于严重的劳动力短缺的状态，需要大量的劳动力转移到西部以提升其二产的产能，东中部二产的吸纳能力十分有限。无论哪个区域，三产均具有较强的劳动力吸纳能力，中部的吸纳能力较为突出。综合上述分析，劳动力资源的回流可能与需求端的东部产业吸纳能力相对减弱有关。相对于东部而言，当中西部区域的发展提升对劳动力有潜在需求时，随之而来的是区域工资收入差距的缩小，根据2019年的《农民工监测调查报告》可知，在东部地区就业的农民工月均收入4222元，比上年增加267元，增长6.8%，增速比上年回落0.8个百分点；在中部地区就业的农民工月均收入3794元，比上年增加226元，增长6.3%，增速比上年回落0.8个百分点；在西部地区就业的农民工月均收入3723元，比上年增加201元，增长5.7%，增速比上年提高0.6个百分点，[①]在权衡利益的基础上促成劳动力回流也就成为必然，如表5-4所示，尽管近5年东部仍处于净流入状态，但净流入在逐渐减少，中西部仍处于净流出状态，但净流出规模呈现缩小趋势。

---

① 国家统计局网站，http://www.stats.gov.cn/tjsj/zxfb/202004/t20200430_1742724.html。

表5-3　　　　　　　　　　东、中、西部结构偏离度系数

项目 年份	东部			中部			西部		
	一产	二产	三产	一产	二产	三产	一产	二产	三产
2000	-0.72	0.69	0.34	-0.59	0.45	0.75	-0.64	1.80	0.50
2001	-0.74	0.69	0.38	-0.60	0.45	0.71	-0.66	1.93	0.58
2002	-0.75	0.63	0.37	-0.61	0.44	0.64	-0.67	1.93	0.56
2003	-0.76	0.59	0.30	-0.61	0.38	0.64	-0.68	1.87	0.46
2004	-0.75	0.61	0.23	-0.57	0.37	0.48	-0.67	1.93	0.33
2005	-0.76	0.49	0.28	-0.58	0.27	0.61	-0.69	1.87	0.48
2006	-0.77	0.49	0.24	-0.61	0.26	0.50	-0.71	1.81	0.39
2007	-0.76	0.38	0.24	-0.58	0.26	0.50	-0.71	1.71	0.36
2008	-0.76	0.41	0.20	-0.57	0.28	0.36	-0.70	1.82	0.24
2009	-0.75	0.32	0.26	-0.59	0.25	0.44	-0.73	1.47	0.34
2010	-0.77	0.21	0.31	-0.61	0.27	0.35	-0.75	1.63	0.23
2011	-0.76	0.26	0.25	-0.63	0.29	0.31	-0.74	1.55	0.20
2012	-0.75	0.26	0.22	-0.61	0.26	0.35	-0.74	1.63	0.19
2013	-0.74	0.18	0.26	-0.60	0.21	0.33	-0.75	1.45	0.19
2014	-0.74	0.18	0.26	-0.63	0.19	0.39	-0.74	1.35	0.24
2015	-0.74	0.25	0.20	-0.63	0.15	0.45	-0.74	1.25	0.26
2016	-0.77	0.14	0.27	-0.66	0.07	0.52	-0.73	1.15	0.29
2017	-0.76	0.14	0.29	-0.68	0.07	0.53	-0.75	1.05	0.31
2018	-0.75	0.11	0.28	-0.70	0.05	0.55	-0.74	1.05	0.30

表5-4　　　　　　　　　　农民工净流入总量比较　　　　　（单位：万人）

年份	东部	中部	西部	东北
2015	5708	-3575	-2169	-36
2016	5560	-3533	-2079	-25
2017	5563	-3538	-2060	-44
2018	5398	-3487	-1925	-65
2019	5284	-3396	-1878	-96

第三节　第二、三产业结构偏离度系数的计算

由表 5 - 5 可见，农民工就业结构主要集中于第二、第三产业，
2017—2019 年经历了二产就业与三产就业的逆转，二产就业比重逐渐减
少，农民工就业主要集中在制造业和建筑业这两个重点领域，建筑业就
业比重相对稳定，而制造业在逐步下降，但仍占据农民工二产就业的主
导地位。农民工在三产就业处于逐渐增加的趋势，目前已经超过二产就
业比重。三产中批发和零售业、居民服务修理和其他服务业成为吸纳农
民工就业的主要领域，其次是交通运输仓储邮政业和住宿餐饮业。

表 5 - 5　　　　　　　　全国农民工就业结构　　　　（单位：%）

	2017	2018	增减	2019	增减
第一产业	0.5	0.4	- 0.1	0.4	0
第二产业	51.5	49.1	- 2.4	48.6	- 0.5
其中：制造业	29.9	27.9	- 2	27.4	- 0.5
建筑业	18.9	18.6	- 0.3	18.7	0.1
第三产业	48	50.5	2.5	51	0.5
其中：批发和零售业	12.3	12.1	- 0.2	12	- 0.1
交通运输仓储邮政业	6.6	6.6	0	6.9	0.3
住宿餐饮业	6.2	6.7	0.5	6.9	0.2
居民服务修理和其他服务业	11.3	12.2	0.9	12.3	0.1
其他	11.6	12.9	1.3	12.9	0

数据来源：全国农民工监测调查报告 2017—2019。

上一节的分析发现近些年西部地区第二产业对劳动力的吸纳能力增
强，中部和东部地区第三产业对劳动力的吸纳能力增强，根据《国民经
济行业分类》，本书进一步对农民工就业比重较大的第二产业部分行业和
第三产业部分行业计算了结构偏离度系数（见表 5 - 6 和表 5 - 7），发现：

第二产业中技术密集型制造业、建筑业，第三产业中金融业、房地产业[1]、交通运输仓储和邮政业、信息传输软件和信息技术服务业、公共管理社会保障和社会组织、卫生和社会工作、教育行业的结构偏离度系数都大于0，说明以上行业有吸纳更多劳动力就业的潜力。

第二产业中劳动密集型和资本密集型制造业，第三产业中住宿和餐饮业、批发和零售业、居民服务修理和其他服务业、租赁和商务服务业、文化体育和娱乐行业的结构偏离度系数都小于0，说明以上提及行业的就业已处于劳动力过剩状态。劳动力已经饱和的劳动密集型制造业[2]和批发零售业是农民工就业的主要渠道。从事这些行业的农民工可能面临就业结构性失衡的风险。

表5-6 第二产业部分行业结构偏离度系数

年份	制造业			建筑业
	劳动密集型	资本密集型	技术密集型	
2012	-0.204	0.339	-0.099	0.744
2013	-0.203	0.308	-0.076	0.238
2014	-0.2	0.3	-0.07	0.28
2015	-0.172	0.248	-0.05	0.378
2016	-0.173	0.237	-0.04	0.426
2017	-0.196	0.102	0.076	0.438
2018	-0.244	0.225	0.025	0.414
2019	-0.196	0.162	0.027	0.736

数据来源：根据历年《中国工业经济统计年鉴》《中国统计年鉴》《中国劳动统计年鉴》计算得出。其中，分类后的制造业增加值和从业人员平均人数均源于历年《中国工业经济统计年鉴》[3]；建筑业增加值源于历年《中国统计年鉴》，建筑业城镇单位从业人员源于历年《中国劳动统计年鉴》。

[1] 包含金融业中介、房地产业中介。
[2] 尽管在这一行业就业量下降，但根据表5-5，制造业仍为就业的主要渠道。就业量下降主要有两方面原因：一是低端制造业外移、制造业的升级以及部分制造业用机器替代劳动力以减少成本，这些因素均有可能减少对低端劳动力的需求；二是随着第三产业的发展，劳动力出现了跨产业转移的情况。
[3] 可获取到的《中国工业经济统计年鉴》最新年份为2016年。

表 5 - 7 第三产业部分行业结构偏离度系数

年份	批发和零售业	交通运输、仓储和邮政业	住宿和餐饮业	信息传输、软件和信息技术服务业	金融业	房地产业	租赁和商务服务业
2008	0.18	2.25	0.54	3.24	5.31	6.11	0.34
2009	0.05	1.92	0.36	2.62	5.33	6.44	0.17
2010	0.07	1.90	0.27	2.21	5.16	5.95	0.18
2011	0.48	2.33	0.24	4.42	6.66	12.68	2.34
2012	−0.08	1.16	−0.02	1.63	5.93	4.82	0.05
2013	−0.15	1.25	−0.15	1.33	6.10	4.18	0.00
2014	−0.22	1.26	−0.23	1.26	6.07	3.77	−0.10
2015	−0.29	1.23	−0.31	1.02	6.12	3.98	−0.21
2016	−0.35	1.13	−0.41	0.84	5.55	4.12	−0.21
2017	−0.38	1.12	−0.47	0.82	5.16	4.11	−0.25
2018	−0.41	1.04	−0.51	0.80	5.04	4.00	−0.25
2019	−0.44	0.95	−0.56	0.73	4.30	3.72	−0.30

年份	科学研究和技术服务业	水利、环境和公共设施管理业	居民服务、修理和其他服务业	教育	卫生和社会工作	文化、体育和娱乐业	公共管理、社会保障和社会组织
2008	0.52	0.06	0.44	0.06	0.45	0.72	0.79
2009	0.49	0.08	0.32	0.12	0.37	0.71	0.74
2010	0.35	0.04	0.18	0.09	0.31	0.58	0.58
2011	2.31	0.16	0.51	0.15	0.35	1.21	0.53
2012	0.41	0.01	0.06	0.13	0.30	0.49	0.42
2013	0.33	0.10	−0.03	0.19	0.46	0.39	0.44
2014	0.22	0.10	−0.11	0.22	0.50	0.29	0.45
2015	0.14	0.19	−0.19	0.30	0.54	0.22	0.60
2016	0.03	0.13	−0.25	0.29	0.52	0.07	0.68
2017	−0.04	0.09	−0.32	0.31	0.48	0.01	0.72
2018	−0.06	−0.05	−0.36	0.34	0.47	−0.09	0.67
2019	−0.09	0.06	−0.38	0.25	0.34	−0.13	0.56

数据来源：根据历年《中国统计年鉴》《中国第三产业统计年鉴》计算得出。行业增加值源于历年《中国统计年鉴》，分行业城镇从业人员源于历年《中国第三产业统计年鉴》。

第四节　求人倍率衡量的劳动力市场需求状况

求人倍率是劳动力市场在一个统计周期内有效需求人数与有效求职人数之比，它表明了当期劳动力市场中每个岗位需求所对应的求职人数，用公式表示如下：求人倍率＝有效需求人数/有效求职人数。理论上求人倍率可以反映一个统计周期内劳动力市场的供需状况，当求人倍率大于1，说明岗位供不应求，或者是存在"用工荒"问题；如果求人倍率小于1，说明岗位供大于求，劳动力市场竞争激烈。这个指标既是反映劳动力市场供求状况的重要指标，也是反映整个经济景气状况的重要指标。

从图5-1和表5-8看，2008—2020年东中西部的求人倍率均先抑后扬，说明从最初的劳动力市场竞争激烈逐渐发展为"用工荒"。2008年国际金融危机波及中国造成岗位稀缺，劳动力数量变化不大的情况下岗位急剧减少，2008年年初到年底经历了过山车式的波动，随着救市和经济逐渐恢复，2010年逐渐接近于1，从2011年开始求人倍率开始发生逆转，东、中、西部三个区域都出现不同程度的"用工荒"问题，而且逐渐开始分化为中西部比东部还要严重，"用工荒"使得中西部工资水平水涨船高。这里以占流动劳动力绝大多数的农民工为例，2011年的《农民工监测调查报告》认为随着中西部地区的快速发展，东中西部地区农民工工资水平趋同，具体比较如表5-9所示。随着区域收入差距的缩小以及东部生活成本的提升，农民工出现回流现象。长三角和珠三角地区对农民工的就业吸引力在逐步下降。2012年的《农民工监测调查报告》进一步使用月均收入结余作为衡量指标，显然比人均月工资更为合理：扣除生活成本，外出农民工每人月均收入结余1557元。而中部、西部地区农民工在东部地区的收入结余分别是1518元和1344元，都低于在本地区务工的农民工平均结余。中部地区农民工在中部、西部地区务工比在东部地区务工多获得64元和130元；西部地区农民工在中部、西部地区务工比在东部地区务工多获得228元和90元。数据还显示，中部、西部地区农民工在省内和省外务工收入结余相当，而东部地区农民工去省外务工的结余2118元，比在省内务工高 496 元。相比而言，中西部地区的农民工在东部地区务工生活开支较大、收入结余少，因此在中西部就业机会增加的情况下，农民工更倾向选择就近就业，这也是当前农民工流动格局变化的一个主要原因。但因为其他各期报告数据均没有这样的衡量，因此本书退而求其次仍使用人均月收入差距作为替代。从 2014 年开始，东部农民工人均月收入与中西部逐渐拉开距离，到现在情况尤其明显，显然随着中西部区域产业结构调整和经济发展速度加快，东部与中西部之间劳动力流动由原有的东部对中西部区域劳动力的绝对"虹吸作用"转变为劳动力资源的竞争态势。随着东部的人均月收入水平大幅度提升以及疫情等突发事件的影响，中西部的求人倍率在 2020 年第一季度达峰，西部达到 1.84 的高位，疫情过后逐渐下降，但仍处于高位。

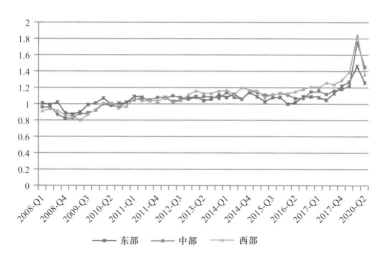

图 5 - 1　2008—2020 年东中西部的求人倍率

数据来源：前瞻数据库，人力资源和社会保障部。

表 5 - 8　　　城市劳动力市场：东、中、西部不同区域的求人倍率

时间	东部	中部	西部
2008 - Q1	1.01	0.96	0.91
2008 - Q2	0.99	0.97	0.94
2008 - Q3	1.02	0.87	0.92
2008 - Q4	0.89	0.82	0.86
2009 - Q1	0.87	0.83	0.84

续表

时间	东部	中部	西部
2009 – Q2	0.9	0.88	0.8
2009 – Q3	0.99	0.89	0.87
2009 – Q4	1.01	0.92	0.93
2010 – Q1	1.07	1	1.01
2010 – Q2	1	0.98	1.01
2010 – Q3	1.01	0.96	0.95
2010 – Q4	1.02	1.02	0.97
2011 – Q1	1.09	1.05	1.07
2011 – Q2	1.08	1.07	1.04
2011 – Q3	1.04	1.05	1.04
2011 – Q4	1.03	1.08	1.03
2012 – Q1	1.08	1.07	1.08
2012 – Q2	1.03	1.1	1.02
2012 – Q3	1.05	1.08	1.04
2012 – Q4	1.07	1.06	1.11
2013 – Q1	1.09	1.08	1.16
2013 – Q2	1.04	1.09	1.13
2013 – Q3	1.06	1.08	1.13
2013 – Q4	1.11	1.07	1.16
2014 – Q1	1.08	1.14	1.17
2014 – Q2	1.12	1.08	1.11
2014 – Q3	1.06	1.06	1.2
2014 – Q4	1.14	1.15	1.17
2015 – Q1	1.09	1.14	1.16
2015 – Q2	1.03	1.11	1.08
2015 – Q3	1.08	1.11	1.12
2015 – Q4	1.08	1.13	1.13
2016 – Q1	1	1.11	1.13
2016 – Q2	1.02	1.07	1.15
2016 – Q3	1.09	1.07	1.18
2016 – Q4	1.09	1.15	1.21
2017 – Q1	1.08	1.16	1.2
2017 – Q2	1.05	1.12	1.26
2017 – Q3	1.13	1.16	1.24
2017 – Q4	1.22	1.18	1.29
2018 – Q4	1.27	1.22	1.39
2020 – Q1	1.46	1.75	1.84
2020 – Q2	1.26	1.45	1.36

数据来源：前瞻数据库，人力资源和社会保障部。

表 5 - 9　　　　　2009—2019 年不同区域农民工人均月工资差异　　　（单位：元）

年份	东	中	西	东中差距	中西差距
2009	1422	1350	1378	72	- 28
2010	1696	1632	1643	64	- 11
2011	2053	2006	1990	47	16
2012	2286	2257	2226	29	31
2014	2966	2761	2797	205	- 36
2015	3213	2918	2964	295	- 46
2016	3454	3132	3117	322	15
2017	3677	3331	3350	346	- 19
2018	3955	3568	3522	387	46
2019	4222	3794	3723	428	71

资料来源：历年农民工监测调查报告。

由表 5 - 10 和表 5 - 8 可知，2008—2018 年技师、高级技师、工程师和高级工程师等高级别人才的求人倍率始终高于同期市场的求人倍率，大约是后者的两倍，可见劳动力市场对技术人才的需求始终处于紧缺状态。单独看技术人员求职倍率，由表中数据可推断劳动力市场对于技术人员尤其是高技能人才的需求在逐渐提升，并且缺口越来越大，也从另一个侧面反映出我国产业结构升级与人才培养之间出现偏差的路径：2001—2002 年年初劳动力市场对于技术人员的需求基本处于供求平衡状态，从 2002 年第三季度开始技术人员供不应求的状况全线告急，尤其是高级技术人员的缺口日渐突出，一方面说明我国产业结构升级对于就业结构的影响很大，另一方面反映出我国教育和技能培训方面与市场需求错配的问题比较严重。

表 5 - 10　　　　城市劳动力市场：不同级别技术人员的求人倍率

时间	技师	高级技师	工程师	高级工程师
2001 - Q1	1. 05	0. 92	1. 34	0. 92
2001 - Q2	0. 58	0. 79	0. 96	0. 97
2001 - Q3	0. 47	1. 02	0. 92	0. 96

时间	技师	高级技师	工程师	高级工程师
2001 – Q4	0.66	0.64	0.92	0.7
2002 – Q1	1.05	0.92	1.34	0.92
2002 – Q2	1.13	1.06	1.31	1.05
2002 – Q3	1.2	1.55	1.45	1.06
2002 – Q4	1.97	2.24	1.69	1.21
2003 – Q1	1.65	1.92	1.27	1.54
2003 – Q2	1.69	1.81	1.47	0.73
2003 – Q3	1.56	2.35	1.45	2.02
2003 – Q4	1.67	2.01	1.44	1.72
2004 – Q1	1.72	1.63	1.43	1.79
2004 – Q2	2.12	2.39	1.41	2.22
2004 – Q3	1.84	2.59	1.5	1.93
2004 – Q4	1.78	1.83	1.42	1.17
2005 – Q1	2.68	2.34	1.56	2.24
2005 – Q2	1.95	1.98	1.43	1.93
2005 – Q3	1.7	1.88	1.47	2.09
2005 – Q4	1.53	2.25	1.61	2
2006 – Q1	2.21	1.93	1.81	2.33
2006 – Q2	1.59	1.96	1.59	2.08
2006 – Q3	2.06	1.91	1.61	2.52
2006 – Q4	2.2	2.38	1.63	1.99
2007 – Q1	2.2	3.36	1.72	2.07
2007 – Q2	2.31	2.29	1.64	1.32
2007 – Q3	2.38	2.47	1.62	3.21
2007 – Q4	2.36	2.36	1.64	2.2
2008 – Q1	2.25	1.84	1.63	1.46
2008 – Q2	1.97	2.07	1.56	2.07
2008 – Q3	2.02	1.86	1.62	4.05
2008 – Q4	1.81	1.94	1.44	1.57
2009 – Q1	1.76	1.6	—	1.61
2009 – Q2	1.75	1.85	—	1.76

续表

时间	技师	高级技师	工程师	高级工程师
2009 – Q3	1.95	2.24	1.51	2.28
2009 – Q4	1.89	1.8	1.47	2.02
2010 – Q1	2.02	2.14	—	2
2010 – Q2	1.88	1.83	—	1.81
2010 – Q3	1.85	1.84	—	1.75
2010 – Q4	1.75	1.82	1.5	1.99
2011 – Q1	2.19	1.89	1.61	2.29
2011 – Q2	1.77	1.71	1.68	2.37
2011 – Q3	1.67	1.61	1.73	2.19
2011 – Q4	1.97	2.68	—	2.56
2012 – Q1	2.32	2.18	1.61	2.59
2012 – Q2	2.32	2.09	1.62	2.5
2012 – Q3	2.38	2.86	1.7	2.37
2012 – Q4	2.49	2.66	1.64	2.37
2013 – Q1	2.31	2.72	1.69	2.13
2013 – Q2	2.26	2.23	—	2.02
2013 – Q3	2.19	2.19	1.56	2.11
2013 – Q4	1.89	1.58	1.59	1.79
2014 – Q1	2.01	1.91	1.7	1.81
2014 – Q2	1.68	1.78	1.64	1.95
2014 – Q3	2.78	1.61	1.76	1.99
2014 – Q4	1.91	2	1.81	2.1
2015 – Q1	2.11	1.93	—	2.25
2015 – Q2	2	1.94	—	1.81
2015 – Q3	2.04	1.9	—	—
2015 – Q4	1.9	1.89	1.99	—
2016 – Q1	1.94	2.11	—	2.19
2016 – Q2	1.83	1.81	—	1.75
2016 – Q3	—	2.11	—	2.45
2016 – Q4	—	1.95	—	2.27
2017 – Q1	—	2.18	—	2.35

时间	技师	高级技师	工程师	高级工程师
2017 – Q2	—	1.84	—	2.28
2017 – Q3	—	1.92	—	2.08
2017 – Q4	—	1.93	—	1.97
2018 – Q4	—	2.01	—	2.01

数据来源：前瞻数据库，国家统计局历年《公共就业服务机构市场供求状况分析》。

第五节 长三角与珠三角产业结构和就业结构对比分析

随着中西部的发展，劳动力特别是农民工流动方向开始发生逆转，刘易斯拐点随之出现，"用工荒"问题可以通过结构偏离度系数和求人倍率反映出来，相对比而言，中西部和东部区域之间已经形成了劳动力需求竞争的态势，一方面随着老龄化逐渐加剧劳动力总量在减少，另一方面工资待遇、未来发展机会以及家庭因素成为劳动力择地择业的考量，作为农民工流出占比最多的中部地区，出现回流也是正常现象，东部地区整体面临农民工流入增量减少的趋势。但是东部内部各区域之间对劳动力的吸引力各不相同，根据 2017 年和 2018 年的《农民工监测调查报告》，2017 年在京津冀地区务工的农民工 2215 万人，比上年增加 72 万人，增长 3.4%；在长三角地区务工的农民工 5387 万人，比上年增加 78 万人，增长 1.5%；在珠三角地区务工的农民工 4722 万人，比上年减少 45 万人，下降 0.9%。2018 年在东部地区就业的农民工 15808 万人，占农民工总量的 54.8%，比上年减少 185 万人，下降 1.2%。其中，在京津冀地区就业的农民工 2188 万人，比上年减少 27 万人，下降 1.2%；在长三角地区就业的农民工 5452 万人，比上年增加 65 万人，增长 1.2%；在珠三角地区就业的农民工 4536 万人，比上年减少 186 万人，下降 3.9%。从上述数据的对比可以看出，东部长三角区域每年农民工流入还是在增长，尽管增量在下降，而珠三角开始呈现农民工绝对流出的状态，京津冀有增有减。这里需要讨论的问题是长三角和珠三角的发展一个是对农民工的吸纳，而另一个是对农民工的挤出，鉴于两者的发展和转型模式有所不同，更值得深入探讨的问题是产业发展模式对低技能劳动力的需求到底有何影响？本部分先对比长三角与珠三角的产业转型，然后再聚焦到产业转型对于劳动力就业结构的影响。

一 经济总量和人均指标对比

长三角、珠三角作为我国经济发展最快的区域，两者在产业结构和发展模式上各具特色，本部分先从经济总量及人均指标进行对比，然后层层深入产业结构层面。长三角城市群包括上海市、江苏省、浙江省、安徽省，珠江三角洲城市群包括"广佛肇 + 韶清云"（广州、佛山、肇庆 + 韶关 + 清远 + 云浮）、"深莞惠 + 汕尾、河源"（深圳、东莞、惠州 + 汕尾 + 河源）、"珠中江 + 阳江"（珠海、中山、江门 + 阳江），由 9 + 6 融合发展的城市所组成。从经济总量及 GDP 占比来看长三角的总量优势比较明显，见图 5 - 2，GDP 占比形成明显的喇叭口扩大趋势。2019 年长三角城市群 27 个城市的 GDP 总量之和为 23.7 万亿元，约占全国 GDP 总量（99.94 万亿元）的 23.7%。珠三角城市群 9 个城市的 GDP 总量之和为 8.69 万亿元，约占全国 GDP 总量（99.94 万亿元）的 8.7%。[①] 从经济体量看长三角占有绝对优势。

因两大城市群的人口数量差别比较大，总量并不具有可比性，因此人均 GDP 的比较可以更说明财富的创造能力。如图 5 - 2 和图 5 - 3 所示，2016 年长三角和珠三角人均 GDP 分别为 9.7 万元和 11.32 万元，珠三角人均 GDP 的优势明显，2018 年珠三角城市群人均 GDP 达 12.9 万元、居中国五大城市群首位，目前为止，珠三角的人均 GDP 仍排在前列，从人均指标看珠三角的财富创造能力占优。

人均 GDP 代表着财富创造能力但并不代表居民的生活水平和购买能力，具体到居民的财富情况，还需要比较居民的人均可支配收入和基尼系数。从整体的人均收入格局来看，东部城市全面领先中西部，长三角城市全面领先于珠三角，北方城市则全面落后于南方。2019 年，长三角城市群 27 市城镇常住居民人均可支配收入约 5.3 万元，农村常住居民人

---

① 数据来自国家统计局网站。

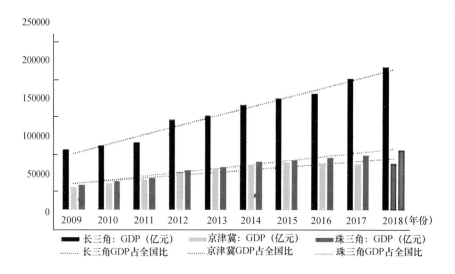

图 5 - 2 长三角、珠三角经济总量对比

数据来源：https://finance.sina.com.cn/china/gncj/2020 – 09 – 06/doc –iivhuipp2694320.shtml。

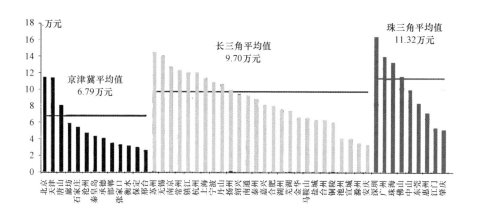

图 5 - 3 2016 年三大城市群 48 个城市人均 GDP 对比

数据来源：https://www.shijiejingji.net/rediantupian/20210108/264931.html。

均可支配收入约 2.7 万元,[①] 其中上海的人均可支配收入已超 7 万元。[②]
长三角地区基尼系数均值为 0.282,2000—2018 年长三角地区基尼系数具
体数值见图 5-4,目前尚未有对珠三角地区基尼系数的统计数据,在这
里以广东省的基尼系数作为替代,2016 年广东省基尼系数为 0.33,[③] 略
高于长三角地区。

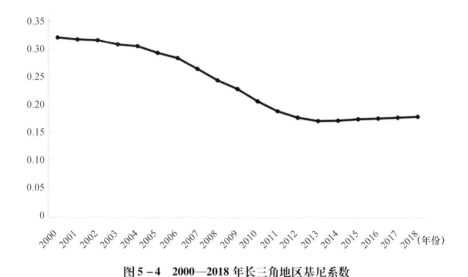

图 5-4　2000—2018 年长三角地区基尼系数

数据来源:《长三角地区高质量一体化发展水平研究报告 (2018 年)》,https://baiji-
ahao. baidu. com/s? id=16299818653463188874。

　　基尼系数还可以衡量区域内部经济差距,2000—2018 年,长三角地
区内部经济规模差距呈缩小趋势。其中,2000—2012 年长三角地区基尼
系数呈现逐年递减的走势,经济规模差距持续缩小,2013 年以来,长三
角地区基尼系数总体呈现小幅上扬的走势。

　　综上所述,经济总量上看长三角占绝对优势,但人均 GDP 珠三角独
胜一筹,说明珠三角的财富创造能力占优。再进一步对比,长三角的人
均可支配收入居前,说明长三角居民的收入水平较高从而购买力较强。

---

① https://cyrdebr. sass. org. cn/2020/1120/c5522a99205/page. htm.
② 数据来源:国家统计局网站。
③ 数据来源:各省统计年鉴。

二　产业结构和就业结构对比

农民工迁移的原因有很多：一是来自劳动力需求方，即产业结构调整会释放或吸纳劳动力，或者"黑天鹅事件"如新冠疫情的影响使得企业订单锐减而导致工人失业；一是来自劳动力供给方的技能与企业的匹配程度以及劳动者的偏好。本部分进一步比较分析长三角和珠三角之间产业结构的差异，以此判断两个区域农民工流向相反的产业因素。

（一）产业结构对比

由表 5 - 11 可知，长三角和珠三角的产业结构都经历了一产比重减少、二产比重先增后降以及三产稳步增加的过程。长三角一产比重相对较高，与所处的地理环境和气候条件有关，俗话说"苏湖熟天下足"，长三角原本就是农业发达的地区，一产的优势为长三角二产和三产的发展奠定了基础。多数年份长三角二产比重比珠三角高，2017 年略高于珠三角，而珠三角三产比重一直比长三角高，2017 年高出 3.8 个百分点，从上述对比看总体产业结构差异并不大。

表 5 - 11　　　　　　　长三角和珠三角产业结构比较　　　　　　（单位：%）

年份	一产比重		二产比重		三产比重	
	长三角	珠三角	长三角	珠三角	长三角	珠三角
2000	11.2	5.4	49.1	47.7	39.8	46.8
2001	10.5	5	48.9	47.2	40.6	47.8
2002	9.5	4.5	49	47	41.5	48.5
2003	8.3	3.9	50.7	48.5	41.1	47.6
2004	8.1	3.6	51.7	49.6	40.1	46.8
2005	7.3	3	52.4	42	40.3	39.6
2006	6.6	2.5	52.9	42.9	40.5	38.8
2007	6.4	2.4	52.4	50.8	41.3	46.8

年份	一产比重		二产比重		三产比重	
	长三角	珠三角	长三角	珠三角	长三角	珠三角
2008	6.3	2.4	52	50.2	41.7	47.5
2009	6.1	2.2	50.1	48.3	43.8	49.5
2010	5.8	2.1	50.3	48.9	43.9	49
2011	5.9	2	49.8	48.5	44.3	49.4
2012	5.9	2	48.6	46.9	45.5	51.1
2013	5.5	1.8	47.2	46	47.3	52.2
2014	5.3	1.8	46.4	45.8	48.4	52.5
2015	5.2	1.7	44.2	44.4	50.6	53.9
2016	5	1.7	42.5	43	52.5	55.3
2017	4.5	1.6	42.5	41.7	53	56.8

数据来源：《长三角年鉴（2018）》《粤港澳大湾区年鉴（2018）》。

（二）农民工就业结构对比

农民工在珠三角和长三角的流动出现相反趋势，需要我们从产业结构变化和比较方面给予解释。根据表5－12，2017年长三角和珠三角各产业之间比重的比较可以看出农民工就业的重点领域：工业、建筑业、批发和零售业、居民服务修理和其他服务业、居住餐饮业，长三角的产值比重均高于珠三角，只有交通运输、仓储和邮政业比重珠三角略高于长三角。如图5－5所示，珠三角在进行产业结构升级，高端三产生产总值占比逐渐增加，日常生活服务业在三产生产总值占比逐渐减少，吸纳农民工的能力逐渐减弱。从总量和结构对比来看，长三角地区能够为农民工就业提供更多的机会，这成为农民工流向的主导因素。

表 5-12　　长三角、珠三角地区产业结构细分项目比较（2017 年）

指标	长三角（亿元）	比重（%）	珠三角① （亿元）	比重② （%）
地区生产总值	195320.2	1	75710.14	1
一产	8703.62	4.46	1181.53	1.56
二产	83055.88③	42.52	31542.82	41.66
工业	72791.21	37.27	25768.21	34.04
建筑业	10411.58	5.33	2818.82	3.72
三产	103560.7	53.02	42985.8	56.78
交通运输、仓储和邮政业	7054.56	3.61	3058.69	4.04
信息传输、软件和信息技术服务业	7980.18	4.09	2740.71	3.62
批发和零售业	22626.93	11.58	7979.85	10.54
住宿和餐饮业	4028.6	2.06	1491.49	1.97
金融业	16657.16	8.53	5837.25	7.71
房地产业	12075.04	6.18	5928.10	7.83
租赁和商务服务业	7916.23	4.05	2823.99	3.73
科学研究和技术服务业	3589.24	1.84	1112.94	1.47
水利、环境和公共设施管理业	1144.4	0.59	507.26	0.67
居民服务、修理和其他服务业	3474.69	1.78	1249.22	1.65
教育	5654.17	2.89	2324.30	3.07
卫生和社会福利业	3649.08	1.87	1559.63	2.06
文化、体育和娱乐业	1837.49	0.94	378.55	0.5
公共管理、社会保障和社会组织	6123.11	3.13	2657.43	3.51

　　数据来源：《长三角年鉴（2018）》《中国第三产业统计年鉴（2018）》。

---

　　① 因缺乏珠三角数据，根据珠三角的第三产业增加值占广东省的 83.4%，这里以广东数据进行按比例推算。

　　② 只有 2016 年广东省数据，比重变化不大，故以此作为珠三角数据的替代。http：//blog.sina.com.cn/s/blog_14ed09df50102xl05.html。

　　③ 长三角年鉴的数据，至于工业与建筑业生产总值大于二产生产总值，可归因于统计误差。

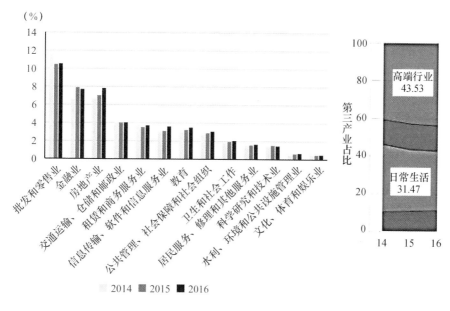

图5-5　广东省第三产业各行业所占比重

（三）产业结构升级及外向依赖程度对比

从二产来看，长三角和珠三角都在进行产业升级，但两者的发展基础各不相同，长三角制造业更多脱胎于该地区的传统产业，制造业生产较之珠三角有比较完整的产业链条。长三角的工业基础起源于乡镇企业或私营企业，政府在其中引领的作用非常重要，在长期发展过程中形成了一定的工业基础。20世纪90年代，长三角的外向型经济也逐渐发展起来，主要表现为具有招商引资作用的工业园区。之后乡镇企业又进行了股份制改革，理顺产权和分配关系，逐渐形成较为完整的产业链。而珠三角建立在外向型经济基础之上，长三角制造业的外向化程度要低于珠三角地区，珠三角制造业外贸依存度大大高于长三角。这种状态背后有两方面的原因。其一，长三角制造业生产所使用的中间产品较之珠三角更多来自国内，中间产品进口数量相对较小，具有一定的独立性。其二，长三角制造业生产的产品销售较珠三角更少依赖外部市场，其生产比珠三角地区受到外部市场的影响相对较小。同时，反映地区外向化程度的制造业外商直接投资（FDI）占固定资产投资比重，珠三角也一直高于长三角。珠三角最开始主打"三来一补"两头在外的低端制造业进而转化为"三资"企业，私营企业也依附外企发展起来。这些私营企业家大多有在港台和外资企业打工的经历。虽然私企发展快、数量多，但始终处于散而乱的状态，难以形成规模化的产业资本（温铁军等，2010）。因此珠三角和长三角发展路径有所不同，一个是以外向型经济作为起点，在此基础上内资企业逐渐增多，而一个是以本地内资企业为起点，逐渐引入外向型经济。如图5-6所示，从规模以上企业工业总产值数据看，2000—2008年，两地企业所有制构成的差距有所减小。在珠三角的外企带动下，大量私营企业发展起来，内资工业总产值占比有较大程度的提升，港澳台资占比则有所下降；而长三角大量引进外资企业，内资占比则有所下降。就企业性质而言，珠三角规模以上港澳台工业企业总产值占比明显高于长三角，长三角规模以上外资工业企业总产值占比逐渐高于珠三角，长三角规模以上内资工业企业总产值占比明显高于珠三角。

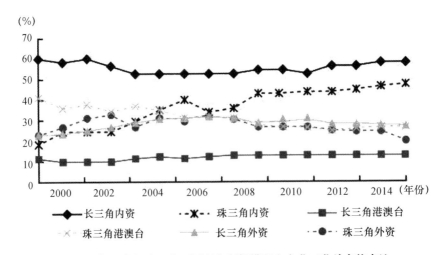

图5-6　长三角与珠三角不同所有制规模以上企业工业总产值占比

注：相关数据来自长三角、珠三角26个城市2001—2016年的统计年鉴，其中舟山、广州、中山的"规模以上工业企业总产值"未对外资和港澳台企业进行区分，因此不包含这三个城市的数据。另外，扬州2000—2006年、泰州2000—2005年、佛山2000—2003年、江门2000—2004年的数据缺失。

从 2013 年开始人工成本不断上升，以及人民币快速升值，越来越多的制造企业撤离珠三角。21 世纪，经济研究院梳理 2022 年上半年 37 座主要城市经济数据发现，其中 17 座外贸依存度超过 50% 的城市，过半城市上半年经济仍在负增长，其经济增速的平均值为 − 1.68%。而另外 20座外贸依存度低于 50% 的城市，经济增速的平均值明显好于前者，为0.025%。东莞、苏州、深圳、厦门、金华、舟山这 6 座城市的外贸依存度，均超过了 100%。素有"世界工厂"之称的东莞，外贸依存度最高，达到 129.2%，远高于排在第二的苏州。几十年来，这些以加工贸易为优势的出口导向型城市，二产几乎占到半壁江山。比如，2019 年东莞二产占比为 56.5%、苏州为 47%、中山为 49%。由于制造业相对刚性，在海外订单需求大幅下滑的情况下，加工贸易型为主导的城市更易受负面冲击。① 可见珠三角主要依赖于出口导向型产业，当人口红利减少、成本上升使得这些城市不再具有产业吸引力时就面临低端制造业外移的情况，外贸依存度过高的城市，其经济也会受到世界经济周期的显著影响而变得不稳定，而农民工作为首当其冲的群体面临不稳定的工作和收入，举步维艰的情况下会离开珠三角寻求其他就业机会，而他们更倾向于选择的是产业稳定的长三角地区及具有发展前景的中西部地区。

2000 年至 2014 年，长三角规模以上外资（含港澳台）工业企业人均利润均高于珠三角；规模以上内资工业企业除 2000 年、2002 年、2003 年的数据比较接近外（长三角略高），其余年份长三角内资的利润均高于珠三角（见图 5 − 7）。数据分析结果表明，长三角地区在"强政府"推动下引进了更为优质的外资，推动了内资发展。而在珠三角，以"三来一补"为基础发展起来的外资和私营企业利润空间比较有限。从长三角内部的数据来看，规上外企人均利润始终大于内资企业，这也是外资逐渐涌入长三角的原因。而珠三角出现了规上内资企业利润反超外资的情况，这也促成外资企业转移，珠三角面临着产业替代的过程，因此从整体产业的发展来看，无论是总量、结构还是利润，长三角对企业的吸引力更强，对农民工的吸纳力也更为突出。

① 《"内循环"下的外向型城市：17 城外贸依存度超 50%》，https://m.21jingji.com/article/20200811/ef56f87f242a8cf5ed746e03a6560546.html。

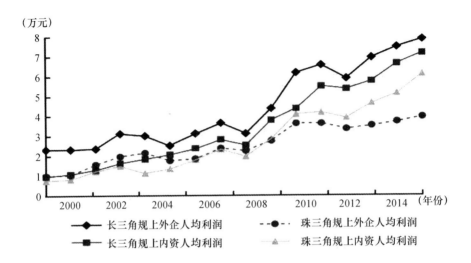

图5-7 长三角与珠三角规模以上工业企业人均利润

注：相关数据来自长三角、珠三角 26 个城市 2001—2016 年的统计年鉴，其中常州、惠州、中山三个城市无规模以上外资（含港澳台）企业从业人员数，因此图中不包含这三个城市外资企业人均利润的数据。另外，泰州 2000—2005 年、江门 2000—2006 年的内资企业人均利润数据缺失；扬州 2000—2006 年、泰州 2000—2005 年、舟山 2000—2002 年、佛门 2000—2004 年、江门 2000—2006 年的外资企业人均利润数据缺失。

（四）农民工诉求及维权对比

在农民工利益和维权方面，从普查数据看，珠三角农民工的家庭离散状况比长三角普遍。在 1985—1990 年、1995—2000 年两个时间段，珠三角（省际迁移人口）因"务工经商"迁入的比例远高于长三角；而因"随迁家属""投亲靠友"两个因素迁入的比例则远低于长三角。可见迁移到珠三角的外省人口多为孑然一身赚取生计，而长三角则不乏前来与家人亲属团聚者。① 这样的情况说明珠三角的劳动力流动性更强，家庭离散型的劳动力定居不会长时间维持，一旦有外部经济条件的变化，劳动力外流将是不可逆转的趋势，而一旦流出再返回的可能性减少，再加上中西部经济发展迅速，珠三角生活成本上升，导致农民工回流

---

① 王桂新、刘建波：《长三角与珠三角地区省际人口迁移比较研究》，《中国人口科学》2007 年第 2 期。

成为必然。

调查数据显示，珠三角农民工的精神健康状况要比长三角差，离职意愿也比长三角高①②。此外，在抗争维权行为上也存在区域差异。珠三角农民工在群体性维权时采用罢工、游行等激烈形式的比例远高于长三角，在权益受侵害时则更倾向于集体共同投诉而非个人投诉③。2010 年以来一些重大集体劳资纠纷案例，如南海本田事件开启的罢工潮、数万人的裕元停工事件等均发生在珠三角④⑤。从极端事件来看，几次大规模城市骚乱均发生在珠三角⑥，富士康"连跳"事件中，绝大多数发生在珠三角地区的富士康园区⑦。"珠三角模式"是中国外向型经济的典型代表。长期以来，以加工组装为主要内容的代工模式处于国际产业价值链的最低端，普通劳动者只是被当作廉价生产要素，发展诉求难以得到尊重。

目前来看，珠三角的产业升级正在进行中，工厂采用机器替代人工的方式降成本，但"用工荒"也同时存在。58 同城招聘研究院数据显示，2021 年珠三角多个城市登上招聘需求城市榜前十。这其中，东莞位列招聘需求量较大的 TOP 10 城市榜首，另外，广州、深圳两大珠三角核心城市也登上前十榜单，分列第六、第七。这与企业的用人需求有关，低端企业运营仍处于利用价格优势薄利多销的竞争性市场阶段，其特点是抗风险能力差，为了减少成本更倾向于雇用临时工，并通过延长劳动力时间方式变相降低成本，劳动力就业处于低工资的不稳定状态。而劳动力对工作的诉求与年龄有关，年轻人更青睐于工作稳定、待遇良

---

① 刘林平、郑广怀、孙中伟：《劳动权益与精神健康——基于对长三角和珠三角外来工的问卷调查》，《社会学研究》2011 年第 4 期。

② 孙中伟、杨肖锋：《脱嵌型雇佣关系与农民工离职意愿——基于长三角和珠三角的问卷调查》，《社会》2012 年第 3 期。

③ 刘林平、雍昕、舒玢玢：《劳动权益的地区差异——基于对珠三角和长三角地区外来工的问卷调查》，《中国社会科学》2011 年第 2 期。

④ 汪建华：《互联网动员与代工厂工人集体抗争》，《开放时代》2011 年第 11 期。

⑤ 黄岩、刘剑：《激活"稻草人"：东莞裕元罢工中的工会转型》，《西北师大学报》（社会科学版）2016 年第 1 期。

⑥ 刘林平、雍昕、舒玢玢：《劳动权益的地区差异——基于对珠三角和长三角地区外来工的问卷调查》，《中国社会科学》2011 年第 2 期。

⑦ 潘毅、邓韵雪：《富士康代工王国与当代农民工》，《中国工人》2011 年第 2 期。

好的职业，相比低端的制造加工业，他们更倾向于新兴的服务行业找工作，工资之外的工作环境、福利待遇和生活条件等也是他们择业时考虑的因素。这与制造业转型有关，低端制造业逐渐成为转移或被淘汰的产业，其薄利多销的理念难以为工人提供良好的生产环境，与年轻人诉求相去甚远，也就无法吸引到年轻打工者。相比之下，中年人的生活压力比较大，更容易接受低端加工，因此加工制造业的年龄结构趋向于中老年化。

（五）高科技产业投资对比

高科技领域的发展对就业结构也有一定的影响，目前研究争议较大，传统的看法是高科技的发展意味着低端产业的收缩和大规模低技能劳动力被机器替代，如果没有再就业培训转型，必然引发低技能劳动力失业和社会动荡。有研究认为短期内会有影响，但高科技产业的发展也会细化分工从而提高低端尤其是服务业的劳动力就业。因此高科技产业的对比可以部分反映出短期的农民工就业情况。高科技领域的统计数据，最能衡量核心技术能力和创新能力的是国内发明专利授权量。工业企业创新驱动发展评价指标体系包括企业研发人员、研发投入、研发产出、研发机构等指标，并进一步细分为发明专利申请量及授权量、高新企业数量等二级指标。根据广东省统计局发布的《粤港澳大湾区工业经济创新驱动发展研究》数据看，从研发投入看，2018 年珠三角规模以上工业企业 R&D 经费投入为 1982.18 亿元，占规模以上工业增加值的比重为 7.2%，高于全省平均水平（6.5%）0.7 个百分点；从研发活动看，珠三角规模以上工业有 R&D 活动的企业数为 14807 个，占本区域规模以上工业企业数的比重为 40.4%。从工业经济中新兴产业的发展情况看，粤港澳大湾区的高技术制造业已经形成一定规模，高新技术产业产值不断增加，新一代移动通信设备、新型平板显示、新能源等战略性新兴产业蓬勃发展。2018 年，珠三角九市高技术制造业增加值为 9908.60 亿元，比上年增加 855.84 亿元，① 珠三角高科技发展迅速。

---

① http://gdstc.gd.gov.cn/kjzx_n/gdkj_n/content/post_2853593.html.

表5-13　长三角、珠三角地区科研发展状况（2017）

项目	全国	长三角	上海市	江苏省	浙江省	安徽省	广东省①	长三角人均	广东省人均
科技机构数（个）		44848	2808	24112	11910	6018	23318	0.00020058	0.000209
三种专利申请授权量（个）	1720828	572011	72806	227187	213805	58213	332648	0.00255823	0.002978
#发明（个）	326970	103381	20681	41518	28742	12440	45740	0.00046236	0.00041
高科技产业利润（亿元）	10293	3161	368	1784	754	255	2342	1.4137E-05	2.1E-05
高科技产业从业人员（占总人口比重%）（人）	13176645	3806648	487401	2219628	774152	325467	3891065	0.01702465	0.034838
R&D从业人员（占总人口比重%）（人）	607404	328208	33047	157976	101673	35512	349061	0.00146786	0.003125
R&D经费（万元）	35591155	9992338	1273159	5025960	2701824	991395	11247028	0.04468919	0.100699
引进技术经费（万元）	1396130	167739	107435	52011	5508	2785	968779	0.00075019	0.008674

数据来源：《长三角年鉴（2018）》《粤港澳大湾区年鉴》《中国高科技产业统计年鉴（2018）》《广东统计年鉴（2018）》。

① 缺乏珠三角数据，因珠三角九市是广东省主体，此处以广东省全省数据作为代表。

根据表5-13的数据，人均科技机构数、三种专利授权人均量（含发明）这些指标，两个区域不相上下，但高科技产业人均利润、高科技产业从业人员占总人口比重、R&D从业人员占总人口比重、R&D人均经费以及引进技术人均经费这四项指标，珠三角要高于长三角，尤其是从业人员占总人口比重、R&D人均经费以及引进技术人均经费，珠三角优势明显。这说明在高科技产业的人力资本及研发投入方面，长三角还有较大差距，需要更大力度的人力资本引进和培养以及资金投入。关于科技发展与就业的问题，还需要更进一步地分析，目前从现实数据来看高科技发展有可能对劳动力有挤出作用，因此珠三角强劲的科技发展带动产业升级，显然对从事较为低端产业的农民工具有挤出作用。

综上所述，从总体的产业结构演变趋势看，珠三角和长三角两个区域非常相似，都经历了一产比重减小，二产、三产比重增加，三产反超二产的过程，因此从总体层面难以看出劳动力区域性流动存在差异的原因，需要细分解构挖掘深层次原因。长三角和珠三角产生相反的农民工流动趋势原因是多方面的。第一，从具体的二产和三产内部结构看，聚焦于农民工就业集中的部门，长三角的这些部门占地区生产总值的比重大于珠三角，因此其对农民工的吸纳能力更强。第二，珠三角的产业结构升级过程中释放大量低端劳动力。珠三角在改革开放之初对外依存度高、外资企业多，过渡到目前对外依存度逐渐减少、外资企业逐渐撤离而内资企业比重增加的状况，这一点与外资企业利润大幅度减少有关，这样的变化同时伴随着产业结构升级，从相关的科研创新发展指标来看，珠三角的高科技产业投资增势迅猛，从而短时期内挤出大量的低端劳动力。长三角的发展路径有所不同，规模以上内资企业和外资企业的产值占比相对平稳，相对于珠三角来说产业结构升级的速度要慢一些，对低端劳动力仍有一定的吸纳能力，高科技发展对低端劳动力的挤出作用尚不明显。第三，珠三角同时存在产业升级对低端劳动力挤出与"用工荒"并存的情况。这与劳动力转移的特点和劳动力对工作的偏好有关。珠三角的劳动力转移一般是"务工经商"，背井离乡者居多，一旦被产业升级挤出劳动力市场或者"黑天鹅事件"导致失业，珠三角之外另谋出路或返乡之后再返回珠三角的可能性较小，珠三角低端制造业厂商为劳工提供的福利待遇、工作环境等难以达到年轻劳动力的要求，因此出现"用工荒"问题。长三角的劳动力转移一般是"随迁家属"或"投靠亲友"，相对于"务工经商"的稳定性高，在低端劳动力的工作环境、福利待遇和精神状况方面，长三角整体要优于珠三角。上述原因的综合结果就是珠三角近几年出现农民工的净流出的同时，长三角仍然保持农民工净流入的状态。

第六节　小结

本章主要围绕需求端的产业结构调整对就业结构的影响做出讨论。第一，总体来看东中西部产业结构均为一产增加值占比逐渐降低、二产占比先升后降，三产占比逐渐上升的趋势，目前三个区域的三产占比均超过二产。区域之间相比，就一产而言西部占比最高，就二产而言中部占比最高，东部的三产占绝对优势。就业结构的变化与产业结构的演进几乎是一致的。第二，进一步使用结构偏离度指标衡量两者之间的关系：一产还有劳动力释放空间，西部二产始终处于劳动力紧缺状态，而东中部二产劳动力吸纳能力有限，无论哪个区域，三产均具有较强的劳动力吸纳能力，中部的吸纳能力较为突出，初步判断：劳动力资源的回流可能与需求端的东部产业吸纳能力相对减弱有关。第三，针对农民工主要的就业领域进行进一步行业结构偏离度计算，得到劳动密集型的制造业就业处于饱和状态，第三产业中住宿和餐饮业、批发和零售业、居民服务修理和其他服务业、租赁和商务服务业、文化体育和娱乐行业的结构偏离度系数都小于0，说明以上提及行业的就业已处于劳动力过剩状态，农民工就业可能存在结构性失衡问题。第四，求人倍率的数据表明，技师、高级技师、工程师和高级工程师等高级别人才的求人倍率，始终高于同期市场的求人倍率劳动力市场对技术人才的需求始终处于紧缺状态，我国教育和技能培训方面与市场需求错配的问题比较严重，对农民工的技能提升机制还不够完善。第五，对珠三角和长三角农民工流动趋势呈相反状态做出产业结构调整层面的分析。经济总量、人均指标、基尼系数等指标进行对比后发现长三角人均收入和基尼系数均优于珠三角，但珠三角的财富创造能力和效率强于长三角。对两个区域经济转型情况进行比较可以看出，珠三角在科技投入和创新方面占据优势，而农民工就业更为集中的外向型低端制造业有向外转移的趋势，加速产业升级和机器替代，同时农民工也有自己的选择，相比低端制造业更希望从事第三产业，但珠三角地区的第三产业也有逐渐高端化的趋势，再加上珠三角地区对劳动力的权益保障以及迁移特征，逆转了农民工的流动趋势。而长三角内低端制造业和服务业还有一定的发展空间，劳动力举家搬迁的特征均使得农民工流动相对比较稳定。

第 六 章
资本有机构成与失业率：影响与机制

  上一章分别从结构偏离度系数、求人倍率以及产业结构调整等层面分析了劳动力市场对农民工的需求情况，并着重分析农民工流入最集中的两个区域：长三角和珠三角，这两个区域不仅是农民工流入最集中的区域，同时还代表着东部地区农民工流动的不同趋势。通过对比分析，可以直观上得出结论：产业结构升级以及高科技产业的发展对农民工流向有很大的影响作用。但是两者对劳动力就业结构的影响方向和程度究竟怎样众说纷纭，本部分将通过研究资本有机构成与失业率的关系，对上述问题做进一步计量分析。

  近年来，中美贸易冲突和产业转移使得我国失业问题越发突出，在这个背景下技术进步对于就业的影响更是引发广泛讨论。基于马克思的资本有机构成理论，将"劳动力需求"引入政治经济学的数理模型中发现，工资增长率的变动情况不同，资本有机构成与失业率之间的关系会有所差异：即工资增长率的变动（二阶导数）大于 0 时，资本有机构成与失业率之间呈 U 型关系；而当其变动小于 0 时，资本有机构成与失业率之间可能呈倒 U 型关系。利用 2001—2017 年我国省级面板数据进行实证分析，验证了两者的倒 U 型关系，并求出临界资本有机构成为 6.7—7.5。模型引入交互项之后倒 U 型关系仍然显著，并得到了失业率的产业结构效应及效率提升效应，进行机制分析后得出：资本有机构成的提高应分别与产业结构调整、人力资本的提高保持合理的节奏。因而政府现阶段需要"稳增长"和"稳就业"齐抓共管，在就业培训、社会保障及区域间资源配置等方面可采取综合措施，缓解因资本有机构成提高带来的失业问题。

第一节　引言与文献述评

失业率一直都是目标锚定和制定经济政策的参考因素，尤其是近年来受制造业外迁、中美贸易战等外部因素的影响，劳动密集型行业释放出大量的过剩劳动力，降低失业率成为我国当前经济增速放缓的大环境下一个关系民生和经济发展的重点问题。从政府层面看，2018 年 12 月 5 日国务院发布《关于做好当前和今后一个时期促进就业工作的若干意见》，12 月 21 日中央经济工作会议对于稳就业的重视程度更是明显提高。2019 年 5 月 22 日，为进一步加强对就业工作的组织领导和统筹协调，更好实施就业优先政策，国务院决定成立国务院就业工作领导小组。政府的一系列举动都充分说明了当下稳就业的重要性。

从近年来我国的实际情况看，最新的城镇调查失业率月度数据显示，随着 2018 年中美贸易战对就业的影响积聚，我国城镇调查失业率一度重回 5.3% 的峰值。另外，根据以"找工作"为关键词的百度搜索指数日度数据，从 2018 年百度搜索指数也相应地在相关节点前后出现了显著波动，一度从 3000 左右上涨到 100 多万，上涨幅度超过 300%，足以说明失业恐慌情绪的高涨。其中，劳动密集型行业①的就业人数波动较大，尤其是 2013 年之后，随着产业外移的速度加快，其吸纳就业的能力大幅度下降。2017 年的统计数据显示，新增失业人数比例较高的几个行业分别为：纺织服装、鞋、帽制造业 12.85%，皮革、毛皮、羽毛（绒）及其制品业 12.80%，木材加工及木、竹、藤、棕、草制品业 12.37%，纺织业

---

① 依据张其仔和李蕾（2017）利用模糊 C 均值聚类法对我国劳动密集型制造业的划分标准。其中劳动密集型为：农副食品加工业，食品制造业，酒、饮料和精制茶制造业，纺织业，纺织服装、服饰业，皮革、毛皮、羽毛及其制品和制鞋业，木材加工和木、竹、藤、棕、草制品业、造纸及纸制品业，家具制造业，文教、工美、体育和娱乐用品制造业、印刷和记录媒介复制、塑料制品业，橡胶制品业，非金属矿物制品业，金属制品业。张其仔、李蕾：《制造业转型升级与地区经济增长》，《经济与管理研究》2017 年第 38 卷第 2 期。

12.35%。相比之下，技术密集型行业的就业人数比较平稳。① 另外，2019 年 4 月国家统计局公布的《2018 年农民工检测调查报告》显示，2018 年从事制造业的农民工比例为 27.9%，比 2017 年的 29.9% 减少了 2 个百分点，从另一侧面反映了 2018 年劳动密集型的制造业不景气，吸纳的劳动人口在减少。

在这样的失业率居高不下的背景下，当前人工智能等新一轮技术革命浪潮不断涌现，一些学者们认为人工智能的负面效应开始显现，拉大了财富差距，并对社会的就业结构带来负面的影响②，甚至是巨大的冲击③。因为与历史上三次科技革命不同，以往 "机器换人" 换的是蓝领工人，而本次岗位替代既包括传统的蓝领阶层，又包括工作内容重复性强的白领阶层④。有专家称，10 年内人工智能会替代 50% 的人类工作⑤。另外，2016 年世界经济论坛发布的报告预测：到 2020 年，机器人与人工智能在带来 200 万个新工作岗位的同时也会导致 710 万个就业岗位的消失⑥，表达出对未来就业的深深忧虑。但吴荻枫⑦认为，持这种看法的人未能真正理解技术进步的含义。技术进步意味着可以用更少的投入生产出更多的产品，甚至更好的产品，从生产者的角度来说，生产的成本会较以前降低，这会使得商品的价格降低，消费者的相对购买力提高，有效需求增加。供给也需要相应扩大，包括劳动力要素在内的更多的资源投入自然也需要增加。吴清军等⑧更是以电商为例，通过测算对其提供了

---

① 2019 年 7 月召开的国务院常务会议强调 "严密关注劳动密集型企业等就业情况"。笔者运用《中国劳动统计年鉴》的数据，归一化处理之后可见：2003—2017 年劳动密集型行业就业波动较大，尤其是 2013 年之后就业大幅下降。技术密集型行业就业则比较平稳。

② 高奇琦：《就业失重和社会撕裂：西方人工智能发展的超人文化及其批判》，《社会科学研究》2019 年第 2 期。

③ 《富士康的狂飙之路》（2016 年 6 月 5 日），2017 年 7 月 10 日，网易新闻，http：//news.163.com/。

④ 何勤：《人工智能与就业变革》，《中国劳动关系学院学报》2019 年第 3 期。

⑤ 《上海首例智能取代人工劳动的争议仲裁开庭，失业 or 转型？》，《中国经济周刊》2017 年第 36 期，http：//finance.sina.com.cn/roll/2017－09－11/doc－ifyktzim9595122.shtml。

⑥ 世界经济论坛，《The Future of Jobs》，2016，https：//www.weforum.org/events/world－economic－forum－annual－meeting－2018。

⑦ 吴荻枫：《人工智能会造成大量失业吗？》，《深圳特区报》2019 年 2 月 26 日。

⑧ 吴清军、陈轩、王非等：《人工智能是否会带来大规模失业？——基于电商平台人工智能技术、经济效益与就业的测算》，《山东社会科学》2019 年第 3 期。

实证支撑。

技术进步与失业问题也并不是一个现代社会的产物，马克思曾对此进行过深刻论述。资本有机构成理论作为马克思《资本论》中的一个基础理论，考察了商品经济条件下资本有机构成不断提高的发展趋势及其影响。随着用于购买劳动力要素的可变资本相对减少，资本有机构成的提高势必会造成相对过剩人口的出现，成为引发社会购买力不足的原因。资本有机构成的变动是背后资本技术构成的变动，意味着就业结构也会发生变动，更进一步也就影响了一个社会的失业率水平。而在现实中，技术进步对就业率的影响并不是单一的，既要看到技术对劳动力的替代效应，也要看到技术对劳动岗位的创造效应[1]，这就使得技术进步对于就业的影响是多元而复杂的。于是针对现实与理论之间的相悖，本书旨在解决以下两点疑问：一是马克思认为资本有机构成的提高伴随着可变资本的相对减少，是否意味着在我国长期技术进步的情况下，失业问题会更加严重？二是资本有机构成的提高对中美贸易战以及产业转移所带来的失业问题又产生什么影响？

综观国内学者对于失业率研究的文献，影响失业率的因素既有宏观层面也有微观层面。从宏观层面看，全社会固定资产投资、货物进出口总额、国内生产总值、人民币汇率和产出波动对于失业率都会造成一定的影响。[2] 从微观层面看，尹德磊和许玲丽利用省级面板数据实证分析发现：城镇人均收入、万人受高等教育程度、城镇失业参保人数以及预期寿命会对失业率造成影响。[3] 在此基础上，蒋小荣和张扬基于第六次全国人口普查的数据，对失业人口进行重新界定后发现：迁入人口、老龄化程度、平均受教育年限、非农业人口比重、三次产业人口比重、丧失劳

---

[1]　潘文轩：《人工智能技术发展对就业的多重影响及应对措施》，《湖湘论坛》2018 年第 31 卷第 4 期。

[2]　杨同豪、徐光亮、石林：《城镇登记失业率影响因素的探讨》，《数学的实践与认识》2010 年第 40 卷第 15 期；李国民、饶晓辉：《我国产出波动与失业率变化之间的趋势性与非对称性研究》，《当代财经》2013 年第 8 期。

[3]　尹德磊、许玲丽：《我国城镇失业率对经济增长的影响——基于省际面板数据的实证研究》，《中国劳动》2015 年第 20 期。

动能力人口比重对于失业率也都有不同程度的影响。[①] 除此之外，陈章喜和黄准利用 VAR 模型发现了城市房价与失业率之间存在关联，城市房价会通过消费渠道、投资渠道和成本渠道对失业率产生影响。[②] 类似的还有延迟退休年龄会通过使得老年抚养比下降，来降低社会的失业率水平。[③] Wasmer 和 Weil[④] 将信贷市场摩擦引入 Pissarides[⑤] 所构建的搜寻—匹配模型构建了一个基于企业、银行、工人三方之间的搜寻和匹配模型，并证明相对于无摩擦的信贷市场，信贷市场的摩擦性加剧了劳动力市场的紧缩性，从而增加了劳动市场的长期失业率。而在 Wasmer 和 Weil 的搜寻—匹配模型的基础上，万伦来和曹沥伟创新性地引入企业产出水平的异质性，发现银企之间的信息不对称增加了银行放贷和企业还贷的成本，从而增加了劳动市场长期失业率。[⑥]

与此同时，国内也有大量学者从马克思主义经济学出发，把资本有机构成纳入了失业问题的研究中。国内文献中资本有机构成及其对于失业的影响主要可以分为两大类。第一类是关于资本有机构成是提高还是下降了的问题。马克思认为资本有机构成有不断提高的趋势，这个观点得到了国外学者的验证。[⑦] 同时，从我国的数据来看，我国的资本有机构

---

① 蒋小荣、张扬：《我国失业率的县域差异及其影响因素研究——基于"六普"数据》，《调研世界》2016 年第 5 期。

② 陈章喜、黄准：《城市房价与失业率的关联性研究》，《南方人口》2010 年第 25 卷第 5 期。

③ 苏春红、张钰、李松：《延迟退休年龄对中国失业率的影响：理论与验证》，《山东大学学报》（哲学社会科学版）2015 年第 1 期。

④ Wasmer E., Weil P., "The Macroeconomics of Labor and Credit Market Imperfections", *American Economic Review*, Vol. 94, No. 4, 2004, pp. 944 – 963.

⑤ Pissarides C., *Equilibrium unemployment theory* (*2nd edition*), Cambridge：MIT Press, 2000.

⑥ 万伦来、曹沥伟：《银企间信息不对称对劳动失业率的影响》，《华东经济管理》2016 年第 30 卷第 6 期。

⑦ Ross J., "Piketty and Marx's Rising Organic Composition of Capital：Review of Capital in the Twenty – First Century by Thomas Piketty", *International Critical Thought*, Vol. 5, No. 2, 2015, p. 241. Jones P., "Turnover time and the organic composition of capital", *Cambridge Journal of Economics*, Vol. 41, No. 1, 2017, pp. 81 – 103.

成也是呈上升趋势的①，但是资本有机构成的变动并不是单向的，既有提高的时候，也有下降的时候②。国内一些学者发现在现实中资本有机构成有下降的趋势③，其主要原因是工资增长的压力④。另外，营改增也使得我国资本有机构成相对下降⑤。第二类是资本有机构成与失业的关系问题。当用于购买劳动力那部分的不变资本相对减少，资本有机构成的提高会增加失业⑥。哈梅芳⑦和任栋、李萍⑧利用计量模型对此进行实证分析验证这一点。于洪军、刘金凤⑨将其放到大学生的就业问题研究中，发现资本有机构成会带来劳动力的异质性需求，当这种需求与供给出现技术性失衡时，就会出现结构性失业问题。尤其是在当今人工智能发展迅速的时代下，人工智能催生的劳动力需求远少于它排斥的现有就业领域的劳动力，从而造成了更多的失业人口。⑩

从以上文献可以看到，尽管一些学者分别从理论和实证层面都对资本有机构成与失业之间的关系进行了论证，但本书认为依然有以下四个问题需要讨论。第一，需要进一步研究资本有机构成提高对就业的直接影响，

---

① 哈梅芳：《资本有机构成提高对我国失业率影响的实证分析》，《宁夏大学学报》（人文社会科学版）2007 年第 1 期；吴欣望、朱全涛、高劲：《资本有机构成上升的实证研究》，《湖北经济学院学报》2011 年第 9 卷第 1 期。

② 段进朋、李刚：《对美国资本有机构成变动趋势的实证分析》，《西安电子科技大学学报》（社会科学版）2005 年第 2 期。

③ 陈智：《马克思的资本有机构成理论与当代中国的经济发展》，《学术探索》2011 年第 2 期。

④ 杨巨、李犁、韩雷：《中国工业企业资本有机构成的变化及原因研究》，《政治经济学评论》2017 年第 8 卷第 4 期。

⑤ 樊勇、席晓宇、陈飘飘：《增值税改革、资本和资本有机构成：基于马克思主义政治经济学的视角》，《经济理论与经济管理》2017 年第 10 期。

⑥ 张大简：《马克思关于资本有机构成提高与相对过剩人口形成关系的分析》，《世界经济》1985 年第 1 期。

⑦ 哈梅芳：《资本有机构成提高对我国失业率影响的实证分析》。宁夏大学学报（人文社会科学版）2007 年第 1 期。

⑧ 任栋、李萍：《中国失业率影响因素的再认识：一个计量实证研究》，《四川大学学报（哲学社会科学版）》2013 年第 5 期。

⑨ 于洪军、刘金凤：《资本有机构成理论视阈下大学生结构性失业问题研究》，《现代教育管理》2011 年第 1 期。

⑩ 蒋南平、邹宇：《人工智能与中国劳动力供给侧结构性改革》，《四川大学学报》（哲学社会科学版）2018 年第 1 期。

及其对中美贸易战和产业外移等产业结构调整带来的失业问题所产生的间接影响。第二，从研究方法上看，大多数实证研究选用的都是时间序列数据，相比面板数据，前者容易存在遗漏变量的问题，本书采用的是面板数据以增强计量结果的准确性。第三，对于理论模型上的论证不足。国内学者或是间接借助"相对过剩人口"这一资本论的概念来解释失业问题，或是直接建立计量模型，对于资本有机构成与失业率的关系上借助已有数理模型来进行论证者不多，本书尝试将马克思主义经济学与西方经济学进行数理上的有机结合。第四，对于资本有机构成与失业率之间的关系大多停留在线性关系的验证上，并且与一些现实出现了冲突。比如一些学者认为资本有机构成与失业率呈正相关，而许晓红认为资本有机构成的提高反而促进了农村剩余劳动力的吸收，减少了失业。① 因此，本书在已有的解释资本有机构成的数理模型基础上，引入假设条件，对资本有机构成与失业率之间可能存在的关系进行理论研究，同时也强化了马克思主义经济学与现实的结合。在此基础上，本书基于2001—2017 年的省级面板数据对于我国资本有机构成与失业率的关系进行了实证分析，验证了理论模型中的一种非线性关系：当资本有机构成的提高小于某一临界值时，会加剧失业；而超过某一临界值时，反而减少了失业，并对产业结构效应及效率提升效应发挥作用的机制做进一步分析。同时，两者关系又具有明显的区域特征，因此分区域的分析结果更具政策的指导意义。

本书的结构安排如下：第二部分是从政治经济学出发，对理论基础进行了推导和阐释；第三部分是基于省级面板数据的实证分析，介绍了变量的选取、模型的构建并对第二部分的理论机制进行检验；第四部分是结论与政策建议。

第二节　理论基础

一　预付资本和可变资本的关系

马克思在《资本论》中把资本分成了用于购买生产资料的不变资本

---

① 许晓红：《我国农村剩余劳动力就业问题研究——以马克思资本有机构成理论为视角》，《闽南师范大学学报》（哲学社会科学版）2015 年第 29 卷第 1 期。

（c）和用于购买劳动力的可变资本（v）。到了现代，企业生产产品的基本要素仍然离不开生产资料和劳动力，投资者必须预付一定的资本购买生产资料和劳动力，利用劳动力这一可变资本创造剩余价值。既然投资者的生产目的是追求剩余价值最大化，就必然要不断扩大生产规模，加大资本投入，购买更多的生产资料和使用更多的工人。预付资本必须在不变资本和可变资本之间进行合理分配，如此才能进行正常的商品生产。预付资本（C）中包括两个部分，即购买生产资料的不变资本（c）和可变资本（v），其关系可表示为：

$$C = c + v \qquad (6-1)$$

一般用资本有机构成来表示两种生产要素之间量的比例关系：

$$\theta = \frac{c}{v} \qquad (6-2)$$

根据 $c = C - v$，得到式子（6-3）（6-4）

$$\theta(t) = \frac{C - v}{v} = \frac{C}{v} - 1 \qquad (6-3)$$

$$v = \frac{C}{1 + \theta} \qquad (6-4)$$

从而可以看到，可变资本与资本有机构成呈负相关。

二　资本与劳动力需求

对于单个企业而言，其劳动力需求的表达式为：

$$l_d = \frac{v}{w} ① \qquad (6-5)$$

在现实中劳动力的价值表现为劳动力的价格或工资，因此 v 表示预付可变资本的价值，w 看作工资水平。正如马克思关于价值规律及其表现形式的讨论，现实中劳动力价值与劳动力价格也可能出现一定的偏离，而正是这种偏离反映出了劳动力的供求关系。在假设劳动力供给充足的前提下，上式中劳动力价值对劳动力价格的偏离可以近似地反映出劳动力需求的状况。

---

① 程恩富、余斌、马艳：《中级现代政治经济学》，上海财经大学出版社 2012 年版，第 97—98 页。

取自然对数：$\ln l_d = \ln v - \ln w$ 　　　　　　　(6-6)

对时间求导：$g_{ld} = g_v - g_w$ 　　　　　　　(6-7)

由此得到劳动力需求、劳动力价格以及劳动力价值之间增长率的变化关系。

再根据式（6-4）、（6-5）可以得到劳动力需求的表达式为：

$$l_d = \frac{C}{w(1+\theta)} \qquad (6-8)$$

由于资本的增长率等于当年所获得的剩余价值用于积累的部分除以当年的预付资本，其表达式为：

$$g_C = \frac{sm}{C} = \frac{sm'v}{(1+\theta)v} = \frac{sm'}{(1+\theta)} \quad (m'\text{——剩余价值率；} s\text{——积累率})$$

$$(6-9)$$

同理可以推出可变资本的增长率 g_v，由于不变资本不产生剩余价值，所有可变资本的增长来源与总资本的增长来源都是剩余价值用于积累的部分，即 $sm'v$，由前面的总资本、可变资本与资本有机构成之间的比例关系可以得到如下关系式：

$$\frac{C}{v} = 1 + \theta = \frac{\Delta m_1}{\Delta m_2} \qquad (6-10)$$

$$\Delta m_1 = sm'v \qquad (6-11)$$

Δm_1，Δm_2 分别表示剩余价值转化为总资本的部分，剩余价值转化为可变资本。

由式（6-10）、（6-11）可以得出剩余价值转化为可变资本的部分为：

$$\Delta m_2 = \frac{sm'v}{(1+\theta)} \qquad (6-12)$$

因此，可变资本的增长率为：

$$g_v = \frac{\Delta m_2}{v} = \frac{\dfrac{sm'v}{(1+\theta)}}{v} = \frac{sm'}{(1+\theta)} = g_C \qquad (6-13)$$

由此可见，总资本与可变资本增长的来源相同，在资本有机构成不变的情况下，其增长的速度也是相同的。在其他条件不变的情况下，资

本有机构成增长使 $g_v < g_C$ 成为可能，即可变资本增长率小于总资本增长率①。

将式（6-13）代入式（6-7）可以得到劳动力需求的增长率新的表达式（6-14）：

$$g_{ld} = \frac{sm'}{1+\theta} - g_w \qquad (6-14)$$

令一阶导数为零，由（6-14）式可得，$g_{ld} = \frac{sm'}{1+\theta} - g_w = 0$，即 $\frac{sm'}{1+\theta} = g_w$。假定资本有机构成逐渐提升，即 $\theta(t) = \theta_0 + \alpha t$（$\alpha > 0$），则 $\frac{sm'}{1+\theta} = g_w$ 可变为 $g_w = \frac{sm'}{1+\theta_0+\alpha t}$

劳动力需求与资本有机构成的关系。假设 sm' 在一定时期内不变，$g_{ld} = \frac{sm'}{1+\theta_0+\alpha t} - g_w$ 对时间求导，以判断劳动力需求曲线的凹凸性和极值。可以得到如下式子：

$$g'_{ld} = l''_d = -\frac{sm'\alpha}{(1+\theta_0+\alpha t)^2} - g_w'$$

当一阶导数为零时，上式可化为

$$g'_{ld} = l''_d = -\frac{\alpha g_w}{1+\theta_0+\alpha t} - g_w' \qquad (6-15)$$

由公式（6-15）可知，劳动力需求二阶导数的大小主要由资本有机构成及其增长率、工资增长率、工资增长率的变化率决定。

令 $-\frac{ag_w}{1+\theta_0+\alpha t} = A$，假设工资具有刚性，即工资增长率为正，则劳动

---

① 根据马克思的理论，追加的总资本始终来自剩余价值，可变资本是剩余价值的唯一源泉。与上期相比，资本有机构成提高，意味着追加的不变资本与可变资本的比值大于上期的θ，可求出（Δc）/（Δv）>θ。即使在这种情况下，生产效率提升，资本周转速度加快或者剥削率的提升，仍然可以生产出可观的剩余价值量 M，即第 t 期的 M = m'ₜvₜnₜ（第 t 期的剩余价值量 = 剥削率×可变资本×资本周转次数），资本有机构成的提高强化了资本周转次数的作用，使两期之间剩余价值率的倍数与资本周转次数倍数之积大于 1 成为可能，在这样的作用机制下就会出现总本增长率大于可变资本增长率的情况。$\frac{Mt+1}{Mt} = \frac{m'_{t+1}v_{t+1}n_{t+1}}{m'_t v_t n_t} > \frac{v_{t+1}}{v_t}$ 解得 $\frac{m'_{t+1}n_{t+1}}{m'_t n_t} > 1$，即剩余价值率增长倍数与周转速度增长倍数之积大于 1。

力需求与资本有机构成有如下关系。

（1）$\alpha > 0, g_w' > 0 \Rightarrow g_{ld}' < 0$。资本有机构成的增长率、工资增长率的变动率也大于0[1]，即资本有机构成的增加和工资增长率的快速提升并存，此时劳动力需求的函数在 $\theta^* \in (0, +\infty)$ 存在一个极大值，即资本有机构成与劳动力需求之间呈倒 U 型关系；也就是说，随着资本有机构成的不断提高，劳动力需求会先上升，随即达到最大值，然后开始逐渐下降。

（2）$\alpha > 0, g_w' < 0$，此时结果有待讨论。$g'_w < 0$ 表示工资增长率的变动率[2]下降有现实的可能性，这样的趋势就像边际效用递减或者技术替代率递减规律所描述的那样。由于 $|A|$ 很小，会出现 $|A| < |g_w'| \Rightarrow g_{ld}' > 0$，即当资本有机构成的变化率大于0，工资增长率的变动小于0时，此时劳动力需求的函数在 $\theta^* \in (0, +\infty)$ 存在一个极小值，即资本有机构成与劳动力需求之间呈 U 型关系，即随着资本有机构成的不断提高，劳动力需求会先下降，随即达到最小值然后开始逐渐上升。

三　失业率与资本有机构成的关系

为了简化模型便于理解，本书做了如下假设。

在劳动力密集的社会，失业率水平主要由劳动力的需求来决定，于是有 $U = U(l_d)$，显然失业率水平与劳动力需求是呈负相关的，即 $\frac{dU}{dl_d} < 0$。

通过测算工资增长率的变化率（见图 6-1）可以看到，其整体的变化趋势是下降的，从而更符合劳动力需求与资本有机构成关系的第二种情况。因此本书以此为例即"劳动力的需求与资本有机构成呈 U 型关系"做进一步分析。

---

[1] $W' = \frac{dw}{dt} > 0$，$W'' = \frac{dw'}{dt} > 0$，即工资 w 对时间 t 的一阶导数大于零，即随着时间的变化，工资总量是单调递增的。二阶导数大于零则表示工资增长率的变动幅度逐渐增大，工资曲线是下凸的。

[2] $W' = \frac{dw}{dt} > 0$，$W'' = \frac{dw'}{dt} < 0$，即工资 w 对时间 t 的一阶导数大于零，即随着时间的变化，工资总量是单调递增的。二阶导数小于零则表示工资增长率的变动幅度逐渐减少，工资曲线是上凸的。

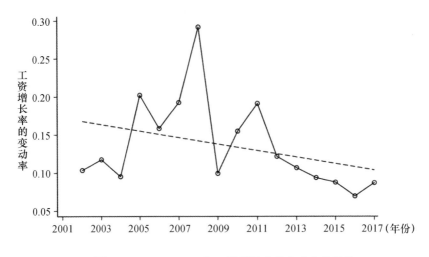

图 6－1　2002—2017 年工资增长率的变动率趋势①

以此，可以得到如图 6－2 所示的推论：

（1）当实际的资本有机构成小于临界的资本有机构成时，资本有机构成与失业率之间呈正相关关系，即失业率会随着资本有机构成的提高而上升；

（2）当实际的资本有机构成大于临界的资本有机构成时，资本有机构成与失业率之间呈负相关关系，即失业率会随着资本有机构成的提高而下降。

资本有机构成的提高在短期内会提高失业率已经为学者们所公认，但从长期来看失业率却存在下降的可能，从理论上讲：一方面，由于资本有机构成提高会导致劳动力需求的下降，从而使得劳动力价格也会有所下降，在这种情况下，企业可能会反过来再次增加对劳动力的需求，从而使得失业率下降；另一方面，资本有机构成提高所带来的技术进步可能引致新部门的出现，从而产生新的劳动力需求，也会使得失业率下降，即如图 6－3 所示。

---

① 虚线为总体的线性变化趋势，通过拟合得出。

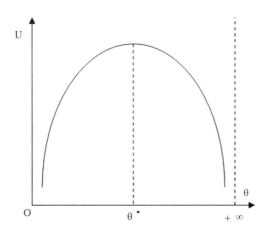

图6-2　失业率与资本有机构成的关系

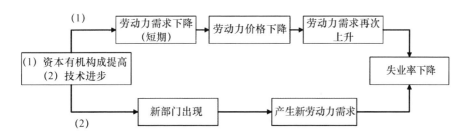

图6-3　资本有机构成影响失业率的路径

第三节　计量模型的构建与实证分析

理论模型建立在一系列的假设之上，不可避免地会与现实背离。由上述讨论可知，资本有机构成与失业率之间的关系可能存在着多种可能性，本书以我国省级面板数据为基础建立计量模型，对其进行实证分析。

一　数据的来源与预处理

本书中所用到的面板数据全部采集于国家统计局网站和《中国统计年鉴》《地方统计年鉴》。样本空间为2001年到2017年全国30个省市。用城镇登记失业率来衡量一个地区的失业率水平，资本有机构成是利用地区的资本存量与劳动报酬的比值，控制变量选取了第二产业比重和地区人均生产总值以及地区的资本有机构成分别与第二产业比重和人均生产总值的交互项,以下是对各个变量的解释。

(1)失业率(unem)选取的是城镇登记失业率。尽管有学者认为城镇登记失业率很难反映真实的整体失业情况[1],但城镇登记失业率仍然有其优点被作为许多研究中的选择。

(2)资本有机构成(cv)在马克思的定义中不变资本(c)与可变资本(v)的比值。近年来,学术界对于资本有机构成的研究有很多,尤其是对于资本有机构成的测算也不尽相同。比如吴欣望等[2]利用资本形成总额与劳动报酬的比值作为资本有机构成,而有的却利用固定资本总额与劳动报酬的比值作为资本有机构成。从国家统计局所公布的对于资本形成总额的定义来看,资本形成总额指的是常住单位在一定时期内获得减去处置的固定资产和存货的净额,包括固定资本形成总额和存货增加两部分,而劳动报酬的定义是劳动者因从事生产活动所获得的全部报酬。

考虑到固定资本总额仅仅表示的是当年内的数值,是一种流量的概念,需要转化成存量的概念才比较符合马克思对于不变资本的定义。因此本书利用张军等[3]的永续盘存法,以 2001 年为基期,计算了 2001—2017 年 30 个省、直辖市、自治区的资本存量,从而可以得到资本有机构成新的计算公式为:

$$资本有机构成 = \frac{资本存量}{劳动报酬}$$

二 模型构建

通过对于理论的推导分析发现,失业率与资本有机构成之间并不是线性关系,而是呈倒 U 型关系,因此在构建模型时,为了验证这一非线性关系,本书选取资本有机构成(cv)及其平方项 cv^2 作为核心解释变量。

基于以上分析,可以建立以下回归模型:

---

① 褚光:《此失业率非彼失业率》,《调研世界》2014 年第 7 期。

② 吴欣望、朱全涛、高劲:《资本有机构成上升的实证研究》,《湖北经济学院学报》2011 年第 9 期。

③ 张军、吴桂英、张吉鹏:《中国省际物质资本存量估算:1952—2000》,《经济研究》2004 年第 10 期。

$$unem_{i,t} = \alpha_0 + \alpha_1 cv_{i,t} + \alpha_2 cv_{i,t}{}^2 + \alpha_3 gdp2gdp_{i,t} + \alpha_4 pergdp_{i,t}$$
$$+ \beta_1 cv \times gdp2gdp_{i,t} + \beta_2 cv \times pergdp_{i,t} + \varepsilon_{i,t} \qquad (6-16)$$

其中，失业率为被解释变量，解释变量是资本有机构成 cv 以及资本有机构成的平方项 cv^2，$\varepsilon_{i,t}$ 是随机扰动项，其中 i 代表相应省份，t 表示不同的年份。

$gdp2gdp_{i,t}$ 和 $pergdp_{i,t}$ 是一组可能对失业率 $unem$ 产生影响的其他变量，根据制造业的转移已经对就业产生实际影响，可以推断出产业结构的变动可能是其中的影响因素。另外，根据宏观经济理论，GDP 对就业也会有影响，地区间人数的差异被去除后可进行区域比较。同时，资本有机构成对就业还可能通过改变产业结构以及地区人均 GDP 产生间接影响。基于以上考虑，本书同时选取下列控制变量。

第二产业比重（gdp2gdp）：本书参考了刘乃全和孙海鸣的文章[1]。一方面，由于第二产业主要以工业制造业为主，体现为重资产型，更多的是通过引进先进设备来提高生产率，在这种情况下就有可能使得劳动力需求降低，提高失业率水平；另一方面，高新技术产业对高端人才的需求较大。华而诚[2]也认为随着国民经济的发展，工业可能会因为投资过度的问题需要相当长的时间进行结构调整和升级，因此不大可能会吸纳太多的劳动力，并且我国现阶段第三产业已然取代第二产业成为我国就业增长的主要推力[3]，因此预计其影响为正。

地区人均生产总值（pergdp）：通常学者们选择用国内生产总值（GDP）来探究经济发展水平与失业率之间的关系，如张世伟和司颖华[4]，也有学者如中国经济增长与宏观稳定课题组[5]利用人均 GDP 作为其代理变量，潘海峰和魏宏杰认为人均 GDP 能更好地反映人口因

---

① 刘乃全、孙海鸣：《上海产业结构、人口、就业的互动关系研究》，《财经研究》2003 年第 1 期。

② 华而诚：《论服务业在国民经济发展中的战略性地位》，《经济研究》2001 年第 12 期。

③ 朱轶、熊思敏：《技术进步、产业结构变动对我国就业效应的经验研究》，《数量经济技术经济研究》2009 年第 26 卷第 5 期。

④ 张世伟、司颖华：《我国经济增长与失业关系的区域性差异分析》，《财经问题研究》2018 年第 9 期。

⑤ 中国经济增长与宏观稳定课题组、陈昌兵、张平等：《城市化、产业效率与经济增长》，《经济研究》2009 年第 44 卷第 10 期。

素的影响[1]。也就是说，与地区生产总值不同的是，人均生产总值更能反映出经济发展水平背后的劳动效率提升，因此本书也将其作为经济发展水平的代理变量。由于在经济发展过程中，企业出于提高生产效率获取更多利润的需求，更倾向于雇用劳动效率更高的工人，因此预计一个地区的人均 GDP 对失业率的影响为负。

再加入核心解释变量及控制变量的交互项：资本有机构成与地区人均生产总值的交互项（cv × pergdp）、资本有机构成与第二产业比重的交互项（cv × gdp2gdp），以解释其间接影响。

三　变量描述及实证结果

（一）变量描述

由于数据统计口径的差异，为了避免不同来源的数据之间的偏差带来误差，本书所选取的数据均来自国家统计局和《中国统计年鉴》《地方统计年鉴》《中国人口与就业年鉴》。因西藏地区数据缺失较多，为了保障客观性没有进行插值处理，选择了忽略，故一共选取了 30 个地区（省、自治区、直辖市）2001—2017 年的面板数据，各变量的数据描述如表6 - 1和表 6 - 2 所示。处理软件使用的是 Stata 15.1。

表6 - 1　　　　　　　　　　　变量说明汇总

变量	单位	变量说明
cv	—	资本存量/劳动报酬
cv^2	—	资本有机构成的平方
$unem$	%	城镇登记失业率
gdp	亿元	地区国民生产总值
$pergdp$	亿元/万人	地区人均国民生产总值
$gdp2$	亿元	地区第二产业增加值
$gdp2gdp$	—	地区第二产业增加值与国民生产总值的比值
emp	万人	地区就业人数
$lnemp$	万人	地区就业人数的自然对数

---

[1]　潘海峰、魏宏杰：《金融发展、FDI 与经济增长关联性的空间效应特征识别》，《统计与决策》2018 年第 34 卷第 22 期。

表 6 - 2　　　　　　　　　　变量描述性统计结果

变量	观测值	均值	标准差	最小值	最大值
unem	510	3.585	0.706	1.2	6.5
cv	510	5.11	1.363	3.025	10.337
pergdp	510	5.4598	9.0193	0.0362	82.8971
gdp	510	14019.72	14590.92	300.13	89879.23
gdp2gdp	510	1.644	4.379	0.003	49.919
gdp2	510	6574.67	6956.232	125.09	38654.85
lnemp	510	7.5566	0.8181	5.6312	8.8197

（二）平稳性检验

为了防止出现伪回归且出于稳健性考虑，本书利用 LLC 面板单位根检验方法对各个变量进行了平稳性检验，其结果如表 6 - 3 所示。

表 6 - 3　　　　　　　　　　平稳性检验结果

变量	LLC Test	
	P 值	结果
Cv	0.0101 **	平稳
cv^2	0.0013 **	平稳
$Unem$	0.0000 ***	平稳
$Pergdp$	0.0000 ***	平稳
$gdp2gdp$	0.0000 ***	平稳
lnemp	0.0000 ***	平稳

（三）实证结果分析

通过 F、Hausman 检验，拒绝了混合截面回归和固定效应回归，从而本书选择的是随机效应回归，其回归结果如表 6 - 4 所示。

表6-4   资本有机构成与失业率的回归结果

	模型（1）	模型（2）	模型（3）	模型（4）	模型（5）
	Unem	Unem	Unem	Unem	Unem
cv	0.361***	0.403***	0.316***	0.388***	0.304***
	(3.87)	(4.23)	(2.92)	(3.96)	(2.84)
cv^2	-0.0244***	-0.0304***	-0.0211**	-0.0267***	-0.0211**
	(-3.15)	(-3.77)	(-2.25)	(-3.35)	(-2.27)
gdp2gdp		0.0171***	0.0870***		0.0717**
		(2.97)	(3.11)		(2.56)
pergdp		-0.00808***		0.0133	-0.00743***
		(-3.71)		(1.13)	(-3.38)
cv × gdp2gdp			-0.00821**		-0.00655**
			(-2.50)		(-1.99)
cv × pergdp				-0.00500*	
				(-1.89)	
_cons	2.426***	2.394***	2.511***	2.400***	2.617***
	(8.48)	(8.19)	(8.01)	(7.90)	(8.38)
临界值	7.40	6.72	7.48	7.32	7.20
N	510	510	510	510	510
R^2	0.0537	0.0984	0.0850	0.0892	0.1060

注：括号中报告的是t值；***、**、*分别表示1%、5%、10%的显著性水平。

表6-4给出了资本有机构成及其平方项对于失业率影响的回归结果。回归结果显示：资本有机构成的一次项系数为正，二次项系数为负且均在1%水平下显著。依次加入控制变量后可决系数逐渐提高，核心解释变量的系数变动不大，另外，本书所关注的重点之一——资本有机构成的临界值也都前后变动不大，说明模型具有较好的拟合度和稳健性。从模型（1）至模型（5），无论是只考虑核心变量，还是充分考虑控制变量及两者的交互项，资本有机构成的二次项均为负，一次项为正，说明

资本有机构成与失业率之间存在明显的倒 U 型关系，而且符号与系数关系十分稳定，可见前面对于倒 U 型的判断是符合现实的。

对上述回归结果进行分析可以得出以下结论。

第一，模型（1）只包含核心解释变量，资本有机构成的一次项和二次项系数均在 1% 水平下显著，与失业率呈明显的倒 U 型关系。

第二，模型（2）在模型（1）基础上增加了两个控制变量，人均生产总值 pergdp 的系数为 -0.00808，且在 1% 水平下显著，说明其他条件不变的情况下，pergdp 的提高有助于缓解失业问题。第二产业比重 gdp2gdp 的系数为 0.0171，且在 1% 水平下显著，第二产业增加意味着第一产业和第三产业的比重缩减，这种变化对于就业的影响是不对称的，增加第二产业比重所创造的就业量，可能小于其他两大产业的萎缩而导致的失业量。

第三，模型（3）在模型（1）基础上加入第二产业比重及其与资本有机构成的交互项。核心变量系数变化不大，第二产业比重 gdp2gdp 的系数仍为正且分别在 1% 和 5% 的水平上显著。交互项 cv × gdp2gdp 的系数均为负，且在 5% 水平下显著，说明伴随着资本有机构成的提高，第二产业比重的上升反而会带来就业的改善，这也印证了近年来我国以信息产业为发端的数字经济比重不断扩大所带来的就业效应溢出。在其他条件不变的情况下，第二产业对失业率的偏效应为 -0.00821cv + 0.087，说明第二产业可以通过资本有机构成的提升创造更多的就业，以抵消第二产业比重上升对就业的负效应，因此大力发展技术密集型的第二产业将创造出更多新型岗位，有助于分工细化和就业率的提高，这里称为产业结构效应机制，因此面对中美贸易战及低端制造业转移，我们所能做的是或者发展第一、第三产业，或者在第二产业内部进行资本有机构成的提升，使之产生负的偏效应以减少失业率。模型 5 在模型 3 基础上又加入 pergdp，情况与模型 2 和模型 3 相比变化不大，不再赘述。

第四，模型（4）在模型（1）的基础上加入 pergdp 及其与资本有机构成的交互项 cv × pergdp，交互项系数为 -0.005，且在 10% 水平下显著，说明伴随着资本有机构成的提高，人均 GDP 的提升可以减缓失业率的上升，而人均 GDP 的提升除了技术创新以外，还离不开人力资本的提高。在当前技术不断进步的情况下，人工智能浪潮带来的更多是结构性失业，即新的技术在替代旧岗位的同时也在不断地创造出新的就业岗位，而旧岗位的劳动力由于长期依附于旧的生产工具使其资产专用性程度提高，当旧岗位被取代时这些劳动力短时间内无法被吸纳到新的就业岗位上，从而带来短期性的结构性失业。要解决这一问题就需要提升这些劳动力的人力资本，在这一过程中劳动效率也实现了提升，从而促进人均GDP 的增长以降低失业率，这里称为效率提升效应机制。两大效应机制的合力可以抵消甚至超过技术进步对就业的替代作用。

以上实证结果表明，资本有机构成与失业率之间的确存在非线性的倒 U 型关系，即当资本有机构成的提高小于临界值时，技术进步对劳动力就业的替代作用大于创造作用，资本有机构成与失业率呈正相关；反之则反是。就全国平均水平来看，我国目前资本有机构成的提高仍与失业率呈正相关。由于我国的地区间产业结构和经济发展程度有所差别，因此势必会出现各地区间与各行业间资本有机构成的水平与变化趋势的差异。有的地区或者行业的资本有机构成还未超过临界值，因而失业率的变化趋势也未达到极值点。

（四）资本有机构成和失业率的内生性问题

本书利用工具变量法进行了 Hausman 检验来检验核心解释变量的内生性与否，如表 6 - 5 所示。根据张建武等的文章[①]，本书选取资本深化（kdeep），即资本存量与国民生产总值的比值，作为资本有机构成的工具变量。

表 6 - 5　　　　　　　　　工具变量法 Hausman 检验结果

原假设	P 值	结果
变量为外生性	0.1006	接受原假设

从检验结果来看，检验结果在 5% 水平以上接受了原假设，即解释变量为外生变量。

另外，本书还利用该工具变量进行了回归，其结果显示该工具变量

---

① 张建武、邓邵磊、朱勇等：《地方政府行为、资本深化与劳动收入份额——基于 1993—2012 年省级面板数据的实证检验》，《劳动经济评论》2015 年第 8 卷第 2 期。

与失业率之间同样存在倒 U 型关系，如表 6 - 6 所示，故有理由认为解释变量的选取符合要求，且具有一定的稳健性。

表 6 - 6　　　　　　　　　　　　工具变量回归结果

解释变量	被解释变量
	unem
kdeep	0.916 ***
	(4.74)
kdeep2	- 0.155 ***
	(- 4.47)
gdp2gdp	0.0220 ***
	(3.70)
*pergdp*1	- 0.00791 ***
	(- 3.62)
_cons	2.349 ***
	(8.26)
N	510

注：括号中报告的为 t 值；*** 为 1% 水平以下显著。

（五）影响机制分析

　　为了进一步探究资本有机构成对于失业率的影响机制，尤其是分析资本有机构成与失业率的负向关系部分，本书借鉴阮荣平等[1]的方法对以上分析中提到的两种作用机制进行了检验。具体做法为：先用 Y 对 X 做基准回归，然后再用 Z（渠道变量）对 X 进行回归。当两部分的结果都显著时，则有理由认为 X 是通过 Z 来影响 Y 的。回归结果如表6 - 7所示。

----

　　① 阮荣平、郑风田、刘力：《信仰的力量：宗教有利于创业吗?》，《经济研究》2014 年第 49 卷第 3 期。

表6－7 机制分析回归结果

被解释变量 解释变量	基准模型	渠道变量一		渠道变量二	
	Unem	gdp2gdp	gdp2gdp	pergdp	pergdp
Cv	0. 349 ***	－ 4. 422 ***	－ 3. 693 ***	－ 4. 193 *	－ 3. 992 *
	(3. 72)	(－ 6. 23)	(－ 4. 66)	(－ 2. 30)	(－ 2. 29)
cv²	－ 0. 0235 **	0. 474 ***	0. 382 ***	0. 234	0. 272
	(－ 3. 01)	(7. 99)	(5. 52)	(1. 53)	(1. 81)
Lnemp			0. 895 ***		－ 6. 154 ***
			(5. 66)		(－ 17. 27)
L. gdp2gdp			0. 327 ***		
			(8. 14)		
L. pergdp					0. 323 ***
					(8. 73)
N	510	510	480	510	480
R²	0. 054	0. 202	0. 342	0. 034	0. 469

注：括号中报告的是 t 值；*** 、** 、* 分别表示1%、5%、10%的显著性水平。

从以上回归结果中可以看到：（1）资本有机构成对于失业率的影响显著，与前面结论一致；（2）资本有机构成 cv 对于本书所要检验的两个渠道第二产业比重 gdp2gdp 与人均生产总值 pergdp 的影响也分别表现出1%和10%的显著性，且分别加入地区就业人数的自然对数（lnemp）以及被解释变量的一阶滞后项作为控制变量之后依旧显著，因此有理由认为资本有机构成通过第二产业比重 gdp2gdp 与人均生产总值 pergdp 对失业率产生了影响。

为了更直观地表达资本有机构成通过这两种渠道对失业率产生的影响，本书分别绘制了如下含有交互作用的总效应图。

如图6－4所示，随着第二产业比重的提高，低水平的资本有机构成将导致失业率大幅度提升，而高水平的资本有机构成对于失业率的影响微乎其微。尽管低水平的资本有机构成与低二产比重能够维持较低的失业率，但现实情况是产业转移和科技等因素不断打破双低状态。因此，高水平的资本有机构成反而能够平稳就业。这也印证了前面的分析，即随着资本有机构成的提高，第二产业比重的上升对于失业的影响将会减

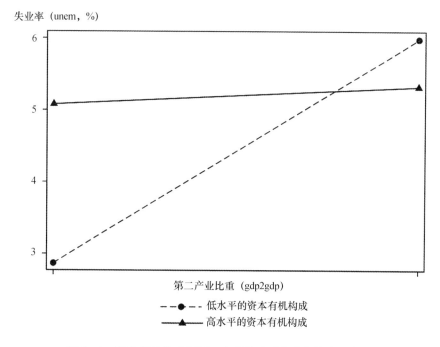

失业率（unem，%）

第二产业比重（gdp2gdp）

‑ ‑ ‑●‑ ‑ ‑　低水平的资本有机构成

▲　高水平的资本有机构成

图6-4　资本有机构成与第二产业比重对失业率的交互作用

注：图中 Low 和 High 分别为样本区间的极小值和极大值。

弱，故资本有机构成的提高与产业结构调整应该保持合理的节奏。

如图6-5所示，随着人均国内生产总值逐渐提高，相较于低水平的资本有机构成，高水平的资本有机构成对于失业率的缓解作用更加显著，这一点也印证了前面计量结果的分析。当资本有机构成不断提高时，如果人均生产总值依旧处于低水平，将会使得失业率维持在一个较高的水平。一方面，技术进步创造了大量的新岗位、新职业，但人力资本如果不能保持同步，那么劳动力将无法被吸纳到新的岗位中，从而出现比较严重的结构性失业。在其他条件不变的情况下，人均生产总值提高意味着劳动效率即人力资本的提高。因此当资本有机构成上升时，如果能够同步提高人力资本的积累，使得人均生产总值也得到提高，那么失业问题将会得到很大的改善，故资本有机构成的提高与人力资本的提高应该保持合理的节奏。

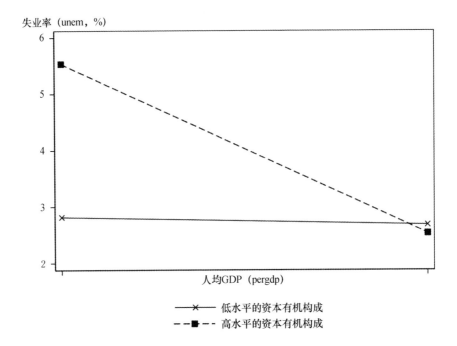

图6－5 资本有机构成与人均生产总值对失业率的交互作用

　　综上所述，正是通过产业结构效应和效率提升效应，资本有机构成提高到一定程度能够产生降低失业率作用，具体作用机制如下。机制一：产业结构效应。资本有机构成提高对就业有一定的挤出作用，但在产业结构同步提高的情况下，这种作用会被抵消。崔惠斌等认为产业结构的升级，往往意味着产业资本的集聚和集中[1]，在这种情况下，资本规模的扩大和资本的增加有助于提高科研投入从而推动技术进步。随着生产技术的提高、生产成本的下降，劳动生产率也会提高。随之而来的便是个别劳动时间开始逐渐低于社会必要劳动时间，超额利润的出现使得部门和行业之间的竞争变得激烈，从而纷纷扩大投资[2]。再加上此时劳动力价

---

　　① 崔惠斌、李晓琪、吴于蓝等：《马克思主义经济学视阈下产业就业协同升级的理论逻辑》，《改革与战略》2018年第34卷第5期。

　　② 肖延方：《论资本有机构成的提高对再就业的双重作用——兼论技术进步和再就业的关系》，《经济评论》2001年第5期。

格相对低廉，资本投入和劳动力需求均会有所提升。机制二：效率提升效应。在当前资本有机构成不断提高，技术不断进步的情况下，人工智能浪潮带来的更多是结构性失业，即新的技术在替代旧岗位的同时也在不断地创新出新的就业岗位，而旧岗位的劳动力由于长期依附于旧的生产工具使其资产专用性程度提高，当旧岗位被取代时这些劳动力短时间内无法被吸纳到新的就业岗位上去，从而带来短期的结构性失业。而经济发展、分工细化、效率提高带来的外部性能够有效降低劳动力转移所面临的私人和社会成本，从而使得旧部门的劳动力也能够相对容易地被吸纳到新的部门就业。正如朱柏铭认为的，技术进步应该是一个从"多用资本，少用劳动力"到"多用劳动力，少用资本"的逐渐替代过程。[1]

（六）倒 U 型关系的稳健性检验

Lind 和 Mehlum（2010）[2] 认为，在传统的做法中，仅仅将自变量 X 与 X 的二次项放进回归方程，然后根据回归系数符号和显著性来判断是否具有 U 型或者倒 U 型关系，这个标准是相当弱的，特别是当 X 与 Y 之间的真实关系是凸且单调的时候。因此考虑到稳健性，本书利用 Lind 和 Mehlum 的方法进行了检验，其结果如表 6 - 8 所示。

表 6 - 8   U Test 检验结果

T 值	P 值	结果
2. 24	0. 0126 **	接受原假设

注：** 表示在 5% 水平以下显著；原假设为：存在倒 U 型关系。

从表 6 - 8 中的结果可以看到，资本有机构成与失业率之间确实存在倒 U 型关系。在此基础上，本书对二者之间的倒 U 型关系图进行了刻画（如图 6 - 6 所示），并对临界资本有机构成进行估计，结果为 6. 87，考虑到一定的误差裕量，可以得到临界的资本有机构成区间为（6. 7，7. 5），而就我国的平均水平 5. 11 来看，还尚未达到临界区间。

---

[1] 朱柏铭：《关于资本有机构成理论的几点思考》，《经济经纬》2008 年第 2 期。

[2] Lind J. T. , Mehlum H. , "With or Without U? The Appropriate Test for a U - Shaped Relationship", *Oxford Bulletin of Economics and Statistics*, Vol. 72, No. 1, 2010, pp. 109 - 118.

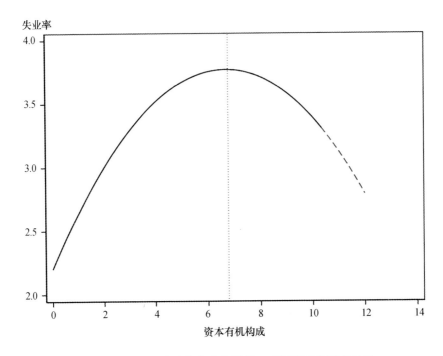

图 6 - 6　资本有机构成与失业率的倒 U 型图以及临界点位置

（七）基于地区异质性的进一步探讨

由于我国幅员辽阔，地区间区位优势差异显著，管卫华等[①]认为由于不同要素的投入差异导致了我国区域间的经济发展差异，且这一问题一直以来都受到学界的广泛关注。最直接的差异体现在产业结构和劳动力结构上，因此也不可避免地带来了地区间资本有机构成的差异。另外，不同水平的资本有机构成对地区间的经济增长的影响也是不一样的[②]，而经济增长的差异自然也会对地区的失业率带来不同的影响。因此考虑到这种地区间存在的异质性，本书对于东部地区和中西部地区分别进行了回归，其结果如表 6 - 9 所示。

---

① 管卫华、林振山、顾朝林：《中国区域经济发展差异及其原因的多尺度分析》，《经济研究》2006 年第 7 期。

② 郑久平、冉光和：《资本有机构成与区域经济增长差异》，《软科学》2011 年第 25 卷第 5 期。

表6-9　　　　　　　　基于地区异质性的回归结果①

	东部地区		中西部地区	
	Unem	*unem*	*Unem*	*unem*
Cv	0.354**	0.453**	0.327***	0.502***
	(2.13)	(2.50)	(3.05)	(4.18)
cv^2	-0.0209	-0.0308**	-0.0245***	-0.0418***
	(-1.49)	(-2.03)	(-2.78)	(-4.12)
$cv \times gdp2gdp$		0.00488		0.00208***
		(1.37)		(3.23)
$cv \times pergdp$		-0.00373		-0.00552
		(-0.88)		(-1.55)
pergdp		0.0096		0.0157
		(0.52)		(0.97)
常数项	2.161***	1.965***	2.734***	2.336***
	(4.31)	(3.61)	(8.37)	(6.51)
N	204	204	306	306
R^2	0.0794	0.1111	0.0384	0.1233

注：*、**、***分别表示10%、5%、1%水平下显著；括号中报告的是t值。

回归结果显示：（1）东部地区未加入控制变量时，资本有机构成的一次项系数为0.354，二次项系数为-0.0209，且只有一次项在5%水平下显著；而在加入交互项等控制变量以后，呈明显的倒U型关系，可决系数提高，模型具有一定的解释力。（2）中西部地区未加入控制变量时，资本有机构成的一次项系数为0.327，平方项系数为-0.0245，且均在1%水平下显著。在加入控制变量后，资本有机构成的一次项系数为0.502，平方项系数为-0.0418，且均在1%水平下显著；交互项cv×gdp2gdp的系数为0.00208，且在1%水平下显著。说明对于中西部地区来说，第二产业的比重每提高1单位，会带来失业率0.00208×cv单位的

① 东部地区：北京、福建、广西、广东、海南、河北、江苏、辽宁、山东、上海、天津、浙江；中西部地区：安徽、黑龙江、河南、湖北、湖南、江西、吉林、山西、重庆、四川、甘肃、青海、西藏、新疆、宁夏、内蒙古、陕西、云南、贵州。

上升。近年来，随着东部地区的产业升级，部分工业开始向中西部地区转移，而由于其对于劳动力的吸纳能力明显低于服务业，这也就使得产业转移带来的第二产业比值的上升反倒带来了失业率的上升；（3）不管是东部地区还是中西部地区，资本有机构成的一次项系数与全国样本下的回归结果相似，也呈现出倒 U 型关系；（4）从各组回归系数中也可以看到，资本有机构成的一次项系数均为正，二次项系数均为负，即从各地区的平均水平来看，依旧处于倒 U 型的左半部分，即"爬升阶段"。说明尽管地区间的差异存在，但均依旧处于资本有机构成的提高时因技术对劳动力的替代效应大于对岗位的创造效应而提高失业率的阶段，这与哈梅芳[1]和任栋、李萍[2]的结论一致。

以上分析表明：不管是东部地区还是中西部地区，尽管资本有机构成对失业率的影响程度稍有差异，但均呈现出倒 U 型关系。即不管是从全国来看还是分地区来看，资本有机构成与失业率之间的倒 U 型关系始终是成立的，这也反映出本书结论的可靠性。

第四节　小结

本书通过对马克思的资本有机构成数理模型进行了推导，并利用我国 2001—2017 年省级面板数据对资本有机构成与失业率的非线性关系进行了理论和实证的研究。结果发现：

1. 资本有机构成与失业率之间存在非线性的倒 U 型关系：当资本有机构成的提高未超过某一临界值时，失业率会随资本有机构成的提高而上升，直到超过某一临界值，失业率的上升将会迎来拐点，转变为一种随资本有机构成提高而下降的负向关系。基于地区间的异质性，发现无论东部地区还是中西部地区，倒 U 型关系依旧成立，但其临界值存在差异，解决地区间发展不平衡问题，实现整体经济高质量发展对稳定就业

---

① 哈梅芳：《资本有机构成提高对我国失业率影响的实证分析》，《宁夏大学学报（人文社会科学版）》2007 年第 1 期。

② 任栋、李萍：《中国失业率影响因素的再认识：一个计量实证研究》，《四川大学学报（哲学社会科学版）》2013 年第 5 期。

有着至关重要的意义。

2. 通过进一步测算，中国平均的临界资本有机构成位于 6.7 和 7.5 之间，就各地区的资本有机构成分布来看，我国资本有机构成的均值水平在 5.1 左右，还尚未跨越临界区间，也就意味着资本有机构成的提升还会带来失业率的增加，直到资本有机构成达到临界值为止。一方面说明技术创新在未来对于我国来说仍具有重要意义，另一方面也反映了我国当前经济工作中稳就业的重要性。

3. 考虑产业结构效应和效率提升效应，资本有机构成提高的前提下二产比重的增加及劳动效率的提高均有助于稳定就业，因此三者应该保持合理的节奏。显然劳动效率的提升也可以抵消现阶段资本有机构成的提高对就业的负面影响，因为劳动效率提升意味着人力资本的提高，这有助于劳动力被吸纳到新岗位中。

4. 对于中美贸易战以及产业转移所带来的失业问题，根据产业结构效应，可以通过发展第一产业和第三产业获得短暂的缓解，但长久之计则是在提高资本有机构成的同时提高第二产业比重，即大力发展高端产业。劳动密集型制造业很容易受到外部环境冲击，如果此时仍执意降低资本有机构成以发展劳动密集型制造业，反而在国际竞争中处于劣势，造成资源的浪费。部分失业人口短期内将逐渐被农业及第三产业吸收①，另一部分则将被吸纳进资本有机构成提高创造的其他就业机会中。同时，技术密集型行业的就业相对稳定，其快速发展不仅加强抗外部环境冲击能力，还能迅速提升资本有机构成，为早日越过临界点创造条件，从而缓冲中美贸易战与产业外移对失业造成的影响。

根据以上分析，在劳动力就业方面，一方面，需要提升劳动者的素质、培育劳动者的技能以适应技术进步产生的新岗位需求；另一方面，增加高科技研发投入。为此本书提出以下三点建议。

1. 促进地区间教育资源的合理配置。只有人力资本与技术进步保持同步提升，劳动力市场长期内才会趋向于出清。在我国，高中阶段的义务教育还未实现全面普及，使得我国高中学历人口比例依旧处于一个较

---

① 国家统计局 2019 年 4 月公布的《2018 年农民工监测调查报告》显示，农民工在第三产业的就业率增加 2.5 个百分点。

低的发展水平。当低层次的产业为了提高自身的生产力水平开始使用机器替代人工时，这些低学历、少技能的劳动者不得不走入失业的队伍。农村与城市教育资源的不平等强化了城乡劳动力技能落差，使得许多从农村释放出来的劳动力进入城市发现不能找到适合自己的岗位后又不得不回到农村自愿失业。因此实现教育资源的城乡平衡，使劳动者及时获得再培训，可以有效缓解社会压力，为资本有机构成提升至临界值提供良好的社会条件。

2. 完善失业者保障机制。自 2018 年以来政府反复强调"稳就业"，这要求我国就业保障制度应该在既寻求稳定也要注重灵活应对现实情况的变化。要处理好当前科技革命浪潮下由于技术创新对员工的不合理、不公平的解除劳动关系的行为，保障好一些离岗员工的再培训促就业工作，特别是职业技能的培训，以解决由于技术进步所带来的结构性失业问题。另外，逐渐扩大失业保险的覆盖范围，简化失业保险金的领取流程，并使低保标准与经济增长保持增速一致，充分发挥社保兜底的"安全网作用"。

3. 加大科技研发投入，强化高端制造业的人才培养。以第一、第三产业吸收失业人口降低失业率的方式短期内可以起到一定的缓解作用，但仍属于接近完全竞争条件下的低层次就业，最根本的还是要通过加大科技研发投入提高资本有机构成至临界点以上以创造更多的就业机会，这就要求对提高科研经费并对做出贡献的高科技人员进行物质和精神奖励，改变不合理的收入分配结构，以提高中高端产业比重及人力资本素质。与此相对应，高校高职进行前瞻性的高端人才培养，以扭转外部经济环境的不利影响，为中高端产业的发展及人才就业提供空间。

综上所述，高科技发展带来资本有机构成的提高，从而引发劳动力尤其是农民工失业的担忧。从上面的分析来看，资本有机构成对失业的影响是倒 U 型曲线，在资本有机构成上升的时期，会引起劳动力失业的增加，但当资本有机构成超过临界点 6.7—7.5 之后，失业率将因分工的细化和新岗位的出现而随之下降。但是失业率是一个总的衡量指标，究竟在资本有机构成提高时失业结构如何，是否与学历存在很强的相关性呢？哪个层面的劳动力会面临比较严重的挤出呢？需要根据农民工的学历构成做进一步判断和探讨。

第 七 章
城市规模与低技能劳动力需求的实证分析[*]

资本有机构成的提升达到拐点将会在产业结构效应和效率提升效应的作用下提升就业率，带来经济规模的扩大和效益的提高，然而并没有解释带动哪种类型劳动力的就业。科技推动下的城市化进程对低端劳动力是否还有需求呢？需要做进一步分析。

第一节　模型设定与变量选取

为了更全面地研究大城市对于低技能劳动力的需求，以及在一定程度上检验前面章节的相关理论和判断，本部分建立城市人口规模与各技能水平劳动力需求的实证模型，进一步探究城市人口规模的变动对于不同技能劳动力需求的影响。

一　变量选择及说明

在进行大城市对于低技能劳动力的需求研究中，理想的情况是获得全国地级及以上城市的相关信息的面板数据，或是一定人口规模以上的城市的相关面板数据，但由于数据来源问题，尤其是用来划分劳动力技能水平的指标十分有限，难以获得多年内以城市为单位的低技能劳动力的相关数据，因此本章综合考虑了可获得数据的时间范围和样本数，选

　＊　本部分作者徐子健：河南郑州人，现为上海社会科学院经济研究所，博士研究生。

用 2005 年至 2015 年中国省级面板数据①，数据来源于历年《中国统计年鉴》《中国劳动统计年鉴》，以及孙早和侯玉琳②，根据《中国科技统计年鉴》《中国电子信息产业年鉴》《中国经济普查数据》和 CSMAR 数据库等收集和整理的数据。具体的指标选取和处理方法如下。

（一）被解释变量

l^i：不同技能水平劳动力需求。l^i 代表了 6 类不同受教育水平（小学及以下 l^1、初中 l^2、高中 l^3、大专 l^4、大学本科 l^5、研究生 l^6）的劳动力需求的占比，即采用国内多位学者依据劳动力受教育水平对劳动力技能进行分类的方法，学历越高的劳动力技能水平也越高。这种分类方法比较客观且数据易得，历年《中国劳动统计年鉴》提供了全国省级就业人员受教育程度构成的数据，将全部就业人员分为小学及以下、初中、高中、大专、大学本科、研究生这六类，本章所定义的被解释变量 l^i 与之相对应。

（二）核心解释变量

Cps：城市人口规模。本书的目的是探究低技能劳动力与大城市之间的适配性，城市人口规模为本章模型的核心解释变量。由于数据可得性问题，无法直接获得中国各城市不同技能劳动力和相应城市人口规模的数据。因此，在上文把各省不同受教育程度就业人员占比数据作为被解释变量的基础上，使用历年《中国统计年鉴》提供的各省城市人口数据与各省全部地级及以上城市数，用各省城镇总人口除以各省地级及以上城市个数，生成各省的平均城市人口数据，以此作为城市人口规模的代理变量，从而与被解释变量 l^i 的数据类型一致，以此作为城市人口规模的数据来源。

（三）控制变量

除了城市人口规模以外，还有许多其他因素会对不同技能水平劳动力的需求产生影响，为了防止模型出现遗漏偏误，根据多位学者对于影

---

① 由于西藏自治区数据有缺失，因此本书数据中暂时不包含西藏。

② 参见在《中国工业经济》网站（http://www.ciejournal.org）附件下载。

响城市不同技能劳动力占比的各类因素的分析结果，并借鉴孙早和侯玉琳①的部分数据和变量，将工业自动化水平 X_1、第三产业占比 X_2、贸易开放度 X_3、城镇化水平 X_4、金融发展水平 X_5 作为控制变量引入模型。

　　根据前面关于资本有机构成的讨论，工业自动化水平是衡量技术进步的重要指标之一，而不同技能水平的劳动力需求必然会受到工业自动化程度提高这类技术进步的影响，因此将工业自动化水平作为控制变量引入模型。② 产业结构调整也是影响就业结构的一大因素，尤其从农民工就业结构可以看出第三产业的吸纳就业的能力越来越强。本指标用各省第三产业增加值与各省 GDP 的比值来测算贸易开放度。根据吕世斌和张世伟的相关研究，对外贸易也会改变一个国家生产专业化程度，同时导致其产业组织发生变化，从而影响不同技能劳动力的需求。③ 因此将贸易开放度作为控制变量引入模型，用各省进出口总额与各省 GDP 的比值来测算。根据孙早和侯玉琳的方法，经济发展水平同样会影响不同技能水平劳动力需求，若用人均 GDP 来反映经济发展水平会导致比较严重的多重共线性，而用城镇化水平可以避免这一问题，且同样可以反映各省的经济发展水平。因此将城镇化水平作为控制变量引入模型，用各省城镇人口与总人口的比值来测算。大城市中的现代服务业需要高技能劳动力，高、低技能劳动力在大城市中具有互补性，而金融发展水平在一定程度上反映生产性服务业的发展程度。因此将金融发展水平作为控制变量引入模型，根据申广军等的方法，用各省年末存贷款余额与各省 GDP 的比值来测算。④

---

① 孙早、侯玉琳：《工业智能化如何重塑劳动力就业结构》，《中国工业经济》2019 年第 5 期。

② 根据《中国统计年鉴》《中国电子信息产业统计年鉴》《中国科技统计年鉴》，孙早和侯玉琳（2019）从中选取了与工业化、信息化、自动化等相关的数据，并采用"主因素分析法"构造了测度工业智能化的指标。

③ 吕世斌、张世伟：《中国劳动力"极化"现象及原因的经验研究》，《经济学（季刊）》2015 年第 14 卷第 2 期。

④ 申广军、欧阳伊玲、李力行：《技能结构的地区差异：金融发展视角》，《金融研究》2017 年第 7 期。

二 模型设定

根据上述选取的相关变量，研究模型设定为如下面板回归模型：

$$l_{it}^{s} = \beta_0^{s} + \beta_1^{s} Cps_{it} + \sum_j \gamma_j^{s} X_{ijt} + u_i^{s} + v_i^{s} + \varepsilon_{it}^{s}$$

其中，i 表示省份，t 表示年份，s 表示不同劳动力的技能水平，被解释变量 l_{it}^{s} 则表示省份在第 t 年技能水平为 s 的劳动力占比；模型核心解释变量为 Cps_{it}，表示省份在第 t 年的平均城市人口规模；变量 X_{ijt} 表示一系列控制变量；u_i^{s} 表示个体因素，v_i^{s} 表示时间因素，ε_{it}^{s} 表示随机误差项。

各被解释变量数据描述性统计如表 7 - 1 所示，各解释变量和控制变量数据描述性统计如表 7 - 2 所示。

表 7 - 1　　　　　　　　被解释变量描述性统计

变量	样本容量	均值	标准差	最小值	最大值
研究生占比	330	0.51	1.02	0.01	7.87
本科占比	330	4.90	4.50	0.74	29.50
大专占比	330	7.21	3.57	2.10	19.80
高中占比	330	14.97	4.87	5.07	27.50
初中占比	330	44.99	7.98	20.80	59.50
小学及以下占比	330	27.42	12.72	3.00	63.54

表 7 - 2　　　　　　　解释变量和控制变量描述性统计

变量	样本容量	均值	标准差	最小值	最大值
城市人口规模	330	391.78	481.91	50.40	2173.00
工业自动化水平	330	14.05	8.65	1.56	57.74
第三产业占比	330	41.45	8.53	28.30	79.65
贸易开放度	330	32.86	40.13	3.57	172.15
城镇化水平	330	51.80	14.11	26.86	89.61
金融发展水平	330	263.03	96.29	127.93	757.46

第二节　模型检验

为了判断模型是适合使用混合回归模型、随机效应模型还是固定效应模型，需要对模型进行相关检验。

一　BP – LM 检验

首先，使用 BP – LM 检验对以 l^1—l^6 为被解释变量的各个模型进行个体效应和随机效应的联合显著性检验，以判断混合 OLS 模型和随机效应模型哪一个更优。

BP – LM 检验的原假设为 "$H_0: \sigma_u^2 = 0$"，备择假设为 "$H_1: \sigma_u^2 \neq 0$"，若检验结果拒绝原假设 H_0，则模型中应存在一个反映个体特性的随机扰动项 u_i，从而不应使用混合 OLS 回归。[1] 检验结果如表7 – 3 所示。

表 7 – 3　　　　　　　　　　BP – LM 检验

模型被解释变量	chibar^2	Prob. > chibar^2	结论
小学及以下占比 l^1	995. 75	0. 0000	随机效应
初中占比 l^2	835. 51	0. 0000	随机效应
高中占比 l^3	506. 05	0. 0000	随机效应
大专占比 l^4	434. 81	0. 0000	随机效应
本科占比 l^5	376. 47	0. 0000	随机效应
研究生占比 l^6	406. 66	0. 0000	随机效应

经检验，各个模型 t 值均为 0. 0000，拒绝 "不存在个体效应" 的原假设，各个模型的随机效应显著，因此在混合 OLS 模型和随机效应模型之间，随机效应模型更优，模型有必要考虑个体效应和随机效应。

二　Hausman 检验

对以 l^1—l^6 为被解释变量的各个模型进行 Hausman 检验，以判断随机效应模型和固定效应模型哪一个更优。Hausman 检验的原假设为 "$H_0: u_i$ 与 x_i，z_i 不相关"，[2] 其中 z_i 为解释变量中不随时间而变的个体特征，若

①　陈强：《高级计量经济学及 Stata 应用》，高等教育出版社 2010 年版，第 160 页。

②　陈强：《高级计量经济学及 Stata 应用》，高等教育出版社 2010 年版，第 162 页。

原假设成立则表明个体效应与解释变量无关，应选择随机效应模型。Hausman 检验结果如表 7 − 4 所示。

表7 −4 Hausman 检验结果

模型被解释变量	chi²	Prob. > chi²	结论
小学及以下占比 l^1	32.20	0.0000	固定效应
初中占比 l^2	13.16	0.0406	固定效应
高中占比 l^3	30.44	0.0000	固定效应
大专占比 l^4	46.33	0.0000	固定效应
本科占比 l^5	46.09	0.0000	固定效应
研究生占比 l^6	47.75	0.0000	固定效应

经检验，各个模型 t 值均小于 0.05，在 5% 的显著性水平下，拒绝"应选择随机效应模型"的原假设。因此在随机效应模型和固定效应模型之间，固定效应模型更优。故最终选择固定效应模型，同时为了在一定程度上缓解模型的内生性问题，对个体因素和时间因素进行控制。

第三节 回归分析结果

根据第一节的模型设定以及第二节的检验，选取固定效应模型，对小学及以下、初中、高中、大专、大学本科和研究生这 6 类不同受教育程度的劳动力需求占比分别作为被解释变量进行实证分析。实证分析的主要估计结果汇总如表 7 − 5 所示。

表7 −5 城市人口规模对不同技能水平劳动力需求的估计结果

	不同技能水平劳动力需求					
	小学及以下	初中	高中	大专	大学本科	研究生
城市人口规模	0.0089 ***	0.0118 ***	− 0.0080 ***	0.0020 **	0.0065 ***	0.0023 ***
	(3.56)	(− 4.39)	(− 4.85)	(2.09)	(6.94)	(7.35)
工业自动化水平	− 0.0849	− 0.2964 ***	0.1440 **	0.0369	0.1366 ***	0.0639 ***
	(− 0.86)	(− 2.82)	(2.24)	(0.99)	(3.71)	(5.18)

续表

	不同技能水平劳动力需求					
	小学及以下	初中	高中	大专	大学本科	研究生
第三产业占比	0.2167 ***	− 0.3620 ***	0.0804 *	0.0450 *	0.0251	− 0.0052
	(3.36)	(− 5.25)	(1.91)	(1.85)	(1.04)	(− 0.64)
贸易开放度	0.0225	0.0326 *	0.0181	0.0207 ***	0.0112 *	0.0037 *
	(− 1.33)	(1.80)	(1.64)	(− 3.24)	(− 1.76)	(1.73)
城镇化水平	− 0.8930 ***	0.3896 ***	0.5987 ***	0.1393 ***	− 0.1743 ***	− 0.0603 ***
	(− 9.04)	(3.69)	(9.28)	(3.73)	(− 4.72)	(− 4.87)
金融发展水平	− 0.0271 ***	0.0290 ***	0.0000	− 0.0062 **	0.0023	0.0019 **
	(− 3.38)	(3.38)	(0.00)	(− 2.03)	(0.78)	(1.93)
R^2	0.9061	0.5482	0.7127	0.8538	0.8747	0.5860
F 值	97.31	52.57	24.57	24.09	28.64	23.39
样本容量	330	330	330	330	330	330

注：括号内为相应变量的 t 值；*、**、*** 分别表示通过 10%、5%、1% 水平的显著性检验。

回归分析结果显示，在全国范围内，城市人口规模越大，受教育程度为小学及以下、大专、大学本科和研究生的劳动力占比也就越大，受教育程度为初中和高中的劳动力占比就越小。

具体地，由本模型核心解释变量"城市人口规模"的回归系数可得：城市人口每增加 100 万，受教育程度为小学及以下的劳动力的就业占比会平均增加 0.89%，受教育程度为初中的劳动力就业占比会平均减少 1.18%，受教育程度为高中的劳动力就业占比会平均减少 0.80%，受教育程度为大专的劳动力就业占比会平均增加 0.20%，受教育程度为大学本科的劳动力就业占比会平均增加 0.65%，受教育程度为研究生的劳动力就业占比会平均增加 0.23%，如图 7-1 所示。

如果按照受教育程度对劳动力技能水平进行分类，小学及以下为低技能劳动力，初中和高中为中等技能劳动力，大专、本科和研究生为高技能劳动力。回归分析结果则表明大城市需要更多的低技能劳动力和高技能劳动力，而中等技能劳动力的需求有所下降。实证分析的结论与本书第六章的理论分析结果并不矛盾，不仅说明城市规模越大对低技能劳动力的需求反而增加，更进一步细分自动化水平和第三产业的比重的增

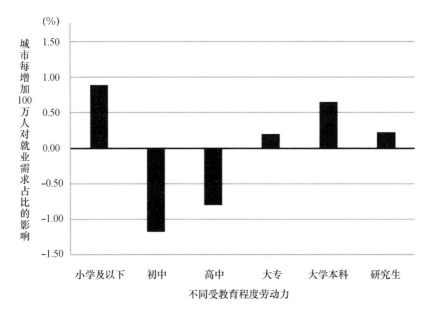

图 7-1　城市人口规模对不同受教育程度劳动力就业需求占比的影响

加对哪种学历的劳动力产生更多的需求。

　　对上述结果可能的解释是随着城市人口规模的扩大和技术进步成果的应用,低技能劳动力具有不可替代的特点,对低技能劳动力的需求不会降低,但由于中等技能劳动力容易被技术进步成果替代,对中等技能劳动力的需求会降低,对于从事高技能劳动力的需求同样不会降低。随着城市人口规模的扩大,高技能劳动力和低技能的劳动力的需求变动方向相同,大城市为了实现发展目标,需要更多的高技能劳动力在城市中集聚,同时由于低技能劳动力和高技能劳动力的互补性和空间重合性,高技能劳动力人力资本的充分发挥和生产率的进一步提高离不开从事生活性服务的低技能劳动力的配合。因此,随着城市人口规模的扩大,高技能劳动力和低技能劳动力的需求会同步提升。进一步讨论,若以"工业自动化水平"这一指标来表示城市中因技术进步带来的生产自动化和智能化,考察"工业自动化水平"的回归系数的正负号。研究发现,在以受教育程度为初中、大专、大学本科、研究生为被解释变量的模型中,"工业自动化水平"的回归结果说明,受教育程度为"小学及以下"的劳动力会在自动化、智能化不断普及的过程中被逐渐替代。大城市不断进行的产业转型升级，使得第二产业占比逐渐下降，第三产业占比逐渐上升。而初中学历的中等技能劳动力往往更多存在于第二产业，尤其存在于传统制造业，第三产业比重的提高对研究生学历的吸纳程度也是非常有限的。由此可见，随着大城市的发展，传统制造业向其他地区转移，从而造成大城市对于中等技能劳动力需求的减少，但对于小学及以下低技能劳动力的需求呈上升状态。

第四节　稳健性检验

本节试图使用两种方法进行模型稳健性检验：第一，从变量入手，替换模型的一些变量；第二，从数据入手，进行样本分割，对大城市较多的沿海区域进行检验。

一　变量替换

为了检验结果的稳健性，对模型中的变量进行替换。同样选用2005—2015 年的省级面板数据，用研发投入水平作为工业自动化水平的替代变量[①]，用外商直接投资作为贸易开放度的替代变量[②]。

经变量替换后，仍采用固定效应模型，并控制个体和时间因素。模型回归分析结果如表 7–6 所示。根据回归分析结果，本模型核心解释变量"城市人口规模"的回归系数的正、负号均与原模型相同，且均在1% 或 5% 的水平显著。城市人口每增加 100 万，受教育程度为小学及以下的劳动力的就业占比会平均增加 0.82%，受教育程度为初中的劳动力就业占比会平均减少 1.69%，受教育程度为高中的劳动力就业占比会平

[①]　白俊红等（2009）根据研究指出，企业作为创新的主体，其研发投入有效地产生了新发明和新创造，有效地推动了前沿技术进步，从而提高自动化水平。研发投入水平由研发经费内部支出与地方财政一般预算支出之比来测算（孙早和侯玉琳，2019）。

[②]　廖力平和刘春雷（2005）根据研究指出，外资拉动进出口，进出口促进外资流动，外商直接投资与各省市进出口紧密相关，尤其是与大城市较多的东部各省的进出口关系最为密切。史小龙和张峰（2004）根据研究指出，从长期来看，外商直接投资显著促进了中国的进口和出口贸易。外商直接投资由各省实际外商直接投资与各省 GDP 的比值来测算。

均减少 0.62%，受教育程度为大专的劳动力就业占比会平均增加 0.34%，受教育程度为大学本科的劳动力就业占比会平均增加 0.86%，受教育程度为研究生的劳动力就业占比会平均增加 0.29%。

表7-6 变量替换后城市人口规模与不同技能劳动力需求的估计结果

	不同技能水平劳动力需求					
	小学及以下	初中	高中	大专	大学本科	研究生
城市人口规模	0.0082 ***	-0.0169 ***	-0.0062 ***	0.0034 ***	0.0086 ***	0.0029 ***
	(3.67)	(-6.88)	(-4.20)	(3.92)	(10.23)	(10.08)
研发投入水平	0.2058 *	-0.3095 **	0.2278 ***	0.0606	-0.1200 ***	-0.0647 ***
	(1.67)	(-2.29)	(2.81)	(1.28)	(-2.59)	(-4.08)
第三产业占比	0.2338 ***	-0.3004 ***	0.0309	0.0281	0.0137	-0.0061
	(3.60)	(-4.21)	(0.72)	(1.13)	(0.56)	(-0.73)
外商直接投资	0.5213 ***	0.1766	-0.0930	-0.2155 ***	-0.3352 ***	-0.0542 **
	(2.96)	(0.91)	(-0.80)	(-3.19)	(-5.06)	(-2.39)
城镇化水平	-0.9588 ***	0.4844 ***	0.6163 ***	0.1011 ***	-0.1895 ***	-0.0535 ***
	(-10.34)	(4.76)	(10.10)	(2.85)	(-5.44)	(-4.48)
金融发展水平	-0.0246 ***	0.0250 ***	0.0018	-0.0058 *	0.0018	0.0018 *
	(-3.09)	(2.86)	(0.35)	(-1.91)	(0.61)	(1.74)
R^2	0.9086	0.5356	0.7165	0.8537	0.8769	0.5753
F 值	97.38	51.16	24.41	24.95	30.54	21.37
样本容量	330	330	330	330	330	330

受教育程度为研究生的劳动力就业占比会平均增加0.29%，如图7-2所示。

因此，变量替换后的稳健性检验所得结果支持了上文的基本结论。

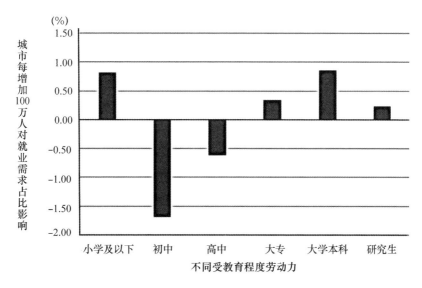

图7—2　变量替换后城市人口规模对不同受教育程度劳动力需求的影响

二　样本分割和重新选择

考虑到中国的特大城市、超大城市大多分布在沿海地区，因此为了进一步检验低技能劳动力和大城市适配性结论的稳健性，将全国省级样本数据进行分割和重新选择，挑选北部沿海、东部沿海和南部沿海①的数据并进行合并，统称为"沿海地区"，在加入地区虚拟变量和城市人口规模的交互项，考察沿海地区城市人口规模对不同技能水平劳动力需求的影响。模型在引入地区虚拟变量 D_n 后变更为：

$$l_{it}^s = \beta_0^s + \sum_n \delta_n^s Cps_{it} \times D_n + \sum_j \gamma_j^s X_{ijt} + \mu_i^s + v_i^s + \varepsilon_{it}^s$$

其中，D_n 为地区虚拟变量，同样采用固定效应模型，控制个体和时间因素。其中，沿海地区模型回归结果如表7-7所示。

① 根据国务院发展研究中心划分的八大社会经济区域，北部沿海地区包括北京、天津、河北和山东，东部沿海地区包括上海、江苏和浙江，南部沿海地区包括广东、福建和海南。

表7－7　　沿海地区城市人口规模与不同技能劳动力需求的估计结果

	不同技能水平劳动力需求					
	小学及以下	初中	高中	大专	大学本科	研究生
城市人口规模	0.0143 ***	− 0.0095 ***	− 0.0196 ***	− 0.0001	0.0110 ***	0.0038 ***
	(4.26)	(− 2.62)	(− 9.30)	(− 0.07)	(8.92)	(9.05)
工业自动化水平	− 0.1145	− 0.3609 ***	0.2152 ***	0.0692 *	0.1306 ***	0.0605 ***
	(− 1.20)	(− 3.54)	(3.61)	(1.86)	(3.75)	(5.08)
第三产业占比	0.1804 ***	− 0.3532 ***	0.1274 ***	0.0463	0.0080	− 0.0090
	(2.89)	(− 5.29)	(3.27)	(1.90) *	(0.35)	(− 1.15)
贸易开放度	− 0.0117	0.0367 *	− 0.0215 *	− 0.0230 ***	0.0095	0.0099 ***
	(− 0.63)	(1.86)	(− 1.87)	(− 3.20)	(1.41)	(4.31)
城镇化水平	− 0.8066 ***	0.6238 ***	0.3066 ***	0.0524	− 0.1303 ***	− 0.0459 ***
	(− 7.25)	(5.24)	(4.41)	(1.21)	(− 3.20)	(− 3.30)
金融发展水平	− 0.0128	0.0247 ***	− 0.0012	− 0.0101 ***	− 0.0021	0.0014
	(− 1.55)	(2.81)	(− 0.24)	(− 3.13)	(− 0.69)	(1.39)
R^2	0.9185	0.6065	0.7715	0.8643	0.8960	0.6423
F 值	73.06	48.64	20.49	4.40	14.41	17.42
样本容量	330	330	330	330	330	330

注：括号内为相应变量的 t 值；*、**、*** 分别表示通过 10%、5%、1% 水平的显著性检验。

　　根据沿海地区的回归分析结果，考察模型的核心解释变量"城市人口规模"的回归系数，除了以受教育程度为大专的劳动力需求为被解释变量的模型回归系数不显著外，对以其余受教育程度为被解释变量的模型来说，它们的核心解释变量"城市人口规模"的回归系数的正、负号均与原模型相同，且均在 1% 的水平显著。具体地，对于沿海地区：城市人口每增加 100 万，受教育程度为小学及以下的劳动力的就业占比会平均增加 1.43%，受教育程度为初中的劳动力就业占比会平均减少 0.95%，受教育程度为高中的劳动力就业占比会平均减少 1.96%，受教育程度为大专的劳动力就业占比会平均减少 0.01%，受教育程度为大学本科的劳动力就业占比会平均增加 1.10%，受教育程度为研究生的劳动力就业占比会平均增加 0.38%，如图 7－3 所示。

　　因此，在经过样本分割和重新选择沿海地区的样本数据后，除了处

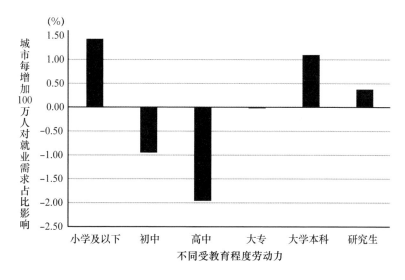

图7-3　沿海地区城市人口规模对不同受教育程度劳动力需求的影响

于中等技能和高技能劳动力划分的临界区域的大专受教育程度劳动力的
需求与原模型有所不同外，其余受教育程度的劳动力需求变动方向均与
原模型相同，可认为原有结论基本稳健。

第五节　实证分析结果探讨

实证分析结果表明，在全国范围内，城市人口规模越大，受教育程
度为小学及以下、大专、大学本科和研究生的劳动力占比也就越大，受
教育程度为初中和高中的劳动力占比就越小。如果按照受教育程度对劳
动力技能水平进行分类，小学及以下为低技能劳动力，初中和高中为中
等技能劳动力，大专、本科和研究生为高技能劳动力。这一结果说明大
城市需要更多的低技能劳动力和高技能劳动力，而中等技能劳动力的需
求有所下降。经过样本调整后，实证分析结果表明，在沿海地区，城市
人口规模越大，受教育程度为小学及以下、大学本科和研究生的劳动力
占比也就越大，受教育程度为初中、高中和大专的劳动力占比就越小。
这一结果同样说明，大城市需要更多的低技能劳动力和高技能劳动力，而中等技能劳动力的需求有所下降。

经过两轮回归分析，我们发现，随着城市人口规模的提升和技术进步成果的应用，低技能劳动力具有不可替代性，城市对低技能劳动力的需求不会降低。随着城市人口规模的扩大，高技能劳动力和低技能的劳动力的需求变动方向相同，由于低技能劳动力和高技能劳动力的互补性和空间重合性，高技能劳动力离不开低技能劳动力的配合。低技能劳动力的需求随城市人口规模的扩大而显著提高，说明了低技能劳动力在大城市中有着更高的受益程度。

农民工的学历状况如何呢？城市人口规模是目前划分城市规模的标准，而农民工目前主要集中于大城市和特大城市，随着城市规模的进一步扩大和产业结构升级，需求端将会产生劳动力需求结构的巨大变化，也将引起农民工群体就业结构的变化，就业是农民工的谋生手段，就业结构的变化将引起农民工区域间的再转移。农民工这一要素供给端是什么情况？将在下面的分析中进一步展开。

第 八 章
农民工的群体特征及职业选择

在研究产业结构变迁、资本有机构成和城市规模等农民工劳动力需求的基础上，本章从农民工劳动力供给层面进一步具体分析农民工群体特征和职业选择倾向。通过较长时间的数据比较，观察农民工的群体特征正在发生的变化，包括文化程度、年龄构成、地区分布、行业分布、培训状况、收入水平、消费支出结构等，目前新生代与老一代农民工在职业选择上出现了明显分层，出现跨行业劳动力迁徙。对比农民工的群体特征及跨行业劳动力迁徙状况，可以得出如下判断：一方面进入门槛低的新行业逐渐出现，代替原有低端制造业，吸引大量的农民工就业；另一方面进入门槛相对较高、需要长时间培训的行业劳动力供给严重不足，目前这种就业结构性问题一直存在并且有愈演愈烈的倾向，究竟是农民工群体本身素质的原因，还是激励制度及劳动力职业上升通道出现了问题？需要做进一步分析。

第一节 农民工群体的个人特征

一 年龄结构演变及影响

我国正面临老龄化逐渐加重的趋势，2018 年全国 60 周岁及以上人口为 24949 万人，占总人口的比重为 17.9%，[①] 劳动力赡养负担增大。2018

---

① 《2018 年国民经济和社会发展统计公报》，http://www.stats.gov.cn/tjsj/zxfb/201902/t20190228_1651265.html。

年国家统计局数据显示，全国劳动力人口总数与2017年年末相比减少470万人，比重下降0.6个百分点。就劳动力年龄结构而言，劳动力的相对老龄化是指在劳动力群体中，50岁以上人口所占的比例偏高。该比例越高，说明劳动力老龄化越严重。根据智联招聘2019年的研究，与三年前数据相比，参与调查的企业中，30%的企业员工平均年龄有所增加，56.2%的企业出现员工老龄化趋势。其中，19.6%的企业员工老龄化趋势明显。[①] 不仅如此，农民工群体的年龄结构也有一个长期变化的趋势。从表8-1和图8-1来看，最年轻的16—20岁的农民工比重有明显下降，从2008年的10.7%降至2019年的2%，这样的下降一方面归因于出生率，另一方面这是一个好的现象，至少说明该年龄段的青年仍处于学习阶段，还未过早地进入社会。21—30岁的农民工比重大幅度下降，从2008年的35.3降至2019年的23.1%，下降了12.2个百分点。31—40岁的农民工所占比重相对较稳定，41—50岁农民工所占比重缓升，50岁以上比重增加很快，从11.4%增加到24.6%，从12年来农民工年龄比重的变化来看，曾经比重最高年龄段是21—30岁，比重最低年龄段为50岁以上，目前两者比重已经接近并反超，可见农民工群体也呈现明显的老龄化倾向。

表8-1　　　　　　　　农民工年龄构成（2008—2019年）　　　　（单位：%）

年份 年岁	2008	2009	2010	2011	2012	2013	2014	2015	2016	2017	2018	2019
16—20岁	10.7	8.5	6.5	6.3	4.9	4.7	3.5	3.7	3.3	2.6	2.4	2.0
21—30岁	35.3	35.8	35.9	32.7	31.9	30.8	30.2	29.2	28.6	27.3	25.2	23.1
31—40岁	24	23.6	23.5	22.7	22.5	22.9	22.8	22.3	22	22.5	24.5	25.5
41—50岁	18.6	19.9	21.2	24	25.6	26.4	26.4	26.9	27	26.3	25.5	24.8
50岁以上	11.4	12.2	12.9	14.3	15.1	15.2	17.1	17.9	19.1	21.3	22.4	24.6

数据来源：根据国家统计局历年《农民工监测调查报告》整理。

[①]　https://www.sohu.com/a/324628988_99999591.

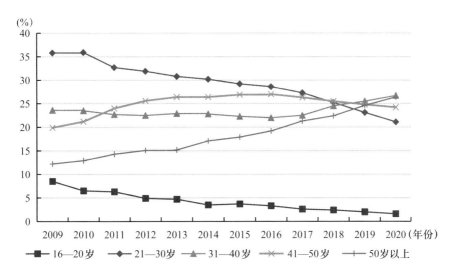

图 8 - 1　各年龄段农民工比重分布

数据来源：根据国家统计局历年《农民工监测调查报告》整理。

　　2010 年 1 月 31 日，国务院发布的 2010 年中央一号文件《关于加大统筹城乡发展力度　进一步夯实农业农村发展基础的若干意见》中，首次使用了"新生代农民工"的提法，并要求采取有针对性的措施，着力解决新生代农民工问题，推进新生代农民工市民化。"新生代农民工"是出生在 20 世纪 80 年代以后，年龄 16 周岁以上，在异地工作的农业户籍人口。如果按照目前对于新生代农民工的定义，40 岁以下的基本属于新生代，这部分群体从 2008 年的 70% 减少到 2019 年的 48.6%，新生代和老一代农民工比例平分秋色。①

　　这样的年龄结构可能会影响农民工群体的职业选择和能力提升，老一代农民工一般从事低端制造业或服务业，尽管如此，不可否认的是，从劳动分工层面他们的工作必不可少，并为城市化的发展做出巨大的贡献。然而从长远来看，低端制造业机器替代人力的趋势势不可当，他们

----

　　①　新生代主要是指"80 后"、"90 后"、"00"后，他们上完学以后就进城打工，相对来讲，对农业、农村、土地、农民等不是那么熟悉。另外，他们渴望进入、融入城市社会，而我们在很多方面还没有完全做好接纳他们的准备。他们通常以"三高一低"为特征：受教育程度高，职业期望值高，物质和精神享受要求高，工作耐受力低。

因年龄和知识水平所限提升空间狭小。因数据缺失，国家统计局《农民工监测调查报告》只有 2013 年对新生代和老一代农民工的学历进行对比：新生代农民工中，初中以下文化程度仅占 6.1%，初中占 60.6%，高中占 20.5%，大专及以上文化程度占 12.8%。在老一代农民工中，初中以下文化程度占 24.7%，初中占 61.2%，高中占 12.3%，大专及以上文化程度占 1.8%。高中及以上文化程度的新生代农民工占到三分之一，比老一代农民工高 19.2 个百分点。本书以此数据为基础，根据当年新生代与老一代的比重（见图 8-2），可以推算出新生代高中及以上文化程度占整个农民工群体的 19.45%，老一代该文化程度的人数仅占整个农民工群体的 5.9%。如果以高中及以上文化程度为全体，新生代占到 76.73%，因此高学历的农民工以新生代为主。假设新生代和老一代群体中高学历占比（仍以 2013 年数据推算）不变，新生代比重减少也就意味着高学历中新生代农民工占比减少，按照 2019 年的新老农民工比重计算，高学历的农民工中新生代占比为 69.89%，比 2013 年有所下降。因此，高学历群体中新生代占比与两个因素有关：一是新老农民工中各自的高学历占比，二是新老农民工在整体中的比重。① 因此，如果以学历和年龄为标志衡量学习能力②，那么想提升整体农民工的学习能力，需要提升新生代农民工中高学历占比以及新生代农民工的整体占比，目前看来，随着教育覆盖率的逐渐提升，第一个因素情况逐渐向好，但因为第二个因素比例失调，使得整体学习能力和未来技艺提升潜力堪忧。当然，这样的结论是建立在老一代学习能力不如新生代的前提之上，现实中学习能力确实与年龄和学历有关，农民工中高学历占比高以及高学历中新生代占比高

---

① $G1/(G1+G2) = 1/(1+G2/G1) = 1/\{1+(G2/Q)\times[(E-N)/G1]\}$
$= 1/\{1+(G2/Q)\times[(E/G1)\times(N/E)\times(E/N)-(N/G1)]\}$
$= 1/\{1+(G2/Q)\times[(E/G1)\times(E/N)-(N/G1)]\}$
$= 1/\{1+(G2/Q)\times(E/G1)\times[(E/N)-1]\}$

其中 G1 为新生代中高学历人数，G2 为老一代高学历人数，E 为农民工总人数，Q 为老一代农民工人数，N 为新生代农民工人数。从上面的推导中可以得出高学历群体中新生代占比与下列因素有关：与老一代高学历在老一代农民工人数占比成反比，与新生代高学历在新生代农民工人数占比成正比，与新生代在农民工总数占比成正比。

② 事实也是如此，根据农民工监测调查报告，文化程度越低接受过技能培训的比例也越低；年龄越大，接受培训的比例越小。

有利于整体学习能力的提升和高技能技术工人的培养。

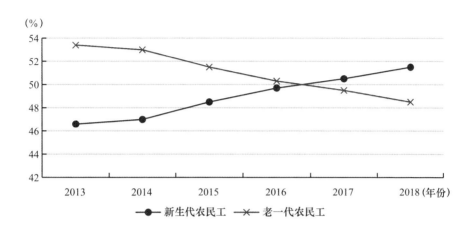

图 8 - 2　2008—2019 年新生代和老一代农民工比重

数据来源：根据国家统计局历年《农民工监测调查报告》整理。

二　学历构成演变

图 8-3 的数据是全体农民工的学历情况，各学历所占比重排序基本不变，从低到高排列是：未上过学、大专及以上、小学、高中、初中，两个极端学历的占比都比较低，总体来看，尽管初中学历比重逐渐下降但仍占绝对优势，其余各项在 5%—7%。从趋势来看，初中比重逐渐下降，大专及以上比重有所增加，其余学历比重基本保持不变，说明整体学历呈上升态势，为农民工的职业培训和技能提升奠定了良好的基础。

由表 8-2 和图 8-4 可知，无论是本地打工还是外地打工初中学历占比明显高于其他学历，大专及以上学历的比重有明显增大，未上过学的比重逐步减少，这与整体大趋势一致。本地和外地农民工学历进行对比，本地打工的农民工学历经过了一定程度的波动，从小学占比第二逐渐反转为高中学历以微弱优势占比第二。而外地打工的农民工统计期内一直都是高中第二，而且与小学占比的差距逐渐拉大，大专及以上学历比重上升很快，逐渐反超小学比重成为第三，尽管本地农民工的大专以上学历占比也在上升，但始终未超过小学比重。综上所述，本地农民工和外

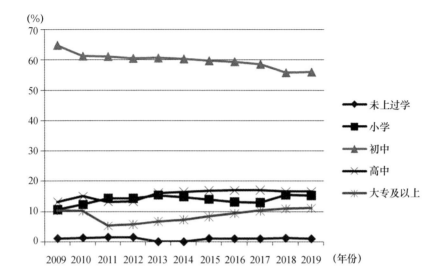

图 8 - 3 2009—2019 年农民工学历分布
数据来源：根据国家统计局历年《农民工监测调查报告》整理。

地农民工学历相比较有如下特点。一是外地农民工学历层次相对更高，初中以上学历比重在每个学历水平上均高于本地农民工，高中大专及以上学历占比明显高于本地农民工，2017 年比重达到 30% 以上。可以这么理解，学历越高越有到外面闯一闯的眼界、意愿和能力，不仅为其他城市的发展提供较高质量的劳动力，劳动力在此过程中也赚取收入、开阔眼界、增长学识，成为人力资源积累和提升的重要源泉。二是外地农民工的各学历比重变化幅度更大，未上过学和小学的比重已经有大幅度下降，大专及以上的比重迅速反超小学并且差距越拉越大，与高中和初中一起成为打工主力军。从需求层面可以判断，外地的工作机会对学历的要求比本地高并且层次提升速度比较快，一方面农民工要适应快速变化的用工需求没有一定的学习能力是不行的，另一方面进一步缩小城乡教育差距，可以为农村的孩子提供更多的上升渠道和空间，在劳动力流动的过程中不断进行人力资源积累，避免社会出现同代交流性减弱、代际遗传性加强的阶层固化趋势。

表 8-2　　　　　　　　　　　**本地和外地农民工学历结构分布**　　　　　（单位：%）

	2011		2012		2013		2014		2015		2016		2017	
	本地	外地	本地	外地	本地	外地	本地	外地	本地	外地	本地	外地	本地	外地
未上过学	2.1	0.9	2	1	1.6	0.9	1.6	0.9	1.4	0.8	1.3	0.7	1.3	0.7
小学	18.4	10.7	18.4	10.5	18.9	11.9	18.1	11.5	17.1	10.9	16.2	10	16	9.7
初中	59	62.9	58.9	62	58.4	62.8	58.9	61.6	58.9	60.5	58.6	60	58.5	58.8
高中	13.9	12.7	13.8	12.8	16	16.2	16.2	16.7	16.6	17.2	16.8	17	16.8	17.3
大专及以上	3.4	7	3.6	7.8	5.1	8.2	5.2	9.3	6	10.7	7.1	12	7.4	13.5

数据来源：根据国家统计局历年《农民工监测调查报告》整理。

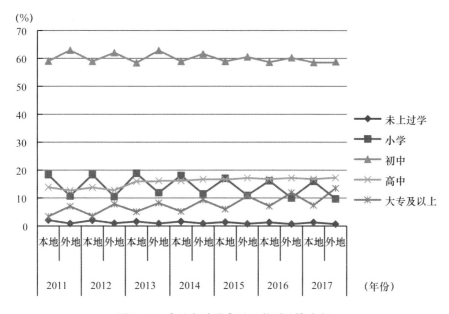

图 8-4　本地和外地农民工学历结构分布

数据来源：根据国家统计局历年《农民工监测调查报告》整理。

　　结合上一章城市规模与技能关系的计量结果可知，城市规模越大对高端学历需求越高，即城市规模越大，对小学以下及大专及以上的学历的劳动力需求越大。通过对农民工学历结构分布可以看出，农民工初中学历占比最大，高中学历占比其次，而城市规模越大对这部分劳动力的需求反而减少，也就意味着占比最大的初中和高中学历农民工可能面临区域再转移的趋势，即中小城市的发展可能更需要这部分劳动力的回归与补充，或者提供教育平台使之跨入更高学历的门槛，继续在大城市扎根和发展。

三 农民工接受培训的情况

根据表8-3、图8-5和图8-6的数据可知，没有接受过技能培训的农民工占绝大多数，并且比例维持在67%以上，再结合学历构成的演变情况，高中及大专以上比重逐渐增加，而接受培训的比重却没有同步上升，说明农民工群体人力资本积累情况并不理想。随着产业结构提升，根据求人倍率的数据，技师、高级技师一直是劳动力供不应求的职位，农民工通过培训可以在劳动力市场获得上升通道，因此在农民工流入的省市应该建立起相关的信息服务和培训机制，合理引导农民工就业及技能提升，但目前从接受培训的比例看来尚未步入正轨。从接受过培训的类型看，接受过非农培训的比重比较高，约占30%以上。这个结果符合实际，根据农民工的就业结构，农民工主要集中在二产和三产等非农产业，根据2019年农民工监测调查报告的就业统计部分，从事第三产业的农民工比重为51%，从事第二产业的农民工比重为48.6%，其中，从事制造业的农民工比重为27.4%，从事建筑业的农民工比重为18.7%。即99.6%的农民工从事非农产业，而接受过非农培训的仅占30%左右，比例悬殊非常大，因此为农民工建立职业规划和培训机制有很大的扩展空间。在城市从事农业的农民工比重很低，而接受过农业技能培训的比重均在8%以上，当然农业技能培训是必不可少的，但拥有这样技能的农民工进城务工缺乏用武之地，入城后又不具备学习能力或者即使有学习能力却缺乏一定的职业培训，往往只能从事一些低端工作，而受工作性质的影响低端工作缺乏稳定性、正规性，提升空间狭窄，不仅影响收入，还不利于农民工在城市的发展和农民工市民化意愿的提升。

表8-3　　　　　　　　农民工接受培训情况、类型及比重　　　　　（单位：%）

年份	没有接受过技能培训	接受过培训的类型	
		接受过农业技能培训	接受过非农技能培训
2009	51.1	N	N
2010	52.4	N	N
2011	68.8	10.5	26.2
2012	69.2	10.7	25.6
2013	67.3	9.3	29.9
2014	N	N	N
2015	66.9	8.7	30.7
2016	67.1	8.7	30.7
2017	67.1	9.5	30.6

数据来源：根据国家统计局历年《农民工监测调查报告》整理。

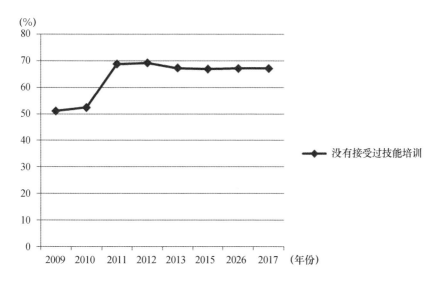

图8-5　没有接受过技能培训的农民工比重

数据来源：根据国家统计局历年《农民工监测调查报告》整理。

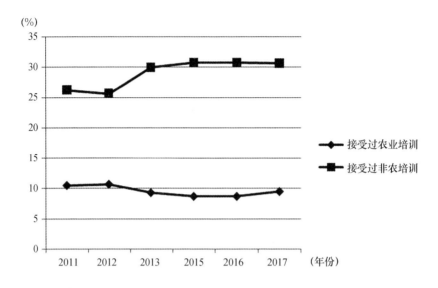

图8-6　接受不同技能培训的农民工比重

数据来源：根据国家统计局历年《农民工监测调查报告》整理。

如表8-4所示，国家统计局《全国农民工监测调查报告》对2012—2014年所做的分年龄段技能培训统计情况显示，没参加技能培训的比重呈现两头高的状态，即16—20岁和50岁以上占比超过其他年龄段。可以部分反映出农民工对技能培训的重视程度和企业在培训员工时的偏好。具体到技能类型，三年的数据均有这样的趋势：年龄越大受到农业技能培训的农民工占比越高，年龄越小的农民工与农业的脱离越严重，新生代对土地生存和情感的分离加强他们对城市的依赖。非农技能培训比重从高到低排列：21—30岁、31—40岁、16—20岁、41—50岁、50岁以上。综上所述，相比老一代农民工，新生代农民工更多的是接受非农技能培训，有农业技能培训的比重非常小，而且年龄越小越缺乏农业劳动技能，21—30岁是接受非农技能训练比重最高的年龄段。

表 8 - 4	按年龄段分参加技能培训的情况		（单位：%）
项目 年龄	参加过农业/ 非农技能培训/ 两项都没参加 （2012）	参加过农业/ 非农技能培训/ 两项都没参加 （2013）	参加过农业/ 非农技能培训/ 两项都没参加 （2014）
16—20 岁	4/22.3/76	5/29.9/69	6/31.4/67.4
21—30 岁	6.2/31.6/66	5.5/34.6/64.1	6/37/61.7
31—40 岁	11/26.7/68	9.1/31.8/65.9	8.8/34/63.9
41—50 岁	14.9/23.1/69.5	12.7/27.8/67.9	12.6/29.9/66.3
50 岁以上	14.5/16.9/74.5	12.4/21.2/74.1	12.7/24/71.2

数据来源：根据国家统计局历年《农民工监测调查报告》整理。

四　农民工月均收入情况

农民工打工的最重要目的是获取比家乡更高的收入，因所在区域和职业的不同，收入会有差距。根据统计数据，2019 年农民工平均人均月收入是 3962 元，环比增长 6.5%，跑赢了通货膨胀。图 8 - 7 反映了两点：一是每个行业绝对量呈上升趋势，二是行业收入有一定差距。交通运输仓储和邮政业收入最高，其次是建筑业、制造业，批发零售、住宿餐饮和居民服务修理及其他服务业收入差不多。图 8 - 8 反映了在增速方面，农民工从事的各行业增速均处于下降通道，其中建筑业、制造业和交通运输仓储和邮政业月收入波动幅度较大，说明这些行业更容易受到经济环境或政策面的影响。

与前面农民工所从事的行业领域相结合分析，农民工从事的是劳动密集型产业，随着低端制造业外移和产业升级，对农民工的需求逐渐减少，工资降低的趋势又加速农民工职业转换的进程，更多的农民工转向服务行业，这些行业均为城市分工重要的一环。从产业链来看，保留完整的制造业链条是很重要的，中国目前拥有世界最完整的产业链，这样的优势吸引更多的 FDI 进入形成良性循环，国内的低端制造业寻求生产的规模化、标准化体系再造以及技术和产品升级是必由之路。一方面，因为新生代农民工从事制造业的兴趣不大，如前所述出现行业间劳动力迁移的现象。另一方面，低端制造业市场饱和导致不乐观的发展前景。因此需要政府积极引导低端制造业技术和产品升级，在世界疫情尚未好转和其他国家产业链不完整的情况下，一走了之对企业来讲并不是最佳选择，对我国来说会失去产业链的完整性，因此所应该做的不是甩掉低端制造业的包袱，而应该是积极对接市场进行产业再造。从这样的趋势出发，未来的制造业需要的绝不是简单的体力劳动者，不经过培训的农民工在制造业就业的机会渺茫。农民工未来仍将集中在服务业领域，而服务业主要是与生活相关的行业，在职业拓展空间有限的情况下劳动力供给可能出现过剩，工资有可能继续下落。

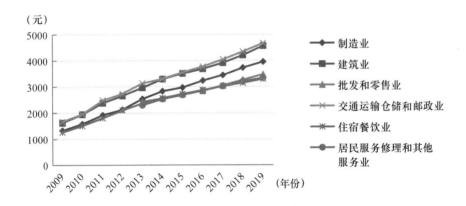

图 8 - 7   分行业农民工人均月收入

数据来源：根据国家统计局历年《农民工监测调查报告》整理。

从区域看，如表 8 - 5 所示，三个区域人均月收入绝对量有所差异，东部人均月收入最高，普遍高于全国平均水平，中西部则相差不大。从增长率指标看，三个区域经历了 2010—2012 年快速增长之后，落入了 10% 之内的增长区间，近几年维持在 6%—8%。三个区域每年的人均月收入增长率差别不大，表 8 - 6 和图 8 - 9 中统计了 9 年的增速对比，除了 2009 年和 2017 年两个年份西部人均月收入增长率占优之外，其余年份有三年中部增速最高，剩余四年东部增速具有优势。因东部绝对量大，而增速高于或与其他区域持平，因而其绝对量逐渐与中西部拉开了距离，从 2008 年比中部多 77 元增长到 2019 年的 428 元，显然从收入层面讲东

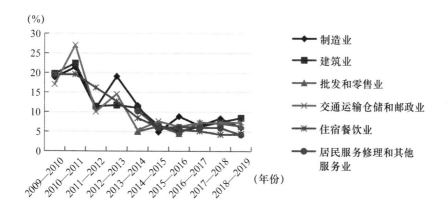

图8-8　分行业农民工人均月收入增速

数据来源：根据国家统计局历年《农民工监测调查报告》整理。

部仍维持较强的吸引力。而现实中农民工的回流说明只考虑收入对农民工影响是不全面的。

表8-5			分区域外出农民工人均月收入			（单位：元）
地区	2008 年	2009 年	2010 年	2011 年	2012 年	2013 年
全国	1340	1417	1690	2049	2290	2609
东部	1352	1422	1696	2053	2286	N
中部	1275	1350	1632	2006	2257	N
西部	1273	1378	1643	1990	2226	N
地区	2014 年	2015 年	2016 年	2017 年	2018 年	2019 年
全国	2864	3072	3275	3485	3721	3962
东部	2966	3213	3454	3677	3955	4222
中部	2761	2918	3132	3331	3568	3794
西部	2797	2964	3117	3350	3522	3723

数据来源：根据国家统计局历年《农民工监测调查报告》整理。

表 8 - 6　　　　　　　　分区域外出农民工人均月收入增长率　　　　　（单位：％）

地区	2009 年	2010 年	2011 年	2012 年	2013 年
全国	5.75	19.27	21.24	11.76	13.93
东部地区	5.18	19.27	21.05	11.35	N
中部地区	5.88	20.89	22.92	12.51	N
西部地区	8.25	19.23	21.12	11.86	N
地区	2015 年	2016 年	2017 年	2018 年	2019 年
全国	7.26	6.61	6.41	6.77	6.48
东部地区	8.33	7.50	6.46	7.56	6.75
中部地区	5.69	7.33	6.35	7.11	6.33
西部地区	5.97	5.16	7.48	5.13	5.71

数据来源：根据国家统计局历年《农民工监测调查报告》整理。

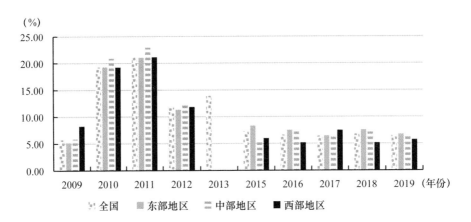

图 8 - 9　分区域农民工人均月收入增长率比较（环比）

数据来源：根据国家统计局历年《农民工监测调查报告》整理。

五　农民工就业结构

农民工的就业结构反映出工作性质和类型，由图 8 - 10 和表 8 - 7 可知，2013—2019 年农民工就业主要集中于制造业和建筑业为主的第二产业，但比重趋向于降低。第三产业就业比重逐渐上升，并逐渐取代第二产业成为农民工就业的主要渠道，其中批发和零售业、居民服务修理和其他服务业比重非常接近，说明城市居民对服务的需求日趋旺盛。交通运输仓储和邮政业与住宿餐饮业比重相差不大，2013—2019年略有上升。因数据缺失，有部分农民工在公共管理、社会保障和社会组织就业，但比重较小。该调查将列出部门之外的服务部门均归为其他，没有具体说明包含什么内容，第三产业包含的部门比较多，因此尽管其他大类占比达到10%左右，但因部门相对分散，可以忽略不计。可见，农民工从事的行业与城市建设和居民生活息息相关，成为城市发展不可或缺的群体，并且随着城市的发展和分工的细化，农民工群体所从事职业的重要性将越来越明显。另外，农民工就业领域仍集中于低端行业，制造业升级要求从业者拥有更高的技术和技能，随着房地产业调控力度的加大，建筑业的提升空间将趋向狭窄，因此农民工在第二产业的就业将日趋萎缩，第三产业将继续成为农民工就业主渠道。第三产业标准化服务要求农民工需要接受更高的技能培训，制造业升级同样要求农民工接受培训，逐渐升级为高端制造业所需要的技工、高级技工或工程师。但是目前的情况不容乐观：一是培训机制尚未建立，农民工接受培训的比重仍非常低，需要政府和企业在职业培训方面提前规划、增加培训投入。二是新生代农民工的择业方向与产业升级并不吻合。学习能力强的新生代农民工不愿进厂靠技能赚取收入，更多地进入所需技能低、赚钱快的行业，如外卖、快递等行业，跨行业劳动力迁徙正在进行，即从技能要求低的低端制造业转入同样技能要求低的服务行业，造成产业升级所需的知识型、技能型劳动力匮乏，显然新生代农民工的择业倾向与我国产业发展之间产生矛盾。需要通过为农民工提供上升渠道，并在影响农民工择业的成本收益方面进行制度设计，引导其形成长远的职业规划，成为知识性、技术性、创新型人才。

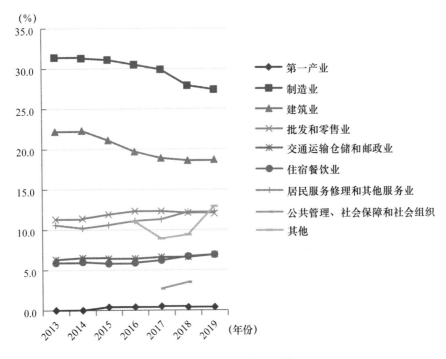

图 8 – 10 农民工就业结构

数据来源：根据国家统计局历年《农民工监测调查报告》整理。

表 8 – 7	农民工就业结构						（单位：%）
产业	2013 年	2014 年	2015 年	2016 年	2017 年	2018 年	2019 年
第一产业	0.6	0.5	0.4	0.4	0.5	0.4	0.4
第二产业	56.8	56.6	55.1	52.9	51.5	49.1	48.6
其中：制造业	31.4	31.3	31.1	30.5	29.9	27.9	27.4
建筑业	22.2	22.3	21.1	19.7	18.9	18.6	18.7
第三产业	42.6	42.9	44.5	46.7	48	50.5	51
其中：批发和零售业	11.3	11.4	11.9	12.3	12.3	12.1	12
交通运输仓储和邮政业	6.3	6.5	6.4	6.4	6.6	6.6	6.9
住宿餐饮业	5.9	6.0	5.8	5.9	6.2	6.7	6.9
居民服务修理和其他服务业	10.6	10.2	10.6	11.1	11.3	12.2	12.3
公共管理、社会保障和社会组织	N	N	N	N	2.7	3.5	N
其他	N	N	N	11	8.9	9.4	12.9

注：N：数据缺失。

数据来源：根据国家统计局历年《农民工监测调查报告》整理。

　　将农民工就业结构与上一章对产业结构偏离度的分析相结合，如表8－8所示，分布在第二产业与第三产业的务工农民工占比分别是48.6%与51%，第三产业逐渐成为农民工务工的主要领域。其中第二产业中制造业的劳动密集型与资本密集型行业，农民工主要进行重体力劳动，目前该行业对劳动力的吸纳已经呈现饱和状态；建筑业尚处于不饱和状态，但建筑业和房地产业波动较大，对于就业的吸纳能力不稳定。第三产业中农民工的主要就业领域，如居民服务、批发和零售、住宿与餐饮业目前业已处于劳动力饱和状态；租赁与商务服务业、科学研究与技术服务业、文体娱乐业的市场已经处于饱和状态。其他如占有一定就业比重的交通运输仓储和邮政业，就业占比较小的信息传输、软件和信息技术服务业、金融业、房地产业等行业处于不饱和状态。可见，农民工就业集中的行业已经趋于饱和。

表8－8　　　　　**2019年农民工就业行业与行业劳动力供求状态**

行业	农民工就业比重	行业劳动力供求状态
第二产业	48.6%	
制造业	27.4%	劳动、资本密集型饱和
建筑业	18.7%	不饱和
第三产业	51.0%	
居民服务、修理和其他服务业	12.3%	
批发和零售业	12.0%	饱和
住宿和餐饮业	6.9%	
交通运输仓储和邮政业	6.9%	
信息传输、软件和信息技术服务业		
金融业		
房地产业		
水利、环境和公共设施管理业		不饱和
教育	12.9%	
卫生和社会工作		
公共管理、社会保障和社会组织		
租赁和商务服务业		
科学研究和技术服务业		饱和
文化、体育和娱乐业		

　　数据来源：农民工就业比重源于国家统计局2019年《农民工监测调查报告》，行业劳动力供求状态由表5－6和表5－7得出。

有一个现象值得注意，全部农民工就业的行业中，交通运输仓储和邮政业以及建筑业的农民工月均收入及增长率排前两位，但仍然处于不饱和的状态，主要原因可能是信息不对称或技能不匹配，根据国家统计局农民工监测调查报告中公布的数据，接受过非农职业技能培训的农民工所占比重较低（30%左右）且有下降趋势①，农民工就业面临着结构性转型的问题。结合产业结构调整来看，并非不需要农民工，而是出现了产业结构和就业结构失衡的状态。

六　农民工来源和流动方向

表8-9说明从绝对量上看东部地区是农民工输出的主要区域，但其数量在逐渐减少。这一点从图8-11可以更清晰地看出来，输出区域东中部所占全部农民工比重逐渐拉近，从2008年差距悬殊到2019年两者基本持平，说明中部区域农民工输出速度较快，相比之下，虽然西部地区农民工输出量占比逐渐增加，但与东部和中部占比相比还存在一定的差距。2015年开始东北地区单列，源于对东北地区人口流失的关注。

表8-9		农民工输出区域及数量				（单位：万人）	
输出地分布	2010年	2011年	2015年	2016年	2017年	2018年	2019年
农民工总人数	24223	25278	27747	28171	28652	28836	29077
按输出地分：							
东部地区	10468	10790	10300	10400	10430	10410	10416
中部地区	7619	7942	9174	9279	9450	9538	9619
西部地区	6136	6546	7378	7563	7814	7918	8051
东北地区	N	N	895	929	958	970	991

关于农民工流动方向主要有三个统计口径：一是按照输入地区域划

---

① 国家统计局：《2017年农民工监测调查报告》（2018年4月27日），2022年3月20日，http：//www.stats.gov.cn/tjsj/zxfb/201804/t20180427_1596389.html。

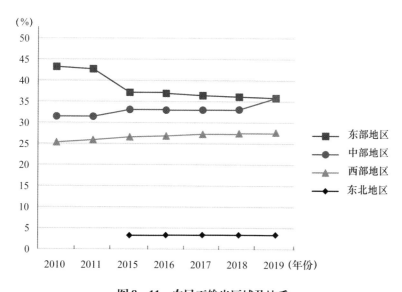

图 8 - 11　农民工输出区域及比重

数据来源：根据国家统计局历年《农民工监测调查报告》整理（2012—2014 数据缺失）。

分，二是本地就业的农民工和外出就业的农民工比重，[①] 三是外出农民工中省内和跨省流动的比重。

　　如表 8 - 10 所示按输入地分，绝对量上看东部地区数量最多，显然沿海地区经济发展和人均收入无论是总量还是增速均吸引全国农民工向东部会集，但如图 8 - 12 所示，从农民工输入区域占比看东部地区农民工输入比重正在下降，而中部农民工输入占比有所上升，西部呈现先扬后抑状态。出现农民工返流的原因主要有两方面：一是中西部地区经济向好，2014—2019 年中西部的经济增速超过东部，呈现快速增长的势头，政策扶持和产业梯度转移为中西部开拓发展空间，但究竟是东部农民工流入中西部还是中西部农民工返流，这需要结合其他指标做进一步分析；二是东部区域生活成本增加，尤其是大城市住房成本增加加大了农民工的生活压力，同样的支出会大大提升其在中西部的生活质量，在人均支出

---

　　① 本地农民工：指在户籍所在乡镇地域以内从业的农民工；外出农民工：指在户籍所在乡镇地域外从业的农民工。

相差不大、收入增速又相近的情况下①，农民工向中西部转移也是追求生活质量的结果。

表8-10			农民工输入区域及数量			（单位：万人）	
输入地分布	2010 年	2011 年	2015 年	2016 年	2017 年	2018 年	2019 年
在东部地区	16212	16537	16008	15960	15993	15808	15700
在中部地区	4104	4438	5599	5746	5912	6051	6223
在西部地区	3846	4215	5209	5484	5754	5993	6173
在东北地区	N	N	859	904	914	905	895
在其他地区	N	N	72	77	79	79	86

注：其他地区指港、澳、台及国外。（2012—2014 年数据缺失）

数据来源：根据国家统计局历年《农民工监测调查报告》整理。

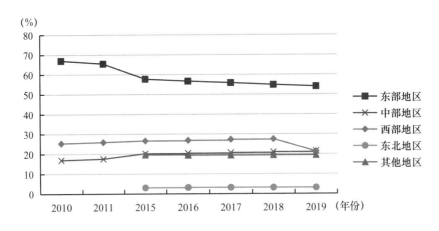

图8-12 农民工输入区域及比重（%）

数据来源：根据国家统计局历年《农民工监测调查报告》整理。

图8-13 统计了 2008—2019 年本地农民工和外出农民工比重，从 2009—2022 年农民工市民化的相关政策演进可以看出，市民化政策侧重

---

① 农民工分区域月均生活消费支出仅有 2014 年和 2015 年的数据，东部农民工支出增长幅度为 6.08%，人均月收入的增长幅度为 8.33%。同年中西部收入增幅分别为 5.69% 和 5.97%。

点在推进户籍制度改革，不过这一政策导向实际的推进结果并不十分理想，表现在 2011—2020 年常住人口城镇化率和户籍人口城镇化率的始终在 15% 以上，2020 年更是达到了 18.49% 的最高值。

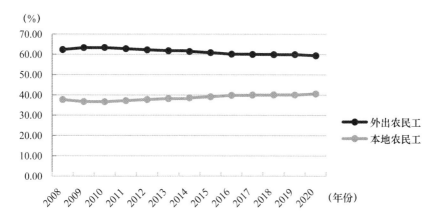

图 8-13 农民工流向：本地和外出比重

数据来源：根据国家统计局历年《农民工监测调查报告》整理。

表 8-11 分别统计了全国范围、东中西分区域的外出农民工省内和跨省流动比重，图 8-14 更直观地将流动趋势表现出来。从全国层面看，农民工的流动方向经历了比较大的波动，从省内流动与跨省流动比重旗鼓相当转变为省内流动占绝对优势，2019 年两者已经拉开 13.8 个百分点的距离，说明在全国范围内农民工更倾向于省内转移。东部的数据表明该区域农民工，一直都是省内流动为主，比重均在 80% 以上，这个结果意料之中，东部城市经济发达、分工更加细化，没有必要舍近求远跨省打工。中部和西部都出现了省内流动和跨省流动的比重差距逐渐缩小的趋势，中部由 2010 年的跨省比省内比重高 38.2% 减少为 2019 年的 18.4%，西部 2010 年的跨省比省内比重高 13.8%，2018 年出现反转，省内流动反超跨省流动。可见在东部省内流动变化不大的情况下，全国出现的省内流动超过跨省流动，主要来自中部和西部的变化，说明农民工返流的现象非常明显。之所以出现这样的现象，一方面随着"一带一路"倡议的实施以及电商物流等行业的发展，中西部迎来较好的发展机遇，另一方面东部产业升级及产业向中西部地区的梯度转移使得劳动力也随产业一起转移到中西部地区。根据王春凯的研究，地区间

的产业转移主要表现为制造业的产业转移，他通过《中国工业经济统计年鉴》测算制造业产业转移的指数来描绘近年来我国区域产业转移情况，结果发现，2006—2017 年产业转出地排在前 5 名的省份为上海、北京、天津、浙江、广东，皆为东部沿海发达地区。产业转入地排在前 5 名的为江西、安徽、河南、湖北、广西，主要为中部地区。可见，2006—2017 年我国产业转移主要由东部沿海地区向中部地区转移，总体呈现出产业由东部沿海和边疆省份向中西部内陆省份转移的态势。尽管回流现象明显，但回流劳动力的选择效应和结构性转移刚性造成了中西部部分地区劳动力资源不足，无法与转移企业就业需求相匹配，造成转移企业招工难问题。①

表 8 – 11　　　　2010—2019 年农民工流动方向：省内和跨省　　（单位：%）

地区	2010 年		2011 年		2012 年		2013 年		2014 年	
	省内	跨省	省内	跨省	省内	跨省	省内	跨省	省内	跨省
全国	49.7	50.3	52.9	47.1	53.2	46.8	53.4	46.6	53.2	46.8
东部	80.3	19.7	83.4	16.6	83.7	16.3	82.1	17.9	81.7	18.3
中部	30.9	69.1	32.8	67.2	33.7	66.2	37.5	62.5	37.2	62.8
西部	43.1	56.9	43	57	43.4	56.6	45.9	54.1	46.1	53.9
东北	N	N	N	N	N	N	N	N	N	N

地区	2015 年		2016 年		2017 年		2018 年		2019 年	
	省内	跨省	省内	跨省	省内	跨省	省内	跨省	省内	跨省
全国	54.1	45.9	54.7	45.3	55.3	44.7	56	44	56.9	43.1
东部	82.7	17.3	82.2	17.8	82.5	17.5	82.8	17.2	82.9	17.1
中部	38.9	61.1	38	62	38.7	61.3	39.4	60.6	40.8	59.2
西部	46.5	53.5	47.8	52.2	49	51	50.4	49.6	51.6	48.4
东北	N	N	77.1	22.9	76.4	23.6	73.6	26.4	70.2	29.8

注：N 为缺失数据。

数据来源：根据国家统计局历年《农民工监测调查报告》整理。

———————————

① 王春凯：《产业转移、劳动力流动与梯度陷阱——中西部地区转移企业招工难分析》，《经济体制改革》2021 年第 2 期。

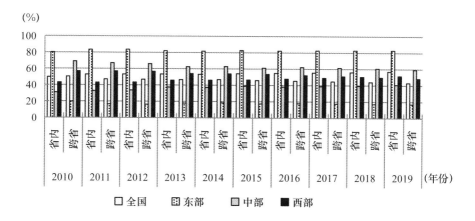

图 8 - 14　2010—2019 农民工流向：省内和跨省分布

数据来源：根据国家统计局历年《农民工监测调查报告》整理。

　　表 8 - 12 和图 8 - 15 说明东部地区是净流入状态，中西部为净流出状态，但从趋势上看，东部的净流入在逐年下降，中西部的净流出在逐渐降低，这与前面的分析相一致。中西部尤其是中部地区输出在增加，但在外出的农民工中省内流动比重增大，这就意味着中西部地区农民工数量增多，但流向发生变化，省内就业倾向保存了中西部地区的劳动力资源，长期则表现为净流出的减少。

表 8 - 12　　　　　　　　农民工分区域净流入或净流出　　　　（单位：万人）

地区	2010 年	2011 年	2015 年	2016 年	2017 年	2018 年	2019 年
东部地区	5744	5747	5708	5560	5563	5398	5284
中部地区	- 3515	- 3504	- 3575	- 3533	- 3538	- 3487	- 3396
西部地区	- 2290	- 2331	- 2169	- 2079	- 2060	- 1925	- 1878
东北地区	N	N	- 36	- 25	- 44	- 65	- 96

数据来源：根据国家统计局历年《农民工监测调查报告》整理。

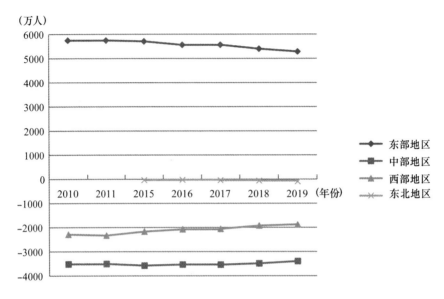

图 8 - 15　东中西部及东北地区农民工输入净值

数据来源：根据国家统计局历年《农民工监测调查报告》整理。

第二节　小结

上述资料可以大致描述出农民工的状况。第一，农民工呈现出与整体人口相一致的老龄化趋势，新生代占比从 2008 年的 70% 多下降到与老一代占比基本持平。这样的年龄结构影响农民工整体的职业选择和能力提升，因为新生代的高学历比重相对较大，而新生代占比的减少意味着高学历农民工比重的减小，低学历可选择的领域可能将进一步缩小。在培训方面，高学历农民工的学习能力更强，因此需要积极应对农民工老龄化带来的不利影响，如提高农村义务教育入学率和师资力量等。第二，尽管面临老龄化问题，但农民工整体学历呈上升态势。整体看占比最大的学历是初中但逐渐下降，大专及以上高学历有所上升，尽管如此，仍没有改变高学历占比低的情况。外出农民工的学历层次普遍高于本地就业农民，学历占比变化幅度较大，未上过学的比重大幅减小，而大专及以上高学历占比大幅增加，与高中和初中学历的农民工一起成为打工主力，可见学历与离家距离有一定的反向关系，学历更高的农民工更倾向于到外面寻求就业机会和能力提升。结合上一章的城市规模与技能之间的关系，城市规模越大，对初中和高中学历的劳动力需求越小，而这两个学历层次的农民工占比排在前两位，说明农民工可能面临区域再转移的趋势。第三，学历呈上升态势但接受培训的状况却并不理想。学历逐渐上升为职业培训提供了良好的条件，但接受过培训的农民工比例非常小，农民工入城99.6%的人从事非农产业，接受非农培训的也只占30%左右，比例悬殊之大不利于农民工职业的稳定性和正规性，从而影响收入提升空间和市民化意愿及能力。在技能培训的群体中，新生代是接受培训的主力军，反映出这个年龄段培训意识比较强烈以及企业培训的年龄偏好。第四，学历和培训情况决定了农民工从事的职业主要是付出体力劳动的行业，主要有制造业、建筑业以及与人民生活息息相关的第三产业，第三产业已经取代第二产业成为农民工就业的主要渠道。与前一章的结构偏离度相对照，农民工就业集中的主要领域出现饱和，建筑业和交通运输仓储和邮政业均为不饱和状态，收入及增速也是最高的两大行业，但因信息不对称或技能不匹配而出现城乡劳动力供不应求的局面，显然农民工就业存在结构性失衡。目前农民工出现从低端制造业向低端服务业转移的跨行业劳动力迁徙，其择业倾向与产业升级的趋势和要求相背离，需要进行职业规划为劳动力职业升级提供制度保障。第五，从收入层面看，农民工从事的主要职业人均月收入绝对量在上升，但增速呈下降态势。其中建筑业、制造业和交通运输仓储和邮政业波动幅度较大。行业收入存在差距，在农民工更多集中于服务业的大趋势下收入增速可能继续下落。从区域角度看，三个区域的人均月收入增速差异不大，因东部收入水平比其他区域高，区域间人均月收入的绝对差距在拉大，东部仍维持较强的吸引力。第六，从农民工输出输入的情况看，东部输出占比从最初具有明显优势到目前与中部占比基本持平，中部农民工输出速度加快。与东中部相比，西部输出还有一定的差距。从农民工流动方向看，绝对量上东部输入量最大，但流入西部的农民工占比有先抑后扬的趋势。本地农民工的比重在缓慢上升，农民工流动确实出现了一定程度的返乡潮。外出农民工又分为省内和省外流动，其趋势是从省内流动与跨省流动比重旗鼓相当转变为目前省内流动占绝对优势，因此在全国范围内农民工更倾向于省内转移。分区域看，东部倾向于省内流动，在东部省内流动变化不大的情况下，全国出现的省内流动超过跨省流动，主要来自中部和西部的变化，说明农民工返流的现象非常明显，由原来的跨省就业转变为更倾向于省内就业。

第 九 章
农村的用益物权、住房性质与农民工市民化意愿

　　随着乡村振兴战略的实施和中西部经济的发展，农民工就业有了更多的选择，区域之间由劳动力单向流动的补充关系转向"回流"的竞争关系。如前所述，城镇化的推进仍然需要农民工，只是可能出现就业结构再调整和区域分布再转移的趋势。除了这些需求因素之外还涉及劳动力的供给意愿，城市发展需要农民工，但能否实现还取决于农民工的留城意愿。农民工的市民化意愿实质是劳动力长期稳定的供给意愿，农民工市民化意愿是农民工城乡基本生存情况对比权衡的结果，因此需要从农民工的根本利益出发，同时研究城乡的主要推力和拉力因素。

　　对农民工来说，入城打工是提高收入、改善生活条件的途径，而家乡的土地、宅基地是维持基本生活的重要保障。随着农地和宅基地制度改革①的不断深入，在提高土地资源的集约利用效率、加快农业现代化的同时，农村的用益物权逐渐体现出盘活价值，在农民工市民化过程中所起的作用也会发生相应变化。与此同时，农民工入城后面临"双重非正规性"的问题：工作的非正规性和居住的非正规性。国家统计局数据表明，农民工的劳动合同签约率一直维持较低水平②，签约率低不仅增加维权难度，还造成农民工工作不稳定，从而影响人力资本的积累和提升，容易形成职业和阶层的固化，收入水平和收入增长率均低于城镇私营和非私营企业的指标③。居住层面，城市商品房和租房市场价格较高，尽管

---

　　① 2019 年、2020 年中央一号文件均提出要深化农村宅基地制度改革，是继 2017 年土地"三权分置"加强土地流转政策之后又一重要的用益物权制度的改革。

　　② 根据国家统计局的《农民工监测调查报告》（2013—2016），2013—2016 年农民工整体劳动合同签订率分别为 38.1%、38%、36.2%、35.1%，至今签约率仍是每年"两会"热议的话题。

　　③ 根据《中国统计年鉴》及 2019 年《农民工监测调查报告》得出。

城市廉租房建设有长足进展，但出于财政压力和吸引人才的考虑，政府将更多的保障性住房向高技能人才倾斜，农民工多在集体宿舍或城边村群租，这种居住隔离状态使农民工无法获取良好的公共服务，也难以拓展新的社会关系或获得进一步的技能提升，上述非正规性显然干扰农民工市民化的意愿和制度进程。

市民化意愿实质上是农民工城乡基本生存情况对比权衡的结果，农村的经营性收入对应于城市打工的工资性收入，收入直接影响意愿的同时，又决定着住房性质和质量。农村的宅基地及房屋对应于城市的居住环境，宅基地和城市的居住环境之间形成推拉关系，本书在此基础上运用经典的推—拉理论分析城乡基本生存状况对农民工市民化意愿的影响，以此考量农村的用益物权改革在人口城镇化过程中的作用。

按照收入来源，农民可支配收入划分为：工资性收入、经营净收入、转移净收入和财产净收入，其中工资性收入与受雇劳动报酬相关，剩余三项收入都与用益物权相关，因此作为核心利益的来源，用益物权状况（耕地承包经营权和宅基地使用权）是农村层面的农民工市民化意愿的影响因素。城镇住房水平，不仅与农民工收入相关，还反映出农民工在城市的稳定、舒适及融入程度，因此可作为城市层面的农民工市民化意愿的综合影响因素。

农民工市民化实质是拉力和推力共同起作用的结果。随着城乡融合发展战略的逐步推进，农村的拉力在提高，城市的竞争压力、生活成本等作为农民工市民化的阻力也成为城市的推力，因此研究农村或城市的拉力和推力同等重要。目前在众多农民工市民化意愿的文献中只有少量涉及土地制度，在涉及土地制度的文献中或者单方面考虑农地流转或宅基地对意愿的影响，或者将农地流转与城市住房状况结合起来考虑，但这些研究都是不全面的。第一，农地流转和宅基地应作为农村最基本的生活条件同时加以考量。从农民工入城的动机看，收入和居住条件同为基本生活质量的构成要素，因此有必要将农村的用益物权①作为一个整体进行比较研究。第二，用益物权制度的制定和执行情况对市民化意愿产

---

① 根据《中华人民共和国民法典》中第三百二十三条规定，用益物权是指"用益物权人对他人所有的不动产或动产，依法享有占有、使用和收益的权利"。农村用益物权主要包括土地承包经营权和宅基地使用权。

生的影响不可小视。从动态角度看，同一个因素在不同的制度下可能形成推力和拉力的互换；同样是用益物权，农地和宅基地的占有和使用状态对农民工市民化的意愿影响方向、力度及作用机制也各有区别。如果将土地制度纳入推—拉理论框架，拥有宅基地和土地的用益物权，表面上看是拉向农村的因素，但具体效应还需要根据农民工对于土地、宅基地的使用状态加以判断。第三，应该同时考虑城乡的基本生活质量，只考虑一侧是不完整的。宅基地决定了农民工在农村的居住条件，对应于城市的居住条件，农民工市民化意愿可能受城乡居住条件带来的舒适度差距的影响。农地经营性收入对应于城市收入，是否保留承包权及土地的流转状况显然通过收入影响市民化意愿。

基于此，本书将采用"2017 年流动人口动态监测调查数据"，系统分析农村用益物权的保留和使用状态对农民工市民化意愿的影响，目前李勇辉[①]采用的是中间变量模型对农地流转、住房性质和市民化意愿的关系做研究，本书则按照农地、宅基地、住房状况影响市民化意愿的不同机制采用调节变量模型做更深入的研究。

第一节　用益物权影响农民工市民化意愿的机理

对农民来说，土地既是谋生的途径，又是入城打工可进可退的保障，农民工市民化决策是在对比农村与城市境况基础上的理性权衡，这种境况首要的就是收入及居住条件的比较，在农村主要对应的载体是农地和宅基地，在城市主要是打工收入和住房性质所决定的居住条件，上述因素实质通过意愿和能力两条路径对农民工市民化产生影响。

关于农地分为两个维度：有无农地、农地是否流转，这两个维度对意愿和能力有直接的不确定效应，农地可以产生农业经营性收入，但同时农地的存在使得农民工因季节性返乡收割而更倾向于签订非正式合同，这样会影响其工作性质及收入，从而影响其城市的住房条件，在政策不断向农村倾斜而引起的农业收入日益提升的情况下，农地的存在可能成

---

① 李勇辉、刘南南、李小琴：《农地流转、住房选择与农民工市民化意愿》，《经济地理》2019 年第 11 期。

为将农民工拉回农村的因素。农地流转一方面为农民增加财产性收入，另一方面又使农民摆脱了农地的牵绊倾向于签订更长期的劳动合同，收入的稳定和提升会带来住房舒适度提高，因此可以做出假设一：是否保留农地使用权影响农民工市民化能力和意愿，保留农地的群体，其意愿和能力相对较弱。假设二：在保留土地的群体中，土地流转会增强市民化意愿，但其影响与城市住房性质形成推拉关系，参与土地流转的农民工市民化的能力和意愿受到城市住房性质的调节。

关于宅基地，国家政策层面正处于确权阶段，有关宅基地建设用地指标的流转，国家还没有明确的政策或法律法规，宅基地复耕正在逐步推进，因为暂时还不涉及流转或抵押，宅基地更多的是影响市民化意愿。根据2017年流动人口动态监测调查的数据，有相当一部分农民工老家已经没有了宅基地。宅基地是农村住房的基础，与城市住房形成农民工市民化意愿的推拉关系，有宅基地意味着可以在农村建房，如果城市居住条件造成生活质量比较差，有宅基地就成为将农民工拉回农村的因素，因此可以做出假设三：有无宅基地对意愿造成影响，有宅基地的农民工市民化意愿可能会减弱，但具体还会受到城市住房性质所决定的居住性质的调节。

城市住房性质决定了居住条件，农民工进城解决住宿的方式主要有两种类型：一是自购自建住房；二是无房者则进行房屋租赁、单位提供住房或借住。一方面这些居住方式与收入有关，收入越高越有能力改善居住条件，它是收入情况的反映。另一方面居住方式又与城市的舒适度有关，居住条件越好，在城市的舒适度越高，越有机会实现职业能力的提升，增强融入感。因此，作为收入和舒适度的综合反映，居住性质与市民化意愿有关，农民工在权衡城乡收入及居住的舒适度基础上决定是否市民化。根据李勇辉[①]的观点，他将住房分为正规和非正规两种类型，但他的划分主体是包括自有住房与租房在内的所有样本，可能会高估正规租房者的意愿。本书将自有住房与租房两种截然不同的类型区分开，然后将租房进行正规和非正规的划分，更能客观真实地反映住房性质对市民化意愿的调节作用。以上机理如表9-1所示。

---

① 李勇辉、刘南南、李小琴：《农地流转、住房选择与农民工市民化意愿》，《经济地理》2019年第11期。

表 9 - 1　　农村用益物权对农民工市民化意愿的作用机理和效应

			作用机理	效应分析
农村用益物权	土地承包经营权	有承包经营权	流转	市民化意愿的增强机制：土地流转减弱农民工与农村、农业的联系，倾向于在城市签订长期合同，有助于工作稳定。市民化能力的增强机制：工作稳定带来工资性收入提升，土地流转或抵押融资使财产性收入提升	土地流转的直接效应：降低农民工迁移风险和心理压力。增加工资性收入和财产性收入，提升农民工抗风险能力，增强其市民化意愿。调节效应：土地流转是农村"推"的因素，但其作用受到城市收入所决定的住房质量的影响，上述因素共同决定农民工市民化意愿。土地不流转相反，不再赘述
			不流转	意愿和能力减弱机制：农民工与农村和农业的联系紧密，可能存在季节性返回影响城市工作稳定的情况，对收入产生影响。意愿和能力增强机制：有土地承包经营权的保障促进入城打工的尝试	
		无承包经营权		意愿和能力增强机制：减弱农民工与农村、农业的联系，使之倾向于在城市签订长期合同，有助于工作稳定和收入提升。无土地承包权的保障增强农民工在城市的努力程度，但心理压力比较大，容易造成社会问题	无土地承包权的直接效应：增加农民工的迁移风险和心理压力。倒逼农民工努力提高工资性收入以提高抗风险能力，因此提升市民化意愿。调节效应：无土地承包权是农村"推"的因素，在这种情况下农民工只能留城，无论城市的住房性质的好坏，因此调节效应可能不明显
	宅基地使用权	有		意愿减弱机制：宅基地使用权尚未流转或抵押，因此只对市民化意愿造成影响。有宅基地使用权代表农村的居住条件，可能成为将农民工拉向农村的因素。意愿增强机制：宅基地给予的生活保障促进入城打工的尝试。未来宅基地使用权流转和抵押使这种尝试的意愿增强	有宅基地的直接效应：增加农民工选择自由度，作为保障性因素减小进城压力，增强进城意愿。对入城居住条件差者来说是减弱意愿因素。调节效应：宅基地对意愿影响不确定，城市住房条件作为调节因素也产生推或者拉的作用，对意愿的影响取决于两者的综合力量
		无		意愿增强机制：减弱农民工与农村和农业的联系，无宅基地使用权的保障增强农民工在城市的努力程度，但心理压力比较大，容易造成社会问题	无宅基地的直接效应：增加农民工的迁移风险和心理压力。倒逼农民工努力提高收入，因此提升市民化意愿。调节效应：无宅基地是农村"推"的因素，无论城市的住房性质的好坏必须留城，因此调节效应可能不明显

第二节 数据、变量与模型设定

一 数据来源、变量选择及描述性统计

本书利用"2017 年中国流动人口动态监测调查数据",研究对象为农民工,因此仅保留因务工、经商而流动的农业户籍流动人口,最终获得全样本农民工观测值为 127988 个,土地流转样本观测值为 75027 个。

本书的变量选择如下:首先,被解释变量为农民工市民化意愿,根据概念层次本书选择制度市民化意愿[①]、心理市民化意愿[②]和城市定居意愿[③]来衡量。其次,核心解释变量为土地承包状况、土地流转状况,其中土地流转采用是否将耕地转租给私人、企业和村集体测度。再次,调节变量为农民工在流入地的住房类型,分为自购自建和租房两类,其中自购自建包括自购商品房、自购保障性住房以及自购小产权住房,其中小产权房甚至部分自建房并未得到有效产权证,但仍需农民工达到一定经济能力才能购买或筹建,因此本书将其归入自有住房。租房又可分为正规和非正规两个子类,借住房、就业场所、合租私房及其他非正规场所归为非正规住房,单位或雇主房(具有福利性质、不具产权)和政府提供的公租房和整租私房归为正规住房。最后,控制变量包括性别、年龄、民族、受教育程度、婚姻状况、收入状况、工作情况、健康状况等个人、家庭特征变量。本书还控制了流动区域,主要是为了控制人口流动范围对农地流转和农民工市民化的不可观测的影响因素。上述变量的释义及描述如表 9 - 2 所示。

---

① 对应问卷题目:如果您符合本地落户条件,您是否愿意把户口迁入本地?
② 对应问卷题目的回答:我很愿意融入本地人当中,成为其中一员。
③ 打算留在本地 10 年及以上视为想要在城市定居实现市民化。

表9-2

变量的释义及描述

变量名	测量指标	变量定义	最小值	最大值
被解释变量				
制度市民化意愿	是否愿意把户口迁入本地	不愿意=0，愿意=1	0	1
心理市民化意愿	是否愿意融入本地人	不愿意=0，愿意=1	0	1
定居市民化意愿	打算留在本地居住10年及以上	不愿意=0，愿意=1	0	1
核心解释变量				
自有土地承包权状况	户籍地老家是否有承包地	否=0，是=1	0	1
土地流转状况	户籍地老家承包地是否流转	否=0，是=1	0	1
宅基地状况	户籍地老家是否有宅基地	否=0，是=1	0	1
住房性质	现住房属于何种性质	租房=0，自购/建房=1	0	1
租房（正规/非正规）	现租房的性质	正规=0，非正规=1	0	1
控制变量				
性别	您的性别	女=0，男=1	0	1
年龄	您的出生年月	连续变量	18	96
民族	您的民族	少数民族=0，汉族=1	0	1
受教育程度	您的受教育程度	小学及以下=0，初中=1，高中=2，大专及以上=3	0	3
婚姻状况	您的婚姻	不在婚=0，在婚=1	0	1
收入状况	您家平均月总收入	连续变量	0	200000
是否有工作	前一周是否做过一小时以上有收入的工作	否=0，是=1	0	1
自评健康	您的健康状况如何	不健康=0，健康=1	0	1
流动范围	本次流动范围	跨省=0，省内跨市=1，市内跨县=2	0	2

二 模型设定

二值选择 Logit 模型。无论是哪个层面的市民化意愿，假设个体只有两种选择，即有市民化意愿、无市民化意愿，用模型可以表示为：

$$y_i = x_i\beta + \varepsilon_i \quad (i = 1, 2, \cdots, n) \tag{9-1}$$

为了使 y 的预测值介于 $[0, 1]$，在给定 x 的情况下，y 的两点分布概率为的两点分布概率为：

$$P(y = 1 \mid x) = F(x, \beta)$$

$$P(y = 0 \mid x) = 1 - F(x, \beta) \tag{9-2}$$

如果 $F(x, \beta)$ 为逻辑分布（logistic distributionlogistic distribution）的累积分布函数，则 Logit 模型即为：

$$P(y = 1 \mid x) = F(x, \beta) = \Lambda(x'\beta) \equiv \exp(x'\beta) / [1 + \exp(x'\beta)] \tag{9-3}$$

$$\ell n(P/1 - P) = \alpha + \beta_0 X_0 + \beta_1 X_1 + \beta_2 X_2 + \varepsilon \tag{9-4}$$

具体到本书的建模：

$$settle_i = C_0 + C_1 land_i + C_2 homestead_i + C_3 transfer_i$$

$$+ C_4 housing_i + C_5 X_i + \varepsilon_i \tag{9-5}$$

$settle_i$ 是二值变量"农民工市民化意愿"Odds 变换之后的对数，采用 Logit 模型进行回归分析。$land_i$ 是二值变量，表示自有土地承包权状况；$homestead_i$ 为二值变量，表示宅基地状况；$transfer_i$ 是二值变量，表示土地流转的情况；$housing_i$ 为二值变量，表示住房性质。Xi 指上述控制变量，C 为待估参数。如前假设，拥有用益物权是拉回农村的因素，对农民工三个层次的市民化均有消减作用。此外，用益物权的闲置或使用可能也会对农民工市民化意愿产生影响，考虑到国家还没有明确的宅基地抵押或流转政策，这里只考虑土地流转的情况。

关于内生性问题，根据前面的机制分析，土地承包权和宅基地状况会影响市民化意愿，相反从理性经济人的利益最大化角度考虑，市民化意愿强弱对于土地承包权和宅基地影响不大，因为后者是市民化不成功的保障和退路，如果不是强制征地，他们一般不会放弃。农业农村部反复强调，现阶段农民进城落户定居，他是不是放弃承包的耕地、草地、林地和宅基地，必须完全尊重农民的意愿。不得以退出承包地和宅基地作为农民进城落户的条件。站在农民角度，绝大部分农民不同意、不愿意"双放弃"（放弃承包地、放弃宅基地）来换取城镇的户口。[①] 关于经营权流转，《农村土地承包法》第十条规定"国家保护承包方依法、自愿、有偿地进行土地承包经营权流转"。因此，从目前政策和调研结果看，市民化意愿对土地承包权和宅基地的处置影响较小。

三　加入流转因素的模型估计与结果分析

根据式（9-1）—（9-5）使用 Stata13.0，得到表9-3到表9-5的结果。先将三个核心解释变量分别放入模型与控制变量结合生成模型1—3，最后整合为模型4。此处分别使用流动人口制度市民化意愿、心理市民化意愿和定居市民化意愿作为被解释变量，分别探讨核心解释变量对农民工市民化意愿的影响情况。

（一）核心解释变量对农民工市民化意愿的影响

从用益物权状态来看，对比表9-3到表9-5的结果，拥有土地承包权、宅基地使用权对三个维度市民化的影响均在1%的显著性水平下显著。模型1的系数-0.386表明，就制度市民化而言，相对于户籍地老家无承包地的农民工来说，有承包地的农民工制度市民化意愿是前者的 $e^{-0.386}$，即67.98%。与之相对应的是模型6的系数-0.185，即相对于户籍地老家无承包地的农民工来说，有承包地的农民工心理市民化意愿是前者的 $e^{-0.185}$，即83.11%，模型11的系数为-0.172，即相对于户籍地老家无承包地的农民工来说，有承包地的农民工定居市民化意愿是前者的 $e^{-0.172}$，即84.2%。显然有无土地承包权对制度市民化影响程度更大一些，现实中制度市民化的难度大，承包地作为拉向农村的因素更容易起到抵消市民化意愿的作用，这里也蕴含着农民工对制度市民化之后收回承包地的担心。相对制度市民化意愿来说，有土地承包权的农民工心理

---

① 农业农村部：《不能强制农民放弃土地来作为进城落户的条件》，https://finance. qq. com/a/20190301/006055. htm。

市民化意愿更强烈也更容易一些，定居市民化意愿则居中。模型3的系数 −0.429 表明，相对于户籍地老家无宅基地的农民工来说，有宅基地的农民工制度市民化意愿是前者的 $e^{-0.429}$，即 65.1%，与之相对应的是模型8 和模型13 的系数分别是 −0.426、−0.650，即有宅基地的农民工心理和定居市民化意愿分别是无宅基地意愿的 65.3% 和 52.2%，上述对比说明相对于户籍地老家农民工来说，有宅基地的农民工三个维度的市民化意愿均小于无宅基地者，是否有宅基地对制度和心理市民化意愿的影响程度相差不大，但是对于定居市民化意愿影响非常大，有宅基地的农民工在城市的定居意愿仅是无宅基地的 52.2%。就居住而言，家里有宅基地的农民工可以通过城市打工赚钱在农村盖房过得更舒适，这种选择使其定居市民化意愿并不强烈。综上所述，在农村拥有用益物权相当于拉向农村的因素从而弱化农民工的市民化意愿。

土地流转对三个层次的市民化意愿影响有差异，根据表 9−3 到表 9−5 的回归结果，土地流转对制度市民化意愿影响不显著且为负，落户城市后用益物权可能被收回，失去土地流转的收益，在这种情况下，制度市民化意愿大大降低。但土地流转对心理和定居市民化意愿均有显著的正向影响，对应的系数分别为 0.168、0.111，即土地流转群体的心理和定居市民化意愿分别为不流转群体的 1.18 倍和 1.12 倍。

从城市住房性质来看，模型4 的系数 0.110 表明，相对于租房的农民工来说，在城市自购或自建住房的农民工制度市民化意愿是前者的 $e^{0.11}$，即 1.116 倍，与之对应的是模型9 中住房性质对农民工心理市民化的系数 0.866，相对于租房的农民工来说，在城市自购或自建住房的农民工心理市民化意愿是前者的 $e^{0.866}$，即 2.38 倍，模型14 中住房性质对农民工定居市民化的系数 1.644，相对于租房的农民工来说，在城市自购或自建住房的农民工定居市民化意愿是前者的 $e^{1.644}$，即 5.18 倍，因此在城市拥有住房显然提升了市民化意愿，影响程度从高到低分别是定居、心理和制度市民化意愿，现实中拥有住房意味着安家落户，无论是否拥有户籍都会产生强烈的定居和心理市民化意愿，显然在城市拥有自己的住房是拉向城市的因素，从而强化农民工的市民化意愿。

模型5、模型10、模型15 将除土地流转情况之外的核心解释变量纳入之后，系数的符号没有变化，说明上述结论仍然成立，但用益物权对市民化意愿的负向影响程度有所增强，而自购或自建住房的正向影响程度有所减弱。

就三种市民化意愿测度看，用益物权对制度市民化的负向影响程度最大，而住房性质对定居市民化的正向影响程度更大，反映出用益物权和住房性质对三种层次市民化意愿的影响差异：拥有用益物权对心理市民化的负面影响相对较小，但对制度市民化意愿和定居市民化影响更为强烈，而土地流转可以部分地抵消这种负向影响。对于在城市拥有住房的群体来说，定居市民化和心理市民化比制度市民化更为强烈。因此市民化的实现可以分阶段分层次逐步实现，心理市民化、定居市民化可以作为市民化实施的重点先行推广，制度市民化反而可以作为前两者水到渠成的结果。

（二）控制变量对农民工市民化意愿的影响

从个人特征看，心理市民化意愿有显著的性别差异。心理市民化意愿的四个模型性别的影响均在1%的显著性水平上显著，即相比女性，男性的心理市民化意愿更弱。尽管在其他两个维度的市民化意愿测算中只有模型3、模型4、模型11和模型14显著，但四个模型的符号基本一致。可能的解释是相比女性，男性留城的压力和阻力更大使得市民化可能性更小，女性可以通过婚姻方式留城，相对压力小一些。

市民化意愿的代际差异。三个层次的市民化意愿有较为显著的代际差异，年龄对市民化的影响均呈倒U型，即随着农民工年龄的增加，市民化意愿起初强烈，但到一定年龄意愿逐渐减弱，说明年轻的农民工无论职业发展还是对城市生活的适应性都强于中老年，如果到一定年龄还没有实现市民化，这种意愿将逐渐减弱，可见新一代将成为市民化和城市化进程的主体。

市民化意愿的民族差异。民族对三个层次市民化意愿的影响均较为显著，但影响方向不一致。相比汉族，少数民族的农民工，其制度和定居市民化意愿更强。少数民族一般来自边远地区，希望通过落户或定居获得城市人身份，但因为民族传统习惯差异，与城市汉人的相貌、理念、信仰和习俗还有差异，想融入并不容易，因此心理市民化程度不如汉族强烈。

市民化意愿的学历差异。学历对制度和心理市民化意愿正向的影响均显著，与小学学历及以下相比，初中、高中、大专及以上的市民化意愿均为正，且随着学历的提高，市民化意愿在快速提升。三个层次市民化意愿进行比较，每一个学历档次的心理市民化意愿最为强烈，其次是定居市民化意愿，最后才是制度市民化意愿，这说明市民化进程中农村人力资本积累的重要性，大力发展农村教育是加快城市化的重要推动力量。

市民化意愿的婚姻状态差异。婚姻对三个层次的市民化意愿影响差异很大，制度市民化意愿除了模型 2 和模型 4 是显著的，其余均不显著，负值说明未婚农民工的制度市民化意愿强烈，而在婚农民工的心理和定居市民化意愿显著增强，在婚的农民工拖家带口更不容易实现制度市民化。而在目前城市逐渐实现市民平权的情况下，为了下一代的教育，心理市民化和定居市民化成为改变命运的先决条件，同时家庭积极的定居和心理融入更能获得相关的信息、社会交往和公共福利。

市民化意愿的家庭收入差异。家庭月收入对三个层次的市民化意愿均有较为显著的正向影响，说明收入越高，越具有市民化的能力，越倾向于市民化，且定居和制度市民化更强烈一些，可见收入是强化市民化意愿和能力的重要因素。

工作状态不同导致的市民化意愿差异。相对于无工作的人来说，有工作的农民工市民化意愿显著降低。这个结果看上去违背常理，但仔细分析也有一定道理，有工作是增强市民化能力的前提条件，但需要按部就班地申请，而程序或进度并非自己所能控制的，而且一旦有工作就会有相应的社会保障和福利，市民化意愿的强烈程度因社会保障的完善相对减弱，因为市民化所对应的社会保障在目前的情况下也可以部分得到实现，并逐渐走向完全实现，只是流程和时间问题。而没有工作的农民工，失去了生活的来源和保障，更希望通过市民化获得相应的社会福利以解失业之困，其制度市民化意愿也是最强烈的。

健康状况对于市民化意愿的影响。健康对于三个层次的市民化影响有差别，不健康的群体更希望通过制度或定居市民化方式实现共享医疗条件，减轻看病压力，而在心理市民化意愿方面，因为身体健康状况差影响了其在城市的融入，相对于健康群体来说，心理市民化意愿并不强烈。

农民工流动区域对市民化意愿的影响。由表9-3到表9-5可知，从农民工流动的区域看，相对于省内跨市和市内跨县的群体来说，跨省流动群体的制度市民化意愿相对较高，而心理和定居市民化意愿相对较低。大量农民工被吸引到中东部经济发达的城市就业，迁移距离大、跨省流动多成为农民工流动的特征之一。国家统计局发布的《2017年农民工监测调查报告》显示，2017年农民工总量达到28652万人，在东部地区务工农民工15993万人，占农民工总量的55.8%，在中部地区务工的农民工占农民工总量的20.6%。跨省流动的目的地一般是东部地区，东部分工细化、经济发达，更有利于农民工找到工作并获得比以往更高的收入，良好的公共服务、人力资本投资环境为农民工的个人发展提供条件，显然与省内跨市和市内跨县相比，远离家乡的东部城市对农民工更具有吸引力，而近距离流动与家乡的差异不大，对农民工吸引力有限，因此跨省流动群体均比近距离流动的劳动力制度市民化意愿大。在心理和定居市民化方面正好相反，近距离流动的环境变化不大，语言、习俗、习惯等相似度高更容易融入，因此省内跨市和市内跨县群体的心理和定居市民化意愿比较高也在情理之中，并且心理市民化意愿比定居市民化意愿更强烈，在这两个层面市内跨县的市民化意愿比省内跨市意愿更强烈。

表9-3　　　　流动人口制度市民化意愿的 Logit 回归结果

变量名	模型1	模型2	模型3	模型4	模型5
户籍地老家有土地承包权	-0.386***				-0.279***
（参照组：无）	(0.012)				(0.013)
土地流转		-0.035			
（参照组：无）		(0.023)			
户籍地老家有宅基地使用权			-0.429***		-0.307***
（参照组：无）			(0.013)		(0.014)
现住房类型为自购/建房				0.110***	0.053***
（参照组：租房）				(0.014)	(0.014)
男性	-0.015	0.003	-0.021*	-0.046***	-0.005
（参照组：女性）	(0.013)	(0.017)	(0.013)	(0.012)	(0.013)

续表

变量名	模型 1	模型 2	模型 3	模型 4	模型 5
年龄	0.017 ***	0.008	0.014 ***	0.015 ***	0.016 ***
（连续变量）	（0.004）	（0.005）	（0.004）	（0.004）	（0.004）
年龄的平方	− 1.39E − 4 ***	− 7.22E − 5	− 1.23E − 4 **	− 1.41E − 4 ***	− 1.34E − 4 ***
（连续变量）	（0.000）	（0.000）	（0.000）	（0.000）	（0.000）
汉族	− 0.287 ***	− 0.134 ***	− 0.268 ***	− 0.311 ***	− 0.262 ***
（参照组：少数民族）	（0.020）	（0.029）	（0.020）	（0.020）	（0.020）
初中	0.077 ***	0.090 ***	0.083 ***	0.083 ***	0.076 ***
（参照组：小学及以下）	（0.017）	（0.022）	（0.017）	（0.017）	（0.017）
高中	0.325 ***	0.309 ***	0.331 ***	0.332 ***	0.318 ***
（参照组：小学及以下）	（0.021）	（0.028）	（0.021）	（0.021）	（0.021）
大专及以上	0.647 ***	0.583 ***	0.634 ***	0.648 ***	0.618 ***
（参照组：小学及以下）	（0.024）	（0.033）	（0.024）	（0.025）	（0.025）
在婚	− 0.029	− 0.047 *	− 0.028	− 0.051 ***	− 0.030
（参照组：不在婚）	（0.019）	（0.027）	（0.019）	（0.019）	（0.019）
ln 家庭月收入	0.121 ***	0.122 ***	0.142 ***	0.101 ***	0.138 ***
（连续变量）	（0.011）	（0.015）	（0.011）	（0.011）	（0.011）
目前有工作	− 0.176 ***	− 0.176 ***	− 0.152 ***	− 0.189 ***	− 0.139 ***
（参照组：无）	（0.017）	（0.024）	（0.017）	（0.017）	（0.017）
健康自评为健康	− 0.091 **	− 0.063	− 0.046	− 0.064 *	− 0.064 *
（参照组：不健康）	（0.037）	（0.048）	（0.037）	（0.037）	（0.037）
流动范围为省内跨市	− 0.080 ***	− 0.203 ***	− 0.106 ***	− 0.099 ***	− 0.103 ***
（参照组：跨省）	（0.013）	（0.018）	（0.013）	（0.014）	（0.014）
流动范围为市内跨县	− 0.459 ***	− 0.581 ***	− 0.502 ***	− 0.508 ***	− 0.488 ***
（参照组：跨省）	（0.017）	（0.023）	（0.017）	（0.017）	（0.018）
常数项	− 1.374 ***	− 1.623 ***	− 1.448 ***	− 1.327 ***	− 1.416 ***
	（0.116）	（0.155）	（0.116）	（0.116）	（0.117）
N	127988	75027	127988	127988	127988
Prob > chi2	0.000	0.000	0.000	0.000	0.000
pseudoR^2	0.020	0.014	0.021	0.015	0.024

注：括号内为标准误；* $p < 0.1$，** $p < 0.05$，*** $p < 0.01$。

表 9 – 4　　　　　　流动人口心理市民化意愿的 Logit 回归结果

变量名	模型 6	模型 7	模型 8	模型 9	模型 10
户籍地老家有土地承包权	– 0. 185 ***				– 0. 086 ***
（参照组：无）	(0. 023)				(0. 024)
土地流转		0. 168 ***			
（参照组：无）		(0. 041)			
户籍地老家有宅基地使用权			– 0. 426 ***		– 0. 289 ***
（参照组：无）			(0. 027)		(0. 029)
现住房类型为自购/建房				0. 866 ***	0. 816 ***
（参照组：租房）				(0. 034)	(0. 034)
男性	– 0. 114 ***	– 0. 106 ***	– 0. 108 ***	– 0. 125 ***	– 0. 105 ***
（参照组：女性）	(0. 023)	(0. 029)	(0. 023)	(0. 023)	(0. 023)
年龄	0. 029 ***	0. 024 ***	0. 028 ***	0. 029 ***	0. 029 ***
（连续变量）	(0. 007)	(0. 008)	(0. 007)	(0. 007)	(0. 007)
年龄的平方	– 1. 82E – 4 **	– 1. 45E – 4	– 1. 71E – 4 *	– 2. 27E – 4 **	– 2. 18E – 4 **
（连续变量）	(0. 0000	(0. 000)	(0. 000)	(0. 000)	(0. 000)
汉族	0. 055	0. 093 **	0. 084 **	0. 052	0. 083 **
（参照组：少数民族）	(0. 036)	(0. 047)	(0. 036)	(0. 036)	(0. 036)
初中	0. 317 ***	0. 319 ***	0. 320 ***	0. 304 ***	0. 303 ***
（参照组：小学及以下）	(0. 028)	(0. 035)	(0. 028)	(0. 028)	(0. 028)
高中	0. 740 ***	0. 712 ***	0. 741 ***	0. 692 ***	0. 688 ***
（参照组：小学及以下）	(0. 038)	(0. 048)	(0. 038)	(0. 038)	(0. 038)
大专及以上	1. 249 ***	1. 305 ***	1. 231 ***	1. 130 ***	1. 112 ***
（参照组：小学及以下）	(0. 054)	(0. 073)	(0. 054)	(0. 054)	(0. 055)
在婚	0. 121 ***	0. 152 ***	0. 129 ***	0. 048	0. 064 *
（参照组：不在婚）	(0. 034)	(0. 045)	(0. 034)	(0. 034)	(0. 034)
ln 家庭月收入	0. 045 **	0. 036	0. 070 ***	0. 008	0. 032
（连续变量）	(0. 021)	(0. 026)	(0. 021)	(0. 021)	(0. 021)
目前有工作	– 0. 302 ***	– 0. 288 ***	– 0. 266 ***	– 0. 216 ***	– 0. 182 ***
（参照组：无）	(0. 034)	(0. 045)	(0. 034)	(0. 034)	(0. 034)
健康自评为健康	0. 279 ***	0. 302 ***	0. 313 ***	0. 344 ***	0. 354 ***
（参照组：不健康）	(0. 062)	(0. 074)	(0. 063)	(0. 063)	(0. 063)

续表

变量名	模型 6	模型 7	模型 8	模型 9	模型 10
流动范围为省内跨市	0.440 ***	0.393 ***	0.416 ***	0.353 ***	0.344 ***
（参照组：跨省）	(0.025)	(0.032)	(0.025)	(0.026)	(0.026)
流动范围为市内跨县	0.618 ***	0.578 ***	0.594 ***	0.480 ***	0.487 ***
（参照组：跨省）	(0.034)	(0.041)	(0.034)	(0.034)	(0.034)
常数项	0.719 ***	0.669 **	0.673 ***	0.839 ***	0.815 ***
	(0.209)	(0.263)	(0.210)	(0.212)	(0.213)
N	127988	75027	127988	127988	127988
Prob > chi2	0.000	0.000	0.000	0.000	0.000
pseudoR^2	0.026	0.023	0.029	0.036	0.039

注：括号内为标准误；$^*p < 0.1$，$^{**}p < 0.05$，$^{***}p < 0.01$。

表 9–5　　　　　流动人口定居意愿的 Logit 回归结果

变量名	模型 11	模型 12	模型 13	模型 14	模型 15
户籍地老家有土地承包权	−0.172 ***				−0.015
（参照组：无）	(0.013)				(0.015)
土地流转		0.111 ***			
（参照组：无）		(0.022)			
户籍地老家有宅基地使用权			−0.650 ***		−0.443 ***
（参照组：无）			(0.013)		(0.016)
现住房类型为自购/建房				1.644 ***	1.582 ***
（参照组：租房）				(0.014)	(0.015)
男性	−0.030 **	0.009	−0.006	−0.034 **	−0.007
（参照组：女性）	(0.013)	(0.017)	(0.013)	(0.014)	(0.014)
年龄	0.017 ***	0.012 **	0.016 ***	0.018 ***	0.018 ***
（连续变量）	(0.004)	(0.005)	(0.004)	(0.004)	(0.004)
年龄的平方	−2.97E−5	−6.95E−6	−2.56E−5	−1.18E−4 **	−1.16E−4 **
（连续变量）	(0.000)	(0.000)	(0.000)	(0.000)	(0.000)
汉族	−0.167 ***	−0.037	−0.109 ***	−0.184 ***	−0.135 ***
（参照组：少数民族）	(0.021)	(0.029)	(0.021)	(0.022)	(0.022)
初中	0.127 ***	0.154 ***	0.127 ***	0.101 ***	0.099 ***

续表

变量名	模型 11	模型 12	模型 13	模型 14	模型 15
（参照组：小学及以下）	（0.018）	（0.023）	（0.018）	（0.019）	（0.019）
高中	0.539 ***	0.572 ***	0.535 ***	0.452 ***	0.447 ***
（参照组：小学及以下）	（0.021）	（0.028）	（0.021）	（0.022）	（0.022）
大专及以上	1.086 ***	1.133 ***	1.053 ***	0.869 ***	0.845 ***
（参照组：小学及以下）	（0.025）	（0.034）	（0.025）	（0.027）	（0.027）
在婚	0.539 ***	0.517 ***	0.555 ***	0.345 ***	0.364 ***
（参照组：不在婚）	（0.021）	（0.029）	（0.021）	（0.022）	（0.022）
ln 家庭月收入	0.357 ***	0.408 ***	0.409 ***	0.276 ***	0.318 ***
（连续变量）	（0.012）	（0.015）	（0.012）	（0.012）	（0.012）
目前有工作	− 0.476 ***	− 0.489 ***	− 0.417 ***	− 0.279 ***	− 0.236 ***
（参照组：无）	（0.017）	（0.024）	（0.017）	（0.018）	（0.018）
健康自评为健康	− 0.327 ***	− 0.307 ***	− 0.285 ***	− 0.232 ***	− 0.213 ***
（参照组：不健康）	（0.037）	（0.046）	（0.037）	（0.039）	（0.039）
流动范围为省内跨市	0.621 ***	0.602 ***	0.599 ***	0.451 ***	0.444 ***
（参照组：跨省）	（0.014）	（0.018）	（0.014）	（0.015）	（0.015）
流动范围为市内跨县	0.737 ***	0.739 ***	0.719 ***	0.450 ***	0.459 ***
（参照组：跨省）	（0.017）	（0.021）	（0.017）	（0.018）	（0.018）
常数项	− 4.409 ***	− 5.009 ***	− 4.627 ***	− 4.064 ***	− 4.224 ***
	（0.118）	（0.159）	（0.119）	（0.125）	（0.126）
N	127986	75026	127986	127986	127986
Prob > chi2	0.000	0.000	0.000	0.000	0.000
pseudoR^2	0.057	0.055	0.070	0.138	0.144

注：括号内为标准误；$^*p < 0.1$，$^{**}p < 0.05$，$^{***}p < 0.01$。

综上所述，不论从哪个层面来说，农民工在农村拥有用益物权均对其市民化意愿有显著的抵消作用，在城市拥有自购或自建房均强化市民化意愿，相比较而言，心理市民化意愿比定居市民化意愿和制度化意愿更为强烈，也是相对容易实现的市民化层面。除此之外，农民工市民化意愿显著受到下列因素的影响：性别、代际、民族、学历、婚姻状况、家庭收入、工作状态、健康状况和流动区域。综合 Logit 模型的结果，年龄越大、学历越低的男性市民化意愿越弱，年龄、学历使得他们市民化能力很弱从而影响了他们的意愿，同时男性在城市立足的压力相对更大，压力的考量也会影响其意愿。家庭收入越高，其市民化意愿越强，制度和定居市民化意愿强于心理市民化意愿，因此随着收入水平的提高市民化意愿将会越来越强烈。其他各因素对不同层次市民化意愿的影响并不一致，相对于汉族，少数民族更愿意制度市民化，而民族对心理和定居市民化的影响不显著。相对于未婚群体，在婚群体在心理和定居市民化意愿显著，其中定居市民化意愿更强烈一些。相对于健康群体，不健康群体在制度和定居市民化方面意愿更强烈，他们希望通过市民化的社会保障和福利摆脱困境，而他们因身体原因在心理市民化意愿层面并不强烈。市民化意愿还与流动区域相关，与省内跨市和市内跨县相比，跨省的制度市民化意愿显著强烈，说明距离越远越希望通过制度市民化获得市民身份，而前两者在心理和定居市民化层面意愿更为强烈，并且市内跨县的意愿普遍高于省内跨市。这说明市民化意愿与劳动力转移的距离有关系，距离越远制度市民化的意愿越强烈，距离越近心理和定居市民化意愿越强烈。

四 调节效应模型估计结果分析

现实中住房条件与收入相关性强，住房条件是收入和城市生活质量的综合体现，用益物权的状态对农民工市民化的影响会受到城市住房条件的调节，因此将调节效应以交互项的方式体现在模型中，可以更细致地了解各因素之间的相互关系。在多因素实验研究中，主效应就是在考察一个变量是否会对因变量的变化发生影响的时候，即其他研究变量都不变化的情况下，单独考察一个自变量对因变量的变化效应。交互效应，则是反映两个或两个以上自变量相互依赖、相互制约，共同对因变量的变化发生影响，即如果一个自变量对因变量的影响效应会因另一个自变量的水平不同而有所不同，则我们说这两个变量之间具有交互效应。

根据研究对象的特征，本部分采用二值选择 Probit 模型。无论是哪个层面的市民化意愿，假设个体只有两种选择，在文中即为有市民化意愿、无市民化意愿，用模型可以表示为：

$$y_i^* = \sum_{k=0}^{K} \beta_k x_{ik} + \varepsilon_i \ (i=1, 2, \cdots, n) \qquad (9-6)$$

其概率表示为：

$$P\left(y_i = 1 \, x_i\right) = P\left[\left(\sum_{k=0}^{K} \beta_k x_{ik} + \varepsilon_i\right) > 0\right]$$

$$= P\left[\varepsilon_i > \left(-\sum_{k=0}^{K} \beta_k x_{ik}\right)\right] \qquad (9-7)$$

基于正态分布的对称性，将式进一步转换为：

$$P\left(y_i = 1 \, x_i\right) = P\left[\varepsilon_i \leqslant \left(\sum_{k=0}^{K} \beta_k x_{ik}\right)\right] = F\left(\sum_{k=0}^{K} \beta_k x_{ik}\right)$$

$$(9-8)$$

式（9-8）右边部分为残差 ε_i 的累积分布函数。假设 ε_i 服从标准正态分布，则

$$p_i = \int_{-\infty}^{\sum_{k=0}^{K} \beta_k x_{ik}} \frac{1}{\sqrt{2\pi}} \exp\left(-\frac{1}{2} U_i^2\right) du_i \qquad (9-9)$$

对上式求解 $\sum_{k=0}^{K} \beta_k x_{ik}$，可得：

$$\Phi^{-1}(P_i) = probit(P_i) = \sum_{k=0}^{K} \beta_k x_{ik} \qquad (9-10)$$

这就是 Probit 模型表达式。其中 Φ 表示均值为 0、方差为 1 的累积标准正态分布。由于其函数的复杂性，通常用 $\Phi^{-1}(X_i) = \beta_0 + \beta_1 X$ 来表示。其中 $\Phi^{-1}(X)$ 指累积正态分布密度的反函数。

具体到本书的建模：

$$Prob\ (settle = 1) = \beta_0 + \sum_{i=1}^{4} \beta_i x_i + \sum_{k=1}^{3} C_k x_k * x_4 + C_4 X_i + \varepsilon_i$$
$$= \beta_0 + \beta_1 land_i + \beta_2 transfer_i + \beta_3 homestead_i + \beta_4 housing_i + C_1 land_i * housing_i + C_2 transfer_i * housing_i + C_3 homestead_i * housing_i + C_4 X_i + \varepsilon_i \qquad (9-10)$$

公式（9-10）左边是因变量，表示某个时间发生的概率，settle 是二值变量，表示农民工定居市民化意愿，settle = 1 表示愿意定居市民化。公式右边分别是常数项、影响样本农民工定居市民化意愿的因素及与住房性质的交互项：$land_i$ 是二值变量，表示自有土地承包权状况；$transfer_i$ 是二值变量，表示土地流转情况；$homestead_i$ 是二值变量，表示是否拥有宅基地使用权，$housing_i$ 是城市的住房性质，前三个核心解释变量与住房性质交互，以反映住房性质的调节效应。β_i、C_k 为相应的待估参数，反映核心解释变量及交互项对农民工定居市民化意愿影响方向和程度，X_i 指

控制变量。

李勇辉等通过中介效应模型对农地流转、住房选择与农民工市民化意愿进行分析，得出下列结论：农地流转能显著提高农民工市民化意愿，对于全样本农民工，农地流转推动了农民工住房由非正规住房向市场整租房、自有住房过渡，进而提高了其市民化意愿，加速其市民化进程；对于农地流转农民工，农地流转租金的提高能推动农民工住房由非正规住房向自有住房过渡，提升其市民化能力，进而增强其市民化意愿。本书在此基础上运用调节效应模型对用益物权、住房状况及三个层次的农民工市民化意愿作出讨论，加入了宅基地因素，并对住房状况进行分类：自购或自建类等自有住房，租房市场进一步分为正规与非正规两类，分别分析用益物权在住房状况调节下对农民工市民化意愿的影响。

（一）住房性质第一种分类：自购/自建的自有住房和租房两个群体

数据来源于"2017 年中国流动人口动态监测调查数据"，在做了三个层次的农民工市民化意愿的二值 Probit[①] 调节效应分析之后发现，核心解释变量对制度和心理层面的农民工市民化意愿的影响并不显著，只有对定居市民化意愿的影响显著，如表 9 - 6 所示。

表 9 - 6　　　　农地流转、宅基地和住房性质对定居市民化
意愿影响的 probit 回归结果

变量名	(1)	(2)	(3)	(4)	(5)	(6)	(7)
有土地承包权	- 0. 150 ***				- 0. 142 ***		
（参照组：无）	(0. 010)				(0. 011)		
农地流转		0. 100 ***				0. 097 ***	
（参照组：不流转）		(0. 0172)				(0. 021)	

---

① 当因变量是名义变量时，Logit 和 Probit 没有本质的区别，一般情况下可以换用。区别在于采用的分布函数不同，前者假设随机变量服从逻辑概率分布，而后者假设随机变量服从正态分布。其实，这两种分布函数的公式很相似，函数值相差也并不大，唯一的区别在于逻辑概率分布函数的尾巴比正态分布粗一些。但是，如果因变量是序次变量，回归时只能用有序 Probit 模型。有序 Probit 可以看作 Probit 的扩展。

续表

变量名	（1）	（2）	（3）	（4）	（5）	（6）	（7）
有宅基地使用权			− 0.524 ***				− 0.393 ***
（参照组：无）			（0.011）				（0.013）
住房（自购/自建）				1.253 ***	1.257 ***	1.264 ***	1.166 ***
（参照组：租房）				（0.012）	（0.019）	（0.017）	（0.021）
有土地承包权 *					− 0.020		
住房性质					（0.024）		
农地流转 * 住房性质						− 0.121 ***	
						（0.042）	
有宅基地使用权 *							0.049 *
住房性质							（0.026）
男性	− 0.033 ***	− 0.014	− 0.011	− 0.0378 ***	− 0.027 ***	− 0.006	− 0.013
（参照组：女性）	（0.010）	（0.013）	（0.010）	（0.00993）	（0.010）	（0.014）	（0.010）
中年人	− 0.400 ***	− 0.384 ***	− 0.370 ***	− 0.273 ***	− 0.275 ***	− 0.266 ***	− 0.254 ***
	（0.031）	（0.038）	（0.032）	（0.0330）	（0.033）	（0.041）	（0.033）
青年人	− 0.461 ***	− 0.395 ***	− 0.435 ***	− 0.274 ***	− 0.285 ***	− 0.239 ***	− 0.264 ***
	（0.031）	（0.038）	（0.031）	（0.0325）	（0.033）	（0.041）	（0.033）
民族	− 0.007	0.051 **	0.043 ***	− 0.0165	− 0.007	0.053 **	0.026
（参照组：少数民族）	（0.016）	（0.022）	（0.016）	（0.0163）	（0.017）	（0.023）	（0.017）
初中	− 0.024 *	− 0.005	− 0.019	− 0.0347 **	− 0.032 **	− 0.018	− 0.030 **
（参照组：小学或以下）	（0.014）	（0.017）	（0.014）	（0.0139）	（0.014）	（0.018）	（0.014）
高中	0.168 ***	0.198 ***	0.174 ***	0.113 ***	0.114 ***	0.138 ***	0.118 ***
（参照组：小学或以下）	（0.016）	（0.021）	（0.016）	（0.0163）	（0.017）	（0.022）	（0.017）
大专及以上	0.487 ***	0.506 ***	0.467 ***	0.348 ***	0.343 ***	0.358 ***	0.332 ***
（参照组：小学或以下）	（0.019）	（0.025）	（0.019）	（0.0193）	（0.020）	（0.027）	（0.020）
在婚	0.420 ***	0.371 ***	0.434 ***	0.267 ***	0.264 ***	0.210 ***	0.279 ***
（参照组：不在婚）	（0.014）	（0.019）	（0.013）	（0.0136）	（0.014）	（0.020）	（0.014）
ln 家庭月收入	0.152 ***	0.189 ***	0.195 ***	0.112 ***	0.110 ***	0.140 ***	0.140 ***
（连续变量）	（0.009）	（0.011）	（0.009）	（0.00904）	（0.009）	（0.012）	（0.009）
目前有工作	− 0.351 ***	− 0.351 ***	− 0.314 ***	− 0.221 ***	− 0.213 ***	− 0.211 ***	− 0.194 ***
（参照组：无）	（0.014）	（0.019）	（0.014）	（0.0141）	（0.015）	（0.020）	（0.015）

变量名	(1)	(2)	(3)	(4)	(5)	(6)	(7)
健康自评为健康	−0.386 ***	−0.414 ***	−0.363 ***	−0.326 ***	−0.321 ***	−0.356 ***	−0.309 ***
(参照组: 不健康)	(0.032)	(0.040)	(0.032)	(0.0337)	(0.034)	(0.042)	(0.034)
省内跨市	0.482 ***	0.448 ***	0.464 ***	0.380 ***	0.380 ***	0.331 ***	0.369 ***
(参照组: 跨省)	(0.011)	(0.014)	(0.011)	(0.0108)	(0.011)	(0.015)	(0.011)
市内跨县	0.591 ***	0.570 ***	0.582 ***	0.413 ***	0.418 ***	0.387 ***	0.414 ***
(参照组: 跨省)	(0.013)	(0.017)	(0.013)	(0.0136)	(0.014)	(0.018)	(0.014)
常数项	−0.601 ***	−1.131 ***	−0.827 ***	−0.767 ***	−0.674 ***	−1.105 ***	−0.820 ***
	(0.078)	(0.102)	(0.078)	(0.0808)	(0.083)	(0.108)	(0.083)
N	79372	45642	81351	84114	79372	45642	81351
Prob > chi2	0.000	0.000	0.000	0.000	0.000	0.000	0.000
pseudoR^2	0.070	0.063	0.091	0.182	0.181	0.176	0.190

注: 括号内为标准误, $^* p < 0.1$, $^{**} p < 0.05$, $^{***} p < 0.01$。

对比表9-5和表9-6可以看出,核心解释变量的系数方向是一致的,系数相差不大,也就是考虑了土地是否流转、住房性质的第一种分类以及交互项为代表的调节效应之后,有土地承包权和宅基地使用权的农民工定居市民化意愿相对较弱,相对于租房群体来说,住房性质为自购或自建的农民工定居市民化意愿更强,在上述不同的设定情况下结论一致说明通过适当更换自变量或因变量的方式通过了稳健性检验,说明假设一完全成立。

从表9-6的模型(2)可以看出,相对于农地非流转的群体来说,农地流转对定居市民化意愿的影响显著为正,也就是说,尽管拥有土地承包权是拉向农村的因素,但农地流转制度的实施又成为将农民工推向城市的力量,提升了农民工定居市民化的意愿。一方面农地流转的租金收入增强定居市民化经济能力,另一方面农地流转可以使农民工摆脱农忙时节定期回家务农的干扰,更倾向于与用人单位签订正式合同,提升收入和社会保障水平,从而增强定居市民化意愿。

居住性质对意愿影响的调节效应通过交互项体现出来,除了有农地承包权和住房性质的交互项系数不显著之外,其余的交互项包括有宅基地与住房性质的交互项以及农地流转与住房性质的交互项,其系数在1%

的显著性水平上显著。这说明住房性质的调节作用是存在的，这说明假设二和假设三也完全成立。

表 9-6 模型（5）中交互项的解释：有无农地对流动人口市民化的影响不随其在流入地住房性质的变化而变化，换言之，住房性质没有在是否有农地与市民化意愿之间起到调节效应。模型 6 中的交互项解释：住房性质调节了农地是否流转对流动人口市民化意愿的影响，具体表现为对于在流入地租房的群体来说，农地流转农民工群体的定居市民化意愿是无流转群体意愿的 1.1 倍（$e^{0.097}$），而对于自购/自建房者而言，农地流转的市民化意愿是无流转者的 97.6%［$e^{0.097+(-0.121)}$］，农地流转对流动人口市民化意愿的影响在自购房/自建房者与租房者之间存在差异，亦即农地流转对租房者定居市民化意愿提升作用更大。模型 7 交互项解释：户籍地老家是否有宅基地使用权对流动人口市民化意愿的影响随其在流入地住房性质的变化而呈现出显著差异，也就是说，流入地的住房性质能够调节老家宅基地状况对于流动者市民化意愿的影响。具体而言，对于租房者来说，户籍地老家有宅基地的市民化意愿比户籍老家无宅基地使用权的意愿显著降低了 32.5%（$1-e^{0.393}$），而对于自购/自建房，户籍地老家有宅基地的市民化意愿比户籍老家无宅基地的意愿降低了 29.1%（$1-e^{0.049-0.393}$），户籍地老家的宅基地对租房者定居市民化意愿的削弱作用相对更为明显。

由上述分析可知，相比自购/自建房群体，租房群体在城市中因居无定所而根基不稳，农地流转租金可以帮助他们提升定居市民化的能力从而增强市民化意愿，而宅基地作为削弱市民化意愿的因素，对于租房群体来说将其拉回农村的作用也更大，可见在这样的住房性质分类下，是否有土地承包权和宅基地使用权对租房群体城市定居意愿的影响显然会受到住房性质的调节，而且租房者作为不稳定的群体，需要我们重点关注和研究。其余的控制变量对意愿的影响与前面 Logit 模型的结果相差不大。

（二）住房性质第二种分类：租房群体中正规和非正规租房

根据"2017 年中国流动人口动态监测调查数据"和《中国农民工市

民化问题研究》①中对于"合法稳定住所"的界定，将租住私房（合租）、就业场所和其他非正规住所三项作为非正规租房，单位/雇主房（不包括就业场所）、租住私房（整租）、政府提供公租房、借助房作为正规租房，使用 probit 进行调节效应回归，再看核心解释变量对于定居市民化意愿的影响，结果见表 9 - 7。

表 9 - 7　　　　农地流转、宅基地和住房性质

对定居市民化意愿影响的 probit 回归结果

（在剔除自购自建房外，将住房性质重新分为了正规住房和非正规住房）

变量名	(1)	(2)	(3)	(4)	(5)	(6)	(7)
有土地承包权	-0.150***				-0.141***		
	(0.011)				(0.025)		
农地流转		0.090***				0.140***	
		(0.021)				(0.048)	
有宅基地使用权			-0.399***				-0.374***
			(0.013)				(0.028)
住房性质				0.073***	0.079***	0.072***	0.096***
				(0.014)	(0.021)	(0.019)	(0.027)
有土地承包权*住房性质					-0.012		
					(0.028)		
农地流转*住房性质						-0.063	
						(0.053)	
有宅基地使用权*住房性质							-0.031
							(0.031)
性别	-0.001	0.028*	0.014	-0.016	-8.43e-4	0.028*	0.014
	(0.012)	(0.015)	(0.012)	(0.012)	(0.012)	(0.015)	(0.012)
中年人	-0.372***	-0.328***	-0.336***	-0.375***	-0.376***	-0.331***	-0.342***
	(0.040)	(0.049)	(0.041)	(0.040)	(0.040)	(0.049)	(0.041)

① 沈永生：《中国农民工市民化问题研究》，中国劳动社会保障出版社 2015 年版，第 248 页。

续表

变量名	(1)	(2)	(3)	(4)	(5)	(6)	(7)
青年人	−0.403 ***	−0.328 ***	−0.366 ***	−0.391 ***	−0.407 ***	−0.331 ***	−0.371 ***
	(0.040)	(0.049)	(0.040)	(0.040)	(0.040)	(0.049)	(0.040)
民族	0.004	0.069 ***	0.039 **	−0.012	8.07e−4	0.067 **	0.035 *
	(0.019)	(0.026)	(0.019)	(0.019)	(0.0189)	(0.026)	(0.019)
初中	−0.042 ***	−0.034 *	−0.041 ***	−0.039 **	−0.043 ***	−0.035 *	−0.042 ***
	(0.016)	(0.020)	(0.016)	(0.016)	(0.016)	(0.020)	(0.016)
高中	0.111 ***	0.135 ***	0.116 ***	0.117 ***	0.109 ***	0.134 ***	0.114 ***
	(0.019)	(0.025)	(0.019)	(0.019)	(0.019)	(0.025)	(0.019)
大专及以上	0.367 ***	0.366 ***	0.353 ***	0.375 ***	0.365 ***	0.364 ***	0.352 ***
	(0.023)	(0.031)	(0.023)	(0.023)	(0.023)	(0.031)	(0.023)
婚姻	0.282 ***	0.237 ***	0.296 ***	0.269 ***	0.278 ***	0.234 ***	0.292 ***
	(0.016)	(0.022)	(0.015)	(0.016)	(0.016)	(0.022)	(0.015)
ln 家庭月收入	0.142 ***	0.171 ***	0.171 ***	0.135 ***	0.140 ***	0.168 ***	0.168 ***
	(0.011)	(0.015)	(0.011)	(0.011)	(0.011)	(0.015)	(0.011)
工作状况	−0.228 ***	−0.231 ***	−0.206 ***	−0.238 ***	−0.228 ***	−0.230 ***	−0.206 ***
	(0.017)	(0.024)	(0.017)	(0.017)	(0.017)	(0.024)	(0.017)
自评健康	−0.325 ***	−0.365 ***	−0.317 ***	−0.317 ***	−0.325 ***	−0.365 ***	−0.317 ***
	(0.040)	(0.050)	(0.040)	(0.040)	(0.040)	(0.050)	(0.040)
省内跨市	0.414 ***	0.364 ***	0.403 ***	0.409 ***	0.412 ***	0.363 ***	0.401 ***
	(0.013)	(0.017)	(0.013)	(0.013)	(0.013)	(0.017)	(0.013)
市内跨县	0.470 ***	0.428 ***	0.464 ***	0.455 ***	0.469 ***	0.427 ***	0.462 ***
	(0.016)	(0.021)	(0.016)	(0.016)	(0.016)	(0.021)	(0.016)
常数项	−0.874 ***	−1.334 ***	−1.026 ***	−0.932 ***	−0.912 ***	−1.363 ***	−1.063 ***
	(0.099)	(0.130)	(0.098)	(0.099)	(0.100)	(0.130)	(0.100)
N	53846	31266	55397	53846	53846	31266	55397
Prob > chi2	0.000	0.000	0.000	0.000	0.000	0.000	0.000
pseudoR^2	0.042	0.035	0.053	0.040	0.042	0.035	0.053

注：$^*p < 0.1$，$^{**}p < 0.05$，$^{***}p < 0.01$。

对比表9 − 6可以看出，表9 − 7的核心解释变量对意愿影响的显著性程度、系数方向是一致的，系数相差不大，也就是考虑了土地是否流转、住房性质的第二种分类以及交互项为代表的调节效应之后，有土地承包权和宅基地使用权的农民工定居市民化意愿相对较弱，但对于有土地承包权的群体来说农地流转仍然是将其推向城市的因素。

关于核心解释变量的系数，表9-7与表9-6不同之处在于两点。一是住房性质第二种分类情况下比较的是无房群体的正规租房和非正规租房对于定居市民化意愿的影响程度。即相对于非正规租房群体来说，住房性质为正规租房的农民工定居市民化意愿更强烈，是非正规租房群体意愿的1.08倍。由表9-7与表9-6结果对比可见，拥有自住房的群体其定居市民化意愿是最强的，其次是在城市正规租房群体，意愿最弱的是非正规租房群体，可见无论是哪种住房性质分类，均为影响定居市民化意愿的显著因素。二是表9-6的交互项显著，表9-7的交互项并不显著，说明是否有土地承包权和宅基地使用权对租房群体城市定居意愿的影响并不会受到租房正规性的调节。在第二种住房性质分类的条件下，农地承包权、农地流转和宅基地对于农民工市民化的意愿和能力的影响均不受城市住房性质的调节，其余的控制变量对意愿的影响与前面Logit模型的结果相差不大。

第三节　计量结果的延伸分析

城市分工的细化既需要高科技人员也需要农民工群体的贡献，尤其是近几年农民工返流现象越来越明显，工资水平的不断提升说明刘易斯拐点已经到来，"夺人大战"不仅发生在高科技人员群体，农民工群体也会成为社会分工不可或缺的一环而成为被争夺的对象，同时农村土地的集约化利用也要求富余的农村劳动力转移。党的十八届三中全会明确提出"三个1亿人"的新型城镇化战略，其中首要的"1亿人"是"推进符合条件的农业转移人口落户城镇"，这意味着国家要在2020年实现约1亿农业转移人口的市民化，因此在这样的环境下研究农民工市民化意愿更具有实际意义。

一　农民工市民化意愿是利益权衡的结果

农民工市民化意愿是利益权衡的结果，本书根据推—拉理论将农村和城市中影响农民工经济权益的重要因素提取出来作为研究核心。农村的用益物权是农民工进城务工的退路和后备保障,是农民工市民化必然要考虑的因素,本书在前人的研究基础上将土地承包权、宅基地使用权以及土地是否流转一起考虑在内,两者对农民工市民化的能力和意愿均同时具有增强和减弱作用。农民工在城市的经济权益归结为住房,住房是农民工生活质量的表现,同时也是其经济能力的反映,对市民化意愿具有增强或减弱作用。

根据用益物权影响农民工市民化的机制分析,本书提出了三个假设,经过对三个层次的农民工市民化意愿分别进行 logit 分析以及调节效应模型计量分析之后可以得出如下结论。

第一,无论哪个模型的结果,假设一都是成立的,即是否保留土地承包权显著影响农民工市民化能力和意愿,保留农地的农民工群体,其市民化意愿相对较弱。假设二和假设三的前半部分均成立,即在保留土地承包权的群体中,土地流转会显著增强市民化意愿,有无宅基地对意愿造成显著影响,有宅基地的农民工市民化意愿会显著减弱。自购/自建住房对意愿有显著的正向影响。总体而言,心理市民化意愿比定居市民化和制度市民化意愿更为强烈,也是最容易实现的市民化类型。

第二,对于住房性质的调节作用分为两个层面。一是将住房性质分为自购/自建和租房两类,使用调节效应模型对三个假设进行分析之后发现,只有定居市民化结果显著。主效应都非常显著并且系数大小和方向与前面 Logit 模型结果相同,交互效应中除了保留土地承包权和住房性质的交互项不显著外,涉及假设二和假设三的调节效应都显著,土地流转对定居市民化的影响与城市住房性质形成推拉关系,参与土地流转或者有宅基地的农民工市民化的能力和意愿受到城市住房性质的调节,即用益物权对定居市民化的影响会通过租房群体放大:农地流转对于租房者定居市民化意愿提升作用更大,户籍地老家有宅基地对租房者定居市民化意愿的削弱作用相对更为明显。这样的结果可以理解为:农地流转可以帮助租房群体获得更稳定的收入保障,从而改善其在城市的生活条件,而已有房产的农民工已经获得较为稳定的居住条件,可以说已经实现了定居市民化,农地流转与否对其市民化意愿的提升并不明显,因此相对于自购房的群体而言,农地流转更显著地提升了租房群体的定居市民化意愿。对于在城市中拥有自购房的群体来说,农村宅基地的住房保障功能减弱,城市良好的居住条件决定着农村宅基地对其市民化意愿的影响并不大,但是对于租房群体来讲如果农村宅基地意味着更好的居住条件,他们返乡意愿会因为城乡居住条件的权衡比自购房群体更为强烈。因此,需要重点关注租房群体的用益物权状态。二是将租房群体的住房性质分为正规租房和非正规租房再进一步考察,发现主效应都非常显著并且系数大小和方向与前面 Logit 模型结果相同,正规租房对定居市民化意愿具有显著的正向影响。但是交互作用不显著,说明在这样的住房性质分类的情况下,农地承包权、农地流转和宅基地对于农民工市民化的意愿和能力的影响均不受城市住房性质的调节,即农地流转对于正规或非正规租房者定居市民化意愿提升作用没有显著差别,有宅基地对正规或非正规租房者定居市民化意愿的削弱作用也没有显著差别。综上所述,三个假设在住房性质第一种分类的情况下全部成立,但在住房性质第二种分类的情况下住房性质不具有调节作用。

第三,除了上述核心因素之外,根据对控制变量的分析发现,新生代、学历高的男性农民工市民化意愿更高。相对于不在婚群体,在婚群体心理和定居市民化意愿更强烈,家庭收入高也是提升市民化意愿的正向因素。工作不稳定、身体不健康的群体更希望通过制度市民化缓解困境。劳动力流动距离与市民化意愿也有关系,相比省内跨市和市内跨县,跨省农民工通过制度市民化获得市民身份的意愿更强烈,前两者心理和定居市民化意愿更强烈,市内跨县群体的意愿普遍高于省内跨市群体。

二 意愿与实际差异对市民化意愿的影响分析

(一) 购房意愿与实际差异对市民化意愿的影响

按照中国的传统观念,拥有房产是生活安定的必备条件。农民工来到城市奋斗,居住是他们首先要解决的民生问题。但在城市购房需要多年的积累,因此房产成为农民工是否留城的决定因素之一。在拥有房产之前,房产对市民化意愿的影响有两种可能:一是为了积累购房资金更为努力地工作,具有更高的市民化意愿。二是购房压力大成为不可能实现的目标,导致市民化意愿减弱,因此此时房产对市民化意愿的影响取决于两种力量的比较。拥有房产之后农民工的归属感增强,所以可以判断市民化意愿随之增强。假如城市就业的农民工均有买房的意愿，真正实现买房意愿者对应问卷调查中住房性质为自购和建房的被调查者，其余为意愿与实际不一致的群体。如此根据上述计量结果可以得到，入城打工者的购房意愿与实际一致的农民工市民化意愿更为强烈。

（二）用益物权保留意愿与实际差异对农民化意愿的影响分析

一般来说，按照经济人假设农民工倾向于保留农村的用益物权，因为这是他们进可攻退可守的最基本生存保障，承担着类似于社会保障的功能，因此可以假设农民工均倾向于保留用益物权。意愿与实际相一致则对应于问卷中拥有用益物权的群体，反之则相反。从计量结果可以得出，在用益物权方面，意愿与实际相一致的群体市民化意愿要低于不一致的群体，但这并非意味着为了增强市民化意愿需要强制将两者分离开来，这样做会损害农民工利益，较为可靠的做法是保留土地承包权的同时依法实行土地流转，保留宅基地的同时为农民工提供更正规的居住条件，有能力的城市补贴农民工助其买房，将成为提高农民工市民化意愿的三大重要因素。因此，要想留住农民工，需要同时考虑用益物权和住房性质情况。

三　政策建议

（一）农民工市民化需要分层次推进

对于农民工市民化需要循序渐进，根据对三个层次市民化的意愿强烈程度总体对比分析可见，心理市民化即问卷中"我很愿意融入本地人当中，成为其中一员"是相对强烈并且容易实现的，其次是定居市民化即预计自己将在本地留十年以上的意愿，最后才是户籍制度市民化，因此需要根据情况总体推进，而不是急于求成地进行户籍制度市民化。

（二）农村用益物权显著影响着三个层次的农民工市民化意愿

保留土地承包权和宅基地是农民工的基本经济利益和进城务工的后备保障，但同时也是削弱农民工市民化意愿的关键因素，计量结果显示拥有上述用益物权显著削弱了市民化意愿。是否将其收回呢？这是一个敏感的问题，不能贸然采取这样的措施。计量结果显示，土地流转可以提升市民化意愿，因此缓解用益物权的削弱作用不是收回而是让用益物权通过流转、抵押等方式发挥其金融功能，增强农民工市民化能力进而提升其意愿，进一步推进农村土地制度和宅基地制度改革，增强其盘活价值和资源配置效率，为农民工及其家庭的流动创造必要的制度条件。

（三）农民工住房性质1（自购/自建和无房的分类）显著影响市民化意愿

在城市中自购/自建住房显著提升定居市民化意愿，不仅提高农民工自身的生活质量和工作技能，也为城市提供稳定的劳动力，因此有条件的城市应该再提供更多的可以自购的保障性住房。相对于租房群体来说，用益物权状况对自住房群体的影响相对较小，他们因为拥有住房成为相对稳定的群体。因此，为他们提供力所能及的购房帮助可以为城市保留稳定的劳动力。相对于自住房群体来说，租房群体的定居意愿较弱，并且对用益物权的状态敏感，用益物权的影响在租房群体中具有放大效应，因此更需要租房群体在老家的用益物权情况，尽可能保留并积极发挥其金融功能。

（四）农民工住房性质2（正规和非正规租房的分类）显著影响市民化意愿

正规租房能够显著提升定居市民化意愿，因此政府积极提供廉租房、公租房，企业为职工提供正规居住场所，或者通过提升收入或提供租房补贴为农民工创造条件进行私房整租，同时对住房市场进行整顿，取缔各种非正规住房市场，在有能力买房之前帮助他们实现正规租房，有助于提高劳动力的留城信心并为城市提供稳定的劳动力供给。

（五）农民工市民化意愿具有个人特征差异

年龄越大、学历越低的男性市民化意愿越弱，因此提高市民化水平应该更多关注中高学历的新生代群体。家庭收入越高，其市民化意愿越强，并且制度和定居市民化意愿强于心理市民化意愿，因此随着收入水平的提升市民化意愿会越来越强烈。市民化意愿与流动区域有关，跨省群的制度市民化意愿强烈，而省内跨市和市内跨县的群体心理和定居市民化更为强烈。因此，要获得稳定的劳动力资源，需要逐渐提高农民工的收入水平和福利待遇，利用个体特征，针对不同的群体实施不同的市民化策略。

第四节　小结

本部分利用"2017年中国流动人口动态监测调查数据",采用二值选择Logit模型分别对三个维度的市民化意愿、用益物权和住房性质进行计量分析之后发现:无论是哪个维度的意愿,拥有土地承包权和宅基地使用权均是显著拉向农村的因素,但对于拥有土地承包权的群体来说,土地流转成为将农民工推向城市的因素抵消掉前面土地承包权产生的作用。在城市拥有住房作为城市拉力使该群体市民化意愿均较强,其中定居市民化意愿最强。采用二值选择Probit模型对定居市民化意愿、用益物权和住房性质进行计量分析之后发现:拥有土地承包权和宅基地使用权对市民化意愿有负向作用,但对于拥有土地承包权的群体来说,土地流转对市民化意愿有正向影响,抵消掉前面土地承包权产生的负向作用。在城市拥有住房或者正规性租房使该群体定居市民化意愿均较强,是否拥有自住房对用益物权的市民化影响具有调节作用,即用益物权对定居市民化的影响会通过无自住房群体的作用放大。租房是否正规没有调节作用。因此,在保留用益物权的同时通过流转或抵押发挥其金融功能,在城市中帮助农民工获得自有住房,成为增强其市民化意愿的重要因素,对于租房群体更需要密切关注其用益物权的状况。对比发现,按照意愿强弱程度的顺序排列分别为心理市民化、定居市民化和制度市民化,因此市民化意愿可以循序渐进地推行。

第 十 章
农民工市民化成本与收益分析

　　对农民工来讲，入城除了打工赚钱，城市较为完备的公共服务、教育和医疗体系也成为吸引农民工的重要因素，农民工希望在城市工作的同时能够享受城市便利而优质的公共服务，并能积极参与城市事务，逐渐成为城市的一员并与城市居民友好相处融为一体。分工与市场范围密切相关，大城市的市场分工更为细化，工种门类齐全提高了对农民工的需求，因此大城市具有工作技能匹配效应，农民工更容易找到工作。对企业来讲，农民工提供了丰富的劳动力，降低了生产的平均成本，增加生产者剩余，具有一定的规模效应。对城市来讲，城市加速老龄化，而农民工的加入减缓了老龄化步伐，为城市的建设和发展提供了丰富的劳动力支持，减缓老龄化带来的社会负担加重和生产力不足的问题。从农村的发展看，农民工入城本身就是剩余劳动力转移的结果，由此带来的农地流转和集约化耕作可以极大地提升农村劳动生产率。农民工在享受大城市的聚集效应、学习效应、匹配效应基础上，如果未来返乡投资或就业又会成为反哺或推动农村发展的新动力。综上所述，农民工市民化对城乡一体化融合发展及农民工本身劳动技能和眼界视野的提升均有良好作用，但现实是大量农业转移人口难以融入城市社会，市民化进程滞后。目前，农民工已成为我国产业工人的主体，受城乡分割的户籍制度影响，被统计为城镇人口的 2.34 亿农民工及其随迁家属，未能在教育、就业、医疗、养老、保障性住房等方面享受城镇居民的基本公共服务，产业集聚与人口集聚不同步，城镇化滞后于工业化。城镇内部出现新的二元矛盾，农村留守儿童、妇女和老人问题日益凸显，给经济社会发展带来诸多风险隐患。

户籍制度改革不仅涉及农民工的留城意愿和迁徙成本，同时还有流入地的财政压力和利益调整问题。在地方政府看来，农民工市民化意味着大量的政府财政支出，在分税制事权与财权不对等的情况下财政支出负担较重，财政支出总是优先投向最关键、最重要的领域。农民工大量输入的城市并不缺少劳动力，地方政府没有动力将农民工市民化作为重要的职能纳入财政支出范畴，因此人口城镇化率与户籍城镇化率一直都有不小的差距。但是当农民工出现回流趋势、城市劳动力渐显不足时，农民工对城市的重要性开始显现，农民工市民化成为稳定城市劳动力的方式之一被提上日程。另外，新生代农民工与农村和土地基本失去关联，他们更习惯和向往城市生活，如果迟迟不解决市民化问题，可能会失去最基本的社会保障，成为城市容不下农村回不去的"夹心"阶层，不仅造成农民工的生存压力，还会对社会稳定产生威胁，因此无论是从城市劳动力供给的稳定性角度，还是为农民工生存提供社会保障维护社会稳定的角度，农民工市民化已经提上日程。农民工市民化过程中发生的成本如何估算？这些成本由谁承担？农民工市民化除了成本一定还会产生收益，如果不考虑成本的承担主体和收益，就会高估政府的财政支出成本，徒增地方政府的压力，因此客观评估农民工市民化的成本和收益是非常重要的，决定政府层面的推进动力和能力。另外，农民工是否"带资进城"对农民工市民化成本的抵补压力也是有影响的。因此成本需要看市民化的层次，而抵补还需要结合农民工的实际情况进行判断。本章在建立成本核算模型的基础上，分层次对市民化成本作出估算，并对不同成本的承担主体的负担情况进行分析，从而判断财政支出的压力。

第一节　农民工市民化成本构成分析

关于农民工市民化成本，现有研究成果主要采用模型公式法计算，估算结果差异较大，这些差异基于不同成本内涵的界定及核算范围。农民工市民化成本有下列五种分类方式。一是根据成本承担者分类分为私人成本和社会成本，社会成本主要有企业成本、公共成本（与财政支出有关）和社区成本。张国胜等、杜宇认为，农民工市民化的社会成本包括：社会保障、城镇住房、劳动就业、公共教育、医疗卫生、基础设施建设等方面，且数量巨大；私人成本包括：个人社保缴费，住房支出，教育培训费用，日常生活开支等。[①] 黎红等认为，农民工市民化成本构成要素主要有劳动就业、住房保障、社会保障（养老、医疗、工伤、失业、生育保险和社会救济）、公共卫生服务、职业培训和义务教育、社区管理与服务、基础设施建设等方面；按承担主体可分为私人成本、政府成本、企业成本、社区成本四种，后三种也可合称为社会成本或外部成本。[②] 农民工市民化中的个人成本不仅包括经济成本，还有预期的社会心理成本与潜在的机会成本（如放弃土地的机会成本等）等。[③] 农民工市民化意味着农民工群体向城市居民群体的跨阶层性的向上流动，当农民工对当前获得的价值地位与其期望不一致时，会形成相对剥夺感，使农民工在城市生活融合中的政治、文化和情感等受到排斥，从而产生社会心理成本。[④] 二是根据成本性质分类分为一次性、持续性成本，根据长短期分类分为短期、长期成本或近期、远期成本。国务院发展研究中心课题组定义成本短期以子女教育和保障性住房支出为主，长期支出以养老保险补贴为主，计算政府对于市民化社会成本的年人均支出为 8 万元左右。[⑤] 三是根据代际分类分为老一代、新生代市民化成本。四是按区域分类可分为东、中、西部农民工市民化成本。张继良等利用人口普查数据计算出江苏省农民工市民化成本约为 12.3 万元，第二代农民工的成本约为 14.3 万元，高于第一代农民工约为 3.1 万元；江苏省内部市民化成本也存在明显地域差异，由高到低分别为：苏南 14.6 万元、苏中 12.4 万元、苏北

---

① 张国胜、杨先明：《中国农民工市民化的社会成本研究》，《经济界》2008 年第 5 期。杜宇：《城镇化进程与农民工市民化成本核算》，《中国劳动关系学院学报》2013 年第 6 期。

② 黎红、杨黎源：《农民工市民化成本评估与经济收益》，《浙江社会科学》2017 年第 12 期。

③ 李楠：《农村外出劳动力留城与返乡意愿影响因素分析》，《中国人口科学》2010 年第 6 期。

④ 胡军辉：《相对剥夺感对农民工市民化意愿的影响》，《农业经济问题》2015 年第 36 卷第 11 期。

⑤ 国务院发展研究中心课题组、侯云春等：《农民工市民化进程的总体态势与战略取向》，《改革》2011 年第 5 期。

11 万元。由此可以看出，由于不同研究核算标准差异较大，社会成本的地域差异性和代际差异性较为明显。[①] 卫宝龙等经过文献整理得出结论：从横向的地域差别来看，一、二线城市农民工市民化的成本大于三、四线城市，沿海地区农民工市民化成本大于内陆地区；从纵向的代际差异来看，新一代农民工市民化的成本可能会超过第一代农民工。[②] 五是根据城市类型分为在大中小城市市民化成本。六是各项目下不同分类方式进行组合。如每个项目下分为私人成本和公共成本，并进一步区分短期和长期或一次性和持续性成本。又如东中西部区域按照代际分类，张国胜等认为，东部沿海地区第一代农民工市民化人均成本为 9.8 万元，第二代为 8.6 万元，中西部内陆地区第一代农民工约 5.7 万元、第二代约 5 万元。[③]

关于农民工市民化收益的研究比较少，如果仅计算成本而忽视收益，就会产生误解：农民工入城分享的是城市发展带来的好处，带来的却是城市拥挤、资源耗费、治安恶化等问题，这样片面的研究不仅使政府缺乏推进农民工市民化的积极性，还会激发城乡居民之间资源争夺的矛盾。农民工群体到城市获得因分享效应、匹配效应以及学习效应带来的个人收益之外，同样也会成为分工过程中不可缺少的一环为城市发展带来社会收益。为数不多的文献对收益的研究主要分为个人收益和社会收益。黎红认为，农民工市民化个人收益包括经济收益和非经济收益两类。经济收益是指农民工成为市民后的职业获得、工资收入增加、生活水平提高、社会保障和公共服务享受等；非经济收益是指农民工因市民化带来的福利溢出效应，包括生活质量提升，医疗、文化、教育环境改善，文化素质和发展能力提高等方面。经济收益可运用工资收入、福利待遇等指标，用货币形式量化测算，非经济收益难以采用货币形式进行标准化测量。农民工市民化的公共收益可区分为显性收益和隐性收益两类。显性收益包括企业利润、财政收入（税收）、土地流转收益、社会财富等方面的增加；隐性收益包括城市的经济社会繁荣发展，居民的心理健康、

---

① 张继良、马洪福：《江苏外来农民工市民化成本测算及分摊》，《中国农村观察》2015 年第 2 期。

② 卫宝龙、王文亭：《农民工市民化的成本与收益：研究评述与理论框架构建》，《西北农林科技大学学报》2018 年第 5 期。

③ 张国胜、杨先明：《中国农民工市民化的社会成本研究》，《经济界》2008 年第 5 期。

精神愉悦、幸福感、安全感提升等方面。胡桂兰等将收益分为非财务收益和财务收益，非财务收益是指农民工给社会和当地政府带来的但无法以财务金额计算的好处。我国改革开放以来的经济增长和社会发展，绝对不能低估农民工所产生的作用，农民工产生的"红利"绝大部分留在了城镇，农民工对城市发展的作用是显而易见的。农民工的财务收益应该包括地方和中央的财政收入、企业利润和农民工在当地投资消费所带来的乘数效应。① 还有学者对更广泛的社会收益进行分析，市民化能够促进城市化进程、促成农业生产方式转变、缩小收入差距、增加人力资本积累等外部效应进行实证检验。②

关于农民工市民化成本收益综合分析。杜宝旭构建农民工市民化成本收益均衡系数来衡量福利改进效应，主要包括三个生产生活方式转换的影响：劳动收入的乡城转换、消费福利的乡城转换以及社会保障缴费给付的乡城转换。③ 胡桂兰等采用广州市的统计数据计算发现，农民工市民化后为当地政府所提供的财政收入远大于市民化的成本，两者收支相抵有盈余。④ 欧阳力胜建立计量模型并使用非线性曲线拟合了市民化成本与收益随农民工人口规模的变动情况，市民化的成本与收益均与人口规模正相关。⑤ 蔡昉认为农民工市民化的收益远高于其成本，农民工市民化可以带来制度性的改革红利，使 GDP 增加 1—2 个百分点。⑥ 但卫宝龙等认为，农民工市民化的成本与收益存在两大问题：农民工个人福利最大化与社会福利最大化不一致的矛盾以及同期不匹配的矛盾。初期常常出现一段时间内成本远高于收益的情形，导致农民工市民化的动力不足；政

① 胡桂兰等：《农民工市民化成本效益分析》，《农业经济问题》2013 年第 5 期。
② 国务院发展研究中心课题组：《农民工市民化对扩大内需和经济增长的影响》，《经济研究》2010 年第 6 期；胡秋阳：《农民工市民化对地方经济的影响——基于浙江 CGE 模型的模拟分析》，《管理世界》2012 年第 3 期；吴琦、肖皓、赖明勇：《农民工市民化的红利效应与中国经济增长的可持续性——基于动态 CGE 的模拟分析》，《财经研究》2015 年第 4 期。
③ 杜宝旭：《农民工市民化私人成本收益均衡系数及其城镇化效应》，《经济与管理研究》2018 年第 4 期。
④ 胡桂兰等：《农民工市民化成本效益分析》，《农业经济问题》2013 年第 5 期。
⑤ 欧阳力胜：《新型城镇化进程中农民工市民化研究》，博士学位论文，财政部财政科学研究所，2013 年。
⑥ 蔡昉：《农民工市民化：立竿见影的改革红利》，《中国党政干部论坛》2014 年第 6 期。

府一方面希望通过市民化推动经济发展，但又担心为此付出巨额的成本。[①] 周春山等以广东省为例，从地区差异的视角分析发现市民化收益的地区差异性小于市民化成本的地区差异性，成本和收益达到平衡需要 5.5 年。[②]

根据研究综述，农民工市民化成本及承担主体如表 10 - 1 和表 10 - 2 所示。

表 10 - 1　　　　　　　农民工市民化成本构成与测算方法

	政府	企业	个人
农民工市民化成本	公共教育成本	社会保障	融入社会成本
	公共管理成本	技能培训	社会心理成本
	社会保障成本		生活住房成本
	保障住房成本		失业风险成本
	促进就业成本		社会保障成本
	市政基础设施建设		子女教育成本
			机会成本

表 10 - 2　　　　　　　　　农民工市民化收益构成

	经济收益	社会收益
农民工市民化收益	财政收入增加	推进城镇化进程
	个人和企业收入增加	缩小城乡收入差距
	经济增长率的提升	提升人力资本
		促进产业结构升级
		推进相关制度改革

第二节　关于计算方法的归纳和选取

关于农民工市民化成本的计算方法，目前学术界主要采用理论分析

---

① 卫宝龙、王文亭：《农民工市民化的成本与收益：研究评述与理论框架构建》，《西北农林科技大学学报》2018 年第 5 期。

② 周春山、杨高：《广东省农业转移人口市民化成本——收益预测及分担机制研究》，《南方人口》2015 年第 30 卷第 5 期。

基础上的分类加总及线性回归模型。收益测算及衡量主要采用分类加总、线性回归模型、模拟测算、双重差分模型等。因农民工市民化具有典型的区域和群体特征，很多文献采用的是区域数据和代表性农民工分类加总算法。对于农民工市民化成本的测算有两个显著特点：一是大多学者都是采用了构建成本模型公式并分类加总的方法；二是主要讨论政府承担（支出）成本。

徐红芬利用2012年的数据分别测算出城市基础设施建设成本、城镇公共管理成本、社会保障成本、随迁子女教育成本、保障性住房成本、个人住房成本、个人保险支出成本以及城市生活成本的年人均成本，再进行年度分类加总，并分析公共成本和个人成本所占比重以及政府、企业和个人的成本分担，单纯从成本看得出缺口很大的结论。① 丁萌萌、徐滇庆运用全国数据着重于计算成本项目的城乡差距，计算当期市民化成本增量作为总成本，并在计算方式上做出说明：当期成本按年限累加计算不妥，考虑到折算率不确定，只计算当期成本。他们享受的各种福利待遇来自自身对社会的贡献，不能简单地视为政府的额外负担，并采用VAR和最小二乘估计模型得到市民化公共成本会带来财政支出的增长，但处于可控和可承受的范围。他们认为农民工市民化公共成本的测算，应界定好公共服务成本的各项指标，当期值与未来值的区别，区分由政府承担还是由个人支付的成本。对于教育、医疗和民政部门的社会保障补助，应计算城乡之间的差额，社会保障资金由个人购买的部分不应计入公共服务成本之中。② 陆成林认为农民工市民化成本具有一定的弹性且不会有一个确定的数值，不同省份、同一省份之内的不同市县之间，所付出的公共成本不同，只有算总账和平均账，才能最大限度地消除这种差异对成本测算以及相应的制度安排产生的影响。应该把这个成本做一个区间式的界定，测算出下限成本和上限成本。③ 杜海峰等认为在测算模型方面，学者多从成本构成或分担主体的单一维度构建模型，尚未有学

---

① 徐红芬：《城镇化建设中农民工市民化成本测算及金融支持研究》，《金融理论与实践》2013年第11期。

② 丁萌萌、徐滇庆：《城镇化进程中农民工市民化的成本测算》，《经济学动态》2014年第2期。

③ 陆成林：《新型城镇化过程中农民工市民化成本测算》，《财经问题研究》2014年第7期。

者加入农民工人口迁移的城乡户籍视角来丰富模型。在划分成本结构和构建指标体系方面，已有研究未能系统、全面地考虑成本结构，并忽略了一些隐性成本指标和显性成本项目。他认为农民工市民化总成本是农民工市民化前后，在职业、社会身份、社会生活等方面成本的改变之和，借鉴了成本会计学中的产品成本计算分类法与平行结转分步法，将各成本项按层次性与包含关系划分为不同层级的账户，最后逐级归集、汇总、均分得到农民工市民化的年人均总成本为 6.314 万元，政府承担的公共成本为年人均 0.83 万元。他的测算集中在农民工市民化初期（第一年）的成本，市民化中后期的成本应该会逐步减少。①

目前成本收益综合分析的文献比较少，因收益分析集中于缩小居民收入差距、扩大城市规模和增加人力资本积累等外部效应的社会收益方面，故研究方法主要有线性回归、双重差分等模型，对于经济收益主要停留在定性分析上。针对个人成本—收益的研究，杜宝旭认为所谓福利改进就是指农民工市民化后劳动收入减去各项消费支出后获得的净收益高于农村收入与消费支出的净收益，由此构建了私人成本—收益均衡模型。只有直接净收益大于等于农村收入与支出的净收益，才能够促使农民工做出市民化决策，即所构建的农民工市民化私人成本—收益均衡系数小于 1 时，农民工将会做出市民化决策。② 黎红等以宁波为例分别研究了农民工家庭市民化的个人支出成本、社会成本、经济收益和社会收益。其研究方法是选择典型家庭对成本和收益进行分类计算加总。支出成本分为住房成本、生活消费成本和社保缴费成本，采用城乡差额计算个人和家庭的年支出成本及年经济收入，从而得到两种不同的估计结果，计算发现宁波本地农民工市民化与外省农民工市民化的收支结余有所差异。在计算社会成本时采用的是 30 年时间，但未做折现处理，通过城镇人口的人均社会成本支出计算新增农民工家庭的社会成本支出。以家庭为单位进行财政贡献计算，并与社会成本进行对比发现与个人收益和成本对

---

①　杜海峰等：《农民工市民化成本测算模型的改进及应用》，《当代经济科学》2015 年第 2 期。

②　杜宝旭：《农民工市民化私人成本收益均衡系数及其城镇化效应》，《经济与管理研究》2018 年第 4 期。

比的结果相同,社会收益也大于成本。[1]

对于农民工市民化成本的计算,黎红等做了原则性的定性分析,认为农民工市民化的成本计算有显性和隐性特征、分批分期性特征及区域性特征。成本分担需厘清五大关系:中央政府与地方政府之间的农民工市民化成本分担关系,输入地政府与输出地政府之间的农民工市民化成本分担关系,农民工市民化当期成本与远期成本之间的分担关系,经济发展程度与农民工市民化的速度、规模之间的分担关系以及外来农民工与本地城镇居民之间的利益分配关系。[2]

第三节 农民工市民化成本和收益计算指标体系及测算模型

鉴于现有文献多数采用分类加总的方式进行计算。本书也使用相类似的测算方式。总体来看,无论是私人成本还是社会成本,都会涉及农民工市民化之前后成本和收益的变化。本部分重点区分与户籍挂钩的权益,因为农民工在城市属于"半农半城"的状态,有些公共福利不可避免地外溢到作为常住人口的农民工群体是很常见的情况,但还有些权益是与户籍直接挂钩,即使农民工进城获得稳定就业并常住也因户籍原因而不能平等享受。随着农民工市民化的实现,这些权益的提供将由私人或社会来承担,从而转化为私人成本或社会成本。同时,农民工成为市民之后个人或社会均可以获得以货币衡量的经济收益以及无法用货币衡量的社会收益,其中一些收益来源于市民化权益。因此,农民工市民化成本与收益的计算与户籍挂钩的权益有直接关系。根据现有文献,再借鉴沈水生的《中国农民工市民化问题研究》对于市民化权益的分析,与户籍挂钩的权益有 59 项,可以用货币计量的权益分为七类。一是与农民工普遍相关的权益。主要包括拥有社会保障权益,拥有公共租赁住房、购买经济适用房、购买限价商品房的权益。二是与部分农民工相关的权益。主要包括灵活就业人员参加职工基本养老保险、参加失业保险及享

---

[1] 黎红、杨黎源:《农民工市民化成本评估与经济收益》,《浙江社会科学》2017 年第 12 期。

[2] 黎红、杨聪敏:《农民工市民化的成本分担与机制构建》,《探索》2018 年第 4 期。

受失业待遇、购买商品房、独生子女父母奖励、计划生育家庭特别扶助、计划生育家庭老年人扶助等。三是与中青年农民工相关的权益。包括孕产妇保健、儿童保健、学前教育资助、义务教育免费、义务教育阶段救助。四是与农民工年老退休后以及随迁老人的相关权益。包括老年人保健、高龄补贴、老年人长期护理保障、基本养老服务补贴等。五是与农民工中的特殊群体相关的权益。包括烈士、军人、军属、残疾人相关的权益。六是与贫困农民工相关的权益。包括最低生活保障、就业援助、医疗救助、廉租住房、住房救助等权益。七是与农民工小概率相关的权益。包括人身损害赔偿、自然灾害救助等。

中国政府制定的《新型城镇化规划（2014—2020)》对相关成本结构和分担主体进行了界定和说明，并提出了宏观指标项目，学界此后的研究基本依照该框架、沿袭该思路与做法。《新型城镇化规划（2014—2020)》指出，建立健全由政府、企业、个人共同参与的农业转移人口市民化成本分担机制，根据农业转移人口市民化成本分类，明确成本承担主体和支出责任。政府要承担农业转移人口市民化在义务教育、劳动就业、基本养老、基本医疗卫生、保障性住房以及市政设施等方面的公共成本；企业要落实农民工与城镇职工同工同酬制度，加大职工技能培训投入，依法为农民工缴纳职工养老、医疗、工伤、失业、生育等社会保险费用；农民工要积极参加城镇社会保险、职业教育和技能培训等，并按照规定承担相关费用。

综上可知，目前的文献基本覆盖了与权益相关的经济成本，所不同的是统计口径和计算方式有所区别。为了更好地衡量成本—收益，本书对成本和收益的测算模型做进一步梳理，这将是进行成本收益对比分析的基础，也是对政府、企业、个人进行博弈分析的基础。本部分沿用现有文献的通常做法：计算市民化之后每人每年新增的成本，所谓新增即城乡财政支出的差额，有很多项目并非城市独有，在农民工市民化之前项目成本已经发生，市民化之后只需要计算新增即可，否则会人为增加财政支出的总体成本。

一　公共成本（Cg）

城市规模与户籍制度息息相关，目前城区常住人口 300 万以下的城市已基本取消落户限制，Ⅰ型大城市、特大城市和超大城市目前还没有放开户籍政策,[①] 而这些城市已经成为农民工务工的主要集中地。农民工市民化意味着他们对于城市权益的分享,必然对城市公共服务的供给造成压力,如果与之相对应的空间范围及公共服务配套设施难以跟上,将会降低城市整体的生活品质。因此与常住人口300万以下城市基本取消落户政策相反,一些特大、超大城市提出收紧户籍政策、控制常住人口的措施。如2021年6月深圳市规划和自然资源局公示了《深圳市国土空间总体规划(2020—2035年)(草案)》,提出2035年将常住人口控制在1900万。人口规模计划的提出并没有阻止人口的流动,反而加速原本流向深圳的人口外溢趋势,周边城市成为人口流入的密集地,因此从整体看人口流动并不会因一时一地的政策而停止,而大城市也将以常住人口作为公共服务供给的主要参考依据,拥有居住证的常住居民已经享有了部分与户籍挂钩的权益,而农民工尤其是新一代农民工更多是达不到申请居住证的条件,获得的权益也相当有限。未来这部分人逐渐转变为常住居民拥有居住证或者进一步获得户籍,需要提前考虑并进行核算。正如陆铭的《大国大城》所说:"当遇到人口流动带来的公共服务需求与其供给相矛盾的时候,一方面要通过增加供给总量来缓解矛盾,而不应该通过限制人口的流入来回避问题。"根据他的设想,"中西部农村劳动力在沿海转化为市民,实现用地指标和劳动力一起配置。这样,中国下一轮的经济增长就可以同时提升速度和效率",[②] 将来还有可能涉及用地指标的核算,这已超出本书讨论范围,将在以后进行研究。下列公式中,t、P_t、P'_t、P_{ft}分别表示年份、年末城镇人口数、年末农村人口数、城镇单位职工人数。使用统计期内各项目城镇和农村人均每年的支出额差值作为新增成本核算的标准。具体公共成本项目、含义和承担主体见表10-3。

---

① 国务院2020年印发《关于调整城市规模划分标准的通知》,对原有城市规模划分标准进行了调整,明确了新的城市规模划分标准。城区常住人口50万以下的城市为小城市,其中20万以上50万以下的城市为Ⅰ型小城市,20万以下的城市为Ⅱ型小城市;城区常住人口50万以上100万以下的城市为中等城市;城区常住人口100万以上500万以下的城市为大城市,其中300万以上500万以下的城市为Ⅰ型大城市,100万以上300万以下的城市为Ⅱ型大城市;城区常住人口500万以上1000万以下的城市为特大城市;城区常住人口1000万以上的城市为超大城市。

② 陆铭:《大国大城》,上海人民出版社2018年版。

表 10 - 3　　　　　　　　　公共成本项目、含义及承担主体

成本名称		含义	承担主体
公共成本 C_g	基础设施建设成本 C_1	政府为保障与改善农民工物质文化生活而在城镇基础设施方面较市民化前所改变的成本	政府
	公共管理成本 C_2	政府为农民工在公共事务管理方面较市民化前所改变的成本，主要包括公共服务、公共安全、环境保护三方面	
	社会保障和促进就业成本 C_3	政府为农民工缴纳社会保障资金、促进其充分就业而较市民化前所改变的成本，包括基本养老保险、基本医疗保险、促进就业三类	
	保障性住房成本 C_4	政府为农民工在住房保障方面较市民化前所改变的成本	
	公共教育成本 C_5	政府为农民工在教育方面较市民化前所改变的成本	

（一）基础设施建设成本（C_1）

$$C_1 = \sum_{t=i}^{n} I_t / \sum_{t=i}^{n} p_t - \sum_{t=i}^{n} I'_t / \sum_{t=i}^{n} p'_t$$

其中 I_t、I'_t 分别为各年度城市和农村基础设施建设投资总额，根据《中国统计年鉴》的解释，基础设施建设投资主要是指为社会生产和生活提供基础性、大众性服务的工程和设施，是社会赖以生存和发展的基本条件。包括以下行业投资：铁路运输业、道路运输业、水上运输业、航空运输业、管道运输业、多式联运和运输代理业、装卸搬运业、邮政业、电信广播电视和卫星传输服务业、互联网和相关服务业、水利管理业、生态保护和环境治理业、公共设施管理业。

（二）公共管理成本（C_2）

农民工市民化增加城市的治理成本，如行政部门的管理成本（G）、公共安全成本（S）、公共卫生成本（H）及节能环保支出（E）。一般公共服务支出主要用于保障机关事业单位正常运转、支持各机关单位履行职能而设立的支出项目。人口越多，维护社会治安的支出越多，医疗卫生设施的配置越多，维持市容环境整洁的支出越多，因此市民化程度越高，所需要的公共管理成本越高。

$$C_2 = \sum_{t=i}^{n}(G_t + S_t + H_t + E_t)/\sum_{t=i}^{n}$$

$$p_t - \sum_{t=i}^{n}(G'_t + S'_t + H'_t + E'_t)/\sum_{t=i}^{n}p'_t$$

（三）社会保障和促进就业成本（C_3）

农民工市民化之后在城市就业时的人事和福利制度更加规范，社会保障涉及财政、企业和个人支出，根据财政支出项目，涉及各种社会保障的补助、与就业相关的各种补贴以及劳动关系维权等支出。

$$C_3 = \sum_{t=i}^{n}SS_t/\sum_{t=i}^{n}p_t - \sum_{t=i}^{n}SS'_t/\sum_{t=i}^{n}p'_t$$

SS_t为各年度城市社会保障和促进就业财政支出，SS'_t为各年度农村社会保障财政支出。

（四）教育成本（C_4）

农民工入城打工，留守儿童的教育和老人的养老问题日趋严重，背井离乡的生活状况因亲情隔离而导致的家庭破裂和问题少年增多，最后生计问题的解决是以家庭分崩离析或孩子性格缺陷为代价，均成为降低农民工家庭幸福感的重要因素。农民工入城提高收入的最终目的是为家庭提供更好的生活条件和教育环境，因此，解决孩子在城市的入学问题是既能让农民工安心工作，又能为孩子提供更优质教育从而促进整个社会阶层流动的一举多得的方式。因缺乏最新的统计资料，只能用往年数据，根据 2016 年和 2017 年东北师范大学中国农村教育发展研究院发布的《中国农村教育发展报告》，2015 年，全国义务教育阶段在校生中，有随迁子女 1367.1 万人，留守儿童 2019.2 万人，农民工子女的随迁率达 40.37%，留守率则接近 60%。2016 年，全国有义务教育阶段进城务工人员随迁子女 1394.8 万人，全国农村共有义务教育阶段留守儿童 1726.29 万人，农民工子女的随迁率提高到 44.69%，这意味着还有大约 55.31% 的留守儿童将来有可能转移到城市接受义务教育。

$$C_4 = \sum_{t=i}^{n}Edu_t/\sum_{t=i}^{n}p_t - \sum_{t=i}^{n}Edu'_t/\sum_{t=i}^{n}p'_t$$

Edu_t和Edu'_t分别为各年度城市和农村教育财政支出。

（五）住房保障支出（C_5）

在城市的居住条件是农民工非常关心的问题，公租房、廉租房、保障性住房以及与住房相关的各种补贴，一般只向拥有户籍人员或者居住证人员提供，限于收入农民工只能群租或者居住于城边的棚户区，居住条件简陋，安全得不到保障，形成了众多城边村。农民工市民化之后可以较低的价格获得更好的居住环境，需要政府财政投资建造更多的福利性住房，住房保障支出必然增加。

$$C_5 = \sum_{t=i}^{n} H_t / \sum_{t=i}^{n} p_t - \sum_{t=i}^{n} H'_t / \sum_{t=i}^{n} p'_t$$

H_t 和 H'_t 分别为各年度城市和农村住房保障财政支出。

二　企业成本（Ce）

具体的企业成本项目、含义及承担主体见表 10 - 4。

表 10 - 4　　　　　　　　企业成本项目、含义及承担主体

	成本名称	含义	承担主体
单位成本 Ce	社会保障成本 C_6	单位为农民工市民化缴纳的社会保障资金主要包括五险	企业
	技能培训成本 C_7	单位为农民工提供的职业技能培训所需要的成本，较市民化之前改变的部分	
	工资歧视成本 C_8	因身份不同产生同工不同酬，农民工市民化之后单位将补发因身份差异所引发的工资待遇变化而支付的成本	

（一）社会保障成本（C_6）

按照法律规定一旦签订正式合同，单位就应缴纳五险一金，但现实中可能因种种原因农民工无法获得相应的社会保障待遇。企业方面身份歧视，为节省成本不愿意为农民工缴纳社会保险，而在劳动力买方市场的情况下农民工为提高自己的竞争力无奈放弃应得的待遇。还有的情况是农民工主动放弃，农民工的流动性决定了其随时可能返回老家，在社会保险无法转移接续的情况下社会保障如同鸡肋，同时考虑到社会保障是远期才能享受的权益，农民工更注重现期拿到手的部分，而"五险一金"社会保障资金的存在使到手的工资大幅减少，因此农民工尤其是工资比较低的农民工，普遍对"五险一金"有抵触情绪。农民工市民化之后，上述问题均不存在，法律规定企业为居住证或者户籍人员提供社会

保障资金的缴纳，因不存在转移接续问题，农民工在城市稳定下来之后才能做社会保障的长期打算。"五险一金"包括养老保险、医疗保险、失业保险、工伤保险、生育保险以及公积金，其中生育保险是由单位缴费依法强制缴纳，并且只要在职就要交，不分男女，生育保险个人不缴费。鉴于从2019年开始生育保险基金并入职工基本医疗保险基金，统一征缴，统筹层次一致，计算时将生育保险纳入医疗保险之中。

$$C_6 = \sum_{t=i}^{n} EI_t / \sum_{t=i}^{n} P_{ft} + \sum_{t=i}^{n} MI_t / \sum_{t=i}^{n} P_{ft} + \sum_{t=i}^{n} UI_t / \sum_{t=i}^{n} P_{ft} +$$

$$\sum_{t=i}^{n} II_t / \sum_{t=i}^{n} P_{ft} + \sum_{t=i}^{n} HP_t / \sum_{t=i}^{n} P_{ft}$$

其中 EI_t、MI_t、UI_t、II_t、HP_t 分别表示养老保险的企业年缴费、医疗保险的企业年缴费、失业保险的企业年缴费、工伤保险的企业年缴费以及生育保险年缴费。

（二）技能培训成本（C_7）

根据第七章对于农民工培训状况的分析，接受过培训的农民工比重非常小，农民工作为不稳定的群体，所从事的职业相对比较低端，企业更倾向于培训为企业带来稳定价值的员工。农民工市民化之后，稳定性增强，为了在城市更好地生活下去，他们的职业规划会更长远，企业对员工的培训力度有增强倾向。为了鼓励企业加大职工培训的力度，重视提高职工的业务素质和技能，企业所得税法及实施条例规定了税前扣除职工教育经费的优惠政策。《企业所得税法实施条例》第四十二条规定，除国务院财政、税务主管部门另有规定外，企业发生的职工教育经费支出，不超过工资薪金总额的2.5%的部分，准予扣除；超过部分，准予在以后纳税年度结转扣除，因此假设年度职工教育经费支出的提取比例为工资薪金总额的2.5%。

$$C_7 = \left[\sum_{t=i}^{n} EW_t^* P_{ft} / \sum_{t=i}^{n} P_{ft} \right] * 2.5\%$$

EW_t 为城镇单位职工人均年工资。

（三）工资歧视成本（C_8）

农民工工资歧视主要表现为拖欠工资、同工不同酬的问题。《劳动法》第四十六条规定：工资分配应当遵循按劳分配原则，实行"同工同酬"。同工同酬是指用人单位对于技术和劳动熟练程度相同的劳动者在从事同种工作时，不分性别、年龄、民族、残疾、区域等差别，只要能以不同方式提供相同的劳动量，即获得相同的劳动报酬。同工同酬体现着两个价值取向：确保贯彻按劳分配这个大原则，即付出了同等的劳动应得到同等的劳动报酬。《劳动法》《劳动合同法》实施后，同一工种已不再有农民工与正式工的差别，在同一企业工作的农民工与非农民工，同工同酬。尽管如此，现实中常有拖欠农民工工资或同工不同酬问题。

$$C_8 = \sum_{t=i}^{n}\left[(TW_t - RW_t) * P_{ft} / \sum_{t=i}^{n} P_{ft}\right] * \&$$

& 为工资歧视系数，即衡量户籍因素影响的城镇单位职工与农民工工资差异程度的指标，根据以往研究的成果，取工资歧视系数为 0.25。[①]

三　个人成本（Cp）

具体的个人成本项目、含义及承担主体见表 10 – 5。

表 10 – 5　　　　　　　个人成本项目、含义及承担主体

	成本项目名称	含义	承担主体
个人成本 Cp	融入社会成本 C_9	市民化之后为维持、新建和发展社会网络而增进人际交往所需要的费用变化	个人
	生活住房成本 C_{10}	市民化之后衣、食、住、行、通信等日常生活方面，较市民化之前所改变的成本	
	失业风险成本 C_{11}	农民工市民化前后因面临失业风险所出现的费用变化	
	社会保障成本 C_{12}	按照现行制度，农民工市民化之后所缴纳的社会保障成本的变化	
	子女教育成本 C_{13}	农民工市民化之后对于子女教育投入的费用，较市民化之前所做的改变	
	土地机会成本 C_{14}	农民工市民化之后，基于农村土地的收益将构成市民化的机会成本，包括农业部门的经营性收入、转移性收入以及集体再分配收入等	

[①] 杜海峰：《农民工市民化成本测算模型的改进及应用》，《当代经济科学》2015 年第 3 期。

农民工市民化前后个人成本的变化主要表现在以下几个方面。第一，生活成本和子女教育成本的变化。农民工市民化之后在生活习惯、生活质量以及子女教育等方面均向城市居民看齐，必然会推高生活成本。第二，融入社会成本的变化。尽快融入城市意味着与城市工作和生活的群体更多地交往和共鸣，于是社会交往的成本必然增加，因此面临一定的适应和融入社会成本。第三，社会保障成本的增加。社会保障中的养老保险、失业保险、医疗保险和住房公积金均有个人需要缴纳的部分，因此社会保障水平提升的同时，也意味着收入中有一部分以保险的方式用于未来跨期支付，即期的可支配收入会受到影响。第四，失业风险成本的变化。城市就业竞争压力大，如果不具备一技之长或者技术对劳动力替代性增大，农民工市民化之后可能面临大概率的失业问题，市民化之前在城市失业了还有返乡退路，农村成为吸纳失业人员的缓冲之地，但市民化之后失去了原有的农村返乡保障。相比原有的城市居民，农民工的抗风险能力相对较弱，失业保险固然可以维持生活，但失业概率大的情况下还是需要为失业风险付出相应的隐性成本。第五，土地机会成本。农民工将老家的农地进行流转租赁，失去经营性收入、转移性收入以及集体再分配收入的同时获得租金收入，如果之间差值为正，则产生市民化的土地机会成本，在计算市民化的个人成本时不应忽视。

（一）融入社会成本（C_9）

$$C_9 = \sum_{t=i}^{n} Ir_t * p_t / \sum_{t=i}^{n} p_t - \sum_{t=i}^{n} Ir'_t * p'_t / \sum_{t=i}^{n} p'_t$$

Ir_t、Ir'_t 分别为城市和农村居民年人均社会交往支出。

（二）生活住房成本（C_{10}）

$$C_{10} = \sum_{t=i}^{n} (L_t + D_t) * p_t / \sum_{t=i}^{n} p_t - \sum_{t=i}^{n} (L'_t + D'_t) * p'_t / \sum_{t=i}^{n} p'_t$$

$L_t + D_t$ 为城镇居民年人均生活成本与住房支出之和，$L'_t + D'_t$ 为农村居民年人均生活成本与住房支出之和。

（三）失业风险成本（C_{11}）

失业之后失去正常收入来源，失业保险将成为维持生活的基本保障，而最低收入户日常人均生活开支（DE）可能会超出失业保险（UI）的覆

盖范围，此时需要动用积蓄，而一旦净支出超过积蓄，将会面临比较严重的失业风险。假设人均积蓄为 M，最低收入户日常人均净支出为 N，净支出大于积蓄的概率为 p，失业率为 u，则失业后净支出大于积蓄的概率为 $u*p$。假设净支出均值为 0，即日常生活开支正好被失业保险覆盖，净支出的标准差为 Q，根据切比晓夫不等式，$p(|N|>M)=Q*M/Q\leqslant 1/(M/Q)^2=Q^2/M^2$

$$C_{11}=\sum_{t=i}^{n}(DE_t-UI_t-M_t)*u*p*p_t/\sum_{t=i}^{n}p_t$$

（四）社会保障成本（C_{12}）

$$C_{12}=\sum_{t=i}^{n}SS_{pt}/\sum_{t=i}^{n}p_t-\sum_{t=i}^{n}SS'_{pt}/\sum_{t=i}^{n}p'_t$$

SS_{pt}、SS'_{pt} 分别是每年度城镇和农村居民养老保险、医疗保险、失业保险以及住房公积金个人缴纳部分总额，其中农村不存在住房公积金的缴纳。

（五）子女教育成本（C_{13}）

$$C_{13}=\sum_{t=i}^{n}Edu_{pt}/\sum_{t=i}^{n}p_t-\sum_{t=i}^{n}Edu'_{pt}/\sum_{t=i}^{n}p'_t$$

Edu_{pt}、Edu'_{pt} 分别为该年度城镇和农村居民子女教育支出总额。

（六）土地机会成本（C_{14}）

$$C_{14}=\sum_{t=i}^{n}(A_t+T_t)*p'_t/\sum_{t=i}^{n}p'_t$$

所谓土地机会成本，即放弃土地耕种减少的收益。土地耕种可以获得经营性收入和转移性收入，再去掉相关成本则可得到净收入。公式中 A_t、T_t 分别为年人均土地经营性净收入和年人均转移性净收入。

四　收益项目

（一）公共财政收入（Rg）

$$Rg=(\sum_{t=i}^{n}GDP_t/\sum_{t=i}^{n}p_t)*(\sum_{t=i}^{n}\lambda_t/n-i+1)$$

公共财政收入一般可以表示为 GDP 的一定比例，因此将人均 GDP 的一定比例作为农民工市民化后对财政收入的贡献。

（二）农民工人均工资收入的增加值（Rp）

$$Rp = \sum_{t=i}^{n}(DIM_t - DIC_t) / \sum_{t=i}^{n} p_t$$

农民工市民化前后可支配收入会有变化，农民工在城市打工因身份的限制或者打工期有限无法签订长期合同，故影响收入，市民化之后他们会做长期的职业规划，劳动力的供给相对稳定，企业更愿意支付更多的工资并对农民工进行培训，培训的结果就是农民工素质的提升以及收入的提高。我们以市民化之前农民工的年人均工资收入（DIC）作为对比基础，市民化之后的收入以城镇单位就业人员平均工资（DIM）作为标准，两者进行对比或者两者之差的一定比例可作为收入的增加值。

（三）企业的收益

关于企业的收益很难用数字衡量，产品价格由产品供求决定，因此企业收益也要通过供求状态加以确定。从供给层面看，农民工市民化之后提供稳定劳动力的同时也总体上拉低了工资成本，西方经济学中厂商在生产的过程中会沿着 MC 曲线调整产量来达到利润最大化或成本最小化，也就是边际成本曲线就是供给曲线。工资水平的降低意味着在同样的产量下边际成本下降，即供给曲线右移。从需求层面看，农民工市民化之后形成稳定的消费群体，企业面对的市场规模增大，同样价格下市场需求增加，因此需求曲线向右移动。供求曲线均向右移动，均衡产量增加，价格的波动情况则与供求曲线移动的幅度相关。需求移动的幅度大则使价格上升，上升的价格和产量共同增加企业的收益。相反，供给右移的幅度大则使价格下降，此时供给和需求弹性将影响总收益：当供给弹性一定的情况下，同样的右移幅度，需求弹性越大则意味着价格的微小下降引起均衡产量大幅增加，企业收益将会增加。当需求弹性一定的情况下，同样的右移幅度，供给弹性越大则意味着价格的微小下降使供给量大幅减少，企业收益减少。

（四）消费需求的上升将成为畅通国内大循环的动力

目前，国内需求已成为经济增长最重要的引擎，也是后疫情时代经济复苏的基础。我国已经形成拥有 14 亿人口、4 亿多中等收入群体的全球最大最有潜力市场，随着向高收入国家行列迈进，规模巨大的国内市场还在不断扩张。收入的增长对消费的提升固然重要，但还需要考虑消费倾向。影响边际消费倾向的因素有很多，如消费习惯、消费信贷的发展、预防性储蓄动机等。当养老、医疗、教育以及住房等涉及福利和保障的层面具有很大的不确定性和大额支出预期时，个体提高预防性储蓄动机必然以减少当前消费为代价，当社会保障制度不健全导致全民提高预防性储蓄动机，结果将是消费需求始终低迷，这样的情况必然波及国内私人投资，当政府投资和净出口一定时，国内经济会因为消费需求的不景气而受到抑制。农民工市民化过程中更高水平的社会保障覆盖到这个群体，与原住市民的收入差距缩小，享受公办学校的九年制义务教育。另外，在住房保障方面，"房住不炒"的定位使房地产市场价格逐渐稳定甚至有所下降，政府为中低收入住房困难家庭所提供的限定标准、限定价格或租金的保障性住房，如廉租住房、经济适用住房、政策性租赁住房、定向安置房等供给量增多，在住房方面的支出及其不确定性可控。上述因素的综合结果是农民工群体预防性储蓄动机的减弱和消费倾向的增强，这样的结果助推后疫情时代国内大循环速度。结合企业收益可以得出结论：从微观层面看，农民工市民化将改变市场的供求曲线位置，提高均衡产量，多数情况下使企业获益。从宏观层面看，该群体预防性储蓄动机的减少提升了边际消费倾向，提高总需求进而间接推进供给侧结构性改革。

在农民工刺激消费需求方面，蔡昉给出了更详细的分析。[①] 在我国城镇常住人口中，有接近30%的人口没有城镇户籍，这部分人主要是农民工，他们不能均等地享受基本公共服务，就业收入不稳定，不能像真正的城市居民一样消费。目前我国城镇常住人口已达63.9%，但真正拥有城市户口的人口比例仅为45.5%，如果能缩小这一差距，让更多的农民工获得城市户口，完善的社会保障使他们没有后顾之忧，这一群体可以发挥更大的消费潜力。据估算，即使在工资等各方面都没有变化的情况下，仅由于获得城市户口就可以使农民工的消费提高27%。OECD中国部的研究也显示农民工获得城市户口可以提高30%的消费，横向流动将

---

① 蔡昉：《如何通畅向上流动的通道》，中国金融四十人论坛公众号，2021年10月6日。

促进阶层间的纵向流动，使农民工有机会在教育水平、职业类别和社会身份等各方面向上流动，成为潜在的中等收入群体，实现中等收入群体倍增计划，成为将来社会经济发展的中坚力量。同时满足新居民的保障性住房需求和城市基础设施需求都将带来巨大的投资机会。

第四节　农民工市民化成本计算

根据上面的模型分析，农民工市民化成本和收益涉及区域和年龄因素，不同地区的经济状况和收入水平各不相同，计算出来的成本也会差异较大，目前文献多数具体到某个城市进行成本和收益测算。本部分借鉴前人的研究成果，选择东中西部区域的典型城市。按照目前的区域划分，东部地区包括北京、天津、河北、上海、江苏、浙江、福建、山东、广东、海南 10 个省（直辖市）。中部地区包括山西、安徽、江西、河南、湖北、湖南 6 省。西部地区包括内蒙古、广西、重庆、四川、贵州、云南、西藏、陕西、甘肃、青海、宁夏、新疆 12 个省（自治区、直辖市）。东北地区包括辽宁、吉林、黑龙江 3 个省。根据 2020 年农民工监测调查报告，东部地区就业的农民工占 53%，其中主要集中在珠三角和长三角。据《中国流动人口发展报告 2018》，从受教育程度来看，高素质流动人口占比最高的是京津冀城市群，其次为成渝城市群、长三角、长江中游和珠三角。从城市群流动人口的发展趋势来看，长期居留流动人口上升，以珠三角、长三角、京津冀、长江中游和成渝城市群为代表的五大城市群仍将是未来流动人口的主要聚集地。综合以上因素以及数据的可得性东部选择上海和广东，中部以人均 GDP 最高的河南为代表，河南省既是外出打工农民工的主要来源，近期因经济增长也日益成为返乡的主要区域，西部以成渝城市群所在地重庆作为样本。

按照前述的指标体系和测算模型，分别计算上海、广东、河南及重庆四个省份农民工市民化的公共成本、企业成本、个人成本以及公共财政收益和个人收益，在计算的同时进行下列比较分析。一是区域内部和区域之间各成本的对比，以此判断东中西部市民化成本的差异。二是区分省内和跨省市民化成本，以此大致衡量东中西部区域内和跨区域市民化的成本差异。三是每个区域内部各类型的成本与收益进行对比，衡量市民化过程中公共财政及个人所承担的压力程度，推断市民化在财政层面和个人层面经济上的可能性。数据来源主要是各省份的官方统计年鉴，因年鉴数据与所研究指标不尽相同，有些数据是计算整理所得，在接下来的列表对比时会进行相应注明。

一　公共财政成本计算与比较

根据一般公共预算支出项目的组成，本部分选择地方财政支出中与户籍人口和常住人口密切相关的项目。其中一般公共服务支出主要用于保障机关事业单位正常运转，支持各机关单位履行职能，保障各机关部门的项目支出需要；公共安全支出的内容包括完善政法经费保障体制，稳步提高地方政法经费补助水平，支持地方特别是中西部地区化解政法机关基础设施建设债务。提高公共服务和社会管理能力。加强基层监管部门食品检验检测能力建设，促进保障食品安全。公共卫生成本主要是医疗卫生和计划生育支出，原为卫生健康支出，包括公立医院支出、公共卫生（包括疾病预防控制机构）、基层医疗卫生机构等支出，是民生的一大重要保障。而卫生健康支出占一般公共预算支出的比重，可以很大程度上反映出城市对于卫生健康的重视程度。社会保障和促进就业主要包括以下项目：社会保险基金补助支出、行政事业单位离退休支出、就业补助支出、城市居民最低生活保障支出、农村最低生活保障支出、自然灾害生活救助支出。社会保障是指国家通过立法，积极动员社会各方面资源，保障无收入、低收入以及遭受各种意外灾害的公民能够维持生存，保障劳动者在年老、失业、患病、工伤、生育时的基本生活不受影响，同时根据经济和社会发展状况，逐步提升公共福利水平，提高国民生活质量。教育经费支出包括教育事业费支出（即各级各类的学校的人员经费和公用经费支出）和教育基本建设支出（建筑校舍和购置大型教学设备的费用）等。住房保障支出包括保障性安居工程支出、住房改革支出（住房公积金、提租补贴、购房补贴）、城乡社区住宅建设和维修改造支出等。其中住房性安居工程支出包括保障性住房建筑、棚户区改造和农村危房改造和游牧民定居工程，具体如下：保障性住房建设包括廉租住房、经济适用住房、公共租赁住房、限价商品住房；棚户区改造包括城市棚户区、国有工矿棚户区、林区棚户区、垦区棚户区和煤矿棚户区；农村危房改造和游牧民定居工程。

在节能环保支出的分项中，主要用于：能源节约利用、天然林保护、污染减排、环境监测与监察、环境保护管理事务、污染防治、退耕还林、可再生能源、自然生态保护、能源管理事务、资源综合利用、其他节能环保支出（主要是新增安排可再生能源电价附加增值税返还资金）。上述项目的共同特点是均会随着农民工市民化和城市人口的扩张逐渐增加，人口增加意味着所配套的行政机构规模的增加，相应履行职能的经费增加。人群聚集的地方也意味着公共安全形势严峻，需要增加相应的公共服务及安全基础设施，也就意味着公共安全支出的增加。医疗卫生、疾病防治、公立医院基础设施等经费也会随着人口而增加，相应的卫生健康支出水涨船高。农民工市民化可能意味着举家搬迁，他们最急迫的诉求是享受城市的良好教育资源，因此教育成本将会明显增加。市民化意味着公民按照城市人口的待遇享有社会保障项目，显然该项目与市民人数密切相关。融入城市的标志之一是住房，城市尤其是大城市房价居高不下，需要建造更多的保障性住房及提供更多的购房补贴。城市人口越多，节能环保的压力越大，需要更多的支出用于环境保护、资源综合利用以及环境监测和管理等方面，也就产生了基础设施投资。基础设施投资是指建造或购置为社会生产和生活提供基础性、大众性服务的工程和设施的支出。公报中的基础设施投资包括交通运输、邮政业，电信、广播电视和卫星传输服务业，互联网和相关服务业，水利、环境和公共设施管理业投资。上述项目城乡都会涉及，只是在人均财政支出数额上有所区别，于是就产生了市民化的财政支出成本，即城市在市民化过程中地方公共财政承担更多的支出，这也是地方政府对待农民工市民化态度相对比较消极的原因。

本部分借鉴现有文献，依照上述与人数密切相关的一般公共预算支出项目，对样本城市相关项目的人均值进行计算并比较，由此估算出农民工市民化的人均成本，作为衡量市民化可行性的经济依据（见表 10 - 6）。

表 10 - 6　　　　　　　2016—2019 年一般公共财政预算支出情况

全国	总计① （亿元）	人均一般公共财政支出 （元）
一般公共财政预算总支出	850603.2	
一般公共财政预算支出（农村）	60700	4612.567
一般公共财政预算支出（城市）	789903.2	24036.61
农村常住人数（亿人）	13.1597	
城镇常住人数（亿人）	32.8625	
市民化一般财政支出人均成本（元）	—	19424.05

数据来源：http://www.gov.cn/xinwen/2020 - 12/23/content_5572857.htm，国家统计局 2016—2019 年《国民经济和社会发展统计公报》。2016—2019 年《中国统计年鉴》，根据国家统计局的统计口径，基建投资资金的来源主要包括国家预算内资金、国内贷款、自筹资金、利用外资和其他资金。其中，前三者占比通常超过90%，包括一般公共预算、专项债、特别国债、城投债、PPP 等资金来源。表 10 - 6 中一般公共预算支出没有细分项目，涵盖了基建类支出，因此上述市民化一般财政支出人均成本为包括基建投资的总成本。

（一）上海市农民工市民化公共财政支出成本计算

根据中研普华研究报告《2020—2025 年中国城市规划行业全景调研与发展战略研究咨询报告》，2019 年全国城镇常住人口 84843 万人，占总人口比重（常住人口城镇化率）为 60.6%，而上海市常住人口城镇化率最高，达到 88.1%②，可见上海多数区域实现城镇化，《上海统计年鉴》中更多是各区的数据，并没有沿用农村和城镇的分类方式，因此在计算时主要以城镇和郊区作为分类，也就是通过核算估计农民工长期居住在上海市的不同区域或者转换为当地户籍享受相应的公共服务可能面临的公共财政成本。根据现有分类方式，上海城镇区域包括黄埔、徐汇、长宁、静安、普陀、虹口、杨浦和浦东新区，郊区包括闵行、宝山、嘉定、金山、松江、青浦、奉贤、崇明。

根据本章第三部分相应的公式可以计算上海城镇和郊区相关财政支出的具体数值，见表 10 - 7。

---

① 2016—2019 年四年的总数据。
② 《2020 中国城市化现状及区域状况分析》，中研网（https://m.chinairn.com/hyzx/20200617/103735792.shtml）。

表10 - 7   上海市公共财政支出及分项目人均数据

项目	公共支出细目	2015 年	2016 年	2017 年	2018 年	2019 年	人均数据（元）
常住人口（万人）	—	2415.27	2419.7	2418.33	2423.78	2428.14	—
户籍人口（万人）	—	1442.97	1450	1455.13	1462.38	1469.3	—
城镇常住人口（万人）	—	1108.51	1239.6	1242.85	1243.68	1243.84	—
郊区常住人口（万人）	—	1237.12	1180.1	1175.48	1180.1	1184.3	—
基础设施建设（城市）（亿元）	—	1425.08	1551.87	1705.22	—	—	6517.81
一般公共支出①（城镇，亿元）	一般公共服务	144.56	184.85	170.44	197.98	192.55	1464.80
	公共安全	149.77	206.32	189.27	222.23	218.00	1621.43
	教育	426.89	514.59	464.56	495.00	525.14	3991.42
	社会保障和就业	302.18	605.05	563.91	503.30	527.28	4115.71
	卫生与健康	168.83	234.42	219.06	253.49	260.24	1868.96
	城乡社区	653.08	971.71	813.91	1126.07	862.27	7283.13
	合计	—	—	—	—	—	20345.45
一般公共支出（郊区，亿元）	一般公共服务	115.28	117.24	150.26	169.18	172.53	1216.19
	公共安全	119.43	130.86	166.85	189.90	195.34	1346.95
	教育	340.43	326.38	409.54	422.99	470.56	3306.82
	社会保障和就业	240.98	383.76	497.12	430.09	472.49	3398.36
	卫生与健康	134.63	148.68	193.12	216.62	233.20	1554.86
	城乡社区	520.80	616.33	717.51	962.26	772.65	6025.68
	合计	—	—	—	—	—	16848.86

数据来源：根据历年《上海统计年鉴》计算得出。

根据表10 - 7计算的数据，上海是非常明显的移民城市，接近一半的常住人口不拥有本地户籍，城市公共支出预算应该根据常住人口进行估算，否则无法支撑大量外来人口的涌入和常住，显然上海市的市民化成本需要采用常住人口计算更为合理，否则会高估成本而增加市民化难度。

———————————

① 《上海统计年鉴》中有上海全市的一般公共预算支出分项。数据和各区一般公共预算支出数据，但缺乏各区分项数据，假设各区分项数据占比与各区一般公共预算支出占比一致，在这样的前提下计算出各区分项数据。

一般公共支出人均年支出从高到低顺序排列分别是：城乡社区、社会保障和就业、教育、卫生与健康、公共安全、一般公共服务。城镇比郊区略高，但相差并不悬殊，可见本市农民工进入城镇并市民化，一般财政公共支出并不会增加很多，总起来每人每年约增加 3496.59 元，其中城乡社区增加最多为 1257.45 元，其次为社会保障和促进就业支出、教育支出、卫生与健康支出、公共安全支出、一般公共服务支出。目前上海市农村人口数量在逐年减少，2019 年为 236.04 万人，2015—2019 年五年间年均以 2% 的速度减少，但如果就地市民化，基本上不会有增加的支出，因为上海市城镇化率水平高，对农民的福利待遇也具有溢出作用，在目前发展周边郊区的政策趋势越来越明显，农民所享有的福利待遇与城市户籍的居民差异并不大，因此无论本地农民市区常住还是本地农民就地市民化，增加的公共财政支出成本并不显著。如果是外地农民工常住或优秀农民工加入上海市户籍，原籍农村的福利待遇与上海市郊区的福利待遇有所差别，公共财政支出两地差异需要根据其原籍的情况确定。上海市基础设施预算内投资人均年支出约为 6517.81 元，即花费在交通运输、机场、港口、桥梁、通信、水利及排水供气、供电设施和提供无形产品或服务于科教文卫等部门所需的固定资产，人均支出数额较大，从上述具体项目可以看出维持城市正常运作所需的成本随着人口的增多而增加，人口集中是产生规模效应还是"城市病"，受城市治理能力和管理效率以及建设基础设施所需的城市规模扩大等因素所决定的城市承载力的影响。

（二）广东省农民工市民化公共财政支出成本计算

表 10－8　　　　广东省公共财政支出及分项目人均数据

公共支出项目	公共支出细目	2015 年	2016 年	2017 年	2018 年	2019 年	人均数据（元）
常住人口（万人）	—	10849	10999	11169	11346	11521	—
户籍人口（万人）	—	9008.38	9164.90	9316.91	9502.12	9663.41	—
城镇常住人口（万人）	—	7454.35	7611.31	7801.55	8021.62	8225.99	—
农村常住人口（万人）	—	3394.65	3387.69	3367.45	3324.38	3295.01	—
基础设施建设（城市）（亿元）	—	1293.20	1367.30	1699.45	1838.80	232.60	1644.22

公共支出项目	公共支出细目	2015 年	2016 年	2017 年	2018 年	2019 年	人均数据（元）
基础设施建设（农村）（亿元）	—	183.98	196.58	244.33	264.37	124.80	604.72
一般公共支出（城市）（亿元）	一般公共服务	857.26	969.36	1096.13	1239.48	1401.57	1422.43
	公共安全	761.72	961.87	1214.62	1533.79	1936.82	1638.46
	公共卫生	818.71	1013.52	1254.68	1553.23	1922.81	1677.87
	社会保障和促进就业	929.65	1020.62	1120.50	1230.15	1350.53	1444.84
	教育	1682.62	1976.27	2321.16	2726.24	3202.02	3044.45
	住房保障	355.80	643.13	1162.50	2101.30	3798.23	2060.85
	节能环保	291.83	274.22	257.67	242.12	227.51	330.66
	合计	—	—	—	—	—	11619.56
一般公共支出（农村）（亿元，下同）	一般公共服务	161.65	177.99	195.98	215.79	237.60	589.77
	公共安全	72.82	104.21	149.11	213.37	305.32	503.80
	公共卫生	99.64	109.31	119.91	131.55	144.31	360.62
	社会保障和促进就业	135.26	135.68	136.10	136.53	136.95	405.82
	教育	358.02	342.20	327.08	312.63	298.81	977.24
	住房保障	21.49	19.72	18.09	16.59	15.22	54.33
	节能环保	30.50	23.23	17.70	13.48	10.27	56.76
	合计	—	—	—	—	—	2948.34

资料来源：根据历年《广东统计年鉴》和《广东财政年鉴》计算得出。

　　第一经济大省广东省作为东部改革开放前沿坐拥两个一线城市，产业集聚和升级效应明显，其经济要素主要集中在珠三角地区，珠三角最发达的区人口也最为密集，全国人口最多的区集中在北上广，其中广东占 6 个。广东省的城镇化率水平也在逐年提升，2018 年成为直辖市以外首个常住城镇化率突破 70% 的省份之后，2020 年全省常住人口城镇化率提升到 71.7%，户籍人口城镇化率达 50%。本部分数据主要参考《广东财政年鉴》，农村的公共财政支出指标采用乡镇数据，因 2017—2019 年数据缺失，故将数据做了处理和补充。①

根据表 10-8 的数据，对比户籍人口和常住人口数量可知，广东非本地户籍的外来人口稳定在常住人口的 17% 左右，比上海市的比例小很多，因此用户籍人口和常住人口分别计算市民化成本差别不大。城市与农村一般公共支出人均年支出不仅数额差别较大，排列顺序也有差异。城市项目由高到低排列分别为：教育、住房保障、公共卫生、公共安全、社会保障和促进就业、一般公共服务、节能环保。农村项目由高到低排列分别为：教育、一般公共服务、公共安全、社会保障和促进就业、公共卫生、节能环保、住房保障。从数额看，广东省城乡之间差异相对明显，农村的一般公共服务人均支出占城市的 41.46%，公共安全支出占 30.75%，公共卫生支出占 21.49%，社会保障和促进就业支出占 28.09%，教育占 32.1%，住房保障占 2.64%，节能环保占 17.16%。其中占比最高的是一般公共服务支出，最低的是住房保障支出，因此本地农民工市民化成本相应较高，经计算，成本增加最高的是教育和住房保障两项支出，人均年支出增加值均超过 2000 元，总起来看，本地农民工市民化前后每人每年增加 8671.23 元，其中教育增加最多达 2067.21 元，其次为住房保障支出、公共卫生支出、公共安全支出、社会保障和促进就业支出、一般公共服务支出、节能环保支出。相对于上海，广东省公共基础设施的预算内人均年支出较少，城市和农村的相关支出分别为 1644.22 元和 604.72 元，市民化前后人均每年增加 1039.5 元。

（三）河南省农民工市民化公共财政支出成本计算

表 10-9　　　　河南省公共财政支出及分项目人均数据

公共支出项目	公共支出细目	2015 年	2016 年	2017 年	2018 年	2019 年	人均（元）
常住人口（万人）	—	9480	9532	9559	9605	9640	—
城镇常住人口（万人）		4441	4623	4795	4967	5129	—
农村常住人口（万人）	—	5039	4909	4764	4638	4511	—

---

① 按照 2015—2016 年两年相应支出项目增长率，对 2017—2019 年数据做了补充整理。

续表

公共支出项目	公共支出细目	2015 年	2016 年	2017 年	2018 年	2019 年	人均（元）
基础设施建设（城市）（亿元）	—	174.41	217.44	313.83	422.09	567.69	707.77
基础设施建设（农村）（亿元）	—	7.44	10.86	7.91	8.75	8.75	18.32
一般公共决算支出（城市）（亿元）	一般公共服务	525.76	189.68	639.38	721.79	9461.6	1262.05
	公共安全	299.91	357.12	415.62	458.05	494.9	845.59
	医疗卫生和计划生育	699.43	760.15	817.62	911.18	970.63	1736.18
	社区事务	581.81	798.89	1006.6	1028.6	1237.9	1942.72
	交通运输	368.92	343.64	291.55	278.61	381.71	694.82
	社会保障和促进就业	913.12	1033.72	1133.7	1272.4	1427.5	2413.05
	教育	1252.28	1325.33	1565.5	1632.7	1787.5	3157.27
	住房保障	235.63	260.47	241.42	354.03	277.86	571.66
	节能环保	172.4	186.55	226.48	337.13	327.92	522.01
	合计	—	—	—	—	—	13145.35
一般公共决算支出（农村）（亿元）	一般公共服务	169.57	561.26	210.9	250.76	283.09	618.41
	公共安全	1.21	1.29	1.49	2.14	1.89	3.36
	医疗卫生和计划生育	18.32	17.87	19.05	17.77	16.16	37.37
	社区事务	63.4	80.44	116.07	123.79	143.61	220.99
	交通运输	2.59	4.32	4.62	4.59	2.12	7.64
	社会保障和促进就业	32.71	33.68	26.51	26.03	29.64	62.26
	教育	18.72	18.42	25.64	32	23.24	49.46
	住房保障	6.42	8.1	6.71	5.59	6.84	14.11
	节能环保	5.36	9.17	15.17	21.58	24.37	31.70
	合计	—	—	—	—	—	1045.30

资料来源：根据历年《河南统计年鉴》计算得出。

第一个主要打工大省不再是江西，目前河南达到了顶峰。在 2017 年之前，江西一直是农民工数量最多的省。江西省上班族的地区也主要集中在上海、广东和浙江，但是现在，"第一主要劳动大省"的头衔已经移交给河南省。2018 年，河南省人口总数为 1.196 亿，是中国唯一的净流出超过 1000 万的省份。截至 2020 年年底，河南省共有农民工 3086 万人，其中省内就业 1850 万人，省外输出 1236 万人。除了四个主要的劳动密集型城市：广东、浙江、上海和江苏，北京已经成为河南人外出工作的首选地之一。统计数据显示，河南省有三分之二以上的农民工流入了这五个主要省份。作为农民工流出大省，河南城乡公共支出相差悬殊，因此市民化成本比较大。根据表 10 - 9 的数据，城市公共支出人均年度数据由大到小排列的项目分别是：教育、社会保障和促进就业、社区事务、医疗卫生和计划生育、一般公共服务、公共安全、住房保障、节能环保。农村公共支出人均年度数据由大到小排列的项目分别是：一般公共服务、社区事务、社会保障和促进就业、教育、医疗卫生和计划生育、节能环保、住房保障、交通运输和公共安全。与东部两省份相比，人均公共支出较少，尤其是农村人均公共支出，这可能与农民工外出打工有直接关系。经计算，本地农民工市民化前后每人每年增加 12100.03 元，其中教育支出增加最多，达 3107.8 元，其次是社会保障和促进就业支出、社区事务支出、医疗卫生和计划生育支出、公共安全支出、交通运输支出、一般公共服务支出、住房保障支出、节能环保支出。河南省城市和农村公共基础设施的预算内人均年支出分别为 707.77 元和 18.32 元，市民化前后人均每年增加 689.45 元。

（四）重庆市农民工市民化公共财政支出成本计算

表 10 - 10　　　　重庆市公共财政支出及分项目人均数据

公共支出项目	公共支出细目	2016 年	2017 年	2018 年	2019 年	人均数据（元）
常住人口（万人）	—	3048.43	3075.16	3101.79	3124.32	—
户籍人口（万人）	—	3392.11	3389.82	3403.64	3416.29	—
城市户籍人口（万人）	—	1615.51	1636.81	1655.72	1677.79	—
农村户籍人口（万人）	—	1776.6	1753.01	1747.92	1738.5	—

续表

公共支出项目	公共支出细目	2016 年	2017 年	2018 年	2019 年	人均数据（元）
城镇常住人口（万人）	—	1908.45	1970.68	2031.59	2086.99	—
农村常住人口（万人）	—	1139.98	1104.48	1070.2	1037.33	—
农业大县常住人口①（万人）	—	1907.86	1923.51	1940.94	1953.43	
非农业大县常住人口（万人）	—	1140.57	1151.65	1160.85	1170.89	
基础设施建设（城市）（亿元）	—	388.23	388.1	164.13	181.76	1403.18
基础设施建设（农村）（亿元）	—	32.28	32.27	13.65	15.11	214.41
一般公共决算支出（城市）（亿元）	一般公共服务	169.82	182.86	194.17	208.27	1633.04
	公共安全	134.50	141.64	156.35	161.13	1283.82
	公共卫生	131.49	136.37	157.35	157.73	1260.69
	社会保障和促进就业	449.13	503.63	553.16	646.98	4655.97
	教育	283.75	308.17	336.47	364.25	2795.54
	住房保障	64.34	73.62	74.18	74.96	620.92
	节能环保	81.00	93.04	96.59	103.73	809.60
	合计	—	—	—	—	13059.58
一般公共决算支出（农村）（亿元）	一般公共服务	115.73	121.69	127.85	138.98	652.68
	公共安全	91.66	94.26	102.96	107.52	513.10
	公共卫生	199.70	217.42	215.44	225.53	1110.68
	社会保障和促进就业	191.42	199.19	218.97	233.04	1090.67
	教育	291.43	318.13	344.52	364.01	1706.10
	住房保障	43.85	39.16	48.86	50.02	235.44
	节能环保	55.20	61.91	63.6	69.22	323.51
	合计	—	—	—	—	5632.18

资料来源：根据历年《重庆统计年鉴》计算得出。

———————————

① 按照各县农业产值占总产值比重排序后，累计达到 80% 的县为农业大县。

重庆作为西部的中心城市，也是农民工聚集的地方。从 2010 年起，国家住房和城乡建设部分别发函将重庆、成都、西安三市纳入国家中心城市。2016 年国务院常务会议通过《成渝城市群发展规划》，成渝城市群成为继长三角、珠三角、长江中游城市群后，获中央批复的第四个城市群。2020 年 1 月，中央财经委员会第六次会议提出"成渝地区双城经济圈"的概念，会议强调"要推动成渝地区双城经济圈建设，在西部形成高质量发展的重要增长极"。2020 年 10 月，习近平总书记主持中共中央政治局会议，审议《成渝地区双城经济圈建设规划纲要》。截至 2019 年年底，重庆市共有 823 万农民工，其中含：384.2 万市外务工，438.8 万市内务工人员。从常住人口和户籍人口的比较上看，常住人口少于户籍人口，可见重庆属于劳动力外流的城市，鉴于重庆的西部中心城市地位以及农民工回流的趋势，预计未来重庆将会有劳动力流动的逆转，因此将其作为西部的代表性城市对其市民化成本加以研究。

根据表 10 - 10，重庆尽管是西部城市，各项一般公共决算支出并不比东部城市少。就城市而言，一般公共支出由高到低分别为：社会保障和促进就业、教育、一般公共服务、公共安全、公共卫生、节能环保、住房保障。就郊区而言，一般公共支出由高到低分别为：教育、公共卫生、社会保障和促进就业、一般公共服务、公共安全、节能环保和住房保障。本地常住人员从郊区转城区的一般公共支出将增加 7427.39 元，其中社会保障和促进就业支出增加最多，达 3565.3 元，其次为教育、一般公共服务、公共安全、节能环保、住房保障和公共卫生成本。重庆市城市和农村公共基础设施的预算内人均年支出分别为 1043.18 元和 214.41元，市民化前后人均每年增加 828.77 元。

对比四个省份的市民化成本情况，有以下值得关注的方面。

一是涵盖的项目有所不同。根据可得到的资料，就一般公共支出项目而言，河南省的项目最多达 9 个，广东省和重庆市的项目为 7 个，上海市的项目为 6 个，因此除了广东省和重庆市总量上有可比性之外，其余两个省份因项目不同难以做出总量比较。

二是本地市民化成本比较。主要有两种分类统计方式：第一种是按照区域划分。东部的广东和上海相比，上海的统计项目只少一项，但本地市民化成本却少很多，这是因为上海城区和郊区的一般公共支出相差不大，而广东的本地市民化成本相对比较高的原因是城镇和农村的一般公共支出相差较大，由此市民化成本也可以反映城乡的差别。中部的河南省统计项目最多，其本地市民化成本也最高，西部城市重庆的本地市民化成本低于广东。显然本地市民化主要与城乡差异有关，与区域的关系并不大。第二种是按照项目分。将案例省份的城市和农村支出项目分别进行比重计算，然后选取案例城市相同可比的项目进行比重平均计算后发现：城市中教育支出平均占比最大，其次为社会保障和促进就业支出、公共卫生支出、一般公共服务支出以及公共安全支出。农村或郊区平均占比最大为一般公共服务支出，河南占比较高拉高了整体均值，其次为教育支出、社会保障和促进就业支出、公共卫生支出和公共安全成本。因此不论是城市还是农村，教育以及社会保障和促进就业支出是一般公共支出的重点项目。从本地市民化成本来看，成本增加值平均占比最高为社会保障和促进就业支出，其次为教育支出、公共卫生支出、公共安全支出以及一般公共服务支出。

三是异地市民化成本比较。每一个样本省份均分析了本地农民工市民化的成本，广东和重庆可比性最强，广东省内农民工市民化成本比重庆高，沿海省份一般公共支出比较高，这是符合常识的结果。从重庆农业大县的支出情况看，普遍高于广东的农村，因此将两地财政作为整体来看，重庆农民工转入广东并异地市民化，相对于广东本地农民市民化的成本要低，每人每年约为5987.38元，比广东本地农民工市民化少支出2683.85元。如果将两地财政分开看，重庆农民工本地市民化，重庆的一般公共支出每人每年增加7427.39元，重庆农民工到广东市民化，重庆地方财政支出每人每年将减少5632.18元，广东省财政支出每人每年将增加11619.56元。如果河南的农民工到广东常住，将两地财政作为整体来看，河南农民工转入广东并异地市民化，相对于广东本地农民市民化的成本要高，每人每年约为10802.88元，比广东本地农民工市民化多支出2131.66元。如果将两地财政分开看，河南农民工到广东市民化，河南地方财政支出每人每年将减少816.68元，广东省财政支出每人每年将增加11619.56元。

四是关于基础设施建设预算内支出部分。上海基础设施建设预算内支出最高，因其城市化程度比较高，在这个项目上没有分城市和乡村。

其他三个案例省份的基础设施建设预算部分，城市范围内人均支出最高的是河南，其次为广东和重庆，三者相差并不大。农村或郊区范围内人均支出最高的是广东，其次为重庆和河南，差距相对较大。从该项目的本地市民化成本看，河南因城乡差异较大导致市民化成本最高，其次为重庆和广东，人均在 1040—1652 元。

二　企业成本计算与比较

（一）工资歧视成本

表 10 - 11　　　　　　　城镇职工和农民工人数及工资对比

全国	2015 年	2016 年	2017 年	2018 年	2019 年	总额	人均（元）
城镇职工平均工资（元）	62029.00	67569.00	74318.00	82413.00	82413.00	—	—
城镇就业人员人数（万人）	40410.00	41428.00	42462.00	43419.00	44247.00	211966.00	—
城镇职工工资总额（亿元）	250659.19	279924.85	315569.09	357829.00	364652.80	1568634.94	74004.08
农民工平均工资（元）	36864.00	39300.00	41820.00	44652.00	47544.00	—	—
农民工人数（万人）	27747.00	28171.00	28652.00	28836.00	29077.00	142483.00	—
农民工工资总额（亿元）	102286.54	110712.03	119822.66	128758.51	138243.69	599823.43	42097.89

数据来源：《中国统计年鉴》《农民工监测调查报告》。

运用公式计算出工资歧视成本为（74004.08 - 42097.89）×0.25 = 7976.55 元。因各地缺乏农民工工资和本地农民工的具体数据，因此采用全国的工资歧视成本作为替代。

（二）社会保障成本

1. 全国范围内市民化人均社会保障成本

市民化之后城镇社会保障"五险"缴纳将会更加规范。我国社会保险主要有养老、医疗、失业、工伤以及生育保险五种，近几年在缴费比例方面变化不大，个人只需承担养老、医疗和失业保险，承担比例分别为 8%、2%、1%；单位需要承担养老、医疗、失业、工伤以及生育保险五种，承担比例分别为 20%、10%、1%、0.5% - 2%、1%，缴费标准是根据上一年度社会平均工资来确定，最低缴费基数为 60%，最高为 300%。目前农村也有社会保险，主要是城乡居民基本养老保险、新型农村合作医疗（简称新农合）。农村养老保险个人缴费标准分为 13 个档次：分别为 100 元、200 元、300 元、400 元、500 元、700 元、1000 元、1500 元、2000 元、2500 元、3000 元、3500 元、4000 元，每一档次对应相应的政府补贴，参保人可按照自己的经济条件合理选择缴费档次。新农合个人缴费标准每年均有提升，到 2020 年新农合个人缴费标准同步增加 30 元，达到每人每年不低于 250 元，有的地方新农合已经和城镇居民医疗保险合并，同时财政补贴也同步增加。

本部分先按照全国的情况做一个平均化处理，从全国范围内看农民工市民化的社会保障成本可以反映总体的情况。但社会保障成本的各地参数又有不同，本部分在全国数据基础上使用案例省份的数据对其进行计算和对比。本部分的全国数据均来自各年度的《中国劳动统计年鉴》。

表 10 - 12　　全国城镇用人单位年度缴纳社会保险总额情况　（单位：亿元）

城镇单位缴纳社保项目	2015 年	2016 年	2017 年	2018 年	2019 年
养老保险	17519.14	21249.20	27488.94	33269.51	32363.35
医疗保险（含生育保险）	6262.55	7579.16	9266.29	10073.47	11852.59
失业保险	911.87	819.27	741.73	780.73	856.13
工伤保险	754.20	736.90	853.80	913.00	819.40

数据来源：根据各年度的《中国劳动统计年鉴》计算所得。

表 10 - 13　　　　　年度末各项社会保险参保人数　　　（单位：万人）

城镇单位缴纳社保项目	2015 年	2016 年	2017 年	2018 年	2019 年
养老保险	26219.3	27826.3	29267.6	30103.9	31177.5
医疗保险	21362	21720	22288.4	23307.5	24224.4
失业保险	17326	18089	18784	19643	20543
工伤保险	21432.5	21889.3	22723.7	23874.4	25478.1
生育保险	17771	18451	19300	20434	21417

数据来源：根据各年度的《中国劳动统计年鉴》计算所得。

表 10 – 14　　　　　城镇用人单位人均缴纳社会保险情况　　　　（单位：元）

城镇单位缴纳社保项目	2015 年	2016 年	2017 年	2018 年	2019 年	平均增速	平均占比
养老保险	6681.77	7636.37	9392.28	11051.56	10380.35	12.22%	64.53%
医疗保险（含生育保险）	3166.49	3729.77	4445.72	4321.98	4892.83	11.85%	29.59%
失业保险	526.30	452.91	394.88	397.46	416.75	−5.31%	3.28%
工伤保险	351.90	336.65	375.73	382.42	321.61	−1.71%	2.60%

数据来源：根据各年度的《中国劳动统计年鉴》计算所得。

表 10 – 15　　　　　　2015—2019 年城镇用人单位人均缴费　　　（单位：元，%）

城镇单位缴纳社保项目	城镇单位人均缴费	比重
养老保险	9121.37	64.94
医疗保险（含生育保险）	4136.33	29.45
失业保险	435.42	3.10
工伤保险	353.33	2.52
合计	14046.45	100

表 10 – 12 和表 10 – 13 分别为城镇用人单位为职工缴纳的社会保险情况和各项社会保险项目参保人数，通过两张表的数据可以计算出年度人均缴纳情况，见表 10 – 14。从平均增速和平均占比上看，养老保险增速最快、占比最高，其次为医疗保险，失业保险平均占比略高于工伤保险，但从平均增速上看，失业保险波动较大。

结合前面有关社会保障成本的计算公式以及表 10 – 12 和表 10 – 13 的数据，可以得出表 10 – 15 的结果：假如农民工市民化后与城镇职工拥有同等的社会保障权益，每年城镇用人单位将付出人均 14046.45 元的社会保障成本，其中需要支付统筹账户的养老保险金 9121.37 元，占比64.94%，医疗保险 4136.33 元，占比 29.45%，失业保险 435.42 元，占比 3.10%，工伤保险 353.33 元，占比 2.52%。

2. 案例省份市民化人均社会保障成本

显然市民化过程中所产生的企业成本具有区域性的特征，上述全国范围内的结果只是一个大致的描述，还需要针对不同区域和城市进行细致的研究，本部分继续对公共成本计算中选择的案例城市进行逐一分析，发现区域之间成本的差别。

表 10 - 16   上海市城镇社会保障单位支出额及人均值

社会保障	统筹账户参保人数、单位支出	2014 年	2015 年	2016 年	2017 年	2018 年	2019 年
	城镇单位就业人员年平均工资（元）	65417	71268	78045	85582	105176	114962
养老	城镇养老在职参保人数（万人）	1028.40	1050.90	1059.00	1071.40	1077.60	
	统筹账户（亿元）	1687.90	1980.54	2106.20	2075.36	2027.00	
	统筹人均（元）	16412.89	18846.09	19888.60	19370.54	18810.31	
医保	城镇在职参保人数（万人）	980.50	991.60	1005.40	1020.60	1026.90	
	统筹账户（亿元）	604.82	708.36	1183.47	944.61	1140.59	
	统筹（含生育）保险（亿元）	653.52	763.44	1262.07	1033.51	1140.59	
	统筹（含生育）人均（元）	6665.14	7699.10	12552.89	10126.49	11107.11	
失业	城镇参保在职职工人数（万人）	641.80	947.30	961.80	977.20	984.90	
	统筹账户（亿元）	65.60	69.67	58.13	64.53	70.07	
	人均（元）	1022.13	735.42	604.42	660.39	711.41	
工伤	城镇参保在职职工人数（万人）	932.90	943.50	958.10	972.90	1084.10	
	账户收入（亿元）	36.30	32.80	33.60	31.70	33.60	
	人均（元）	389.11	347.64	350.69	325.83	309.93	
人均情况	人均合计（元）	24489.26	27628.26	33396.60	30483.25	30938.76	
	养老保险人均占比（%）	67.02	68.21	59.55	63.54	60.80	
	医保人均占比（%）	27.22	27.87	37.59	33.22	35.90	
	失业保险人均占比（%）	4.17	2.66	1.81	2.17	2.30	
	工伤保险人均占比（%）	1.59	1.26	1.05	1.07	1.00	

资料来源：根据历年《上海统计年鉴》计算。

表 10 - 16 为上海市社会保障企业支出情况，无论是参保人数、单位支出总额还是占比，最大的均为养老保险，但其占比有逐渐降低趋势，

五年占比的平均值为 63.83％，参保人数增加却出现这种情况可能与征缴率和漏损有关。医保占比第二，而且比重有上升趋势，五年占比的平均值为 32.36％。其余两项比重相对稳定。因上海市城镇职工的年平均工资水平较高，因此单位社保支出年度人均的平均值约 29387.23 元。

表 10－17　上海市 2015—2019 年度城镇社会保障单位支出额及人均值

城镇社会保障项目（统筹）	2015 年	2016 年	2017 年	2018 年	2019 年	总额（亿元）	人均（元）	占比
养老保险（亿元）	1687.90	1980.54	2106.20	2075.36	2027.00	9877.00	18680.61	63.52％
医疗保险（含生育，亿元）	653.52	763.44	1262.07	1033.51	1140.59	4853.13	9657.96	32.84％
失业保险（亿元）	65.60	69.67	58.13	64.53	70.07	328.00	726.79	2.47％
工伤保险（亿元）	36.30	32.80	33.60	31.70	33.60	168.00	343.45	1.17％
合计（亿元）	2443.32	2846.45	3460.00	3205.10	3271.25	15226.13	29408.81	100％

表 10－17 为表 10－16 的数据运用前述公式计算所得，即 2015—2019 五年间社会保险单位支出额及人均值，单位为城镇职工缴纳的社会保险人均大约为 29408.81 元，与上述单位社保支出年度人均的平均值 29387.23 元相差不大，这构成市民化的企业成本之一。按照公式计算出的五年间社会保险单位支出的人均值占比与年度人均值占比的均值相差不大。

表 10－18　　　　广东省城镇社会保障单位支出额及人均值

城镇社会保障项目	统筹账户参保人数及单位支出	2014 年	2015 年	2016 年	2017 年	2018 年	2019 年
	城镇单位就业人员年平均工资（元）	59827	66296	72848	80020	89826	100689
养老	城镇在职参保人数（万人）		4613.2	4867.8	4718.1	4283	3962.2
	统筹账户（亿元）		1709.07	1879.13	2304.67	3047.53	3728.80
	统筹人均（元）		3704.73	3860.33	4884.73	7115.42	9410.93

城镇社会保障项目	统筹账户参保人数及单位支出	2014 年	2015 年	2016 年	2017 年	2018 年	2019 年
医保	城镇在职参保人数（万人）	3272.1	3353.5	3483.5	3665.4		3850.1
	统筹账户（亿元）	467.78	531.15	644.97	758.99		964.92
	统筹（含生育）保险（亿元）	538.88	615.80	732.07	862.69		964.92
	统筹（含生育）人均（元）	1646.89	1836.30	2101.53	2353.60		2506.23
失业	城镇在职参保人数（万人）	2930.1	3020.1	3163.7	3361.7		3498.8
	统筹账户（亿元）	58.57	68	75.67	81.27		105.33
	人均（元）	199.90	225.16	239.17	241.74		301.06
工伤	城镇在职参保人数（万人）	3122.7	3246.2	3402	3592.5		3815.8
	账户收入（亿元）	34	36.5	43.15	55.9		46.2
	人均（元）	108.88	112.44	126.84	155.60		121.08
人均情况	人均合计（元）	5660.40	6034.23	7352.27	9866.36		12339.29
	养老占比（%）	65.45	63.97	66.44	72.12		76.27
	医保占比（%）	29.09	30.43	28.58	23.85		20.31
	失业占比（%）	3.53	3.73	3.25	2.45		2.44
	工伤占比（%）	1.92	1.86	1.73	1.58%		0.98%

资料来源：根据历年《广东省统计年鉴》计算。

表 10－18 为广东省社会保障企业支出情况，无论是参保人数、单位支出总额还是占比，最大的均为养老保险，但其缴纳情况波动较大，近三年才逐渐平稳，2019 年占比已达 76.27%，五年占比的平均值为 68.85%，医保比重逐渐下降，五年占比的平均值为 48.27%。其余两项比重相对较小且稳定。广东省经济发达，但城镇单位就业人员年平均工资比上海低，根据前面的分析，在用工规范性方面仍存在较多的问题，因此其单位社保支出年度人均的平均值比上海低得多，约为 8250.51 元。

表 10 – 19　　　　　　广东省 2015—2019 年度城镇社会保障
单位支出额及人均值

城镇社会保障项目（统筹）	2015 年	2016 年	2017 年	2018 年	2019 年	总额	平均（元）	占比
养老保险（亿元）	1709.07	1879.13	2304.67	3047.53	3728.80	12669.20	5644.73	69.51%
医疗保险（含生育，亿元）	538.88	615.80	732.07	862.69	964.92	3714.36	2107.49	25.95%
失业保险（亿元）	58.57	68.00	75.67	81.27	105.33	388.84	243.41	3.00%
工伤保险（亿元）	34.00	36.50	43.15	55.90	46.20	215.75	125.59	1.55%
合计（亿元）	2340.52	2599.43	3155.56	4047.39	4845.25	16988.15	8121.22	100%

表 10 – 19 为表 10 – 18 的数据运用前述公式计算所得，即 2015—2019 五年间社会保险单位支出额及人均值，单位为城镇职工缴纳的社会保险人均大约为 8121.22 元，与单位社保人均支出的年度平均值相差不大。五年间社会保险单位支出的人均值占比与人均占比的年度均值也非常接近。

表 10 – 20　　　2015—2019 年河南省社会保障单位支出额及人均值

社会保障项目	统筹账户参保人数及单位支出	2014 年	2015 年	2016 年	2017 年	2018 年	2019 年	年度均值
	城镇单位就业人员年平均工资（元）	37291	39959.34	43259.93	47828.19	51685.95	54525.79	
养老	城镇养老在职参保人数（万人）		1148.90	1398.10	1437.60	1520.10	1628.20	
	统筹账户（亿元）		684.35	698.26	1023.98	1320.17	1379.76	
	统筹人均（元）		5956.59	4994.37	7122.82	8684.76	8474.14	7046.54
医保	城镇在职参保人数（万人）		864.10	882.70	883.80	903.80	906.60	
	统筹账户（亿元）		203.55	225.56	284.33	327.75	393.58	
	统筹（含生育）保险（亿元）		219.15	245.02	304.13	352.45	393.58	
	统筹（含生育）人均（元）		2536.21	2775.76	3441.21	3899.60	4341.31	3398.82
失业	城镇参保在职职工人数（万人）		783.30	788.10	805.60	819.90	837.30	
	统筹账户（亿元）		24.73	25.73	21.67	24.20	28.13	
	统筹人均（元）		315.74	326.52	268.95	295.16	336.00	308.48

社会保障项目	统筹账户参保人数及单位支出	2014 年	2015 年	2016 年	2017 年	2018 年	2019 年	年度均值
工伤	城镇参保在职职工人数（万人）	856.70	877.00	900.90	926.30	966.20		
	账户收入（亿元）	22.90	26.60	26.30	29.70	26.00		
	人均（元）	267.30	303.31	291.93	320.63	269.10		290.45
人均情况	人均合计（元）	9075.86	8399.96	11124.90	13200.15	13420.54		11044.28
	养老占比（%）	65.63	59.46	64.03	65.79	63.14		63.61
	医保占比（%）	27.94	33.04	30.93	29.54	32.35		30.76
	失业占比（%）	3.48	3.89	2.42	2.24	2.50		2.90
	工伤占比（%）	2.95	3.61	2.62	2.43	2.01		2.72

表 10 – 21   河南省 2015—2019 年度城镇社会保障单位支出额及人均值

城镇社会保障项目（统筹）	2015 年	2016 年	2017 年	2018 年	2019 年	总额	平均（元）	占比
养老保险（亿元）	684.35	698.26	1023.98	1320.17	1379.76	5106.52	7159.11	65.15%
医疗保险（含生育，亿元）	203.55	225.56	284.33	327.75	393.58	1434.77	3230.74	29.40%
失业保险（亿元）	24.73	25.73	21.67	24.20	28.13	124.46	308.53	2.81%
工伤保险（亿元）	22.90	26.60	26.30	29.70	26.00	131.50	290.47	2.64%
合计（亿元）	935.53	976.15	1356.28	1701.82	1827.47	6797.25	10988.85	100%

表 10 – 20 为河南省社会保障单位支出情况，无论是参保人数、单位支出总额、人均值还是占比，最大的均为养老保险，其次为医保。2015—2019 年五大保险（医保包含生育保险）占比平稳，单位社保支出年度人均的平均值为 11044.28 元，同样高于广东，作为中部省区，河南省的城镇就业人员年平均工资和参保人数均远低于广东，而社保单位支出高于广东，这样的反差确实是一个值得思考的问题。一是广东私企比重高，在社保跨省转移接续制度尚不健全的情况下，打工者更注重收入落袋为安，在工资水平一定的情况下社保缴费的增加会减少到手部分，因此广东省一直在下调最低缴费基数。相比之下，河南是劳动力流出大

省，当地就业人员一般本地人居多，不涉及社保的转移接续，相对广东来说非私营企业比重更大，参保率和征缴率相对高，综上因素产生广东和河南单位社保人均支出悬殊的反常现象。

表10-21为表10-20的数据运用公式计算所得，即2015—2019年五年间社会保险单位支出额及人均值，单位为城镇职工缴纳的社会保险人均大约为10988.85元，与单位社保人均支出的年度平均值11044.28元相差不大。按照公式计算出的五年间社会保险单位支出的人均值占比与人均占比的年度均值也非常接近。

表10-22 2015—2019年重庆市社会保障单位支出额及人均值

城镇社会保障项目（统筹）	统筹账户参保人数及单位支出	2014年	2015年	2016年	2017年	2018年	2019年	年度均值
	城镇单位就业人员年平均工资（元）	49511	52527.05	55446.15	58510.37	62416.54	66007.14	—
养老	城镇养老在职参保人数（万人）	544.40	605.90	628.30	662.50	721.10		
	统筹账户（亿元）	542.47	565.29	1156.01	892.20	878.23		
	统筹人均（元）	9964.53	9329.77	18398.94	13467.09	12179.05		12667.88
医保	城镇在职参保人数（万人）	414.50	425.30	455.90	485.90	520.30		
	统筹（含生育）保险（亿元）	170.66	177.32	199.74	231.84	255.25		
	统筹（含生育）人均（元）	4117.14	4169.30	4381.32	4771.34	4905.81		4468.98
失业	城镇参保在职职工人数（万人）	439.50	447.10	446.30	489.80	515.00		
	统筹账户（亿元）	12.39	13.33	11.47	13.07	16.07		
	人均（元）	281.85	298.22	256.93	266.78	311.97		283.15
工伤	城镇参保在职职工人数（万人）	428.50	454.90	504.60	577.10	661.70		
	账户收入（亿元）	17.60	17.90	20.38	21.50	24.50		
	人均（元）	410.74	393.49	403.79	372.55	370.26		390.16
人均情况	人均合计（元）	14774.25	14190.79	23440.97	18877.77	17767.10		17810.17
	养老占比（%）	67.45	65.75	78.49	71.34	68.55		70.31
	医保占比（%）	27.87	29.38	18.69	25.27	27.61		25.76
	失业占比（%）	1.91	2.10	1.10	1.41	1.76		1.65
	工伤占比（%）	2.78	2.77	1.72	1.97	2.08		2.27

表 10 – 23   **重庆市 2015—2019 年度城镇社会保障**
单位支出额及人均值

城镇社会保障项目（统筹）	2015 年	2016 年	2017 年	2018 年	2019 年	总额	平均	占比
养老保险（亿元）	542.47	565.29	1156.01	892.20	878.23	4034.20	12757.55	71.17%
医疗保险（含生育）（亿元）	170.66	177.32	199.74	231.84	255.25	1034.81	4495.46	25.08%
失业保险（亿元）	12.39	13.33	11.47	13.07	16.07	66.33	283.70	1.58%
工伤保险（亿元）	17.60	17.90	20.38	21.50	24.50	101.88	387.83	2.16%
合计（亿元）	743.12	773.84	1387.60	1158.61	1174.05	5237.21	17924.54	100%

    表 10 – 22 为重庆市社会保障单位支出情况，与其他省市相同，无论是参保人数、单位支出总额、人均值还是占比，最大的均为养老保险，其次为医保。2015—2019 年五大保险（医保包含生育保险）占比有些波动，单位社保支出年度人均的平均值为 17810.17 元，在案例城市中高于东部的广东和中部的河南，仅次于上海，重庆市的城镇就业人员年平均工资低于广东，社保参保人数也少得多，但统筹账户总额高于广东，因此单位缴费人均支出相比而言也是比较高的。

    表 10 – 23 为表 10 – 22 的数据运用前述公式计算所得，即 2015—2019 年五年间社会保险单位支出额及人均值，单位为城镇职工缴纳的社会保险人均大约为 17924.54 元，与单位社保人均支出的年度平均值 17810.17 元相差不大。按照公式计算出的五年间社会保险单位支出的人均值占比与人均占比的年度均值也非常接近。

表 10 – 24   **案例省市农民工市民化单位成本汇总与比较（社会保障）**

单位缴纳部分	案例省市	市民化成本（元）	市民化成本占比（%）	绝对量排名	全国均值（元）
养老保险	上海	18680.61	63.52	1	9121.37
	广东	5644.73	69.51	3	
	河南	7159.11	65.15	4	
	重庆	12757.55	71.17	2	

单位缴纳部分	案例省市	市民化成本（元）	市民化成本占比（%）	绝对量排名	全国均值（元）
医疗保险	上海	9657.96	32.84	1	4136.33
	广东	2107.49	25.95	4	
	河南	3230.74	29.40	3	
	重庆	4495.46	25.08	2	
失业保险	上海	726.79	2.47	1	435.42
	广东	243.41	3.00	4	
	河南	308.53	2.81	2	
	重庆	283.70	1.58	3	
工伤保险	上海	343.45	1.17	3	353.33
	广东	125.59	1.55	4	
	河南	290.47	2.64	2	
	重庆	387.83	2.16	1	
合计比较	上海	29408.81	18.70[*]	1	14046.45
	广东	8121.22	8.56	4	
	河南	10988.85	19.52	3	
	重庆	17924.53	23.64	2	

注：[*] 社保成本合计占 2019 年当地人均 GDP 的比重，以此判断成本负担水平。

　　案例省市市民化单位成本汇总见表 10 - 24。第一，从所有案例城市市民化成本合计来看，从高到低依次为上海、重庆、河南、广东，即无论是本土农民工市民化还是跨区域农民工市民化，上海和重庆单位支付的社保负担最重。第二，从各社会保险项目的情况看，养老保险单位支出占比最高，其中作为西部城市的重庆高达 71.17%。显然养老保险是市民化过程中单位所面临的最大负担，基于这个判断，也就可以理解为何广东等私营企业占比高的省市在降低企业负担时总在调低养老保险的缴费标准，这也是为什么广东省在岗职工工资高、参保人数多，但就养老保险绝对量而言，广东省处于较低水平的原因。具体到各案例省份，按绝对量排名分别为上海、重庆、河南、广东，按比重排名分别为重庆、广东、河南、上海。医疗保险的绝对量和比重在社保成本中均排第二位，从案例省份的具体情况看，绝对量排名分别为上海、重庆、河南、广东，按照比重排名分别为广东、上海、河南和重庆。失业保险和工伤保险绝对量和占比都比较小。第三，与各保险项目单位支出的全国平均水平和占比相比，上海和重庆的社会保险合计成本、养老保险和医疗保险绝对量均高于全国平均水平。第四，社会保险总成本是否对经济造成负担，还需要看占当地人均 GDP 的比重。通过计算四大案例城市社会保险总成本占 2019 年当地人均 GDP 的比重分别为：18.70%、8.56%、19.52%、23.64%。可见在社会保险单位成本的支出方面负担最重的是重庆，占比 23.64%。其次为河南，占比为 19.52，尽管绝对量上上海排第一，但从占人均 GDP 比重上看占比为 18.70%，并不是负担最重的案例区域。而占比最小的是广东，仅占人均 GDP 的 8.56%，不仅绝对量最小，负担也是最小的。从全国数据看，社保合计绝对量占 2019 年中国人均 GDP 的 19.81%，案例省份中重庆的社保单位支付成本比全国平均水平高出 3.83 个百分点，上海和河南与平均水平差不多，而广东的社保单位成本负担远低于全国水平。

（三）单位培训成本

根据《企业所得税法实施条例》第四十二条的规定，除国务院财政、税务主管部门另有规定外，企业发生的职工教育经费支出，不超过工资薪金总额的 2.5% 的部分，准予扣除；超过部分，准予在以后纳税年度结转扣除，因此本书假设年度职工教育经费支出的提取比例为工资薪金总额的 2.5%。

表 10-25 反映了全国范围内城镇单位的培训支出，根据现有数据，本部分采用城镇单位就业人员人数及平均工资的计算所得作为工资薪金总额，按照 2.5% 的比例提取培训成本，2015—2019 年度人均的平均值约为 1843.71 元，运用表数据和公式计算出 2015—2019 五年间单位培训成本人均值为 1850.1 元，即表中 39215.87 亿元转化为万元后与总人数 211966 万人相除，与工资歧视成本 7976.55 元和每年城镇用人单位将付出人均 14046.45 元的社会保障成本相加，可得全国范围内农民工市民化后城镇单位每年将付出人均 23873.1 元的成本。

表 10 – 25　　　　　　　　全国范围内的城镇单位培训人均成本支出

年份 项目	2015	2016	2017	2018	2019	总额	平均
城镇单位就业人员平均工资（元）	62029	67569	74318	82413	82413	368742	73748.4
城镇就业人员人数（万人）	40410	41428	42462	43419	44247	211966	—
城镇单位就业人员总工资（亿元）	250659.19	279924.85	315569.09	357829	364652.80	—	—
单位培训成本提取（2.50%）（亿元）	6266.48	6998.12	7889.23	8945.73	9116.32	39215.87	1850.1*
年度人均值（元）	1550.73	1689.23	1857.95	2060.33	2060.33	—	1843.71

* 五年培训成本人均值（单位：元）

表 10 – 26　　案例省市城镇单位培训人均成本及单位成本人均支出　（单位：元）

年份 城市	2015	2016	2017	2018	2019	年度人均 平均值	五年* 人均值	单位成本 人均支出**
上海	2771.66	3027.11	3265.36	3574.58	3734.43	3274.63	3282.22	40667.55
广东	1657.96	1807.96	1975.39	2245.65	2472.23	2031.84	2023.7	15094.52
河南	1115.57	1209.57	1349.17	1603.70	1681.70	1391.94	1374.38	20339.78
重庆	1499.88	1613.72	1743.45	1560.41	2163.98	1716.29	1708.98	27610.06

注：* 历年数据和公式计算得出的五年间单位培训成本人均值。

　　** 工资歧视成本、社保单位支出成本、单位培训成本之和。

　　数据来源：根据历年《中国劳动统计年鉴》计算所得。

　　运用同样的计算方式，可以得出案例城市的数据，表 10 – 26 为案例省份城镇单位培训成本的计算结果。其中上海单位培训人均支出最多，年度人均的平均值为 3274.63 元，用表数据和公式计算出 2015—2019 年五年间单位培训成本人均值为 3282.22 元，其次为广东、重庆和河南，年度人均的平均值分别为 2031.84 元、1716.29 元和 1391.94 元，用表数据和公式计算出 2015—2019 五年间单位培训成本人均值分别为 2023.7 元、1708.98 元和 1374.38 元。因缺乏各省市农民工数据，故工资歧视成本使用全国数据 7976.55 元代替，再加上各省市的社保成本，案例省份单位成本总额为：上海 40667.55 元、广东 15094.52 元、河南 20339.78 元、重庆 27610.06 元。

三 个人成本计算与比较

（一）社会保障成本

根据现行社会保险制度，养老保险、医疗保险、失业保险有一部分是个人支付，因此市民化之后随着社会保险缴纳的规范化，个人也要承担一部分费用，从而构成市民化的个人成本。然而，个人从农村转移到城市，原本在农村也缴纳养老保险和医疗保险，因此真正的市民化个人成本是农村转移到城市之后社会保险的增加值部分。本部分先分析全国范围内的平均情况，然后就案例城市逐一分析以体现区域特点。

1. 全国范围内市民化人均社会保障成本

根据现行规定中个人账户缴纳比例以及《中国劳动统计年鉴》的数据资料，可以得到城镇职工以及城乡居民社会保险各项目个人缴纳的总额和参保人数以及市民化后的增加值即市民化成本，如表 10 - 27 到表 10 - 32 所示。

表 10 - 27　　　　城镇职工及农村个人缴纳社保项目总额情况　（单位：亿元）

城镇职工个人缴纳社保项目	2015 年	2016 年	2017 年	2018 年	2019 年
养老保险	11821.76	13808.30	15820.66	17898.09	20555.45
医疗保险	2407.92	2694.54	3012.01	3464.33	3992.81
失业保险	455.93	409.63	370.87	390.37	428.07
城乡居民社保项目个人缴费总额	2015 年	2016 年	2017 年	2018 年	2019 年
养老保险	2854.6	2933.3	3304.2	3837.7	4107
医疗保险	2522.43	2810.6	5653.3	7846.4	8575.5

表 10 - 28　　　　　城乡居民参保项目人数　（单位：万人）

参保人数	2015 年	2016 年	2017 年	2018 年	2019 年
城乡居民基本养老保险	50472.2	50847.1	51255	52391.7	53266
城乡居民医疗养老保险	37688.5	44860	87358.7	102777.8	102482.7

表 10 - 29　　　　城镇单位年度人均社会保险个人缴纳额　　　（单位：元）

城镇居民参保项目	2015 年	2016 年	2017 年	2018 年	2019 年
养老保险	4508.80	4962.32	5405.52	5945.44	6593.04
医疗保险	1127.20	1240.58	1351.38	1486.36	1648.26
失业保险	263.15	226.45	197.44	198.73	208.38

表 10 - 30　　　农村居民参保项目年度人均缴费总额和均值

农村居民参保项目	2015 年	2016 年	2017 年	2018 年	2019 年
养老保险总额（亿元）	2854.6	2933.3	3304.2	3837.7	4107
医疗保险总额（亿元）	2522.43	2810.6	5653.3	7846.4	8575.5
养老保险人均缴费（元）	565.58	576.89	644.66	732.50	771.04
医疗保险人均缴费（元）	669.28	626.53	647.14	763.43	836.78

表 10 - 31　　　市民化后社会保险年度人均个人缴费增加值　（单位：元，%）

个人缴费支出项目	2015 年	2016 年	2017 年	2018 年	2019 年	平均增速
养老保险	3943.22	4385.43	4760.86	5212.94	5822.00	10.24
医疗保险	457.92	614.05	704.24	722.93	811.48	15.92
失业保险	263.15	226.45	197.44	198.73	208.38	- 5.31
总计	4664.29	5225.94	5662.54	6134.60	6841.86	10.07

表 10 - 32　　市民化后社保个人缴费人均支出增加值（市民化成本）

（单位：元，%）

个人缴费支出项目	城镇人均	农村居民人均	市民化成本	市民化成本占比
养老保险	5526.09	659.75	4866.34	84.89
医疗保险	1379.21	730.56	648.65	11.31
失业保险	217.71	0	217.71	3.8
合计	7123.01	1390.31	5732.70	100

数据来源：《中国劳动统计年鉴》及公式。

2. 案例城市市民化社会保障人均个人成本

关于各案例省份的社会保障个人支出，各省份的数据包括 2015—2019 年城镇就业人员年平均工资，2015—2019 年各社会保险的城镇在职参保人数、个人账户金额、城乡居民社会保险参保人数、社会保险个人缴费支出等，运用这些数据可以算出年度人均社保支出。

表 10 - 33　　2015—2019 年上海市社会保障个人账户支出情况

社保项目	个人账户参保人数、个人支出	2015 年	2016 年	2017 年	2018 年	2019 年	年度均值
	城镇就业人员年平均工资（元）	71268	78045	85582	105176	114962	—
养老	城镇在职参保人数（万人）	1028.40	1050.90	1059.00	1071.40	1077.60	
	城镇个人账户（亿元）	538.20	599.16	661.20	733.54	906.70	
	城镇个人账户人均（元）	5233.36	5701.44	6243.60	6846.56	8414.08	6487.81
	城乡居民基本养老保险参保人数（万人）	79.50	79.50	78.80	78.70	77.10	
	城乡居民养老保险支出（亿元）	38.79	46.37	50.41	60.73	61.21	
	城乡居民人均支出（元）	4879.49	5833.08	6396.62	7716.44	7939.34	6552.99
医保	城镇在职参保人数（万人）	980.50	991.60	1005.40	1020.60	1026.90	
	城镇个人账户（亿元）	128.28	141.34	156.93	174.69	216.01	
	城镇个人账户人均（元）	1308.34	1425.36	1560.90	1711.64	2103.52	1621.95
	城乡居民基本医疗保险参保人数（万人）	272.90	338.00	344.60	342.80	349.80	
	城乡居民医疗保险支出（亿元）	4.65	10.42	12.39	14.74	17.16	
	城乡居民医疗保险人均（元）	170.29	308.21	359.63	430.05	490.46	351.73
失业	城镇参保在职职工人数（万人）	641.80	947.30	961.80	977.20	984.90	
	个人账户（亿元）	32.80	34.83	29.07	32.27	35.03	
	人均（元）	511.06	367.71	302.21	330.20	355.70	373.38
	市民化成本（元）	2002.98	1353.22	1350.46	741.90	2443.51	1578.41

表 10 - 34 **市民化后社会保险个人缴费人均支出增加值（市民化成本）**

（单位：元，%）

社保项目	城镇人均	城乡居民人均	市民化成本	市民化成本占比
养老保险	6503.89	6542.45	-38.56	-2.42
医疗保险	1626.38	360.15	1266.23	79.58
失业保险	363.39	0	363.39	22.84
合计	8493.66	6902.60	1591.06	100

上海市的具体数据如表 10 - 33 所示。从个人缴纳社会保险的情况可以看出，一方面数据所限只知道城乡居民养老保险的缴费档次和缴费总人数，无法准确计算每个档次的缴费金额，因此只能通过官方公布的账户收入以及各档次个人缴费比例推断个人支出，会有一定误差。对于个人来说，市民化前后的社会保险差异构成个人成本，通过表 10 - 33 数据可知，养老保险个人缴纳部分城乡居民人均支出高于城镇在职职工人均支出，经计算，城镇职工和城乡居民养老保险个人账户人均支出的年度均值分别为 6487.81 元和 6552.99 元。原因如下：上海市城乡居民养老保险由三部分构成，即个人缴纳、集体补助和国家补贴，个人缴纳最高档次为 5300 元，表中超出部分应该是集体补助部分，鉴于集体补助来自个人对集体的贡献，故列为个人缴纳之列。城镇职工的医疗保险个人缴费高于城乡居民的缴费水平，城镇职工和城乡居民医疗保险个人人均支出的年度均值分别为 1621.95 元和 351.73 元。失业保险仅限于城镇，该项社保项目的个人人均支出的年度均值为 373.38 元。综上计算可得，上海市市民化前后社会保障个人支出增加并不多，年度均值为 1578.41 元。再使用另一种方式计算成本，运用公式和社会保障个人支出情况表 10 - 33 的数据，市民化后社会保险个人缴费人均支出增加值即市民化成本为 1591.06 元，与年度均值计算结果相差不大。显然相比企业成本，个人成本并不构成负担，上海市市民化过程中企业承受的负担更重，需要在推进市民化过程中加以重视。从个人成本占比情况看，医疗保险占比最大，达到 79.58%。

表 10 - 35　　　　　2015—2019 年广东省社会保障个人支出情况

		2015 年	2016 年	2017 年	2018 年	2019 年	年度均值
	城镇就业人员年平均工资（元）	66296	72848	80020	89826	100689	—
养老	城镇在职参保人数（万人）	4613.2	4867.8	4718.1	4283	3962.2	—
	城镇个人账户（亿元）	854.53	939.57	1152.33	1523.77	1864.40	
	城镇个人账户人均	1852.37	1930.17	2442.37	3557.71	4705.47	2897.62
	城乡居民基本养老保险参保人数（万人）	2499.70	2543.20	2586.80	2661.10	2646.20	
	养老保险收入（亿元）	193.08	172.63	175.80	201.58	265.57	
	城乡居民人均（元）	772.42	678.77	679.61	757.52	1003.59	778.38
医保	城镇在职参保人数（万人）	3272.1	3353.5	3483.5	3665.4	3850.1	
	城镇个人账户（亿元）	391.52	444.65	507.53	586.61	691.68	
	城镇个人账户人均（元）	1196.54	1325.92	1456.96	1600.4	1796.52	1475.27
	城乡居民基本医疗保险参保人数（万人）	6424.2	6336.1	6402.4	6445.1	6407.7	
	城乡居民医疗保险收入（亿元）	121.26	140.55	144.90	158.67	183.10	
	城乡居民医疗保险人均（元）	188.75	221.82	226.32	246.19	285.74	233.77
失业	城镇参保在职职工人数（万人）	2930.10	3020.10	3163.70	3361.70	3498.80	
	个人账户（个人亿元）	29.29	34.00	37.83	40.63	52.67	
	人均（元）	99.95	112.58	119.59	120.87	150.53	120.70
	市民化成本（元）	2187.68	2468.08	3112.98	4275.27	5363.18	3481.44
	养老占比（%）	49.36	50.70	56.63	65.50	69.02	58.24
	医保占比（%）	46.07	44.74	39.53	31.68	28.17	38.04
	失业占比（%）	4.57	4.56	3.84	2.83	2.81	3.72

表 10 - 36　　　　　广东省市民化后社保个人缴费人均
支出增加值（市民化成本）　　　　　（单位：元，）

个人缴纳部分	城镇人均	城乡居民人均	市民化成本	市民化成本占比
养老保险	2822.36	779.67	2042.69	59.76
医疗保险	1487.69	233.78	1253.90	36.68
失业保险	121.71	0	121.71	3.56
合计	4431.76	1013.45	3418.30	100

　　广东省的城乡养老保险和医疗保险的计算方法与上海市相同，具体数据如表 10-35 所示，养老保险和医疗保险个人缴纳部分，城镇在职职工人均支出均高于城乡居民人均支出。经计算，城镇职工和城乡居民养老保险个人人均支出的年度均值分别为 2897.62 元和 778.38 元，城镇职工和城乡居民医疗保险个人人均支出的年度均值分别为 1475.27 元和 233.77 元，失业保险个人人均支出的年度均值为 120.7 元。综上计算可得，广东省市民化前后社会保障个人支出增加比上海多，年度均值为 3481.44 元，其中养老保险占比最大，均值为 58.24%。再使用另一种方式计算成本，运用公式和社会保障个人支出情况表的数据，如表 10-36 所示，市民化后社会保险个人缴费人均支出增加值即市民化成本为 3418.30 元，与年度均值计算结果非常接近，其中养老保险占比最大，均值为 59.76%。

表 10-37　　　　2015—2019 年河南省社会保障个人支出情况

		2015 年	2016 年	2017 年	2018 年	2019 年	年度均值
	城镇就业人员年平均工资（元）	39959.34	43259.93	47828.19	51685.95	54525.79	—
养老	城镇在职参保人数（万人）	1148.90	1398.10	1437.60	1520.10	1628.20	—
	城镇个人账户（亿元）	342.75	446.94	497.52	581.63	673.24	—
	城镇个人账户人均（元）	2983.26	3196.75	3460.79	3826.25	4134.88	3520.39
	城乡居民基本养老保险参保人数（万人）	4855.20	4893.70	5010.20	5082.50	5196.60	—
	养老保险收入（亿元）	190.31	186.03	193.56	247.11	263.75	—
	城乡居民人均（元）	391.96	380.14	386.33	486.20	507.55	430.44
医保	城镇在职参保人数（万人）	864.10	882.70	883.80	903.80	906.60	—
	城镇个人账户（亿元）	64.45	70.54	76.47	86.45	93.72	—
	城镇个人账户人均（元）	745.82	799.19	865.20	956.56	1033.72	880.10
	城乡居民基本医疗保险参保人数（万人）	1144.20	1133.40	9182.50	9170.60	9008.10	—
	城乡居民医疗保险收入（亿元）	386.00	382.35	3097.71	3093.70	3038.88	—
	城乡居民医疗保险人均（元）	16.56	19.43	179.98	200.55	221.13	127.53

		2014 年	2015 年	2016 年	2017 年	2018 年	2019 年	年度均值
失业	城镇参保在职职工人数（万人）	783.30	788.10	805.60	819.90	837.30	—
	个人账户（亿元）	12.37	12.87	10.83	12.10	14.07	—
	人均（元）	157.87	163.26	134.48	147.58	168.00	154.24
	市民化成本（元）	3478.42	3759.62	3894.16	4243.64	4607.92	3996.75
	养老占比（%）	74.50	74.92	78.95	78.71	78.72	77.16
	医保占比（%）	20.97	20.74	17.60	17.82	17.63	18.95
	失业占比（%）	4.54	4.34	3.45	3.48	3.65	3.89

表 10 - 38　　　　　　　河南省市民化后社保个人缴费人均
支出增加值（市民化成本）　　　（单位：元，%）

个人缴纳部分	城镇人均	城乡居民人均	市民化成本	市民化成本占比
养老保险	3563.88	431.64	3132.23	88.72
医疗保险	881.85	637.75	244.10	6.91
失业保险	154.26	0	154.26	4.37
合计	4599.99	1069.39	3530.59	100

　　河南省的具体数据如表 10 - 37 所示。城乡养老保险和医疗保险的计算方法与上海市相同。通过表 10 - 37 数据可知，养老保险和医疗保险个人缴纳部分，城镇在职职工人均支出均高于城乡居民人均支出。经计算，城镇职工和城乡居民养老保险个人人均支出的年度均值分别为 3520.39 元和 430.44 元，城镇职工和城乡居民医疗保险个人人均支出的年度均值分别为 880.10 元和 127.53 元，失业保险个人人均支出的年度均值为 154.24 元。综上计算可得，河南省市民化后社会保障个人支出增加值的年度均值为 3996.75 元，其中养老保险占比最大，均值为 77.16%。再使用另一种方式计算成本，运用公式和表 10 - 37 的数据，计算结果如表 10 - 38 所示，市民化后社会保险个人缴费人均支出增加值即市民化成本为 3530.59 元，与年度均值计算结果有一些差别。其中养老保险占比最大，均值为 88.72%。

表 10 - 39　　　　　　2015—2019 年重庆市社会保障个人支出情况

		2015 年	2016 年	2017 年	2018 年	2019 年	年度均值
	城镇就业人员年平均工资（元）	52527.05	55446.15	58510.37	62416.54	66007.14	
养老	城镇在职参保人数（万人）	544.40	605.90	628.30	662.50	721.10	
	城镇个人账户（亿元）	215.63	254.61	278.69	310.10	360.07	
	城镇个人账户人均（元）	3960.89	4202.16	4435.69	4680.83	4993.32	4454.58
	城乡居民基本养老保险参保人数（万人）	1111.10	1115.80	1109.00	1119.60	1162.70	
	城乡居民养老保险收入（亿元）	47.39	50.21	58.85	68.18	73.29	
	城乡居民人均（元）	426.54	450.01	530.62	608.99	630.36	529.31
医保	城镇在职参保人数（万人）	414.50	425.30	455.90	485.90	520.30	
	城镇个人账户（亿元）	391.52	444.65	507.53	586.61	691.68	
	城镇个人账户人均（元）	1196.54	1325.92	1456.96	1600.40	1796.52	1475.27
	城乡居民基本医疗保险参保人数（万人）	2677.80	2654.50	2608.20	2587.00	2551.40	
	城乡居民医疗保险收入（亿元）	52.17	59.19	65.03	72.61	81.86	
	城乡居民医疗保险人均（元）	401.69	426.16	449.84	474.70	506.40	451.76
失业	城镇参保在职职工人数（万人）	439.50	447.10	446.30	489.80	515.00	
	个人账户（亿元）	6.19	6.67	5.73	6.53	8.03	
	人均（元）	140.92	149.11	128.46	133.39	155.99	141.57
	市民化成本（元）	4470.12	4801.02	5040.66	5330.92	5809.07	5090.36
	养老占比（%）	79.07	78.15	77.47	76.38	75.11	77.24
	医保占比（%）	17.78	18.74	19.98	21.12	22.21	19.97
	失业占比（%）	3.15	3.11	2.55	2.50	2.69	2.80

表 10 - 40　　　　　重庆市民化后社保个人缴费人均
支出增加值（市民化成本）　　　　（单位：元，%）

个人缴纳部分	城镇人均	城乡居民人均	市民化成本	市民化成本占比
养老保险	4487.72	530.29	3957.44	79.67
医疗保险	1121.21	252.97	868.24	17.48
失业保险	141.85	0	141.85	2.86
合计	5750.78	783.26	4967.53	100

重庆市的城乡养老保险和医疗保险的计算方法与上海市相同。具体数据如表 10-39 所示，养老保险和医疗保险个人缴纳部分，城镇在职职工人均支出均高于城乡居民人均支出，城乡居民的社会保险有额外的政府补贴。经计算，城镇职工和城乡居民养老保险个人人均支出的年度均值分别为 4454.58 元和 529.31 元，城镇职工和城乡居民医疗保险个人人均支出的年度均值分别为 1475.27 元和 451.76 元，失业保险个人人均支出的年度均值为 141.57 元。综上计算可得，重庆市市民化后社会保障个人支出增加值的年度均值为 5090.36 元，其中养老保险占比最大，均值为 77.24%。再使用另一种方式计算成本，运用公式和社会保障个人支出情况表的数据，如表 10-40 所示，市民化后社会保险个人缴费人均支出增加值即市民化成本为 4967.53 元，与年度均值计算结果差别很小。其中养老保险占比最大，均值为 79.67%。

表 10-41　　　　　本土农民工市民化个人成本汇总与比较　　　（单位：元，%）

个人缴纳部分		城镇人均	城乡居民人均	市民化成本	市民化成本占比
养老保险	上海	6503.89	6542.45	-38.56	-2.42
	广东	2822.36	779.67	2042.69	59.76
	河南	3563.88	431.64	3132.23	88.72
	重庆	4487.72	530.29	3957.44	79.67
医疗保险	上海	1626.38	360.15	1266.23	79.58
	广东	1487.69	233.78	1253.90	19.45
	河南	881.85	637.75	244.10	6.91
	重庆	1121.21	252.97	868.24	17.48
失业保险	上海	363.39	0	363.39	22.84
	广东	121.71	0	121.71	1.89
	河南	154.26	0	154.26	4.37
	重庆	141.85	0	141.85	2.86
合计比较	上海	8493.66	6902.6	1591.06	100
	广东	4431.76	1013.45	3418.30	100
	河南	4599.98	1069.39	3530.60	100
	重庆	5750.78	783.25	4967.53	100

表 10-41 反映了案例省市市民化个人成本。个人成本与单位成本的计算有所不同，单位成本是农民工市民化之后的单位缴纳部分，这意味着市民化后农民工享有在岗职工的社保福利，而单位为其缴纳的福利本身就是净增加，而个人缴纳部分比较特殊，在市民化之前农民工就在缴纳城乡居民社会保险，包括养老和医疗保险，市民化之后缴纳标准有所不同，缴纳的项目也有所扩充，因此需要计算市民化前后的净增值。如前所述，个人缴纳的社保基金比单位缴纳种类少，只涉及养老、医疗和失业三种，其中养老和医疗市民化前后均有所涉及。表中所涉及的市民化成本主要是本省（或市）农民工市民化成本。第一，总体而言，上海市本土市民化社保成本个人缴纳部分最少，只有 1591.06 元，这与上海市城镇化水平较高、城乡居民缴费水平以及相关补贴较高有关，其中在以往计算中占比最高的养老保险，上海市城镇职工人均缴纳与城乡居民人均缴纳数额基本一致，因此在其他省份占比最多的养老保险支出在上海的市民化个人成本中可以忽略不计。其余省份养老保险个人支出净增值的绝对量重庆最多，其次是河南和广东。第二，除了上海之外养老保险在市民化社保个人成本中占比最大，最高为河南，达 88.72%。医疗保险无论是绝对量还是比重，最高的是上海，其次为广东、重庆、河南，这与上海的城乡居民医保个人缴纳比重较小有关。失业保险无论是绝对量还是比重，上海仍然最高。

表 10-42 说明跨区域市民化的养老保险个人成本净增值。从迁入地看，迁入上海的市民化养老保险个人成本净增值最高，迁入广东的成本最低。如迁入上海享受市民化待遇，养老保险个人成本净增值最高的是由河南迁入，其次是由重庆和广东迁入。如迁入广东享受市民化待遇，养老保险个人成本净增值最高的是由河南迁入，其次为从重庆和广东本土迁入，上海迁入广东的成本为负即节省个人支出。如迁入河南享受市民化待遇，养老保险个人成本净增值最高的是河南本土迁入，其次为从重庆和广东迁入，上海迁入河南的成本为负即节省个人支出。如迁入重庆享受市民化待遇，养老保险个人成本净增值最高的是河南迁入，其次为从重庆本土和广东迁入，上海迁入广东的成本为负即节省个人支出。由此可见，无论是迁入地是哪里，成本净增值最高的迁出地均为河南，其次为重庆和广东，上海属于节省成本的情况，在迁入地城镇人均支出

相同的情况下，市民化成本与迁出地城乡居民人均支出情况直接相关，河南的城乡居民人均支出较低，因此河南的农民工无论迁到哪里，在案例省份中其个人成本都是最高的。

表 10 - 42　　　　　跨省市民化成本养老保险个人缴纳部分　　　（单位：元）

个人缴纳部分	迁出	迁入	迁入地人均	迁出地城乡居民人均	市民化成本
养老保险	上海	上海	6503.89	6542.45	- 38.56
	广东			779.67	5724.22
	河南			431.64	6072.25
	重庆			530.29	5973.6
	上海	广东	2822.36	6542.45	- 3720.09
	广东			779.67	2042.69
	河南			431.64	2390.72
	重庆			530.29	2292.07
	上海	河南	3563.88	6542.45	- 2978.57
	广东			779.67	2784.21
	河南			431.64	3132.24
	重庆			530.29	3033.59
	上海	重庆	4487.72	6542.45	- 2054.73
	广东			779.67	3708.05
	河南			431.64	4056.08
	重庆			530.29	3957.43

表 10 - 43 说明跨区域市民化的医疗保险个人成本净增值。从迁入地看，迁入上海的市民化医疗保险个人成本净增值最高，迁入河南的成本最低，这与迁入地的城镇人均支出水平相关，在迁出地的城乡居民人均支出一定的情况下，迁入地的城镇人均支出水平决定成本高低。无论迁入案例省份何地，从广东迁出的农民工市民化医疗保险个人成本最高，其次为重庆迁出、上海迁出和河南迁出，与养老保险相比，排列顺序发生了很大变化，这与迁出地的城乡居民人均支出相关，在迁入地的城镇医疗保险人均支出水平一定的情况下，迁出地的城乡居民人均支出水

决定成本高低。失业保险是城镇职工特有的保险，城乡居民不缴纳，因此市民化成本等同于城镇职工缴纳额。案例省份中失业保险个人缴纳成本上海最高，其次为河南、重庆、广东。

表 10 - 43　　　　　跨省区市民化成本医疗保险个人缴纳部分　　　（单位：元）

个人缴纳部分	迁出	迁入	迁入地人均	迁出地城乡居民人均	市民化成本
医疗保险	上海	上海	1626.38	360.15	1266.23
	广东			233.78	1392.6
	河南			637.75	988.63
	重庆			252.97	1373.41
	上海	广东	1487.69	360.15	1127.54
	广东			233.78	1253.91
	河南			637.75	849.94
	重庆			252.97	1234.72
	上海	河南	881.85	360.15	521.7
	广东			233.78	648.07
	河南			637.75	244.1
	重庆			252.97	628.88
	上海	重庆	1121.21	360.15	761.06
	广东			233.78	887.43
	河南			637.75	483.46
	重庆			252.97	868.24

　　表 10 - 44 反映了跨区域市民化社会保险个人成本的情况，从迁入地看，迁入上海的个人支出最多，其次分别为迁入重庆、河南和广东。从迁出地看，支出最多的是重庆迁出到其他案例城市，其中重庆迁入上海的个人支出绝对量最大，但绝对量高并不代表负担重，还需要对照市民化前后收入水平的净增值。而从上海迁出的不仅没有负担，还节省出一笔支出，但这种情况发生的概率很小，不作为典型的情况。

表 10 – 44　　　　　　　跨区域市民化社会保险个人成本　　　　（单位：元，%）

个人缴纳部分	迁出	迁入	市民化成本	负担
社会保险	上海	上海	1591.06	1.95
	广东		7238.53	7.53
	河南		7060.88	7.08
	重庆		7488.86	7.50
	上海	广东	- 2229.16	- 3.30
	广东		3418.31	4.18
	河南		3240.66	3.79
	重庆		3668.64	4.29
	上海	河南	- 2093.48	- 9.81
	广东		3553.99	9.95
	河南		3530.6	8.97
	重庆		3804.32	9.66
	上海	重庆	- 930.28	- 2.84
	广东		4717.19	10.00
	河南		4539.54	8.93
	重庆		4967.52	9.76

就个人缴费负担看，以 2019 年城镇单位就业人员平均工资与农村家庭人均可支配收入之差作为基础，可以计算出社会保险个人缴费净增值在收入净增值中的比重。第一，本土市民化负担上海为 1.95%，广东为 4.18%，河南为 8.97%，重庆为 9.76%，全国范围内的社保个人缴费负担为 7.58%。与单位缴费负担相比，重庆的个人缴费负担仍然是最重的，高于全国负担水平 2.18 个百分点，河南社保个人缴费负担高于平均负担水平 1.39 个百分点，广东低于全国平均负担水平 3.4 个百分点，与单位缴费负担相同的是个人缴费负担水平也低，但不像单位缴费负担与全国平均水平有那么大的差距。上海社保个人缴费负担是最轻的，单位缴费与全国水平几乎相同。第二，跨区域个人缴费负担，考虑到收入净增值之后计算的缴费负担，迁入重庆仍然是负担最重的，其次是迁入河南和上海，迁入广东的缴费负担最轻。相比较而言，广东到重庆市民化的社保个人缴费负担最高，成本占收入净增值的比重达到 10%，整体而言，

东部农民工迁入中西部的个人缴费负担较重，而中西部农民工迁入东部省份的社保个人缴费负担比较轻，这与迁出地城乡居民社保个人缴费情况、迁入地省份社保个人缴费情况以及市民化前后收入净增值有关，市民化社保个人成本绝对量高的缴费负担不一定重，如上海，而绝对量低的缴费负担不一定轻，如河南。

（二）生活、住房、教育等成本支出

农民工市民化之后，其生活、住房、娱乐、交往、教育等个人支出将与城镇居民逐渐看齐。按照统计年鉴的资料，消费支出包括食品烟酒、衣着、居住、生活用品及服务、交通通信、教育文化娱乐、医疗保健以及其他用品和服务，显然农民工市民化之后的个人成本对应于统计年鉴中的消费支出部分。因此，使用城乡消费支出差距可以大致衡量出农民工市民化之后社会交往、生活住房、教育、交通通信、卫生保健等个人支出成本。根据《中国统计年鉴》及各案例省份的统计年鉴，现有的数据局限于城乡人均消费支出，没有列出消费支出总额及人数等更详细的统计资料，另外，从社保成本计算可以看出，人均社保支出的年度均值与公式中所列示的五年间总额与人数相除所计算出来的均值相差不大，因此在计算消费支出时可以使用人均消费支出的年度均值对成本增值进行衡量。仍然采用全国数据及案例省份数据进行计算和比较。

表 10 - 45　　　全国范围内城乡消费支出差距（市民化成本）（单位：元/人）

年份	城镇居民人均消费支出	农村居民人均消费支出	消费支出差距
2015	21392	9223	12169
2016	23079	10130	12949
2017	24445	10955	13490
2018	26112	12124	13988
2019	28063	13328	14735
年度均值	24618	11152	13466

如表 10 - 45 所示，2015—2019 年城乡人均消费支出差距年度均值为13466 元，与城乡人均收入净增值相比，可以计算出全国平均负担率为

18.06％。每个区域的情况差别较大，还涉及本土农民工市民化和跨区农民工市民化两种情况，因此需要进一步进行案例研究。

10－46　　　　　上海市城乡消费支出差距（市民化成本）　（单位：元/人）

年份	城镇居民人均消费支出	农村居民人均消费支出	消费支出差距
2015	36946	17607.95	19338.05
2016	39857	20275.97	19581.03
2017	42304	23348.25	18955.75
2018	46015	26886.07	19128.93
2019	48272	30959.94	17312.06
年度均值	42678.80	23815.63	18863.17

10－47　　　　　广东省城乡消费支出差距（市民化成本）　（单位：元/人）

年份	城镇居民人均消费支出	农村居民人均消费支出	消费支出差距
2015	25673.08	11103.03	14570.05
2016	28613.33	12414.84	16198.49
2017	30197.91	13199.62	16998.29
2018	30924.31	15411.31	15513.00
2019	34424.12	16949.43	17474.69
年度均值	29966.55	13815.65	16150.90

10－48　　　　　河南省城乡消费支出差距（市民化成本）　（单位：元/人）

年份	城镇居民人均消费支出	农村居民人均消费支出	消费支出差距
2015	17154	7887	9267
2016	18088	8587	9501
2017	19422	9212	10210
2018	20989	10392	10597
2019	21972	11546	10426
年度均值	19525	9525	10000

表10-49　　　　　　重庆市城乡消费支出差距（市民化成本）　（单位：元/人）

年份	城镇居民人均 消费支出	农村居民人均 消费支出	消费支出差距
2015	19742.29	8937.71	10804.58
2016	21030.94	9954.36	11076.58
2017	22759.16	10936.07	11823.09
2018	24154.15	11976.81	12177.34
2019	25785.46	13112.07	12673.39
年度均值	22694.40	10983.41	11710.99

　　表10-46至表10-49数据均来自各地区的统计年鉴。通过对比可以看出，本土农民工市民化过程中上海的消费支出成本最高，其次是广东，因此从绝对量上看东部省市市民化个人消费支出是最高的，中西部相对较低，重庆为11710.99元/人，河南为10000元/人。绝对量并不能说明支出负担，因此也需要与城乡人均收入差距进行对比。经计算，四个案例省市的支出负担分别为23.07%、19.73%、25.41%以及23.02%，相差不大，但均高于全国范围内计算的平均负担18.06%。

　　区域间农民工市民化过程中消费支出成本情况可以通过迁入地、迁出地消费支出差距进行衡量，如表10-50所示。

　　从迁入地看，跨区域农民工市民化消费支出中负担最重的是迁入上海，均在30%以上，对个人来讲确实造成比较大的经济负担，其中占比最高的是居住，其次是食品烟酒。从迁出地看，无论河南迁入哪个案例区域，其支出负担都是最重的，因为相比而言，其农村居民消费支出最少，如迁入同一个区域，河南农民工相比其他区域的迁入人员付出的消费成本增加值多，同时在迁入地、迁出地人均收入差值相差不大的情况下，其负担就会比其他区域重。上海农民迁入其他区域市民化成本最少，甚至出现负值及支出的节省，但这种情况不具有典型性。其他正值的情况最小的为上海农民向广东迁移，其次为广东农民向河南迁移，显然从西向东迁移的成本普遍较高，反向迁移成本低，但这种情况不典型。东部区域间迁移成本有差别，广东农民迁上海负担重，上海农民迁广东负担相对较轻，中西部两个区域互迁消费支出负担相差不大。

表 10 - 50　　　　　　　　跨区域市民化消费支出成本　　　　（单位：元，%）

	迁出	迁入	市民化成本	负担
消费支出成本	上海	上海	18863.17	23.07
	广东		28863.15	30.02
	河南		33153.8	33.22
	重庆		31695.39	31.75
	上海	广东	6150.92	9.11
	广东		16150.9	19.73
	河南		20441.55	23.90
	重庆		18983.14	22.19
	上海	河南	-4290.63	-20.11
	广东		5709.35	15.99
	河南		10000	25.41
	重庆		8541.59	21.68
	上海	重庆	-1121.23	-3.42
	广东		8878.75	18.82
	河南		13169.4	25.90
	重庆		11710.99	23.02

（三）土地机会成本

根据统计年鉴的项目，农民收入分为工资性收入、经营性净收入、财产性净收入、转移性净收入四类。农民工资性收入即劳动报酬收入，是农民受雇于单位与个人，依靠出卖自己的劳动而获得的收入。家庭经营性收入是指家庭经营的相关收入，主要指农产品买卖收入。财产性收入指通过资本、技术和管理等要素与社会生产和生活活动所产生的收入。即家庭拥有的动产（如银行存款、有价证券）和不动产（如房屋、车辆、收藏品等）所获得的收入，包括出让财产使用权所获得的利息、租金、专利收入，财产营运所获得的红利收入、财产增值收益等，简单说就是租房、租地等挣的钱。转移性收入就是指国家、单位、社会团体对居民家庭的各种转移支付和居民家庭间的收入转移，农民的转移性收入主要指政府的各种财政补贴。关于土地的收益主要分为三部分：经营性收入、转移性收入和土地流转收入。当土地流转出去之后，原农民的家庭经营性净收入和转移性净收入就会由承包户获得，约化耕作节省劳动将会产生规模经济，人均经营性净收入将会提高，而且将来承包户的经营性净收入和转移性净收入不会低于土地流转租金，否则承包户不会租地经营。原农民工因土地流转将获得财产性收益，并随着土地流转面积的扩大，这部分收益将会提高。如果按照目前的净收益情况，放弃土地耕作失去的收益主要是经营性净收入和转移性净收入。当农民工市民化之后对于土地的处置有三种可能。一是放弃土地承包权，这种情况下上述所有的收入都没有了，也就是土地机会成本为零。二是保留土地承包权但土地闲置，这种情况下土地机会成本也为经营性净收入和转移性净收入。三是保留土地并进行流转，此时只有流转收益即财产性净收入，放弃的是经营性净收入和转移性净收入，如果财产性净收入高于经营性和转移性净收入，增加值属于农民工的收益，相反则是农民工市民化的土地机会成本。

表 10 –51　　　　　　　　　全国及案例省份土地流转率

地区	2013 年	2014 年	2015 年	2016 年	2017 年
全国	0.256968	0.303588	0.33287	0.351353	0.369753
上海	0.658134	0.714517	0.737	0.748	0.753892
河南	0.331797	0.370553	0.397955	0.374367	0.37983
广东	0.286566	0.291758	0.28879	0.291702	0.403183
重庆	0.384255	0.39731	0.414556	0.423683	0.43152

数据来源：根据《中国农村政策与改革统计年报》数据计算。

表 10 –51 反映了全国及案例省份土地流转率数据，从全国的情况看，总体土地流转率并不高，只有不到40%的土地进入流转市场，从案例省份看，上海土地流转率最高，2017 年就已经达到75%，重庆和广东都已经达到40%以上，超过全国平均水平，河南的情况有些波动，目前比全国平均水平略高。随着市民化程度提升，闲置土地进入流转市场，土地流转率将会逐步提高。

表10-52　　　　　全国范围内农村居民人均收入构成状况（单位：元/人，%）

年份	可支配收入	工资性收入	经营性净收入	转移性净收入	财产性净收入	土地机会成本	成本增长率
2015	11421.7	4600.3	4503.6	2066.3	251.5	6569.9	—
2016	12363.4	5021.8	4741.3	2328.2	272.1	7069.5	7.60
2017	13432.4	5498.4	5027.8	2603.2	303	7631	7.94
2018	14617	5996.1	5358.4	2920.5	342.1	8278.9	8.49
2019	16020.7	6583.5	5762.2	3297.8	377.3	9060	9.43
年度均值	13571.04	5540.02	5078.66	2643.2	309.2	7721.86	8.37

表10-53　　　　　上海市农村居民人均收入构成状况　　　　（单位：元/人，%）

年份	可支配收入	工资性收入	经营性净收入	转移性净收入	财产性净收入	土地机会成本	成本增长率
2015	23205.2	17482.5	1462.3	3485.1	775.2	4947.4	—
2016	25520.4	18947.9	1387.9	4325	859.6	5712.9	15.47
2017	27825	20289.2	1372.8	5300.7	862.4	6673.5	16.81
2018	30374.7	19503.5	1753.2	8114.8	1003.2	9868	47.87
2019	33195.2	20019.8	2355.8	9524.2	1295.4	11880	20.39
年度均值	28024.1	19248.58	1666.4	6149.96	959.16	7816.36	25.14

表10-54　　　　　广东省农村居民人均收入构成状况　　　　（单位：元/人，%）

年份	可支配收入	工资性收入	经营净收入	转移净收入	财产净收入	土地机会成本	成本增长率
2015	13360.44	6724.01	3590.14	2709.27	337.01	6299.41	—
2016	14512.15	7255.30	3883.59	3007.50	365.76	6891.09	9.39
2017	15779.74	7854.63	4118.65	3391.65	414.81	7510.30	8.99
2018	17167.7	8510.7	4432.7	3775.5	448.9	8208.13	9.29
2019	18818.4	9698.7	4446.9	4131.7	541.0	8578.64	4.51
年度均值	15927.70	8008.66	4094.39	3403.13	421.51	7497.51	8.05

表 10 - 55　　　　河南省农村居民人均收入构成状况　（单位：元/人，%）

年份	可支配收入	工资性收入	经营性净收入	转移性净收入	财产性净收入	土地机会成本	成本增长率
2015	13360.44	6724.01	3590.14	2709.27	337.01	6967	—
2016	14512.15	7255.30	3883.59	3007.50	365.76	7551	8.38
2017	15779.74	7854.63	4118.65	3391.65	414.81	8259	9.38
2018	17167.7	8510.7	4432.7	3775.5	448.9	8274	0.18
2019	18818.4	9698.7	4446.9	4131.7	541.0	9696	17.19
年度均值	34574.8	4785.8	4896.8	3252.6	196.8	8149.4	8.78

表 10 - 56　　　　重庆市农村居民人均收入构成状况　（单位：元/人，%）

年份	可支配收入	工资性收入	经营性净收入	转移性净收入	财产性净收入	土地机会成本	成本增长率
2015	10504.71	3583.36	3774.67	2868.57	278.11	6643.24	
2016	11548.79	3965.65	4150.05	3137.33	295.77	7287.38	9.70
2017	12637.91	4394.52	4491.36	3444.01	308.02	7935.37	8.89
2018	13781.22	4847.78	4812.92	3786.00	334.77	8598.92	8.36
2019	15133.27	5317.00	5209.54	4239.63	367.44	9449.17	9.89
年度均值	12721.18	4421.66	4487.71	3495.11	316.82	7982.82	9.21

表 10 - 52 到表 10 - 56 数据来自《中国农业年鉴》，反映的是全国及案例省份农村居民人均收入构成状况，目前情况下因外出打工而放弃土地耕种时，与土地相关的机会成本（简称土地机会成本）呈上升状态，五年中均值最高者为河南，之后依次为重庆、上海和广东，除了广东，其他省市的土地机会成本均值均高于全国水平。2015—2019 年全国范围内土地机会成本的平均增长率为 8.37%。相比之下，上海农民外出打工的土地机会成本平均增长率最高，达 25.14%，2019 年的这种机会成本最高，主要原因是转移性净收入增加很快，无论是绝对量还是增速都远远超出其他案例省份。其次依次为重庆、河南、广东，基本与全国平均增长率持平。

表10-57　　　　　　　跨区域农民工市民化个人成本汇总　　（单位：元/人，%）

迁出	迁入	社保成本	消费支出成本	土地机会成本	合计	负担*
上海	上海	1591.06	18863.17	7816.36	28270.59	23.13
广东		7238.53	28863.15	7497.51	43599.19	31.63
河南		7060.88	33153.8	8149.4	48364.08	35.93
重庆		7488.86	31695.39	7982.82	47167.07	34.51
均值		5844.83	28143.88	7861.52	41850.23	31.30
上海	广东	-2229.16	6150.92	7816.36	11643.62	13.78
广东		3418.31	16150.9	7497.51	27066.72	23.49
河南		3240.66	20441.55	8149.4	31831.61	28.40
重庆		3668.64	18983.14	7982.82	30634.6	26.78
均值		2024.61	15431.63	7861.52	25317.76	23.11
上海	河南	-2093.48	-4290.63	7721.86	1337.75	6.29
广东		3553.99	5709.35	7497.51	16760.85	24.22
河南		3530.6	10000	8149.4	21680	33.29
重庆		3804.32	8541.59	7982.82	20328.73	30.31
均值		2198.86	4990.08	7861.52	15050.46	23.53
上海	重庆	-930.28	-1121.23	7721.86	5670.35	10.00
广东		4717.19	8878.75	7497.51	21093.45	24.81
河南		4539.54	13169.4	8149.4	25858.34	32.30
重庆		4967.52	11710.99	7982.82	24661.33	29.84
均值		3323.49	8159.48	7861.52	19344.49	24.24

注：* 个人成本占迁入地城镇单位就业人员平均工资比重。

表10-57反映了跨区域农民工市民化个人成本及负担情况，从绝对量看不论从哪里迁移到上海的个人成本都是最高，迁移到河南的个人成本绝对量最低。其中，河南农民工在上海市民化所支付的个人成本最高，上海农民工在河南市民化所支付的个人成本最低。从负担水平看与绝对量的情况相似，负担比较低的是上海迁入其他省市的个人成本，负担比较高的是其他区域到上海市民化，平均负担为31.30%，其次是重庆和河南之间互相跨区市民化、广东和河南之间跨区市民化以及广东与重庆之间跨区市民化。其中到重庆市民化的平均负担为24.24%，到河南市民化

的平均负担为 23.53%，到广东市民化的平均负担为 23.11%。

四 成本项目总结

假设农民要去某省或直辖市打工，之前在农村没有工作单位，单位支出成本只与迁入区域的单位平均成本有关。但是打工之前在农村就有政府财政支出和个人支出项目，因此需要区分是本土农民工市民化还是跨区农民工市民化，两者由迁出地和迁入地的相关支出项目增加值决定。按照成本项目的支出主体，分为政府财政、单位和个人，按照区域分为本土农民工市民化成本和跨区域农民工市民化成本。

表 10 - 58　　　　　　　上海市本土农民工市民化的成本构成

成本承担主体	成本项目	项目人均（元/人/年）	分项支出总金额（元）	各成本项目比重（%）	负担（%）	对应支出项目代码
公共成本（Cg）	一般公共财政支出	3496.59	10014.4	12.68	34 *	C1—C5
	基础设施建设	6517.81				
单位成本（Ce）	员工培训支出	3282.22	40667.58	51.51	25.86% **	C6—C8
	社会保障支出	29408.81				
	工资歧视成本	7976.55				
个人成本（Cp）	社会保障支出	1591.06	28270.59	35.81	16.88% ***	C9—C14
	消费支出	18863.17				
	土地机会成本	7816.36				
合计			78952.57	100		

注：* 人均公共成本占 2019 年上海市人均一般公共财政收入的比重（下同）。

　　** 人均单位成本占 2019 年上海市人均 GDP 的比重（下同）。

　　*** & 人均个人成本占 2019 年上海市城镇单位就业人员年平均工资的比重（下同）。

表 10 - 59　　　　　　　广东省本土农民工市民化的成本构成

成本承担主体	成本项目	项目人均（元/人/年）	分项支出总金额（元）	各成本项目比重（%）	负担（%）	对应支出项目代码
公共成本（Cg）	一般公共财政支出	8671.22	9710.72	18.72	88.41	C1—C5
	基础设施建设	1039.5				

成本承担主体	成本项目	项目人均（元/人/年）	分项支出总金额（元）	各成本项目比重（%）	负担（%）	对应支出项目代码
单位成本（Ce）	员工培训支出	2023.7	15094.52	29.10	16.03	C6—C8
	社会保障支出	5094.27				
	工资歧视成本	7976.55				
个人成本（Cp）	社会保障支出	3418.3	27066.71	52.18	22.47	C9—C14
	消费支出	16150.9				
	土地机会成本	7497.51				
合计			51871.95			

表 10 - 60　　　　　河南省本土农民工市民化的成本构成

成本承担主体	成本项目	项目人均（元/人/年）	分项支出总金额（元）	各成本项目比重（%）	负担（%）	对应支出项目代码
公共成本（Cg）	一般公共财政支出	12100	12789.45	23.33	1.99	C1—C5
	基础设施建设	689.45				
单位成本（Ce）	员工培训支出	1374.38	20339.78	37.11	36.07	C6—C8
	社会保障支出	10988.85				
	工资歧视成本	7976.55				
个人成本（Cp）	社会保障支出	3530.59	21679.99	39.56	56.02	C9—C14
	消费支出	10000				
	土地机会成本	8149.4				
合计			54809.22	100		

表 10 - 61　　　　　重庆市本土农民工市民化的成本构成

成本承担主体	成本项目	项目人均（元/人/年）	分项支出总金额（元）	各成本项目比重（%）	负担（%）	对应支出项目代码
公共成本（Cg）	一般公共财政支出	7427.39	8256.16	13.64	73.21	C1—C5
	基础设施建设	828.77				

续表

成本承担主体	成本项目	项目人均（元/人/年）	分项支出总金额（元）	各成本项目比重（%）	负担（%）	对应支出项目代码
单位成本（Ce）	员工培训支出	1708.98	27610.06	45.62	36.4	C6—C8
	社会保障支出	17924.53				
	工资歧视成本	7976.55				
个人成本（Cp）	社会保障支出	4967.53	24661.35	40.74	44.09	C9—C14
	消费支出	11711				
	土地机会成本	7982.82				
合计	—	—	60527.57	100	—	—

　　表10-58至表10-61分别对案例省份本土农民工市民化成本进行总结，从成本总额绝对量看，上海最高，其次是重庆、河南和广东。但绝对量并不代表成本负担水平，要与收入相对照进行比较。将社会成本、单位成本与个人成本年人均值分别与一般公共财政收入年人均值、人均GDP以及城镇单位就业人员年平均工资进行比较之后发现，案例省市的负担水平各不相同。上海市总成本中单位成本占比最大约51.51%，但鉴于人均GDP较高，其负担程度并不大。社会成本占比最小，在一般公共财政收入中约占三成，尽管是三种成本中负担最重的一项，但从比重看是可以承受的。总成本绝对量第二大的重庆市，总成本中的单位成本和个人成本占比平分秋色，负担水平不相上下，个人成本指标数据略高。占比最小的公共成本占一般公共财政收入的73.21%，也在承受范围之内。河南省的总成本排名第三，个人成本占比最大，负担水平也比较高，占城镇单位就业人员年平均工资的56.02%，是一笔不小的开支。同时，值得注意的是，其社会成本虽然占比不大，但负担却非常高，是其一般公共财政收入年人均值的1.99倍，综合河南的财政收支，其入不敷出的情况常见，对于河南来讲，农民工市民化的公共财政支出负担超出其承受能力。广东省个人成本占比最大、社会成本占比最小，社会成本占一般公共财政收入的88.41%，属于承受范围之内。

　　从单项成本的绝对量来看，本土市民化的公共成本人均支出由高到低排序分别为河南、上海、广东、重庆，其中河南的一般公共财政人均支出金额比较突出，比重排序和负担排序均为河南、广东、重庆、上海。在农民工市民化方面，河南将面临相当大的公共成本负担，从负担水平看其他三个区域有一定的容纳空间，财政负担相对较轻。单位成本方面绝对量由高到低排序为上海、重庆、河南、广东，比重排序为上海、重庆、河南、广东，负担排序为重庆、河南、上海、广东，市民化单位成本比重最高的上海在负担上并不高，重庆的单位成本负担较为突出。个人成本方面绝对量由高到低排序分别为上海、广东、重庆、河南，相对量排序为广东、河南、重庆、上海，负担排序为河南、重庆、广东、上海，个人成本绝对量最低的河南其负担水平却是最高。综上所述，河南的公共成本和个人成本将成为市民化过程中较大的负担，尤其是公共成本负担重将成为阻碍市民化的关键因素。重庆的单位成本负担重，可能会大幅度增加企业负担，政府推动市民化可能会面临来自企业的阻力，需要采取配套措施加以化解。

关于跨区域市民化成本支出，需要对迁出地和迁入地的社会成本、单位成本和个人成本核算。因前面社会成本的统计口径略有不同，差异项目数额不大，人均差距可忽略。统计口径最接近的是广东和重庆两地，假设一农民工从重庆乡村迁往广东省的城市，其市民化成本主要由市民化前后的一般公共财政支出差值、基础设施支出差值构成的社会成本、单位成本及个人成本三项成本构成，其他省市迁移计算过程同上。跨区域农民工市民化成本分项及汇总列示如表 10-62 所示。

表 10-62　　　　　跨区域农民工市民化人均成本汇总　　　（单位：元，%）

迁出	迁入	社会成本	负担	单位成本	负担	个人成本	负担	合计
上海	上海	10014.4	33.94	40667.6	25.85	28270.59	16.88	78952.57
广东		23310.2	78.99	40667.6	25.85	43599.19	37.92	107577
河南		25799.62	87.43	40667.6	25.85	48364.08	42.07	114831.3
重庆		21016.66	71.22	40667.6	25.85	47167.07	41.03	108851.3
上海	广东	-10102.9	N	15094.5	16.03	11643.62	11.56	16635.24
广东		9710.73	88.41	15094.5	16.03	27066.72	22.47	51871.95
河南		12200.15	111.07	15094.5	16.03	31831.61	31.61	59126.26
重庆		7417.19	67.53	15094.5	16.03	30634.6	30.42	53146.29

续表

迁出	迁入	社会成本	负担	单位成本	负担	个人成本	负担	合计
上海	河南	-9513.55	N	20339.8	36.07	1337.75	2.45	12163.98
广东		10300.06	160.48	20339.8	36.07	16760.85	30.74	47400.69
河南		12789.45	199.27	20339.8	36.07	21680	56.02	54809.26
重庆		8006.52	124.75	20339.8	36.07	20328.73	37.28	48675.03
上海	重庆	-9263.91	N	27610.1	36.41	5670.35	8.59	24016.5
广东		10549.7	93.55	27610.1	36.41	21093.45	31.96	59253.21
河南		13039.12	115.62	27610.1	36.41	25858.34	39.18	66507.52
重庆		8256.16	73.21	27610.1	36.41	24661.33	37.36	60527.55

表 10－63　　　　　区域内或跨区域农民工市民化人均成本排序

迁出地	迁入地	市民化人均成本估算（元）
河南	上海	114831.3
重庆	上海	108851.3
广东	上海	107577
上海	上海	78952.57
河南	重庆	66507.52
重庆	重庆	60527.55
广东	重庆	59253.21
河南	广东	59126.26
河南	河南	54809.26
重庆	广东	53146.29
广东	广东	51871.95
重庆	河南	48675.03
广东	河南	47400.69
上海	重庆	24016.5
上海	广东	16635.24
上海	河南	12163.98

如表 10 - 63 所示，总体上讲，农民工迁往上海的市民化总成本绝对量最高，其次是迁入重庆、广东以及河南，从比较结果可以看出迁往西部的市民化成本并非想象中远低于东部，重庆处于成渝双城经济圈，城市发展需要更多劳动力的迁入，发展迅速也意味着各项成本的提升。

从分项情况看，首先，社会成本方面。从其他区域迁往上海的社会成本绝对量最高，但比较负担水平，河南和广东之间互迁以及广东迁往重庆的社会成本负担为重，均超过一般公共财政收入水平。其次，单位成本方面。广东作为沿海发达的区域，目前处于劳动力密集向技术密集转型过程中，但仍存在大量的劳动密集型企业，从数据看迁往广东企业支付的单位成本无论从绝对量还是负担水平均比其他区域低，原因有二：一是企业保持劳动力成本优势的需要；二是转移到广东的劳动力更多是个人而非家庭迁移，意味着农民工将来返乡是大概率事件，社保跨省转移接续不健全的情况下农民工更希望牺牲社保换取更多的到手工资，双方意愿一拍即合，于是单位在社保方面支出较少。迁往河南和重庆的单位成本负担水平均在 36% 以上，在 4 个区域中相对较高。最后，就个人成本而言，迁往上海进行市民化的个人成本绝对量和负担水平均最重，但与其他区域互迁相比超出不多，并且都在承受范围之内。

第五节　农民工市民化部分收益计算

一　农民工市民化的财政收入贡献

根据前面对于农民工市民化成本收益的探讨，农民工市民化之后将被纳入规范的就业体系中，对财政收入也会有相应的贡献。假设其贡献与人均贡献一致，则综合人均财政收入在人均 GDP 的比例，可以大体估算出农民工市民化后年人均财政收入的贡献水平。

表 10 - 64　　　　　　　　农民工市民化的财政收支对比

全国	人均公共财政收入（元）	人均 GDP（元）	比例	人均财政收入贡献（元/年）	市民化公共支出（元/年）
2015	11077. 19	50112. 63	0. 221		
2016	11542. 91	53980. 6	0. 214		
2017	12416. 03	59855. 25	0. 207	12441. 99	19424. 05
2018	13140. 50	65880. 34	0. 199		
2019	13598. 86	70773. 55	0. 192		
平均比例			0. 207		
上海	人均公共财政收入（元）	人均 GDP（元）	比例	人均财政收入贡献（元/年）	市民化公共支出（元/年）
2015	22852. 52	111081	0. 21		
2016	26474. 89	123628	0. 21		
2017	27466. 39	136109	0. 20	27254. 20	10014. 4
2018	29326. 71	148744	0. 20		
2019	29508. 60	157279	0. 19		
平均比例			0. 20		
广东	人均公共财政收入	人均 GDP	比例	人均财政收入贡献（元/年）	市民化公共支出（元/年）
2015	8633. 78	67503	0. 13		
2016	9446. 63	72787	0. 13		
2017	10135. 51	82686	0. 12	10045. 44	9710. 72
2018	10669. 18	88781	0. 12		
2019	10983. 88	94172	0. 12		
平均比例			0. 12		
河南	人均公共财政收入	人均 GDP	比例	人均财政收入贡献（元/年）	市民化公共支出（元/年）
2015	3181. 49	39209	0. 08		
2016	3308. 31	42341	0. 08		
2017	3564. 41	46959	0. 08	3650. 62	12789. 45
2018	3920. 90	52114	0. 08		
2019	4192. 83	56388	0. 07		
平均比例			0. 08		

重庆	人均公共财政收入	人均GDP	比例	人均财政收入贡献（元/年）	市民化公共支出（元/年）
2015	6170.59	47572.07	0.13		
2016	6567.92	58502	0.11		
2017	6644.54	63689	0.10	6273.84	8256.16
2018	6656.23	69901	0.10		
2019	6249.27	75828	0.08		
平均比例			0.10		

根据表 10 - 64 的数据可知，全国范围内农民工市民化人均的财政贡献水平约为 12441.99 元/年，与农民工市民化人均的财政支出成本 19424.05 元/年相比出现赤字，即从全国范围内看农民工市民化有可能收不抵支，但分区域的结果与全国情况不完全相符。先看两个东部区域，显然东部地区农民工市民化对财政贡献的绝对量比中西部都要高，上海市因其经济发展水平较高，对财政的人均贡献水平也比较突出，约为 27254.20 元/年，广东农民工市民化对财政的人均贡献水平约为 10045.44 元/年。中部地区河南农民工市民化的人均贡献水平约为 3650.62 元/年，西部直辖市重庆农民工市民化的人均贡献约为 6273.84 元/年。对比农民工市民化人均公共支出可知，上海和广东的情况较好，均为收大于支。河南和重庆均为收不抵支，其中河南的情况最为严重，上海和广东在推进农民工市民化方面应该是有相应的动力，但目前看城市容纳力有限，需要配合土地政策，提升城市人口的容纳能力。市民化不一定是户口的放开，公共福利和市民权利的均等化更为重要。作为劳动力流出大省，目前河南财政不足以支撑农民工市民化的公共支出，财政收支严重不匹配的问题需要解决，以提前应对将来可能的劳动力返流。重庆作为西部发展的核心区域，尽管农民工市民化的财政收支并不理想，但尚处于合理区间，鉴于未来重庆的发展需要更多劳动力的支持，重庆在农民工市民化方面给予适当的财政支出是很有必要的。综上所述，从公共财政收支对比可以看出，并非所有案例区域能够实现农民工市民化的公共收支平衡，东部案例区域具有良好的财政盈余，因而东部区域仍具有吸纳劳

动力的空间和动力，中西部案例区域面临数额不等的财政收支赤字。但是，与私人产品供给不同，财政收支的比较不能作为公共产品供给的衡量标准，因为公共物品具有显著的正外部性，只要产生的社会收益大于社会成本该公共物品的供给是必要的，因此尽管农民工市民化的财政收支会出现赤字，对于地方政府来说造成了一定负担，但对整体的经济发展、社会分工的细化以及农民工个人收入的提高均有积极的作用，从这个角度判断农民工市民化的财政支出是必要的，但同时也会导致地方政府因收支不平衡在促进农民工市民化进程方面积极性不高。这里需要看到市民化人均公共支出 19424.05 元是农民从乡村到城市并享受城市相关福利所需要的财政支出，如果农民工已经在城市落脚并获得部分市民待遇，进一步放开并让其共享更多的市民待遇，所支付的人均财政支出就并非 19424.05 元这么多，因此这个财政支出成本只是全国范围内公共支出的上限，实际的财政支出约等于新增市民待遇所需要的公共财政支出。

二　农民工收入的提升空间

表 10-65　　　　　　农民工市民化之后收入提升空间

	年份	农民工年人均工资水平（元）	城镇单位就业人员年平均工资（元）	差额（元）	差额/城镇单位就业人员年平均工资（均值）
全国	2015	36864	62029	25165	0.44
	2016	39300	67569	28269	
	2017	41820	74318	32498	
	2018	44652	82413	37761	
	2019	47544	90602.65	43058.65	
上海	2015	59196.49	71268	12071.51	0.18
	2016	63936	78045	9723.69	
	2017	65576.97	85582	20005.03	
	2018	84578.23	105176	20597.77	
	2019	92013.07	114962	22948.93	

续表

年份		农民工年人均工资水平（元）	城镇单位就业人员年平均工资（元）	差额（元）	差额/城镇单位就业人员年平均工资（均值）
广东	2015	55066.66	66296	11229.34	
	2016	59678.52	72848	13169.48	
	2017	70247.96	80020	9772.04	0.17
	2018	72234.39	89826	17591.61	
	2019	80589.27	100689	20099.73	
河南	2015	35016.00	39959.34	4943.34	
	2016	37584.00	43259.93	5675.93	
	2017	39972.00	47828.19	7856.19	0.15
	2018	42816.00	51685.95	8869.95	
	2019	45784.94	54525.79	8740.85	
重庆	2015	47929.26	52527.05	4597.79	
	2016	49703.97	55446.15	5742.18	
	2017	53371.38	58510.37	5138.99	0.10
	2018	56307.88	62416.54	6108.66	
	2019	59420.45	66007.14	6586.69	

根据国家统计局《中国统计年鉴》、Wind 数据以及国家统计局历年城镇私营单位就业人员年平均工资计算得出。

表 10-65 反映了农民工年人均工资水平与城镇单位就业人员年平均工资之间的差距，农民工市民化意味着至少农民工定居在城市或者心理已融入城市，他们在城市的生活逐渐安定下来之后也会倾向于找稳定的工作或者经营，更关注自身的职业机会及成长空间，在城市里也会得到更多的技能培训和提升，上述因素将缩小农民工收入与城镇单位就业人员工资的差距。从绝对量上看，全国范围内农民工年均工资与城镇单位就业人员年平均工资两个指标的差距均值为 33350.33 元，2015—2019 年差距的年均增长率为 14%，四个案例区域的工资差距均值上海为17946.45 元，广东为 14372.44 元，河南为 7217.25 元，重庆为 5634.86元，即意味着农民工市民化之后农民工工资还有相当大的提升空间。

2015—2019 年四个区域两个指标差距的年均增长率分别为 25%、21%、16%、10%。从相对值来看，全国范围内两个指标差距比较大，差额占城镇单位就业人员年平均工资比例均值约为 0.44，四个案例区域的比例均值上海最大，其次分别为广东、河南及重庆，均小于全国水平。根据表 10 - 66 市民化的个人工资收入和个人成本的比较，因为个人成本衡量的是从迁出地农村到迁入地城市个人成本的变化，因此相对应的应该是迁出地农村人均可支配收入到迁入地城市工资收入的增长空间，如果收入增长空间大于个人成本则对于个人来讲市民化是有利的，收益增长空间可以通过农民工迁入地个人收入的增加与城乡人均收入差距得以衡量。从对比可以看出个人收入的增长空间均高于个人成本，因此到城市打工对农民工的个人生活改善是有帮助的，农民工市民化后的工资仍有可观的提升空间。

表 10 - 66　　　　　　农民工个人收入与个人成本比较　　　　（单位：元）

迁出地农村	迁入地	个人成本	迁出地农村人均可支配收入	农民工迁入地个人收入	迁入地城镇单位人均年收入	农民工外出打工人均收入增加值	城乡人均收入差距
上海	上海	28270.59	33195	92013.07	114962	58818.07	81767
广东		43599.19	18818.42	92013.07	114962	73194.65	96143.58
河南		48364.08	15163.74	92013.07	114962	76849.33	99798.26
重庆		47167.07	15133	92013.07	114962	76880.07	99829
上海	广东	11643.62	33195	86116.82	100689	52921.82	67494
广东		27066.72	18818.42	86116.82	100689	67298.4	81870.58
河南		31831.61	15163.74	86116.82	100689	70953.08	85525.26
重庆		30634.6	15133	86116.82	100689	70983.82	85556
上海	河南	1337.75	33195	45784.94	54525.79	12589.94	21330.79
广东		16760.85	18818.42	45784.94	54525.79	26966.52	35707.37
河南		21680	15163.74	45784.94	54525.792	30621.2	39362.05
重庆		20328.73	15133	45784.94	54525.79	30651.94	39392.79

续表

迁出地农村	迁入地	个人成本	迁出地农村人均可支配收入	农民工迁入地个人收入	迁入地城镇单位人均年收入	农民工外出打工人均收入增加值	城乡人均收入差距
上海	重庆	5670.35	33195	59420.45	66007.14	26225.45	32812.14
广东		21093.45	18818.42	59420.45	66007.14	40602.03	47188.72
河南		25858.34	15163.74	59420.45	66007.14	44256.71	50843.4
重庆		24661.33	15133	59420.45	66007.14	44287.45	50874.14

第六节　小结

本章节对不同层面的农民工市民化成本和收益分别做了测算。按照农民工市民化成本类型分为公共成本、企业成本及个人成本。按照农民工流动的区域范围，分为两个层面的成本：一是本地市民化成本。全国范围的城乡一般公共财政年人均支出差异，即农民工市民化的公共成本为19424.05元，从案例省份的农民工市民化公共成本看，本地市民化成本主要与城乡差距有关，与地理位置关系不大。从案例省市公共成本结构和负担程度看，市民化公共成本平均占比最高为社会保障和促进就业支出，其次为教育支出、公共卫生支出、公共安全支出以及一般公共服务支出。企业成本而言，全国人均年支出为23873.1元，案例省份单位成本支出降序排列分别为上海、重庆、河南、广东，其中社保支出占比较高。案例省份个人成本降序排列为上海、广东、重庆、河南，其中个人消费支出占比最大。从总体成本来看绝对量和负担率之间没有必然的关联，绝对量降序排列上海、重庆、河南、广东，从负担率的情况看，公共成本的负担率最重，其中河南不堪重负。同一区域其余成本相比较，除上海为单位成本负担较重外，其他都是个人成本较重。四个省份相比较，河南的公共成本和个人成本将成为市民化过程中较大的负担，尤其是公共成本负担重将成为阻碍市民化的关键因素。重庆的单位成本负担重，可能会大幅度增加企业负担。二是异地市民化比较。一般来说，东部地区城镇和农村的人均公共成本支出绝对量高，中西部区域到东部异地市民化一般比东部本地市民化成本高，其中农村公共支出高的重庆除外。从绝对量看不论从哪里迁移到上海的个人成本都是最高，迁移到河南的个人成本绝对量最低。其中河南农民工在上海市民化所支付的个人成本最高。总的来看，绝对量上迁往上海的各项成本都最高，但负担水平均在可承受范围中，河南和广东之间互迁以及广东迁往重庆的社会成本负担较重，迁往河南和重庆的单位成本负担水平均在36%以上，在四个区域中相对较高，个人成本则都在可承受范围之内。因此如果实现异地市民化，需要提前对社会成本和单位成本进行一定程度的预判和准备。

　　第二部分做了收益测算，结合成本的测算结果可以看出，全国范围内农民工市民化有可能收不抵支，但分区域的结果与全国情况不完全相符。上海和广东的情况较好，均为收大于支，河南和重庆均为收不抵支，其中河南的情况最为严重，上海和广东在推进农民工市民化方面应该是有相应的动力，但目前看城市容纳力有限，需要配合土地政策，提升城市人口的容纳能力。因此鉴于目前农民工有回流趋势，中西部在财政收支方面需要提前做一个平衡，以免加重收不抵支的困难局面。从市民化后个人收入与个人成本的比较来看，均为收大于支，说明对农民工个人来讲市民化后收益有较大的提升空间，所不同的是因迁入迁出两地不同，市民化收益与成本差值也会有所差异，可见农民工市民化对缩小贫富差距具有较大的促进作用。

第十一章
网红经济的扶贫效应研究

以移动互联网为载体的网红经济发展势头迅猛，成为拉动内需的重要途径，为"大众创业、万众创新"注入新的活力。作为商业行为的网红经济已展现出其多元化的勃勃生机，并有向贫困地区延伸的趋势，这对于实现共同富裕无疑具有良好的推动作用。然而网红经济助力扶贫模式在实践中仍存在不少问题，因无法形成长效机制而影响其可持续发展。主要在于：配套基础设施不完善，农民网红培养遭遇瓶颈，完整的产业链尚未形成、网红经济助力扶贫未触及扶贫根本等原因，使商业行为难以持续地扩展为公益行为，进而孵化出贫困地区的网红经济。网红经济+精准扶贫需要长效机制的建立，否则可能成为昙花一现的短期行为。未来需要在拓展直播范围、完善支撑体系、注重人才队伍建设以及构建扶贫模式特色等方面下功夫。

移动互联网的兴起催生诸多新型业态，而以移动互联网为载体的"网络直播""短视频"将互联网消费带入新的阶段，网红经济呈现井喷状态，与传统消费相比，商品的广告宣传载体及消费模式也随之发生了本质变化。显然，网络已成为突破地域空间、培育草根文化、孵化网络红人的沃土。借助于网络的特性和力量，精准扶贫也开始尝试触网，网红经济的社会效益也逐渐显现，然而网红经济与精准扶贫仍存在需要跨越的鸿沟，一方面是信任机制建立和粉丝流量聚合的商业行为，另一方面是为贫困群体代言的公益行为，目前两者的结合处于起始阶段，但已暴露出的问题说明建立互为促进的良性循环关系尚需时日，制度的理顺、公共设施的配套以及网红与贫困人口之间桥梁的建立，都需要做进一步的研究。本书详细阐述网红经济的发展现状、盈利模式，在此基础上挖掘网红经济与精准扶贫之间的利益共同体关系，分析存在的问题和矛盾，建立制度框架以实现网红经济与精准扶贫实现利益互补、良性互动的关系。

第一节　网红经济现状

"网红"是网络红人的简称，基于大多数文献对网红的定义，本书认为网红即依托互联网空间获得公众注意力，最终拥有丰富注意力资源的个人，具有一夜爆红、因网而红的特征。社交平台的多样化和普及性，让很多普通人有了展示自我的机会，因此造就了很多网红。网红经济是网红这一文化现象在经济领域的延伸，是将互联网流量资源变现的过程，它以拥有一定粉丝数量和流量热度的网络红人为形象代表，在多元化的网络平台上推广相应的产品，从而带动商品的销售，在此基础上形成完善的产业链和商业模式，从中获得经济效益。

一　网红经济的产业分布及影响

2018 年以来，我国网红经济发展势头迅猛，以李佳琦、李子柒、PaPi 酱等为代表的各类网红层出不穷，产业链商业模式日渐清晰。随着规模和结构的变化，使网红覆盖的领域更加多样化。目前，网红领域主要还是在时尚圈和基于互联网为主的泛娱乐行业发展，但是也不乏许多新型以及偏冷门的领域比如对知识分享、美食、宠物、亲子等奋起直追，这也反映出公众对生活消费领域网络红人的需求在不断增长。网红经济在近几年发展形势势如破竹，越来越成为当前经济模式不可缺少的一部分，其影响不可小觑，背后离不开当前资本运作、技术创新、行业发展等，另外网红经济对流量、销售渠道、营销方式、商业模式等有着不可忽视的影响，除了互联网、零售渠道、传媒等面临直接的变革重构之外，品牌企业亦积极与网红对接，开拓新的销售渠道。

事实上，网红经济的产业链绝不仅仅局限于直播电商这一领域，而是涵盖如网红电商（含直播电商）、广告营销、直播打赏、虚拟礼物、知识付费等多元结构，并串联起包括品牌商、广告商、网红、电商平台、内容平台、MCN 服务机构、消费者等多个产业链环节。与此同时，随着互联网日新月异的发展和大众需求的不断升级，对网红经济的内容要求也随之提高，因此促进网红发布的内容更加多样化和专业化。目前大部分网红发布内容形式涵盖了图文、短视频或者直播、付费知识、购物推荐等不同方面。分布在不同领域的网红利用自身的特点和号召力赢得更高的知名度，使其实现更高的商业变现。变现手段也更加多种多样，除了传统的电商变现，其他如广告收入、直播打赏、知识付费以及各种服务收费等形式不断增加，尤其是广告收入，所占变现模式的比例大大增加，成为众多网红主要的经济收入来源。网上发布的数据显示，2017 年到 2018 年，受到广告主青睐并且接到广告的网络红人占比从 23.1% 增至 57.53%①。

二 网红经济商业模式

近年来，网红经济成为一种新的经济商业模式，利用互联网这个平台打破了传统的营销与销售渠道。目前网红的行为模式主要是利用网络发布文字、图片、音频、视频等迎合公众多元、个性化的精神需求，引起了广大网民的广泛关注，得到了公众的认同，提高了自身的"吸粉"能力，从而依靠粉丝消费实现商业变现。

网红经济的商业模式是：网络红人是网红经济的基础，依托互联网技术和社交平台进行内容输出拥有一定的影响力，然后将生产内容进行优化或者向专业化方向发展，吸引粉丝的注意力，增强与粉丝的联系，得到粉丝的认同感，为后续的营销奠定基础，再通过影响粉丝某些行为或决策实现变现。②

（一）网红与社交平台模式

目前社交平台众多，网络上以新浪微博为主的各大社交平台上以泛

① 《网红粉丝规模接近 6 亿一半年龄在 25 岁以下》，https：//www. guancha. cn/TMT/2018_06_19_460611. shtml。

② 梁立明：《网红经济行业研究报告》，《首席财务官》2016 年第 13 期。

娱乐为主的各种多元的网络红人在游戏、美食、宠物、时尚、教育、摄影、股票等领域长期活跃着并且都有一定的影响力和粉丝，形成百花齐放的局面。这类网红为了持续提高自身知名度，利用社交平台发布能获得大众关注的内容，具体形式多样，以此得到网友关注获得热度流量，或者利用网络直播平台如斗鱼直播、虎牙直播等进行才艺表演等，获得粉丝的打赏付费或者在平台上赠送虚拟物资，或者利用自己的高人气接到广告获得广告费用。

（二）网红与电商模式

这类模式是当前网红普遍的营销模式。网红首先通过社交软件获得关注、吸引人气，培育粉丝忠诚度并会以软广告的方式推荐自己所用或者喜爱的商品，在有一定粉丝基础后，推广自己所开的店铺或者是再与淘宝、京东等电商平台进行合作推广产品，从中获得利益。

（三）网红与内容模式

内容网红一般是指利用短视频/音频平台专门发布针对某些特定领域的专业知识或者教授某项专业技能的内容。这种类型的网红大多数利用自媒体的形式，用微信公众号或者微博、视频音频平台，发布具有高辨识度的包含视频、故事、音乐等原创内容，让用户在获取自己感兴趣的内容之前支付费用，也借此获得粉丝对自己的认可以及潜在用户的关注。

（四）网红经济变现模式

目前网红的注意力资源变现方式逐步多元化，各种变现手段不断发展。很多网红基本是利用社交平台像微博、抖音、微信公众号、火山等与粉丝进行互动交流，企业和广告商借助网红来进行产品推销，网红一般会将广告内容进行创作能更好地介绍产品信息和突出产品的优点，吸引消费者的注意力，提高消费者的购买欲望，从而促进销售增加，网红也会因此获得广告收入。当网红的粉丝数量到一定程度后，许多网红会选择自己开店，利用社交平台作为销售入口，吸引粉丝购买自己店铺的商品而得到收入。而利用直播平台的网红可以通过直播营销获得收入或者直播才艺等形式获得打赏收入、虚拟礼物、签约费等，从中可以提高个人的商业价值。

三 网红经济产值

（一）网红电商

数据显示，我国网络购物的用户在 2018 年的时候突破 6.1 亿，因此网红电商市场的扩大呈现倍数级增加。2019 年双十一，网红直播购物销售如黑马突然崛起，当天有不少商家参与了淘宝或者天猫双十一的直播活动，在这些商家中，有超过 50% 的商家通过直播获得了大幅度的销售额增加，带动通过直播参与天猫双十一的商家中有超过 50% 的都通过直播带动了将近 200 亿元的成交额①，销售额大幅度增加，在未来电商市场不可估量。

网红带货和网红自主电商已经覆盖化妆品、食品、箱包、母婴、服装、数码、百货等消费品类，越来越多的品牌商愿意去和网红合作，甚至着力于培养属于自己的网红。例如，欧莱雅、MCN 机构等。

2018 年，淘宝直播带货超过 1000 亿元，同比增速超过 400%，81 位主播年收入超过 1 亿元，有超 1000 家直播机构与淘宝合作签约主播超过 1 万人。② 从网红带货营销的收入模式来看，一方面，网红可以赚取广告费，既可结合优质内容推广商品，也可线下出席活动助力推广；另一方面，网红可以通过内容平台内的购买链接直接引流观看者购买产品赚取销售提成。

（二）直播打赏

依靠粉丝打赏的直播包括秀场、游戏、脱口秀、户外和二次元直播等。这类直播是互联网版本的"天桥卖艺"，粉丝打赏基于对直播内容的认可。

直播打赏一般为主播、公会和平台三方分成。所谓公会，即主播经纪公司。主播分成比例各个平台规定不同；一般分成比例在 30% 左右，头部主播分成比例可高达 70%。

---

① 杨俊峰：《中国成为网红经济发动机》，2020 年 1 月 14 日，人民日报海外版。

② 《2019 年中国网红经济概况、网红主要领域、网红电商、主播打赏及网红经济发展趋势分析》，http://www.chyxx.com/industry/201912/816165.html。

第二节　网红经济与扶贫

粉丝打赏创收能力强，付费粉丝比例高。收入前列的主播中，除旭旭宝宝，付费粉丝比例均在 60% 以上，单个付费粉丝日均消费高于 20元。据此估计，高收入主播的单个付费粉丝一年打赏至少 7000 元。斗鱼、虎牙和映客三平台的粉丝打赏规模在 2018 年达到 113.2 亿元，同比增长51%。其中，有 58.7 亿元分成给主播及公会，同比增长 49%，各平台分成比例与 2017 年基本持平。[①]

一　农村网络零售

2020 年 6 月商务部电子商务司发布了《中国电子商务报告 2019》，对 2019 年中国电子商务发展情况、发展特点以及未来发展趋势进行了总结盘点。其中，针对 2019 年中国农村电子商务的发展情况及面临的问题做了专题报告回顾，如图 11 - 1 所示。报告指出，2019 年，我国农村的网络零售额增长幅度大大提高，从 2014 年的零售额为 1800 亿元人民币到2019 年零售增加为 1.7 万亿元，增加了 8.4 倍，跟之前比，同比增加了19.1%，比当年全国网上零售额的增速高 2.6 个百分点。300 多万贫困农民通过网络零售增加了收入。

二　网红经济与扶贫

（一）网红经济下的电商扶贫模式

"直播＋扶贫＋产业"模式就是在移动互联网时代，利用小视频和直播节目，由网红主播向海量粉丝展示农村的生产、生活场景，将流量转化成农产品的在线交易，帮助农民脱贫致富，推动农村经济发展。在直播的过程中消费者可以看到农产品生产和加工的全过程，对农产品的了解更加全面，让消费者看得更放心、买得有信心、吃得更安心。网红带来的流量可以拓宽农产品市场，促进农产品的网络销量。电子商务平台

---

① 2019 年中国网红经济概况、网红主要领域、网红电商、主播打赏及网红经济发展趋势分析，http://www.chyxx.com/industry/201912/816165.html。

可以为物流和售后作保障，提供了交易服务。

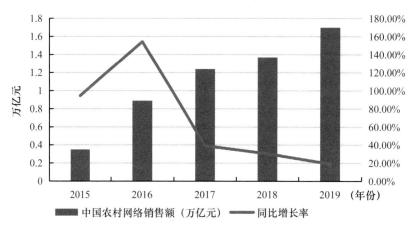

图 11 - 1 2015—2019 年中国农村网络零售额①

2018 年 9 月，在首届农民丰收节期间，阿里巴巴共做了 12 万场直播活动。直播助力销售 2.8 亿件农产品。在 2018 年双十一当日，有 50 个贫困县域采用淘宝直播的方式进行促销，全天共展示了 102 个农产品，上千万的网民观看了直播，全天交易额超过 1000 万元。根据淘宝数据，淘宝平台上每月有 6 万场农产品直播类目，吸引 6000 万人观看，1000 万人互动，并拉动 1.5 亿元成交额。②

县长进直播间带货的模式也被多次复制，有越来越多的乡镇干部开始兼职当主播，希望为农产品拓宽销路，也能让滞销的农产品找到出路，电商一头连着老百姓和产业，一头连着市场。所以，特色产品走出了大山、走出了国门。在扶贫攻坚的路上走出了一条可持续发展的市场之路，让未来的发展更加稳健。

（二）网红经济下的短视频扶贫模式

2019 年是短视频网红经济产业相对集中爆发的一年，这一模式的基本内涵，是指贫困地区的用户，通过在短视频平台开立账号，拍摄上

① 《中国电子商务报告 2019》，http：//www.cqn.com.cn/cj/att/2020 - 07/01/81bc3286 - 9c00 - 4c2b - b2e5 - 241c8efe0509.pdf。

② 叶秀敏：《电商扶贫新模式：直播 + 扶贫 + 产业》，《信息化建设》2019 年第 4 期。

传家乡原生或加工的土特产品、自然风光或人文景点、独特的生产生活场景等，利用短视频平台给予的流量倾斜、电商导入等支持，让更多人深入全面地了解当地人们的生存发展状况与风土人情，产生贴近感，继而通过平台购买当地产品或带动当地旅游等。其重点就是授人以渔，旨在通过线上、线下培训帮助乡村发展的青年，掌握内容创作、短视频运营及短视频卖货等技能，让贫困地区的特色农副产品被更多人看到、品尝到，带动当地自我创业，做到人人创业、人人致富。改变了农村"重生产"轻"市场"的现象，也为开放农村市场提供了新的出路，增强了农业与农民抵御市场风险的能力，为应对市场变化做出相应的营销战略，拓宽产品销售渠道，为农村销售减少不必要的流通环节，让"藏在深闺人未识"的特色产品"走出去"，把"土疙瘩"变成脱贫致富的"金元宝"①。

目前开展"短视频＋扶贫"项目的短视频平台，主要包括快手、抖音和西瓜视频、火山小视频等。快手由于定位普通用户的生活分享，深耕三、四线城市和农村地区，对农村扶贫需求更为敏感，较早启动了"短视频＋扶贫"行动。

在2018年国际消除贫困日，字节跳动扶贫、抖音联合中共永和县委县人民政府，发起的"永和乾坤湾玩转好心情""抖音短视频创意挑战赛"，引发广大网友和游客关注。借助抖音短视频，全面展示栾川、永和等贫困县的美景、美食与人文风情，对国庆期间当地游客增长起到重要的推动作用，也对文旅扶贫起到了较大的帮助。此外，字节跳动扶贫和抖音还深度参与到花垣县十八洞猕猴桃、四川古蔺脆红李等农产品的品牌打造和销售工作，让贫困地区特色农产品走向市场接受检验，建立有市场认知度的农产品品牌，将"输血"转变为"造血"，十八洞猕猴桃已售出6.6万单，古蔺脆红李共售出24万斤。抖音带火一座城市或地区，已成独特现象；通过短视频将贫困山区的美丽风景和特色美食传播出去，已成扶贫新形式。未来，字节跳动扶贫和抖音将继续致力于精准扶贫，

---

① 郝涛：《以产业扶贫增强贫困地区造血功能》，《经济日报》2019年6月19日第12版。

通过短视频帮助贫困县打造文旅品牌，助力扶贫攻坚。①

第三节　网红经济扶贫效应的经济学分析

网红经济助力扶贫，主要是网红通过拥有的注意力资源，向粉丝圈宣传贫困地区的产品以打破信息的不对称，营造物美价廉的销售氛围，加快贫困地区商品在全国范围内流通，以此增加贫困地区脱贫渠道使之快速脱贫。长期以来，我国城乡贫富差距拉大加快了农民进城务工的速度，随着党的十九大乡村振兴战略的开展，本着坚持农业农村优先发展，按照产业兴旺、生态宜居、乡风文明、治理有效、生活富裕的总要求，农村进一步深化改革，与此同时，互联网已经普及全国，包括老少边穷地区，这就为农村电商及网红经济的发展创造了条件，贫困地区的产业得到进一步开发，这极大改变了当地人的生活和生产，扩大了农村经济的发展潜力、影响范围及对劳动力的吸引力，将来可能促进进城务工人员的大规模回流，以网红扶贫带动商品流通、生产要素流通的潜在可能将为解决"三农"问题提供强有力的支持和保障。同时网红通过公益活动树立良好形象、积攒人气，借此拥有更多的注意力资源，有利于其商业活动的开展。

一　网红经济助力扶贫的正向效应

（一）增加贫困家庭收入

贫困地区产品滞销可分为高品质但宣传效果欠佳以及普通品质无订单这两种情况。第一种情况，网红及其工作团队以直播的形式直观地向观众介绍产品的品质、特色，以产品自身具有的市场竞争力吸引消费者，从而使消费者在面临同类产品的多样化选择时倾向于购买贫困人口所提供的产品。第二种情况，在直播前期预热环节就释放出公益直播的信号，直播过程中向观众明确传递部分产品实际滞销的现状，继而号召广大社会群众凝心聚力帮助贫困人口暂渡难关。不论哪种情况，贫困地区产品

---

① 《短视频平台成扶贫传播新渠道》，http：//www. xinhuanet. com/gongyi/2018 – 10/24/c_129978291. htm。

的网络销量都得以增加。

贫困户按照个体具备的能力可区分为同时具备一定的生产经验和文化知识基础、有一定生产能力却没有销售能力、既没有生产能力也没有销售能力这三种类型。第一种类型，可以凭借网络平台如淘宝店、微店等自主经营农产品在线销售，这种情形贫困户有可能获取更高销售价格；第二种类型，可以把产品委托给其他电商主体代做销售，没有了农产品销售的后顾之忧，贫困户的生产积极性将大幅提升继而产量增加；第三种类型，在乡村振兴大背景下，政府不断优化贫困地区的基础设施与公共服务，贫困户在此契机下能分享到贫困地区电子商务发展的溢出效应。无论哪一种类型，贫困户的家庭收入都得以增加。

（二）减少贫困家庭支出

马克思主义政治经济学指出，从实物或使用价值形态上来看，社会总产品在最终用途上，不是用于生产就是用于生活，因此可分为生产资料和生活资料两大类。以下将从网红经济和贫困地区电子商务的快速发展对贫困家庭这两大类支出的减少进行分析：生产资料方面，网红经济和农村电商大幅度增加了生产性物资的供应渠道，使贫困户获取生产资料的途径更多样化，服务价格更合理化和透明化，最终贫困户生产经营成本得以降低。生活资料方面，网红文化在全国的盛行催生出包括贫困户在内的广大社会群众的网购意愿，商品的可选择性也增多，随着地方政府不断地对贫困地区基础设施的完善，特别是直达贫困地区物流体系的搭建，加上贫困地区电商代理点等的铺设，为贫困地区网购的可实现性提供了条件，最终贫困户生活购买成本得以降低。

（三）提高经营能力

一些贫困户通过目睹身边的人经营电子商务赚得的利益，或是观看平台一些网红分享成功经验，产生出谋求自身利益的动机，这样的动机驱动着他们加强与外界的交流和联系，主动去学习电子商务的经营和一些必不可少的技术，他们的加入会使已经在经营电子商务的贫困户增加危机感，从而主动提高生产技术、优化营销技巧，以期维持原有市场地位。网红经济能够带来更为快捷的营销，提升产品的销售量，加快产品周转速度，使贫困户短时间积累扩大再生产所需要的资本，生产规模扩大之后将有更多的市场机会。网红经济和电子商务会吸引部分贫困户参与其中，自己动手发家致富，会促使部分贫困户不断提升自身经营和发展能力，增加了贫困户脱贫致富的主动性。①

二 网红经济助力扶贫模式存在的问题及原因

(一) 农村内部产生网红的概率不高

培养农民网红是最直接的扶贫途径，但目前看来需要更多的资源投入。首先，农村网民数量有限。目前，CNNIC 第 45 次调查报告显示，2020 年 3 月，我国农村网民规模为 2.55 亿，占网民整体的 28.2%，城镇网民规模为 6.49 亿，占网民整体的 71.8%，2020 年乡村常住人口 551 万人，网民占比 46.28%，城镇常住人口为 8.48 万人，网民占比 76.53%，②相对于城镇网民来说，农村网民规模所占比例较小。③ 农民身份的网红主播的人数在全部网红主播的人数比例相对较低。其次，大多数农业生产者自身条件不仅难以满足电子商务对从业人才的要求，同时很难做出高质量视频吸引眼球，成为网红的人数微乎其微。最后，农村因本地环境和薪酬待遇等问题难以引进专业人才或培训机构。

(二) 农产品生产销售以及物流配送等相关基础设施建设不完善

提高农产品的市场竞争力离不开物流配送的高效率和低成本。在农村地区，仍有 74.9% 的村没有农村电商配送站点④，无法满足农村居民"家门口收发货"的基本要求。冷链物流、农产品加工仓储、农产品宣传推广等方面电商配套设施和支撑服务体系仍有待完善，因此网红经济的渗透面还比较窄。不仅如此，因缺乏必要的质量监管和运输保障，甚至出现因产品问题，网红遭到投诉的情况，这影响了网红的信誉，对网红经济助力扶贫的持续性形成挑战。

(三) 短视频的创作同质化模式化问题有待改进

短视频生产门槛低，并不意味着不需要专业性与创新表达。但由于多数个人短视频用户缺乏对信息传播规律的把握，因此许多人制作的短

---

① 陈晓琴、王钊:《"互联网＋"背景下农村电商扶贫实施路径探讨》,《理论导刊》2017 年第 5 期。

② 《CNNIC 发布第 45 次报告》, https://www.sohu.com/a/391766023_118786。

③ 数据来源于国家统计局。

④ http://news.cctv.com/2019/05/24/ARTIdxC5g100KRpW1kAhqrv1190524.shtml.

视频大同小异，同一个人拍摄的不同短视频也区别不大，加上短视频平台多采用无限推荐模式，消费者短时间内被迫看到大量相似度很高的短视频，易产生视觉疲劳，影响短视频信息传播效果。另外，短视频呈现的扶贫内容有待丰富。销售特产、展示美景等，都只是"短视频＋扶贫"内容的一部分，短视频通过信息传播助力扶贫实际上包含许多方面，还有待充分挖掘、不断拓展。

（四）未形成常态化机制

中国幅员辽阔，不是所有的贫困地区都有资源可以凭借利用，这样的地区网红带动不了消费，网红经济对贫困地区的扶持具有一定的局限性。有资源可利用的贫困地区，生产受自然条件制约较大，农产品价格需求缺乏弹性，受"蛛网理论"影响，存在不确定的价格周期，波动较大，农副产品利润单薄。农产品的网络消费一方面局限于网红接触推荐的产品，销售群体限于网红携带的流量，不具有全面性；另一方面局限于某一段推广的时间，不具有持续性，网红的呼吁式扶贫效应对于促进消费难以形成长效机制。

（五）未助推产业规模化

产业扶贫对于贫困地区和贫困户脱贫具有根本性支撑作用这一点是毋庸置疑的。多数贫困地区都可通过科学规划和专业论证找到适合种植或生产的产品，产业链相对完整的环节应是：产品的引进、开发、改良、种植、质保、加工、收购、销售、资金回收等，而网红经济助力扶贫是零散化的，侧重于增加贫困地区产品的曝光率，仅仅是对产业链当中的销售环节起到了一定的作用，对于根据资源禀赋引进资金、技术、管理等生产要素，培训合格的劳动者和经营者，打造技术链，形成产业链，提升价值链等这些关键事情上没有起到实质性的作用。

（六）尚未触及扶贫的根本

贫困问题作为一项世界性难题，其发生都有复杂的经济社会原因。网红经济助力扶贫与以下关键问题相关度较低，网红经济助力扶贫模式比较宽泛，尚未触及扶贫的根本。

（1）环境的打造在脱贫解困中具有基础性作用。一些贫困地区交通偏远、生态脆弱、自然灾害频发、信息不通畅、教育医疗等仍存在较多问题，以上都是造成区域性连片贫困的客观原因。

（2）外部的连接在彻底脱贫过程中也具有重要作用。地方政府能否将所掌握的如制度、组织、经济、智力等资源与外部沟通、匹配、对接，对贫困地区的后续发展具有决定性作用。

（3）具有企业家精神，敢于冒险、勇于创新、不怕失败、善于经营的本地企业家，他们的初级形态是脱贫带头人、产业大户、创业能手，再升级可以联户发展，以村带乡，以镇带县，慢慢形成以片带面的集群效应，而这种企业家精神在贫困地区是非常缺乏的，网红经济助力扶贫除了带货之外，培养当地民众的开拓进取创新精神是根本。①

第四节 网红经济增强扶贫效应的措施建议

一 拓展直播应用范围

（一）供给端：开展农民直播技巧培训

目前许多直播人员不是草根、农民，而是一些专业的直播人员，他们被团队包装打造之后带货农产品。机构或公司与农产品销售方签订协议，进行抽成，所销售的利润有一部分被他们抽去，真正的农产品种植者却受益颇小。如果要使农民成为直播销售的直接获益者，还是要其本人进行直播。因此，需要对农民进行专业指导、培训。政府部门和电商平台组织承担相应的专业培训，电商巨头利用自身优势和资源搭建学习平台，派出专业人士教学。政府不但要在培训上引起重视，而且还应该在其中起到积极宣传的作用，以及把乡村的物流运输、网络通信等基础设施做好，以保障直播销售的顺利。

（二）消费端：科技助力开拓消费市场

要更进一步开拓网红经济覆盖的消费者市场。随着互联网技术和智能电子设备的普及，以及通信供应商5G网络的搭建，网红经济消费市场的开拓、消费人群的拓宽都将是未来的发展趋势。因此，更需要加强网红经济对农村地区和中老年消费群体的研究，利用大数据分析等手段精准定位出这部分群体的需求，对症下药，生产符合这部分群体价值取向

---

① 杨万东：《中国扶贫脱贫的实践模式、现实效果和演进方向》，《四川大学学报》（哲学社会科学版）2020年第1期。

与消费需求的产品，从而扩大网红经济客户群体。

二　完善支撑体系

从全产业链的视角来看，网红经济助力扶贫的方式是：借助网红流量通过社会广大公众力量的支持，使贫困地区产品、服务与劳务有渠道宣传和有门路推介，进而使贫困户收入得到保障。但是产业链各个环节都需要有力的客观条件支撑，如种植养殖方面的技术能力支撑；运输方面的交通功能支撑；营销推广方面的技术与运营能力支撑等。因此，只有帮助网红经济构建健全的产业链，才能推动该模式充分发挥出其价值。

例如运输方面的交通功能支撑，贫困地区地方政府要重视营造物流行业健康发展的大环境，积极面向社会招商引资，吸纳更多物流企业到贫困地区去扎根落户，在税务减免、行业经营费用（水、电费等）等方面给予一定的政策倾斜来降低物流企业的运输成本，从而使贫困地区的物流体系得到进一步完善。物流企业也应该紧跟时代趋势，借力于大数据、云计算等技术实现数据互联互通，逐渐在贫困地区搭建好全环节、全链条的智能高效物流体系。[①]

三　注重人才队伍建设

对于多数贫困地区来说，都应该加大对基础设施建设的投入，方式有国家专项扶贫项目资金的支持、相对发达地区的对接支援和社会非营利组织的帮助等。

贫困地区整体环境整治应该持续推进。保障贫困地区的基本生活，义务教育、基本医疗和住房安全的保障问题能够基本解决。以上贫困地区整体的改变，能够增加优秀的电子商务人才投身扶贫事业扎根农村的意愿，这种转变也能够吸引部分企业在贫困地区落户并对当地人才的系统培训起到溢出作用等。对于贫困地区急需的顶尖人才，除去企业发放薪资，当地政府也应该酌情给予补贴，缩小与经济发达地区的待遇差距。

人才引进的同时，贫困地区也要关注对本地电商从业人员的培训工

---

① 李洁：《"互联网＋"时代背景下电商精准扶贫新模式探析》，《农村·农业·农民（B版）》2020年第6期。

作，由政府牵头努力解决地方职业院校基础研究"最先一公里"和电商从业人员推动市场"最后一公里"的有机衔接问题，电子商务领域的专家要了解开展培训的贫困地区实际的电商经营情况，有针对性地进行培训，进而使本地电商从业人员的专业能力切实得到提升。[①] 脱贫攻坚战役中，"人"是脱贫的主体，打赢这场仗关键在人的观念、能力和干劲，只有贫困户有了"自己想要站起来"的决心，方能实现稳定的脱贫与发展，所以还要强调精神、教育扶贫，培育好贫困地区人口的内生动力才能进一步激发该地区的发展活力。

四　构建扶贫模式特色

提升内容质量，创新输出形式。独特的内容生产能力对于网红而言至关重要，关系到其能否提升商业价值，达成流量变现的目的。从整体行业环境来看，应该抵制和淘汰"三无"：无价值、无意义、无影响力的内容。对作品内容的要求应符合如下三点：一是契合社会主义核心价值观，不违背法律法规；二是内容生产者和接收者都能从作品中受益；三是要充分展示出内容生产者的个性化和独特性。

延续直播或短视频对大众的吸引力，不仅要着重关注直播或短视频的内容，还应注重其输出形式。在做直播或短视频时，前期物料准备、文案策划、人员场景布置等是基础。在形式设计上要尽可能创新巧妙，未来形式的团队化、多样化将是一个趋势。农村充满着特有的乡土气息，以健康、独特的内容也会吸引关注成为网红，而这种操作方式已经有成功案例。

---

① 李洁：《"互联网＋"时代背景下电商精准扶贫新模式探析》，《农村·农业·农民（B版）》2020 年第 6 期。

第十二章
结论与政策建议

　　城镇化伴随着土地、劳动力、资本等生产要素重新配置的过程，土地城镇化率与人口城镇化率始终保持在 15% 的差距，2013 年之后提升人口城镇化水平被提上日程，人口城镇化比土地城镇化的影响因素更为复杂，主要涉及城镇劳动力需求结构、农民工长期稳定的劳动力供给意愿以及地方政府为提升农民工市民化水平所付出的公共财政支出。本书综合考虑上述因素，从以下三个层面分析。第一，城镇化过程中劳动力需求结构变迁。运用结构偏离度和面板数据分析影响劳动力需求结构的主要因素：产业结构调整、资本有机构成提高以及城市规模对劳动力需求结构的影响，上述研究结果发现随着产业和技术的提升以及分工的细化，城镇化发展到现阶段仍旧需要低端劳动力，只是在就业结构、学历技能方面有所调整，目前面临一定程度的结构性问题。但城市需要及政策推动并不等于农民工愿意留下，城市需要的是长期稳定的劳动力，这也就凸显出农民工市民化意愿的研究意义。第二，农民工市民化意愿的影响因素。在劳动力流动方面，农民工必然从根本利益出发权衡城乡的收入、居住状况、福利等情况做出最有利于自己的选择，要获得长期稳定的劳动力供给，必然涉及这些因素对农民工市民化意愿的分析（即用市民化意愿衡量长期稳定的劳动力供给），而根据目前的研究市民化意愿可以分为心理市民化、居住市民化及制度市民化三个层面，这些因素对三个层面市民化意愿的影响均有不同程度的影响，反映出不同层面市民化有难易之别，为我国分层次递进式推进市民化提供可供参考的依据。第三，农民工市民化对地方政府财政负担的影响。农民工市民化必然导致城市常住人口和户籍人口的增加，补充劳动力和提高总需求成为拉动经济增长动力的同时，还会增加城市扩张的成本，该成本涉及城市基础设施建设的扩建、公共安全、教育卫生、社保就业等公共支出。既然劳动力再流动可能成为未来资源配置的方向，中西部接受农民工返流的城市提前做好财政规划成为需要关注的方面。

第一节　结论

通过分析，本书得到以下结论。

第一，城镇化的推进与乡村振兴战略的实施影响农村劳动力流动。从目前农民工流动的情况看，大致经历了四个阶段：农村剩余劳动力不断释放和就地转移、农民工群体的形成和大规模流动、农民工数量平稳增长及"用工荒"的出现、农民工市民化与返流并存阶段，目前政策面推动农民工市民化的大方向不变。

第二，城市发展仍存在对农村剩余劳动力的需求。主要从结构偏离度、资本有机构成提高和城市对技能需求三个方面进行分析。从结构偏离度所反映的产业及就业结构调整情况看，目前东、中、西部三个区域的第一产业均存在剩余劳动力，二、三产业仍具有吸纳劳动力就业的能力，系数逐渐减小说明吸纳能力在减少。随着西部经济的发展，二产的吸纳能力强于其他区域。就三产而言中部的吸纳能力强于其他区域，综上从劳动力需求角度中西部确实展现出强劲的劳动力吸纳能力。进一步计算二、三产业内部行业的结构偏离度，对比农民工主要的就业渠道发现，目前农民工就业存在供求结构性失衡。结合资本有机构成提高、城市对技能需求角度的分析，说明农民工将面临重新整合的过程：农民工不必集中在东部发达地区，不必蜂拥至大城市，农民工面临区域间再转移过程。农民工也不必过度集中于某些已经过剩行业，政府需要保障再就业信息公开透明的同时，帮助他们通过技能培训和提升实现就业结构调整。

第三，三个层次的农民工市民化意愿反映出劳动力长期稳定的供给潜力。从农民工城乡根本利益出发可以更全面地反映意愿的影响因素。

根据农民工家庭的收入来源，农村的根本利益主要是与用益物权（耕地承包经营权和宅基地使用权）相关的经营性收入、财产性收入以及转移性收入，城市的根本利益主要是反映收入及舒适度的住房性质。将住房性质分为两个层面：住房性质 1 是自购自建和租房，住房性质 2 是正规租房和非正规租房。运用二值选择 Logit 和 Probit 模型分析，住房性质 1 的分类情况下，心理、定居及制度三个维度的市民化均具有下列结果：拥有耕地承包权和宅基地使用权对农民工市民化均为显著的负向影响，但耕地流转可以显著地抵消拥有耕地承包权的负向影响。影响因素对三个维度市民化的影响各有不同：拥有用益物权对心理和定居市民化的负面影响相对较小，对于制度市民化意愿的负面影响较大，土地流转对心理和定居市民化意愿均有显著的正向影响，对制度市民化意愿影响不显著。对于在城市拥有住房的群体来说，定居市民化和心理市民化比制度市民化更为强烈。因此市民化的实现可以分阶段分层次逐步实现，心理市民化、定居市民化可以作为市民化实施的重点先行推广，制度市民化反而可以作为前两者水到渠成的结果。加入交互项之后，相对于自购房/自建房者来说，农地流转对租房者定居市民化意愿提升作用更大，在户籍地老家有宅基地使用权对租房者定居市民化意愿的削弱作用相对更为明显，因此用益物权对定居市民化的影响会通过租房群体放大。住房性质 2 的分类情况下，核心解释变量对意愿影响的显著性程度、系数方向与前面的结果是一致的，系数相差不大，也就是考虑了土地是否流转、住房性质的第二种分类以及交互项为代表的调节效应之后，有农地和宅基地的农民工定居市民化意愿相对较弱，但对于有农地的群体来说农地流转仍然是将其推向城市的因素。相对于非正规租房群体来说，住房性质为正规租房的农民工定居市民化意愿更强烈，但交互项的调节作用并不显著。控制变量中值得注意的是三个层次的市民化意愿与流动区域相关，与省内跨市和市内跨县相比，跨省的制度市民化意愿显著强烈，说明距离越远越希望通过制度市民化获得市民身份，而前两者在心理和定居市民化层面意愿更为强烈，并且市内跨县的意愿普遍高于省内跨市，说明市内跨县的市民化也是农民工热衷的选择，这与城市对劳动力技能需求结构的调整相一致，可见未来农民工仍旧存在再转移的趋势，而县域就近市民化的返流还会继续。

第四，农民工市民化的成本—收益分析表明，对农民工个人来讲无论是本地还是异地市民化，成本中占比最大的是消费支出，其次为社保支出和土地机会成本。跨案例区域农民工市民化个人成本负担最重的是迁入上海，其中个人成本中占比最高的消费支出中最大的一项是居住，其次是食品烟酒，对个人来讲确实造成比较大的经济负担，但与其他区域互迁相比超出不多，并且与收入增加值相比处于承受范围之内。对企业来讲占比最大的是社会保障支出，其次是歧视工资支出及员工培训支出，农民工迁往上海，企业为之支付的市民化成本绝对量最高，但负担水平却低于中西部案例区域，广东企业支付的市民化成本无论从绝对量还是负担水平均比其他区域低。政府财政负担层面，市民化成本占比最高的项目是社会保障和促进就业支出，其次为基础设施建设、教育支出、公共卫生支出、公共安全支出以及一般公共服务支出。从其他区域迁往上海的社会成本绝对量最高，但比较负担水平，河南和广东之间互迁以及广东迁往重庆的社会成本负担为重。结合收益可知，对农民工个人来说收大于支，这成为农村剩余劳动力不断向外地转移的经济动因，同时也说明农民工市民化对缩小贫富差距具有较大的促进作用。就农民工市民化的财政收支而言，全国平均的状况是入不敷出，但案例省市情况不一，东部案例区域为财政盈余，而中西部案例区域为财政赤字。结合农民工返流的现状，做好相关省份的财政应急准备提前做一个平衡是必要的，以免加重收不抵支的困难局面。

第二节　政策建议

一　推进多层次市民化与助力乡村振兴并进

农村剩余劳动力转移是促进城镇化与乡村振兴并行不悖的基础，农民工群体的存在不仅为城市发展提供人口红利，同时对农业规模化生产起到一定的促进作用。对此，在城市层面，中国在《"十四五"规划和2035年远景目标纲要》中明确提出要健全农业转移人口市民化配套政策体系，加快推动农业转移人口全面融入城市。从2009—2022年农民工市民化的政策演进可以看出，政策侧重点在于推进户籍制度改革，但这一政策导向的实际推进效果并不理想，中国农业转移人口市民化仍然滞后于城镇化的过程。

多层次推进市民化分为两个方面。第一，不同维度市民化的推进。农民工市民化程度有赖于其能力和意愿，目前我国存在农民工返流与"用工荒"同时并存的情况。一方面城市对劳动力的需求存在结构性调整，而农民工能力与城市需求出现不匹配，在培训和再就业等社会服务不健全的情况下单纯推动户籍制度改革的作用不大；另一方面大量农民工流入维持低收入，为城市带来人口红利的同时，农民工在城市的生存条件却没有很好的改善，农民工劳动力再迁移也是"用脚投票"的结果，与收入、未来的发展机会以及农村的土地保障相比，户籍的吸引力有所减弱。同时，市民化意愿影响因素的研究结果表明，土地用益物权的合理使用和住房状况的改善会依次推进心理市民化、定居市民化、户籍制度市民化，因此首要的是城市对农民工的接纳，通过鼓励农民工参与社区组织活动、加入工会组织享受工会会员权利，提升社保参保率，倡导良好的社会氛围和人文环境使本地居民接纳及友好对待农民工，增强进城农民工业余生活满意度，提升进城农民工的归属感和适应度，而不是急于求成地进行户籍制度市民化。第二，不同区域市民化的推进。城市对劳动力的技能需求分析表明，占农民工比例最大的初中学历群体随着城市规模的增加，其需求量逐渐减少。农民工市民化意愿的分析结果表明，市民化意愿与劳动力转移的距离有关系，距离越远制度市民化的意愿越强烈，距离越近心理和定居市民化意愿越强烈。对于外来农民工聚集的省市，有条件的可以逐渐放开户籍，2019 年国务院发布《关于促进劳动力和人才社会性流动体制机制改革的意见》规定，全面取消城区常住人口 300 万以下的城市落户限制，全面放宽城区常住人口 300 万至 500万的大城市落户条件。完善城区常住人口 500 万以上的超大特大城市积分落户政策，精简积分项目，确保社会保险缴纳年限和居住年限分数占主要比例。这个政策恰好满足跨省流动的农民工市民化意愿，但问题是越大的城市越倾向于两端（小学及高中以上）的劳动力，对于占比最大的初中学历农民工不利从而影响其市民化能力，因此吸收跨省流动农民工的中小城市更适合放开户籍，这是农民工制度市民化意愿和能力的交集区域，对于个别高素质高技能的农民工通过努力实现大城市落户也是有可能的，但无论什么情况，因为远离家乡，举家搬迁成本较高，会影响老家土地流转。对于市内跨县的农民工来说，心理和定居的市民化意愿最强，举家搬迁的成本较低，县域经济的发展以及公共设施完善也成为吸纳农民工非常重要的因素，市内跨县流动将成为三个维度市民化意愿与能力的交集区域。因此农民工不必集中在东部发达地区，中西部的崛起也同样创造了大量劳动力的需求，农民工也不必蜂拥至大城市，可以适当分散在中小城市。根据产业内部行业对劳动力的需求结构分析，农民工不必集中于某些已经过剩的行业，技能提升和就业结构转型理应成为城市公共培训服务和农民工职业规划的方向和目标。

乡村振兴方面，托达罗（Todaro）曾经批评刘-拉-费模型中单纯通过劳动力的城乡间转移即可实现缩小城乡收入差距的观点，在其模型中认为消除二元经济结构不能仅仅片面强调城市工业发展，还必须从根本上解决好农业自身发展的问题，实现工业和农业的平衡发展。[①] 首先要理解农业转移人口市民化过程不是"一刀切"，不能片面地把全部农民都从农村转移到城市去，而是在尊重农村劳动力的流动意愿前提下，根据城乡发展综合统筹。农民工可以运用在城镇获取的技能助力乡村振兴和农村产业融合。在城镇，农业转移人口在为国家经济发展做出贡献的同时，理所应当共享整个经济社会发展成果，最终目的是真正缩小城乡差距，讲求城乡互补进而一体化。

市民化意愿强烈且市民化能力也相对较强的农民工，已经快速适应城市经济发展的节奏，可以逐步实现城市异地市民化，稳定支撑城市经济发展。对于有定居市民化意愿，但仍割舍不了乡土情结和农村社交网络，且市民化能力又相对薄弱的农民工，推动其返流市民化或县域市民化，随着区域产业梯度转移，返流市民化的农民工正好承接中西部地区产业发展对劳动力的需求，县域市民化增加农民工举家迁移的可能性，有利于耕地资源高效率配置和闲置宅基地流转、退出。对于完全没有市民化能力的农民工，在国家接续全面推进乡村振兴，巩固提升地区特色产业的背景下，可以返乡从事农村二、三产业，也有助于土地流转意愿的提升。需要说明的是，多层次推动市民化的过程不意味着各层次彼此

① Todaro, M. P., "A Model of Labor Migration and Urban Unemployment in Less Developed Countries", *American Economic Review*, No. 1, 1961.

矛盾，差序化解决市民化问题的核心要义在于促进农民工共同富裕，让其共享整个经济社会发展成果。

二　盘活利用农村闲置宅基地和闲置住宅

2018 年中央一号文件提出，完善农民闲置宅基地和闲置农房政策。2019 年，农业农村部印发《关于积极稳妥开展农村闲置宅基地和闲置住宅盘活利用工作的通知》，指导各地在依法维护农民宅基地合法权益和严格规范宅基地管理的基础上，探索盘活利用农村闲置宅基地和闲置住宅的有效途径和政策措施。2019 年，自然资源部印发《关于开展全域土地综合整治试点工作的通知》，以科学合理规划为前提，以乡镇为基本实施单元，整体推进农用地整理、建设用地整理和乡村生态保护，优化生产、生活、生态空间格局。2021 年，自然资源部、国家发展改革委和农业农村部联合印发《关于保障和规范农村一二三产业融合发展用地的通知》，提出在符合国土空间规划的前提下，鼓励对依法登记的宅基地等农村建设用地进行复合利用，发展乡村民宿、农产品初加工、电子商务等农村产业。宅基地流转及闲置住宅的租赁目前仍处于试点阶段，因此数据库中尚未有宅基地流转的数据，但从土地流转的结果也可以推及宅基地的流转及闲置住宅的租赁对农民工市民化意愿的影响：增强农民工市民化能力的同时提升农村资产的使用效率。

对于前述适合城市异地市民化的农民工来说，他们农村的宅基地长时间闲置，让其他农民工不自觉去效仿这种行为，以期未来获得大额补偿，之所以出现这样的浪费，就是因为宅基地及闲置住宅尚没有更好的制度安排和利用方式。因此，要继续深化宅基地制度体系的改革，力争达到宅基地取得严格依法、权属明确清晰、利用节约高效、流转规范有序。具体来说，国家应指导各地完善农村宅基地管理办法，针对不同情况分类确定处置政策。各地都做好宅基地确权登记颁证工作，摸排管辖区域宅基地的真实利用情况，了解农民工的合理利益诉求。同时，充分利用技术进步成果，提升宅基地相关流程（申请、审批、流转、退出等）信息化管理水平。在尊重农民工意愿且合法合规的条件下，农村集体组织应发挥好主体作用，积极组织成员选择合乎自身情况的方式（自营、出租、合作等），利用闲置宅基地和闲置住宅发展乡村旅游、餐饮民宿、康养服务等符合乡村特点的新产业新业态。需要强调的是,地方相关部门必须加强对闲置宅基地和闲置住宅盘活利用行为的监督管理,盘活利用行为关系到处于弱势地位的农民工可获得的财产性收入。

三 加强城镇住房保障体系建设

迁入城镇住房性质对定居市民化意愿影响最大,与租房相比,拥有自购或自建房的农民工定居市民化意愿更强,租房群体对用益物权的影响具有调节和放大作用,因此租房群体的市民化意愿具有更强的不稳定性。在租房群体中,与非正规租房相比,正规租房的市民化意愿更强,因此相应的政策指向也就十分明显了。虽然市民化并非以促进房地产市场为目的,但在经济负担得起的情况下农民工拥有自己的住房有利于农民工市民化的推进。对于租房,目前面临的问题是单位或雇主提供宿舍的比例在不断下降,农民工月均居住支出占生活消费的比重还较高,而且尽管国家发布指导意见加快发展公共租赁住房和加大对新市民的保障力度,但现实中农民工享受保障性住房的比例却不足3%。

鉴于住房支出在农民工总支出中所占比重最大,因此首先要扩大保障性住房的供给,主要包括廉租住房、经济适用住房、政策性租赁住房、定向安置房等。特别是人口净流入的大城市,保障性住房用地供应计划应当单列,将存量闲置房屋建设、农村集体经营性建设用地等合理利用。其次,在实践中地方政府与中央对解决新市民住房问题的指导方向要保持一致,适当酌情调整申请条件,使针对新市民的住房保障惠及部分农民工群体。尽快搭建起宅基地确权登记颁证、农房建设、村庄规划、城市住宅建设规划利用等资源信息共享机制,城镇住房问题的有效解决增大农民工举家搬迁可能性,从而提升土地及闲置宅基地的流转率,以及通过租赁闲置住宅合理利用农村资产。最后,规范城市租房制度,取消不符合消防安全的非法群组及其他非正规居所,鼓励雇主通过正规渠道帮助解决住房问题或给予住房补贴,确保安全舒适的前提下减少农民工在城市的居住支出负担。控制房屋租赁市场价格,加大对哄抬租金行为以及黑中介的惩罚力度,确保租房市场信息透明。

四 推进农村承包地流转

户籍地有耕地承包权是农民工返回户籍地的拉力，对定居市民化意愿影响最大，但承包地流转可以部分抵消这种拉力，使农民工更愿意市民化。国家一直以来保持土地承包关系稳定并长久不变，并反复强调不能以市民化为由，将耕地承包权回收作为农民工市民化的条件，因此农民工市民化是在耕地承包关系稳定不变的制度前提下推进的。在这样的制度背景下，家庭承包经营耕地的流转将成为一举两得的举措，一方面土地集约化使用提升土地利用效率，另一方面提升农民工市民化意愿。目前来看耕地流转率不高，而且主要流转到农户手中，且多数农户手中耕地规模在 10 亩以下，农村宝贵的耕地资源分散、闲置在农户手中，既不利于农民工市民化，也不利于农业现代化和乡村振兴。农民工耕地流转的意向不高，主要原因在于：一是举家搬迁成本高。家庭内部劳动力的转移决策影响着承包地的流转，举家迁移的农民工才可能有土地流转意向。① 农民工外出打工，户籍地还有亲属留守，因此农民工外出并不意味着土地撂荒或者流转。大城市举家搬迁成本高，相比之下举家搬迁至离户籍地比较近的县城成本较低，这种县内或者市内跨县转移有没有可能呢？城市规模与劳动力技能关系的研究结果表明，城市规模与初中学历的劳动力需求成反比，即县城对初中学历占比最大的农民工吸纳程度最强。再根据市民化意愿，市内跨县的定居市民化和心理市民化强于其他情况，这说明无论农民工劳动力长期供给意愿，还是县城对劳动力需求，县域农民工市民化可能成为主流趋势，这种趋势有助于举家搬迁从而促进土地流转。二是有条件流转承包地的农民工心存顾虑，既想通过流转获得财产性收入，又担心土地流转会影响土地承包权的稳定性，这是政策的信息不对称造成的问题，现实中也存在承包地流转租金违约、农户利益受到损害案件频发，更加重了农民工土地流转的顾虑。

土地流转有助于减少耕地撂荒、实现土地适度规模经营，进而提高农业劳动生产率。根据市民化意愿分析，市内跨县转移的市民化意愿强

---

① 刘欢：《财政压力、户籍制度改革与劳动生产率——农业劳动力转移的视角》，《经济社会体制比较》2020 年第 6 期。

于其他转移类型，并且举家搬迁的市民化成本较低，因此目前所积极推进的县域经济、县域基础设施建设以及县域农民工市民化有利于举家搬迁，从而促进土地流转。国家发展和改革委员会印发的《2022 年新型城镇化和城乡融合发展重点任务》中明确"城区常住人口 300 万以下城市落实全面取消落户限制政策"。① 根据研究结论，市内跨县农民工转移的市民化意愿排序分别是心理市民化、定居市民化和制度市民化，与其他区域间转移相比，市内跨县的心理市民化和定居市民化更强，因此落户固然重要，但心理市民化和定居市民化可能更容易实现。

在完善土地流转制度方面，需要加强承包地流转的规范化管理，引导农户财产优化配置。第一，流转行为发生前，相关部门要做好流转政策咨询和信息发布的服务，鼓励流转主体在农村产权交易市场进行公开交易。第二，流转过程中，经营管理部门一方面要提高土地流转市场的规范化程度，包括权益评估、融资担保、合同签订等方面，对社会资本的流转行为，依法严格审查审核，查处并纠正违法违规行为；另一方面要提升流转信息化管理水平，各行政级别的农村承包地信息应用平台之间应互联互通。第三，流转行为发生后，相关部门要进行承包地流转监测，鼓励保险公司尝试创新险种，兜底履约风险，例如承包地流转履约保证保险，承包农户能以较低费率参与投保，如果在保险期间并没有出险，地区财政可以给予投保人一定比例的保费奖补等。

五 完善小城镇公共服务供给

从农民工劳动力供求比较可以看出，农民工已经呈现出劳动力再转移的趋势。省内流动农民工和本地农民工的占比逐渐上升，跨省农民工比重下降。县域市民化缓解了跨省异地市民化的压力，在劳动力回流增长的趋势下，中西部区域小城镇需要提前做好政策引导和接纳工作。一方面，在户籍政策和公共服务供给方面要向农民工倾斜，留住回流的劳动力；另一方面，还要提高区域城市经济发展水平，发挥好地域资源比

---

① 国家发展和改革委员会：《关于印发〈2022 年新型城镇化和城乡融合发展重点任务〉的通知》（2022 年 3 月 17 日），2022 年 3 月 26 日，https：//www. ndrc. gov. cn/xwdt/tzgg/202203/t20220317_1319456. html？code = &state = 123。

较优势，引导区域企业提升吸纳劳动力的能力，稳定其就业提高其收入，分层次增强农民工市民化能力，使其市民化意愿能够实现。

首先，小城镇政府要尊重农民工的话语权，畅通流入人口表达公共服务需求的渠道，把握流动人口对基本公共服务的需求变化情况之后，能够及时调整服务供给，以实际行动践行以人为本。其次，小城镇政府要加强公共服务能力建设，推进小城镇产业配套设施提高质量和效率时，也要注重公共服务设施提高标准、扩大覆盖面。在教育方面推动乡村义务教育及县城高中教育优质均衡发展，在医疗方面增强县级医院综合能力，在社会保障方面推动企业依法依规为农民工缴纳社会保险费，同时推进新就业形态农民工相关保障试点等。最后，小城镇政府要健全公共服务监督，重视公共服务质量评估反馈。有效的监管有利于提升公共服务供给的质量，质量评估反馈有利于小城镇政府及时发现公共服务项目中的不足，从而有效调整公共服务供给体系规划。

小城镇政府除了完善公共服务供给，还要注意根据比较优势发展好农村第二、第三产业，加大农民工人力资本开发投入，通过提升农民工技能水平提高返乡农民工的就业创业能力，既使就近市民化的农民工能被产业吸纳就业，稳定工作和收入，也使意图创业的农民工学有用武之处，最终发挥好农村就近市民化风险和成本低、转变时效更快的优势。

六 提升农民工再培训比例，增强再就业能力

实证结果表明农民工的制度市民化、心理市民化和定居市民化意愿都随着受教育水平的提升而增强，农民工的能力（包括受教育水平、培训状况等）既影响农民工市民化意愿也关系农民工市民化能力。目前农民工文化程度低和技能培训少阻碍了农民工市民化，因而针对性地提高农民工技能能够有效促进其市民化。

国家要更重视农村地区的基础教育质量，在农村地区营造起学习进步紧跟时代变化的氛围，从主观思想上，打牢新生代农民工市民化注重教育的基础。创新农民工的文化课堂，为有意愿接受正规再教育的农民工提供机会，实现其自我投资的愿望；对于无法延续正规教育的农民工，为他们提供职业技能培训的机会，增加他们抵御外部风险的能力，真正

增加其可支配收入。

同时，规范农民工的培训机制，保障农民工接受培训的权利，强制规定用工企业不得因工作性质或农民工的流动性等减少对农民工群体的培训，也不得带有歧视性色彩缩减经费导致低质量培训。同时，对农民工的培训不全是用工企业的义务，宏观上政府需承担主要的责任，财政上面给予企业培训经费部分补贴，一些技能要求高的企业可以考虑制定合理的准入制度，促使农民工这一微观群体增强自身培训积极性和主动性。

七 预判农民工市民化公共财政收支情况

农民工市民化使得城镇的常住人口或户籍人口更稳定，但同时带来人口拥挤或人口大量流出带来的社会问题，根据本书的研究，市民化分三个层次，不仅仅是户籍市民化，因此需要将常住人口数量而不是户籍人口数量与城市公共基础设施建设和公共服务供给同步挂钩，否则人口流入的城市会产生公共设施和服务供给不足，而人口流出的城市则产生相反的状况，必然会影响到城市公共资源的配置效率。面对人口的再次转移，各省市应根据农民工流向的调整，对不同层次的农民工市民化做出专项财政收支预算，根据财力依照先易后难、先少后多循序渐进，并通过中央财政转移支付平衡省市之间的财政收支差异，使农民工市民化在中西部得以顺利推进。东部区域容纳能力有限，推进农民工市民化可能带来拥挤，因此可以将用地指标和人口指标相结合同步扩张。

倡导和谐友爱的社会氛围，原住市民对农民工及其劳动付出给予足够的尊重，对有困难的农民工提供社区和邻里帮扶，社区举办各种活动加强农民工的融入感，根据 2021 年农民工监测调查报告，"进城农民工中，41.5% 的认为自己是所居住城市的'本地人'，比上年提高 0.1 个百分点。进城农民工在不同规模城市生活的归属感较上年均有提高。城市规模越小，农民工对所在城市的归属感越强。从进城农民工对本地生活的适应情况看，83.0% 的农民工表示对本地生活非常适应和比较适应"，"在进城农民工中，30.4% 的农民工参加过所在社区组织的活动，比上年提高 1.1 个百分点。其中，4.0% 的农民工经常参加，26.4% 的偶尔参加。

加入工会组织的进城农民工占已就业进城农民工的比重为 14.5%，比上年提高 0.2 个百分点。在已加入工会的农民工中，参加过工会活动的占 84.5%"，可见农民工融入感在提升，但还有很大的提升空间，这需要社区打破原有只为户籍人口提供服务的老观念，按照居住地进行活动策划和管理，积极为常住居民引入各种活动和就业机会，增强外来人口的认同感、融入感和归属感。

参考文献

马克思：《资本论》第 1 卷，人民出版社 2004 年版。

《马克思恩格斯选集》第 1 卷，人民出版社 1995 年版。

习近平：《扎实推动共同富裕》，《求是》2021 年第 20 期。

北京国际城市发展研究院：《社会管理蓝皮书——中国社会管理创新报告》，社会科学文献出版社 2012 年版。

[美] 费景汉、古斯塔夫·拉尼斯：《劳动剩余经济的发展——理论与政策》，王璐、赵天朗等译，经济科学出版社 1992 年版。

《费孝通文集》（第八卷），群言出版社 1999 年版。

国务院研究室课题组：《中国农民工调研报告》，中国言实出版社 2006 年版。

李培林：《中国社会》，社会科学文献出版社 2011 年版。

林聚任：《社会科学研究方法》（第 3 版），山东人民出版社 2017 年版。

人力资源社会保障部劳动科学研究所课题组：《农民工市民化发展研究》，国务院农民工办课题组：《中国农民工发展研究》，中国劳动社会保障出版社 2013 年版。

孙建军、成颖：《定量分析方法》（第 2 版），南京大学出版社 2002 年版。

余来文、封智勇等：《分享经济：网红、社群与共享》，化学工业出版社 2017 年版。

袁国宝、谢利明：《网红经济：移动互联网时代的千亿红利市场》，企业管理出版社 2016 年版。

艾慧、王政：《资本有机构成与失业率：影响与机制——基于 2001—2017 年省级面板数据的经验研究》，《海派经济学》2021 年第 19 卷第 2 期。

陈诚、杨巧：《城市视角下农民工居留和落户意愿分异特征及影响因素研究》，《华中科技大学学报》（社会科学版）2021 年第 35 卷第 5 期。

陈典、马红梅：《人力资本、社会资本、心理资本与农民工市民化意愿——基于结构方程模型的实证分析》，《农业经济》2019 年第 8 期。

陈吉元：《我国农业剩余劳动力转移特征的研究》，《农业经济问题》1988年第 1 期。

陈学法：《"三化"并进的核心：农民市民化》，《经济问题》2013 年第10 期。

陈延秋、金晓彤：《新生代农民工市民化意愿影响因素的实证研究——基于人力资本、社会资本和心理资本的考察》，《西北人口》2014 年第 35卷第 4 期。

陈映芳：《征地农民的市民化——上海市的调查》，《华东师范大学学报》（哲学社会科学版）2003 年第 3 期。

陈昭玖、胡雯：《人力资本、地缘特征与农民工市民化意愿——基于结构方程模型的实证分析》，《农业技术经济》2016 年第 1 期。

程名望、乔茜、潘烜：《农民工市民化指标体系及市民化程度测度——以上海市农民工为例》，《农业现代化研究》2017 年第 38 卷第 3 期。

程威特、吴海涛、周子铭：《何以为家：农民工身份认同与落户意愿》，《农村经济》2021 年第 4 期。

崔宝玉、霍梦婷：《流动特征、政府服务与农业转移人口市民化意愿》，《农村经济》2019 年第 7 期。

范德成、王韶华：《农村劳动力转移视角下的农业规模化经营促进城镇化的作用研究》，《经济体制改革》2011 年第 6 期。

方小愈：《论农民工市民化进程中的核心社会权利要素》，《特区经济》2010 年第 4 期。

费喜敏、王成军：《基于推拉理论的农民工定居地选择意愿的实证研究》，《软科学》2014 年第 28 卷第 3 期。

费孝通：《工农相辅发展小城镇》，《江淮论坛》1984 年第 3 期。

高君：《促进农民工就业与实现农民工市民化》，《理论月刊》2008 年第10 期。

高君：《推进我国农民工社会保障与市民化制度创新问题研究》，《城市发展研究》2009 年第 16 卷第 1 期。

高兴民、郭芹:《就业质量视角下农民工市民化的路径探索》,《贵州师范大学学报》(社会科学版) 2021 年第 6 期。

龚紫钰:《就业质量、社会公平感与农民工的市民化意愿》,《福建论坛》(人文社会科学版) 2017 年第 11 期。

龚潇潇、叶作亮等:《直播场景氛围线索对消费者冲动消费意愿的影响机制研究》,《管理学报》2019 年第 6 期。

顾天竹、纪月清、钟甫宁:《城镇化、生活服务外包与低技能服务业扩张——基于吸纳农村劳动力转移角度的讨论》,《南京农业大学学报》(社会科学版) 2021 年第 21 卷第 2 期。

郭熙保:《市民化过程中土地退出问题与制度改革的新思路》,《经济理论与经济管理》2014 年第 10 期。

国务院发展研究中心课题组、侯云春、韩俊、蒋省三、何宇鹏、金三林:《农民工市民化进程的总体态势与战略取向》,《改革》2011 年第 5 期。

韩民春、韩青江、夏蕾:《工业机器人应用对制造业就业的影响——基于中国地级市数据的实证研究》,《改革》2020 年第 3 期。

韩喜平:《开辟马克思主义政治经济学研究新境界》,《中国纪检监察报》2020 年 10 月 15 日第 7 版。

何宏莲、陈文晶、徐嘉辉:《我国现行社会保障制度与农民工城市化的冲突与融合》,《学术交流》2014 年第 10 期。

何鹏杨、龚岳、李贵才:《基于空间视角的农业转移人口市民化文献综述》,《农业经济》2021 年第 1 期。

贺振华:《农户外出、土地流转与土地配置效率》,《复旦学报》(社会科学版) 2006 年第 4 期。

胡杰成:《农民工市民化问题研究》,《兰州学刊》2010 年第 8 期。

胡宜挺、王天然、常伟:《身份认同感、社会互动与农民工市民化——基于代际差异视角》,《农村经济》2021 年第 11 期。

黄敦平、王高攀:《社会融合对农民工市民化意愿影响的实证分析——基于 2016 年中国流动人口动态监测调查》,《西北人口》2021 年第 42 卷第 3 期。

黄锟:《农村土地制度对新生代农民工市民化的影响与制度创新》,《农业现代化究》2011 年第 32 卷第 2 期。

黄忠华、杜雪君：《农村土地制度安排是否阻碍农民工市民化：托达罗模型拓展和义乌市实证分析》，《中国土地科学》2014年第28卷第7期。

解安、王立伟：《基于城乡融合视角的相对贫困治理对策研究》，《学习与探索》2021年第2期。

李传志、张兵：《珠三角"用工荒"的思考》，《经济问题》2015年第8期。

李红阳、邵敏：《城市规模、技能差异与劳动者工资收入》，《管理世界》2017年第8期。

李慧、卢现祥：《特殊制度、制度性交易成本与经济增长质量》，《学术界》2021年第10期。

李坚未、孙久文：《城市规模、聚集效应和城市生产率来源》，《学习与实践》2018年第7期。

李俭国、张鹏：《新常态下新生代农民工市民化社会成本测算》，《财经科学》2015年第5期。

李景平、程燕子、汪锐：《我国新生代农民工市民化的发展路径》，《西北人口》2012年第33卷第4期。

李练军：《中小城镇新生代农民工市民化意愿影响因素研究——基于江西省1056位农民工的调查》，《调研世界》2015年第3期。

李强：《非正规就业视角下农民工市民化的现实困境与路径选择》，《城市问题》2016年第1期。

李荣彬、袁城、王国宏、王领：《新生代农民工市民化水平的现状及影响因素分析——基于我国106个城市调查数据的实证研究》，《青年研究》2013年第1期。

李瑞、刘超：《城市规模与农民工市民化能力》，《经济问题探索》2018年第2期。

李升发、李秀彬：《中国山区耕地利用边际化表现及其机理》，《地理学报》2018年第73卷第5期。

李实、沈扬扬：《中国农村居民收入分配中的机会不平等：2013—2018年》，《农业经济问题》2022年第1期。

李先军、黄速建：《新中国70年企业扶贫历程回顾及其启示》，《改革》2019年第7期。

李晓阳、黄毅祥、彭思颖：《1989—2010 年农民工市民化意愿影响因素实证分析》，《商业时代》2013 年第 13 期。

李晓阳、黄毅祥、许秀川：《农民工"候鸟式"迁移影响因素分析——基于重庆市 9 个主城区的农民工调查》，《中国人口·资源与环境》2015 年第 25 卷第 9 期。

刘斌、张巍、张翔：《城市房价、定居意愿与户籍差异——对农民工"流入而留不下"的一个解释》，《西北人口》2022 年第 43 卷第 1 期。

刘斌：《住房、住房政策与农民工市民化：研究述评及展望》，《重庆理工大学学报》（社会科学版）2020 年第 34 卷第 1 期。

刘传江、程建林：《第二代农民工市民化：现状分析与进程测度》，《人口研究》2008 年第 5 期。

刘传江、董延芳：《和谐社会建设视角下的农民工市民化》，《江西财经大学学报》2007 年第 3 期。

刘传江、周玲：《社会资本与农民工的城市融合》，《人口研究》2004 年第 5 期。

刘传江：《迁徙条件、生存状态与农民工市民化的现实进路》，《改革》2013 年第 4 期。

刘欢：《财政压力、户籍制度改革与劳动生产率——农业劳动力转移的视角》，《经济社会体制比较》2020 年第 6 期。

刘静、张锦华：《城市异质影响下的农民工市民化程度——基于需求可识别双变量 Probit 和 HLM 模型的测度与分析》，《浙江社会科学》2021 年第 10 期。

刘玮玮：《户籍改革、农地转让权与城镇化率——基于新经济地理学的研究》，《技术经济与管理研究》2021 年第 7 期。

流动人口数据平台：《中国流动人口动态监测调查》，https：//chinaldrk. org. cn/wjw/#/home。

柳建平：《中国农村土地制度及改革研究——基于农村劳动力流动及人口城市化视角的分析》，《中州学刊》2011 年第 5 期。

娄文龙：《我国农民工住房的制度化困境研究——基于多重制度逻辑的视角》，《经济体制改革》2020 年第 1 期。

卢海阳、梁海兵、钱文荣：《农民工的城市融入：现状与政策启示》，《农业经济问题》2015 年第 36 卷第 7 期。

陆铭、高虹、佐藤宏：《城市规模与包容性就业》，《中国社会科学》2012
年第 10 期。

陆铭、李杰伟、韩立彬：《治理城市病：如何实现增长、宜居与和谐?》，
《经济社会体制比较》2019 年第 1 期。

陆学艺、龚维彬：《从体制和机制入手解决农民工问题》，《农村·农业·
农民》2006 年第 9 期。

罗丞：《安居方能乐业：居住类型对新生代农民工市民化意愿的影响研
究》，《西北人口》2017 年第 38 卷第 2 期。

罗竖元：《农民工市民化意愿的模式选择：基于返乡创业的分析视角》，
《南京农业大学学报》（社会科学版）2017 年第 17 卷第 2 期。

吕佳、陈万明：《新生代农民工市民化程度测量指标体系构建》，《江苏农
业科学》2014 年第 42 卷第 12 期。

吕越、谷玮、包群：《人工智能与中国企业参与全球价值链分工》，《中国
工业经济》2020 年第 5 期。

梅建明、陈汉芳：《户籍制度对农业转移人口市民化的影响》，《中南民族
大学学报》（人文社会科学版）2019 年第 39 卷第 5 期。

梅建明、袁玉洁：《农民工市民化意愿及其影响因素的实证分析——基于
全国 31 个省、直辖市和自治区的 3375 份农民工调研数据》，《江西财
经大学学报》2016 年第 1 期。

米庆成：《进城农民工的城市归属感问题探析》，《青年研究》2004 年第
3 期。

农业农村部：《不能强制农民放弃土地来作为进城落户的条件》（2019 年 3
月 1 日），2022 年 4 月 3 日，https：//finance. qq. com/a/20190301/006055.
htm。

欧阳慧：《新一轮户籍制度改革实践中的落户困境与突破》，《经济纵横》
2020 年第 9 期。

潘世鹏、王伟：《土地活起来农民富起来》，《经济日报》2022 年 4 月 7
日第 8 版。

潘泽泉、邹大宽：《居住空间分异、职业地位获得与农民工市民化意
愿——基于农民工"三融入"调查的数据分析》，《湖南师范大学社会

科学学报》2016 年第 45 卷第 6 期。

彭树宏：《城市规模与工资溢价》，《当代财经》2016 年第 3 期。

钱龙、钱文荣、郑思宁：《市民化能力、法律认知与农村宅基地流转——基于温州试验区的调查与实证》，《农业经济问题》2016 年第 37 卷第 5 期。

钱龙、周宁、章莉：《助推还是羁绊：宅基地财产性收益对农民工城市融入的影响》，《华中农业大学学报》（社会科学版）2021 年第 1 期。

钱正武：《农民工市民化与政府职责》，《理论与改革》2005 年第 2 期。

秦立建、童莹、王震：《农地收益、社会保障与农民工市民化意愿》，《农村经济》2017 年第 1 期。

秦雯：《农民分化、农地流转与劳动力转移行为》，《学术研究》2012 年第 7 期。

全国总工会新生代农民工问题课题组：《关于新生代农民工问题的研究报告》，《工人日报》2010 年 6 月 21 日。

盛来运：《中国农村劳动力外出的影响因素分析》，《中国农村观察》2007 年第 3 期。

施益军、翟国方、周姝天、刘宏波、鲁钰雯：《我国主要城市的城市病综合测度及特征分析》，《上海城市规划》2019 年第 2 期。

石智雷、彭慧：《工作时间、业余生活与农民工的市民化意愿》，《中南财经政法大学学报》2015 年第 4 期。

宋时艳、刘俊显：《新时代直播带货助力特色农业脱贫新模式》，《合作经济与科技》2020 年第 15 期。

孙婧、王新新：《网红与网红经济——基于名人理论的评析》，《外国经济与管理》2019 年第 4 期。

《完整准确全面贯彻新发展理念确保"十四五"时期我国发展开好局起好步》，《人民日报》2021 年 1 月 30 日第 1 版。

王春光：《新生代农村流动人口的社会认同与城乡融合的关系》，《社会学研究》2001 年第 3 期。

王佃利、刘保军、楼苏萍：《新生代农民工的城市融入——框架建构与调研分析》，《中国行政管理》2011 年第 2 期。

王桂新、胡健：《城市农民工社会保障与市民化意愿》，《人口学刊》2015

年第 37 卷第 6 期。

王桂新、沈建法、刘建波：《中国城市农民工市民化研究——以上海为例》，《人口与发展》2008 年第 1 期。

王桂新：《中国"大城市病"预防及其治理》，《南京社会科学》2011 年第 12 期。

王静：《融入意愿、融入能力与市民化——基于代际差异的视角》，《区域经济评论》2017 年第 1 期。

王丽丽、杨晓凤、梁丹妮：《代际差异下农民工市民化意愿的影响因素研究》，《调研世界》2016 年第 12 期。

王晓峰、温馨：《劳动权益对农民工市民化意愿的影响——基于全国流动人口动态监测 8 城市融合数据的分析》，《人口学刊》2017 年第 39 卷第 1 期。

王兴周、张文宏：《城市性：农民工市民化的新方向》，《社会科学战线》2008 年第 12 期。

王瑜、崔馨月、陈传波、汪三贵：《农民工跨越市民化经济门槛分析——基于生活工资 Anker 法的新测量工具》，《经济地理》2018 年第 38 卷第 9 期。

王哲平、黄贺林、杨华、王富华：《加快推进河北农民工市民化的调查报告》，《统计与管理》2016 年第 5 期。

王竹林、范维：《人力资本视角下农民工市民化能力形成机理及提升路径》，《西北农林科技大学学报》（社会科学版）2015 年第 15 卷第 2 期。

王卫兵：《网红经济的生成逻辑、伦理反思及规范引导》，《求实》2016 年第 8 期。

文军：《农民市民化：从农民到市民的角色转型》，《华东师范大学学报》2004 年第 3 期。

吴红宇、谢国强：《新生代农民工的特征、利益诉求及角色变迁——基于东莞塘厦镇的调查分析》，《南方人口》2006 年第 2 期。

吴华安：《城郊农户市民化的影响因素》，《开放导报》2011 年第 5 期。

奚美君、朱娇：《土地、住房与农民工市民化——基于流动人口动态监测数据的实证分析》，《未来与发展》2017 年第 41 卷第 5 期。

谢永飞、马艳青、李红娟：《新型城镇化背景下流动特征与农民工回流意愿的关系》，《热带地理》2020 年第 40 卷第 4 期。

辛宝英：《农业转移人口市民化程度测评指标体系研究》，《经济社会体制比较》2016 年第 4 期。

徐建玲：《农民工市民化进程度量：理论探讨与实证分析》，《农业经济问题》2008 年第 9 期。

徐美银：《农民工市民化与农村土地流转的互动关系研究》，《社会科学》2016 年第 1 期。

徐唐奇、杨俊、张安录：《农地社会保障功能与现代农业发展的现实矛盾与化解途径》，《农业现代化研究》2010 年第 31 卷第 6 期。

徐延辉、史敏：《社会地位与农民工的定居意愿研究》，《湖南师范大学社会科学学报》2018 年第 47 卷第 3 期。

杨发萍：《逆城市化背景下返乡农民工再农化的动力机制与可能路径》，《农村经济》2020 年第 1 期。

杨慧琳、袁凯华、朱庆莹、陈银蓉：《农户分化、城镇住房对农户宅基地退出意愿的影响》，《长江流域资源与环境》2021 年第 30 卷第 1 期。

杨云彦、石智雷：《中国农村地区的家庭禀赋与外出务工劳动力回流》，《人口研究》2012 年第 36 卷第 4 期。

姚武华、高德步：《中国新时代经济增长的动力定位——基于改革开放以来经济发展经验的分析》，《经济问题探索》2019 年第 1 期。

姚植夫、薛建宏：《新生代农民工市民化意愿影响因素分析》，《人口学刊》2014 年第 36 卷第 3 期。

叶琪：《论农村劳动力转移与产业结构调整互动》，《财经科学》2006 年第 3 期。

俞林、印建兵、孙明贵：《新生代农民工市民转化能力结构模型构建与测度》，《经济体制改革》2019 年第 1 期。

郧彦辉：《农民市民化程度测量指标体系及评估方法探析》，《学习与实践》2009 年第 8 期。

张阿嬁：《城市更新、适老化改造、新市民住房……今年城市将有哪些新机遇？》，《中国城市报》2022 年 3 月 6 日。

张国胜、王征：《农民工市民化的城市住房政策研究：基于国别经验的比较》，《中国软科学》2007 年第 12 期。

张康清、王振：《"就地转移"与"异地转移"的人口城市化效果比较》，《上海行政学院学报》2000 年第 4 期。

张笑秋：《心理因素对新生代农民工市民化意愿的影响——以湖南省为例》，《调研世界》2016 年第 4 期。

张永丽、谢盈盈：《农民工市民化的需求条件及影响因素》，《华南农业大学学报》（社会科学版）2012 年第 11 卷第 3 期。

章元、陆铭：《社会网络是否有助于提高农民工的工资水平？》，《管理世界》2009 年第 3 期。

赵勍、张金麟：《基于私人成本与私人收益的农民工市民化意愿研究》，《华东经济管理》2012 年第 26 卷第 12 期。

赵耀辉：《中国农村劳动力流动及教育在其中的作用———以四川省为基础的研究》，《经济研究》1997 年第 2 期。

《中共中央关于制定国民经济和社会发展第十四个五年规划和二〇三五年远景目标的建议》，《人民日报》2020 年 11 月 4 日第 1 版。

周海赟：《所有制差异、信贷传导机制与政策工具的结构效应——基于双轨制经济结构的研究视角》，《现代财经》2019 年第 39 卷第 3 期。

周密、张广胜、黄利：《新生代农民工市民化程度的测度》，《农业技术经济》2012 年第 1 期。

周宁、石奇、陆雨卉：《农村土地财产价值能提高农民工城镇落户意愿吗？——基于江苏省 13 个地级市农民工的实证分析》，《南京财经大学学报》2020 年第 6 期。

周文、耿元：《人工智能发展更容易替代哪些工作岗位？》，《中国科技论坛》2020 年第 11 期。

周颖刚、蒙莉娜、林雪萍：《城市包容性与劳动力的创业选择——基于流动人口的微观视角》，《财贸经济》2020 年第 41 卷第 1 期。

周战强、李彬、易成栋：《外群歧视与农民工城市创业》，《武汉大学学报》（哲学社会科学版）2022 年第 75 卷第 1 期。

周志山：《从分离与对立到统筹与融合——马克思的城乡观及其现实意义》，《哲学研究》2007 年第 10 期。

朱纪广、张佳琪、李小建、孟德友、杨慧敏：《中国农民工市民化意愿及影响因素》,《经济地理》2020 年第 40 卷第 8 期。

朱磊、雷洪:《论农民工的分类及其转型》,《社会学评论》2015 年第 3 卷第 5 期。

祝仲坤:《保障性住房与新生代农民工城市居留意愿——来自 2017 年中国流动人口动态监测调查的证据》,《华中农业大学学报》(社会科学版) 2020 年第 2 期。

《抓纪律促清退》,《劳动工作》1981 年第 11 期。

Bezabih M. , et al. , "The land certification program and off – farm employment in Ethiopia", *Gri Working Papers*, 2014, EfD – DP – 14 – 22.

Bogue. D. J. , "Internal Migration", in Hauser P. M. , Duncan O. D. (eds.), *The Study of Population: An Inventory and Appraisal*, Chicago: University of Chicago Press, 1955.

Brakman S. , H. Garretsen, and M. Schramm, "The Spatial Distribution of Wages and Employment: Estimating the Helpman – Hanson Model for Germany", *Journal of Region Science*, Vol. 44, No. 3, 2004.

Gu Hengyu, Ling Yingkai, Shen Tiyan, Yang Lindong, "How does rural homestead influence the hukou transfer intention of rural – urban migrants in China?", *Habitat International*, Vol. 105, 2020.

Helpman E. , "The Size of Regions", in D. Pines, E. Sadka, and I. Zilcha (eds.), *Topics in Public Economics*, London: Cambridge University Press, 1998.

Janvry, et al. , "Delinking Land Rights from Land Use: Certification and Migration in Mexico", *The American Economic Review*, Vol. 105, No. 10, 2015.

John C. H. , Fei G. , Kuo S. , "Growth and the family distribution of income by factor components", *Quarterly Journal of Economics*, Vol. 92, No. 1, 1978.

Jorgenson, D. W. , "Surplus Agricultural Labour and Development of A Dual Economy", *Oxford Economic Papers*, Vol. 19, No. 3, 1967.

Juan Chen, Shaolei Yang. , "Rural Social Security System of China: Problems and Solutions", *Studies in Sociology of Science*, Vol. 5, No. 1, 2014.

Kunling Zhang, Chunlai Chen, Jian Ding, Zhinan Zhang, "China's hukou system and city economic growth: from the aspect of rural – urban migration", *China Agricultural Economic Review*, Vol. 12, No. 2019.

Lee. S. E. , "A Theory of Migration", *Demgraphy*, No. 15, 1966.

Lewis, W. A. , "Economic Development with Unlimited Supplies of Labour", *The Manchester school*, Vol. 22, 1954.

Lin Bing, Wu Cengceng, "Study on the Impact of Agricultural Technology Progress on Grain Production and Farmers' Income", *Open Access Library Journal*, Vol. 8, No. 11, 2021.

Matsuyama, Kiminori, "Agricultural productivity, comparative advantage and economic growth", *Journal of Economic Theory*, Vol. 58, No. 2, 1992.

Perkins, D. , & Rawski, T. , "Forecasting China's Economic Growth to 2025", *In China's Great Economic Transformation*, edited by Loren Brandt and Thomas G. Rawski, New York: Cambridge University Press, 2008.

Ranis, G. , Fei, J. , "A Theory of Economic Development", *American Economic Review*, Vol. 51, No. 4, 1961.

Ravenstein E. G. , "The laws of migration", *Journal of Statistical Society of London*, No. 6, 1885.

Sachs J. , Kotlikoff L. , "Smart machines and long – term misery", *Nber Working Paper*, 2015, No. 18629.

Schultz T. W. , "Investment in human capital", *American Economic Review*, Vol. 51, No. 1, 1961.

Shao Zhen, Zhang Lin, Li Xiaotong, Zhang Rui, "Understanding the Role of Justice Perceptions in Promoting Trust and Behavioral Intention towards Ride – Sharing", *Electronic Commerce Research and Applications*, 2022 (pre-publish).

Songqing Jin, Klaus Deininger, "Land rental markets in the process of rural structural transformation: Productivity and equity impacts from China", *Journal of Comparative Economics*, Vol. 37, No. 4, 2009.

Stark, O. , "The migration of labor", Cambridge: Blackwell, 1991.

Stark, O. , Taylor, J. E. and Yitzhaki, S. , "Remittances and Inequality", *The Economic Journal*, Vol. 96, No. 383, 1986.

Todaro, M. P. , "A Model of Labor Migration and Urban Unemployment in Less Developed Courtiers", *American Economic Review*, Vol. 59, No. 1, 1969.

Yi Hu, Binbin Li, Zhenghe Zhang, Jian Wang, "Farm size and agricultural technology progress: Evidence from China", *Journal of Rural Studies*, 2019 (prepublish).

Yudu Li, Hong Lu, "China's Hukou System: Markets, Migrants, and Institutional Change by Jason Young (review)", *China Review*, Vol. 14, No. 2, 2015.

Zhao, Yaohui, "The Role of Migrant Networks in Labor Migration: The Case of China", *Contemporary Economic Policy*, Vol. 21, No. 4, 2003.

网站

http: //www. gov. cn/xinwen/2021 – 02/21/content_5588098. htm.

http: //www. gov. cn/xinwen/2021 – 03/13/content_5592681. htm? pcht-tp: //www. stats. gov. cn/tjsj/zxfb/202104/t20210430_1816933. html.

http: //www. gov. cn/xinwen/2021 – 03/13/content_5592681. htm? pcht-tp: //www. stats. gov. cn/tjsj/zxfb/202104/t20210430_1816933. html.

http: //www. gov. cn/zhengce/content/2012 – 07/19/content_7224. htm.

http: //www. mohrss. gov. cn/ghcws/BHCSWgongzuodongtai/201805/t20180521_294290. html.

http: //www. mohrss. gov. cn/SYrlzyhshbzb/zwgk/szrs/tjgb/201206/t20120605_69908. html.

http: //www. mohrss. gov. cn/SYrlzyhshbzb/zwgk/szrs/tjgb/202107/t20210726_419319. html.

http: //www. npc. gov. cn/npc/c30834/201801/01c573f6c46340edb0bc0cc0ca97d6a5. shtml.

http: //www. npc. gov. cn/npc/c30834/201801/01c573f6c46340edb0bc0cc0ca97d6a5. shtml.

http: //www. npc. gov. cn/npc/c30834/201901/4a6c13e9f73541ffb2c1b5ee615174f5. shtml.

http: //www. stats. gov. cn/tjsj/zxfb/201405/t20140512_551585. html.

http: //www. stats. gov. cn/tjsj/zxfb/201504/t20150429_797821. html.

http：//www. stats. gov. cn/tjsj/zxfb/201804/t20180427_1596389. html.

http：//www. stats. gov. cn/tjsj/zxfb/202104/t20210430_1816933. html.

http：//www. stats. gov. cn/ztjc/ztfx/fxbg/201103/t20110310_16148. html.

http：//www. stats. gov. cn/ztjc/zthd/bwcxljsm/70znxc/201908/t20190819 _ 1691880. html.

https：//www. 12371. cn/2020/06/01/ARTI1591021670041266. shtml.

https：//www. thepaper. cn/newsDetail_forward_12902468.

http：//www. gov. cn/gzdt/2010 – 06/13/content_1627138. html.

https：//www. ndrc. gov. cn/xwdt/tzgg/202203/t20220317 _ 1319456. html？code = &state = 123.

后　　记

关注农民工群体源自课间与学生所讨论的问题，当时正值"三个1亿人"提出不久，农民工市民化过程加快以及新型城镇化政策进一步推进。随着研究的不断深入，2017年教育部课题《农民工市民化利益权衡及财政补贴支付的合理化区间研究》（批准号：17YJA790001）的立项，给予我非常大的信心与支持，让我在该领域获得持续不断的探索动力。

整个研究艰辛并快乐着。日常接触的农民工代表不了整体状况，课题也不是发问卷和进行田野调查就能完成，庆幸的是还有完善权威的数据库和大量文献作为支撑，团队成员也相当给力。当遇到困难进入瓶颈时，团队一起研讨共克难关，有时甚至讨论到深夜，所探究的重点和问题如同冰山一角逐渐展现出全貌，我们为此欢欣鼓舞、兴趣盎然。课题带动论文，论文整合著作，终于经过六年的努力，若干篇论文和一部著作就这样顺理成章、水到渠成地问世了。此书不仅是学术著作，还是对农民工群体的关切，仅以此书献给不断进步的中国社会和为城市发展作出贡献的广大农民工兄弟姐妹。

衷心感谢复旦大学经济学院多年的培养和支持，学术之路没有坦途，是老师们带我叩响经济学殿堂的大门，迷思中沉淀质疑中成长，"博学而笃志，切问而近思"永远激励着我不断前进。衷心感谢教育部人文社会科学规划基金项目和上海市哲学社会科学基金项目的资助，让我在无后顾之忧的环境中更攀高峰。衷心感谢上海市市委宣传部、上海市委党校和上海市社会科学界联合会的相关领导，让我的眼界和思路更加开阔。衷心感谢上海交通大学安泰管理学院的陆铭教授、华东理工大学的于炜教授、上海财经大学的丁晓钦教授、《海派经济学》和《华南农业大学学报（社会科学版）》的编辑老师、河南财经政法大学的王会光老师以及兄弟院校的同仁，让我在交流研讨中获得启发。衷心感谢中国社会科学出版社编辑老师的辛勤付出，《上海大学马克思主义中国化研究丛书》编委会领导的大力支持，衷心感谢上海大学相关领导的支持和帮助。衷心感谢我的学生郭得恩、王政、徐子健、董国欣、李超、刘日恬、张曼琦、付丽云、程仁浩、赵芷衫等，怀念一起奋斗的日子。最后，感谢我的家人在写作期间给予的莫大支持和关爱，使我能在愉悦的环境下顺利完稿。尽管课题研究告一段落，但本书的撰写仍有不足，同时还有尚待深入研究的层面，今后我仍将继续关注，做一个踏实的科研工作者，为中国社会的发展尽己绵薄之力。

艾慧

2023 年 11 月 10 日写于上海